DEUTSCHE WIRTSCHAFTSSPRACHE FÜR AMERIKANER

DEUTSCHE WIRTSCHAFTSSPRACHE FÜR AMERIKANER

SECOND EDITION

Doris Fulda Merrifield
California State University, Fullerton

WILEY

JOHN WILEY & SONS
New York Chichester Brisbane Toronto Singapore

Library of Congress Cataloging in Publication Data:

Merrifield, Doris Fulda.
    Deutsche Wirtschaftssprache für Amerikaner / Doris Fulda
Merrifield.—2nd ed.
      p.   cm.
    German and English.

    ISBN 0-471-61374-6

    1. German language—Business German.   2. German language—
Textbooks for foreign speakers—English.   3. German language—
Grammar—1950—   4. German language—Conversation and phrase books
(for merchants) I. Title.

PF3120.C7M47   1989
438.2'421'02465—dc19   88-31549
                                                                                    CIP

Printed in the United States of America

10 9 8 7 6 5 4 3 2 1

PREFACE

This book is not on German economics, but on the German language used in German business and economics. I am not an economist, but a professor of German language and literature. Since the book is intended to teach students who plan to do business with people in German-speaking countries the language they need for their profession, it naturally deals with German business and economics, and I have certainly tried to inform myself on the German economy by reading pertinent annual publications by the Federal Department of Economy in Bonn (= BUNDESWIRT-SCHAFTSMINISTERIUM), business weeklies and newspapers and, last not least, by interviewing in person policy-making representatives of various sections of that Federal Department of Economy, business people, and men and women in other branches of the economy. These taped interviews were integrated into this updated and revised version of the 1985 edition, in response to the request of several universities and schools across the country for an added component to this textbook to train listening comprehension.

Students who have already taken international business courses dealing with the German economy may find little that is new in the factual information, but they will find much that is new in the specialized language they are trying to master. Others will find information of interest to them, especially in the areas of social protection for the gainfully employed as well as the unemployed, the banking system, the structure of corporations, and the code of behavior in the business world. The facts and statistics come mainly from the mentioned annual and monthly publications of the Federal Department of Economy;[1] from annual statistics for the Federal Republic of Germany;[2] from informational leaflets, which are public documents published by the Informations-und Presseamt der Bundesregierung;[3] from the annual business report of the Federal Post Office;[4] from information for political education;[5] from *The Federal Republic of Germany*

---

[1]*BMWI: Leistung in Zahlen '85*, hr. vom Referat Öffentlichkeitsarbeit des Bundesministeriums für Wirtschaft 1986; *Der Bundesminister für Wirtschaft 8'87*.
[2]Statistisches Bundesamt/Wiesbaden, Hg. *Statistisches Jahrbuch 1985 für die BRD*. Stuttgart und Mainz: Verlag W. Kohlhammer GmbH.
[3]5300 Bonn 1
[4]*Deutsche Bundespost: Geschäftsbericht 1986*. Hg. vom Bundesministerium für das Post- und Fernmeldewesen 1987. Oberpostdirektion Frankfurt am Main.
[5]*INFORMATION ZUR POLITISCHEN BILDUNG: DIE EUROPÄISCHE GEMEINSCHAFT*, 213, B6897 F.

as a Business Partner;[6] from *Tatsachen über Deutschland: Ein Handbuch
in Bildern, Texten und Zahlen;*[7] from *Meeting German Business: A Practical Guide for American and Other English-Speaking Businessmen in
Germany;*[8] from a brochure called "Federal Republic of Germany";[9] and
from numerous current newspaper articles.

Since the book's primary objective is the facilitation of business language, it concentrates on the Federal Republic of Germany, without going
into business practices, where they differ, in the German Democratic
Republic, in Austria, and in Switzerland. Such an expansion was beyond
the intended scope of this textbook which was originally planned for one
semester of third-year college German, and is still feasible as such. With
the newly integrated tape program, however, and the much increased
offering in vocabulary, it could now fill a two-semester course of study.
Some suggestions for augmenting or reducing the study material, along
with a sample lesson plan for a one-semester curriculum, are given in
the following note "To the Instructor." The book and tapes also lend
themselves well to independent study.

This book grew out of several years' experience of teaching business
German—and out of the frustration of not having available any workable
textbooks with German/English and English/German glossaries, other
than books for correspondence classes.

Since the Spring of 1985, Americans can have their sound knowledge
of Business German certified via the "Diplom Wirtschaftsdeutsch für die
USA." This exam is a cooperative project by the American Association
of Teachers of German, the German American Chamber of Commerce,
Inc., New York, the Goethe Institute, the Carl Duisberg Centren Gemein-
nützige Gesellschaft mbH, and the Carl Duisberg Society, Inc. Along with
26 other instructors of business German, I was invited by the Goethe
Institute to learn about methods for preparing students to pass it. This
text reflects some of those methods and can take students a considerable
length of the way towards the goal. The book emphasizes the first prerequisite to success in passing the exam: the mastery of business terminology. It also sharpens the skills of speaking and of listening- and
reading-comprehension and makes a contribution toward better writing.

Doris Fulda Merrifield

---

[6]Published by the Foreign Trade Information Office of the Federal Republic of
Germany (Bundesstelle für Außenhandelsinformation = BFAI). 4th edition, (Col-
ogne, 1983).
[7]*Tatsachen über Deutschland: Die Bundesrepublik Deutschland.* Hg. vom Lexikon
Institut Bertelsmann (Gütersloh, 1985).
[8]Compiled and edited by Irmgard Burmeister, An Atlantic-Brücke Publication
(Hamburg, 1980).
[9]Published by Lufthansa Executive Traveler Services in cooperation with Oyez
Publishing Ltd. (London).

ACKNOWLEDGMENTS

Several leading German newspapers and magazines have graciously given permission to reprint some of their articles (or excerpts from them), advertisements, and TV programs in this textbook. They are the following:

CAPITAL (Gruner und Jahr AG & Co, Eupener Straße 70, 5000 Köln): "Karriere-Börse," August 1987.

FRANKFURTER ALLGEMEINE ZEITUNG (G.m.b.H., Postfach 10 08 08, Frankfurt am Main).
   "Die Schuhfabriken leistungsfähiger machen" by Brigitte Koch-Frickenhaus, March 12, 1987.
   "Drei Ostereier für europäischen Bauern" by Peter Hort, April 16, 1987.
   "Handel in Hochstimmung" by Klaus Broichhausen, March 13, 1987.
   "Der Dollar drückt die Chemie-Produktion" by Wolfgang Müller-Haeseler, October 3, 1987.
   "Bangemann: Kein Ende des Aufschwungs" by Dr. Klaus Kemper, April 1, 1987.
   "Jeder dritte kommt lieber zu früh" by Dr. Gerold Lingnau, April 29, 1987.

HANDELSBLATT (Verlagsgruppe Handelsblatt G.m.b.H., Postfach 1102, D-4000 Düsseldorf).
   "Die durchschnittliche tarifliche Wochenarbeitszeit beträgt 38,9 Stunden" by na, August 17, 1987.

HÖR ZU (Axel Springer Verlag AG, Kaiser-Wilhelm-Straße 6, 2000 Hamburg 36).
   "Programm vom 07. August, 1987."

PAN AM CLIPPER (East/West Network, 34 East 51st Street, New York, N.Y. 10022).
   "Observing the Formalities" by Dawn Bryan, June 1987.

DER STERN (Gruner & Jahr AG, Postfach 30 20 40, 2000 Hamburg 36)
   Advertisement "Unter der Brause sind wir zu Hause," May 9, 1983.
   Advertisement "Die Miniquadrate für viele nette Schokoladenideen," copyright granted by Alfred Ritter, GmbH & Co.KG, Schokoladenfabrik (7035 Waldenbuch b. Stuttgart).

STUTTGARTER ZEITUNG (Plieninger Straße 150, 7000 Stuttgart 80).
   "Neue Absatzkanäle für die Steinkohle" by Is., June 7, 1983.

SÜDDEUTSCHE ZEITUNG (Postfach 20 22 20, 8000 München 2)
  "Fallen die Schranken für die ECU" by dpa/vwd, May 7, 1987.
  "Zumeist zuviel" (graph) by WvN, April 24, 1987.
  "Warnke: Europas Bahnen attraktiver machen" by hen, August 5, 1987.
  "Oft reizt Macht Führungskräfte mehr als Geld" by ifi, May 11, 1987.

WIRTSCHAFTSWOCHE (Postfach 3734, D-4000 Düsseldorf 1).
  "Geldwoche/Der Rat des Bankiers" by Günter Käppler, August 14, 1987.
  "Kommentar/Emanzipationshürden" von Dr. Wolfram Engels, August 14, 1987.

DIE ZEIT (Zveitverlag Gerd Bucerius G.m.b.H. & Co., Postfach 10 68 20, 2000 Hamburg 1).
  "Die 100 größten Industrie-Unternehemen in der Bundesrepublik." Documentation by Maria Horn, May 8, 1988.

GLOBUS-KARTENDIENST GmbH, Wandsbeker Zollstr. 5, 2000 Hamburg 70.
The rights to reprint their graphs (always identified by G and a number in the lower right corner of the graph) were acquired.

I also want to express my gratitude to the BERTELSMANN VERLAG for the permission to reprint their graphs to illustrate the "Rechte des Betriebsrats" and the "Zusammensetzung des Aufsichtsrats," published in *Tatsachen über Deutschland,* Bertelsmann Lexikothek Verlag, Gütersloh 1984 D 2, and also for letting me reprint the list of the German press, this one taken from the English version of the book, *Facts about Germany,* 6. revised edition (1988), Bertelsmann Lexikon Verlag because of its more recent date of publication. Likewise I want to thank the WIRTSCHAFTS-VEREINIGUNG BERGBAU (Zittelmannstraße 9–11, 5300 Bonn 1) for sending me, in response to my request for information on German mining activities beyond coal mining, the very informative book *Das Bergbau Handbuch,* edited by the Wirtschaftsvereinigung Bergbau e.V., Bonn, Verlag Glückauf GmbH, Essen, 1976.

Special thanks go to the anonymous reviewers of this text before it went into print. They are colleagues at some college or university who have taught business German with the first edition of this text. Their constructive criticism as well as their encouragement have been very helpful. One of them to whom I am particularly indebted for a very detailed and insightful analysis, made himself known to me upon request. It is due to his suggestions that I have added flow-charts and tables as an added comprehension test wherever possible and have correlated fill-in exercises and questions with the numbers of the corresponding paragraph in the text. This way an instructor can now easily break up the text into smaller portions and work through their language with the help of some of the exercises. Thank you very much, Dr. Mark W. Rectanus from Iowa State University!

                                                          D.F.M.

TO THE INSTRUCTOR

Most universities and colleges that offer a certificate in a business language or have an integrated degree program require business language and culture courses on the 300 level. At the California State University at Fullerton, for example, an interdisciplinary degree—a "B.A. in International Business with a Concentration in French, German, Spanish, Portuguese, or Japanese"—requires two 3-unit upper division courses of culture and two 3-unit courses of business language with three weekly contact hours each. One of the business language courses concentrates on correspondence and conversation. This textbook was written for the other one, which introduces students to the world of German economy and business.

You can use *Deutsche Wirtschaftssprache für Amerikaner* as a one-semester or, complemented by additional material, as a two-semester text. With very advanced or exceptional students you can cover all the material thoroughly in one semester. For the average third-year German student you may need to skip a few newspaper articles and perhaps a couple of interviews too. It is not advisable to omit any of the other exercises because they reinforce the same vocabulary and build on one another. The other option would be to skip a couple of chapters. They are all self-contained, and perhaps some of the material is covered in another course offered by your school. If, e.g., you require a correspondence course, chapter 3A on wholesale and retail business could be omitted. Chapter IIC on mining and energy policies is perhaps of secondary interest and could be skipped. You will find a sample lesson-plan covering this text in one semester on pp. xv–xix. I am presently using the 2nd edition text, in xeroxed manuscript form, and have no problem following this plan in a class of twenty third-year students.

APPROACH WITHIN A UNIT

Each section starts with a text on the subject of the section and introduces vocabulary commonly used in that area. Infrequently used terms are translated in the margin; important words are listed under "Wortschatz" following the text. In order to locate them easily they are numbered identically with the corresponding paragraph. Words commonly used in the business world are printed in boldface in the vocabulary lists. The lists contain many words that the students may have learned already at the intermediate level, but I have listed them because students come to such a course with differing backgrounds. Each instructor will be the best judge of how many and which words to expect students to commit to memory for active use. The exercises, all designed to build vocabulary, give general guidelines.

Exercise No. 1, meant to be done after an initial study of the words, rephrases part of the text in easy sentence structures, asking students to fill in key words. It is a vocabulary exercise that simultaneously offers a good preparation for reading the text. To help the student find the word in context, the appropriate paragraph in the text is indicated by numbers in the left-hand margin of the exercise.

Exercise No. 2 is a study of cognates that appear in the text and have not been presented before. Students are asked to become aware of the small deviations from the English counterpart and to notice the gender. Brief oral sentences with these cognates reinforce their proper form. Exercise No. 3 is often an additional vocabulary-building exercise: matching synonyms or antonyms, looking for words of the same family, or recognizing an unrelated word in a group of related ones.

These exercises are usually followed by a device to test comprehension of the text. Charts or tables with blanks to be filled in and/or definitions requested in English. Often students are asked to find, preferably in discussion with a partner, a heading for each paragraph, or, as in 5C, to assign given headings to the appropriate paragraphs. This exercise forces them to understand the subject matter clearly, while doing a lot of talking in the target language. The instructor can listen in and help out groups when they get stuck.

Many sections have an exercise focusing on a major grammatical aspect of the language, using again the special vocabulary of the unit. There are no grammar explanations, however. Students are expected to review those aspects in the texts they used to learn German grammar.

Most chapters have questions on the text, too. They are meant less for demonstrating comprehension than for using a correct term with correct grammar. They were placed after the other exercises, rather than directly following the text, because the exercises facilitate answering the questions correctly. Again, numbers of the paragraphs with the relevant information are to be found in the left-hand margin of the questions.

Patterned translation and/or translation sentences follow. By now, students should be familiar enough with the basic vocabulary to use it actively.

For partial or full comprehension of authentic texts, I have included newspaper articles and excerpts from the *Deutschland-Nachrichten* in most sections. Words that are likely to be unfamiliar are glossed in the margin. Depending on the difficulty of the text, students are asked to show their comprehension by deciding whether certain statements were made in the text or not, by answering direct questions, or by making oral or written comments in German or summaries in English.

Usually skits between two or more people or other oral presentations follow. In large classes I would choose only a few dialog partners to act out their conversation in front of every one and let the others have a turn in later chapters, because it is likely to be boring to listen to many similar dialogs.

All sections end with an interview on tape followed by some comprehension-testing device. Section 2A and 5D offer two interviews. Some of the interviews may seem too difficult, but all of them have been tested on average students, and with the ample vocabulary aids given under "Verständnishilfen" (not meant to be memorized, but simply to be read along), not even poor students received grades lower than C on the comprehension test. The type of test is always geared to the difficulty of the subject matter and thê speaker's diction. Ideally students could get copies made for themselves and listen to them many times while driving or doing tedious manual work. Written transcripts are available to instructors.

Not all exercises conform to a fixed sequence. Often students are requested to comment spontaneously on charts and graphs. (Instructors could also ask for comments on the pictures in the text.)

In the classroom, in my view, only German should be spoken. All the text materials are in German. The instructions in this new edition are in German too, except when I don't want to give away vocabulary that is essential to the exercise.

Home assignments will mainly consist of word study. Vocabulary quizzes should be given frequently, if not every class meeting, to reinforce the need to master the terminology. Other assignments suggested are grammar review, the translation sentences and answers to the questions in writing, and requested summaries in German and English. Everything else lends itself to class or small-group activities. Time permitting, up-to-date articles and statistics could be brought in, inviting comments on the change of conditions since the time the book was written. The idea is to make the students use the many new words over and over again, until they come easily to them, and to keep the class lively and interesting at the same time.

AS A TWO-SEMESTER TEXT

If you want to use this book as a two-semester text and can cover more than it offers, here are some suggestions for complementing the text meaningfully and integrating correspondence skills and more oral work:

1. **Wirtschaftsgeographie:** Ask students to bring slides from Germany and comment on them in German; use your own slide collection, if you have one; or show the series "Wer kommt mit?: Eine Reise durch die Bundesrepublik Deutschland," by Heinz Wilms and Walter Lohfert, obtainable, free of charge, from Inter Nationes, Kultureller Tonbanddienst, Kennedyallee 91–103, D-53 Bonn-Bad Godesberg, BRD. In addition, you could request from them the slides and text on "Norddeutsche Tiefebene" (Nos. 311–319) and on "Nordseeküste und Tourismus" (No. 245). They will send you their catalog on *Landeskunde* upon request. They may have added new material by the time you send your request.

2A, Industrie und Handwerk: Add letters and/or telephone conversations from industrial companies to wholesale dealers offering to become one of their suppliers. Work with the tapes "Das Ruhrgebiet" and "Die Autoindustrie in der BRD" (Inter Nationes Nos. 228 and 226).

3A, Großhandel und Einzelhandel: Add letters and telephone conversations between wholesalers and retailers: offers, orders, bill of ladings, acknowledgement of receipts, bills etc, all of which can be found in books like R. Sachs' *Deutsche Handelskorrespondenz*, Max Hueber Verlag, *Ihr Schreiben vom . . . ,* Verlag für Deutsch, and *Englische Geschäftsbriefe heute*, published by Langenscheidt.

Chapter 3B, Innenhandel und Außenhandel: Add correspondence and conversations between an American commercial agent who is negotiating with a German importer or directly with a German wholesale dealer; also summaries of personal or telephone conversations with an American dealer given to a German executive by his overseas sales representative. Work with the tape "Hamburg und sein Hafen" (Inter Nationes, No. 232).

4A, Mittel der Beförderung: Add a letter from an international forwarding agent (Internationale Spedition) offering his services to a German export firm. Work with the tapes "Straßen und Verkehr" and "Autobahn und Reisewelle" (Inter Nationes Nos. 230 and 226).

4B, Individuelle Kommunikation und Massenmedien: Add a dialogue at a post office counter while buying stamps, mailing certified and express letters and posting a telegram; also, placing a long-distance call at a post office and at a public telephone booth. Work with the filmstrip/cassette "The Press in Germany" (Inter Nationes No. 91) and the slides/cassette "Radio and Television" (Inter Nationes No. 375), both unfortunately with English texts. You could make your own comments in German. Also, have students study the "Karriere-Börse" in this chapter and write want-ads for jobs.

4C, Bankwesen: Add several business transactions with a bank. Have students study and fill out the various blank forms a German bank has for its customers (and will mail to you on request).

4D, Marketing: Work with a videotape of German advertising, called "Werbespots," recorded 1981, from ARD & ZDF on U-matic, obtainable from the Goethe Institute, San Francisco. Show students a collection of advertising flyers on special offers available at the entrance or in front of German supermarkets. Let them write some themselves.

5B, Betriebe und Unternehmungen is a long section, but if you want to add material, ask students to write to a well-known company in Germany and request information on their internal structure. Let students list specific questions.

5C, Gewerkschaften und Arbeitgeberverbände: *Sozialpartner der BRD* could be augmented by student correspondence with major German unions, too. Students could, for example, ask about policies, achievements in the recent past and goals for the near future.

5D, Soziale Sicherheit could include a similar correspondence with German firms. Here are some questions students could ask: How big is their staff? What percentage is usually absent because of illness? How many sickdays does the average employee claim annually? How many weeks of vacation are their employees entitled to? Could they take two or more short vacations instead of one long one? What are their lay-off policies? Etc.

In general, bring in newspapers and magazine articles to update statistics and other information. You can request, free of charge, for all your students copies of the weekly *DEUTSCHLAND-NACHRICHTEN* from the GERMAN INFORMATION CENTER, 950 Third Avenue, New York, N.Y. 10022-2781. You can add conversational activities with *Deutsch sprechen im Alltag*, Max Hueber Verlag, and enrich your instruction with videotapes from the series "ABC der Wirtschaft," available from PICS, University of Iowa.

Guten Erfolg!
Doris Fulda Merrifield

SAMPLE LESSON PLAN

covering the text in one semester†

1. Woche

1. Einführung in den Kursus. Wortschatz Kapitel 1 durchsprechen und den Text lesen.
   Hausaufgabe: Vokabeln lernen. Übungen 1,2,4,9.

2. Überprüfen der Übungen 1,2,4 (jeder liest einen Satz). Übung 3 zu zweit mit Klassendiskussion der gewählten Überschriften. Übung 7 unvorbereitet.
   Hausaufgabe: Vokabeln wiederholen. Übungen 5* u. 6*. (*zum Einhändigen = *to be handed in*). Freiwillig: Zeigen Sie bis zu 8 Dias (= *slides*) von Deutschland und sprechen Sie darüber auf Deutsch.

3. Vokabelquiz. Übung 10 zu zweit. Dias der Studenten.
   Hausaufgabe: Übung 11* (Interview Kap.I). Lernen Sie die Vokabeln zu Kapitel IIA. Übung A.1.

2. Woche

1. Übung A.I. überprüfen. A.2. und A.3. und A.7. unvorbereitet. Den Text absatzweise in der Klasse lesen lassen und die Studenten Überschriften suchen und an die Tafel schreiben lassen. Vergleichende Diskussion.
   Hausaufgabe: A4 beenden. A5* und A6*.

2. Sehen Sie sich die Tabelle der 100 größten Industrie-Unternehmen in der BRD an. Wissen Sie etwas über eine oder mehrere der genannten Industrien? Für welche Branche(n) könnten Sie sich interessieren? Sprechen Sie darüber.—Den noch nicht beprochenen Teil von A.4. überprüfen.—A.10. zu zweit.
   Hausaufgabe: Vokabeln von IIA wiederholen. A8* und A11*.

3. Vokabelquiz.—A.9 zu zweit.—Aufholen (= *catch up*). Wenn Zeit, Unterhaltung über die Zukunftspläne der Studenten.
   Hausaufgabe: A.12* (Interview IIA #1) oder A.13* (Interview IIA #2). Wenn Sie beide Interviews machen wollen, erhalten Sie Extra-Kredit. Für alle: Wortschatz von IIB mit B.1.

---

†*The Final will have 2 parts: Part 1 covers chapters VB, C, D in as much as it was covered in class. Part 2 is comprehensive. You need to review all vocabulary printed in boldface. You also need to know in what areas the German business world is really different from the American, and what the differences are. Your basic grammar foundation should be fairly solid by now.*

3. Woche

1. B.1. überprüfen. Den Text in der Klasse lesen und besprechen. Im Anschluß daran B.4. zu zweit. Dann B.2. und B.3. in kleinen Gruppen.
Hausaufgabe: Vokabeln wiederholen. B5* und B7*.

2. Vokabelquiz.—B.6. unvorbereitet.—10 Minuten Vorbereitung zu zweit für B.9. oder B.10. Dann die Gespräche vor der Klasse führen.
Hausaufgabe: B8. und B.12.* (Interview IIB).

3. Interpretation von Schaubild 2 (B.11.) Aufholen und Wiederholen.
Hausaufgabe: Wiederholen Sie Kapitel 1, IIA und IIB für die *1. Prüfung.*

4. Woche

1. *1. Prüfung.*
Hausaufgabe: Vokabeln zu IIC mit C.1., C.2 und C.3.

2. Hausaufgaben überprüfen. Den Text lesen und besprechen. Wenn Zeit, Passivregeln wiederholen.
Hausaufgabe: C.4, C.5., C.6.*

3. C.4. und C.5. überprüfen. C.8. oder C.9. zu zweit.
Hausaufgabe: C.7.* und C.10* (Interview IIC).

5. Woche

1. Vokabeln zu Kapitel IIIA ansehen. Den Text absatzweise von der Klasse lesen lassen und zu zweit eine mögliche Überschrift für jeden Paragraphen diskutieren (= A.3.) Die Überschriften zur allgemeinen Diskussion und zum Vergleich an die Tafel schreiben lassen. A.2. und A.4. unvorbereitet.
Hausaufgabe: Vokabeln lernen mit A.1. A7*.

2. A.1. überprüfen. Regeln für Relativpronomen wiederholen und A.6. machen. A.9. zu zweit.
Hausaufgabe: A.5.* A.8.* Vokabeln zu IIC u. IIIA wiederholen.

3. Vokabelquiz über IIc u. IIIA. 10 Minuten Vorbereitung für A.11. oder A.12. (Dafür die Klasse in 2 Gruppen teilen). Dann den Monolog oder Dialog vor der Klasse führen.
Hausaufgabe: A.13* (Interview IIIA). Vokabeln zu IIIB lernen mit B.1.

6. Woche

1. B.1. überprüfen. Text IIIB lesen und besprechen und jeden die "Notizen zum Text" (B.7.) vervollständigen lassen.
Hausaufgabe: Vokabeln wiederholen. B.4 und B.8.*

2. B.2., B.3., B.5. und B.6. unvorbereitet in kleinen Gruppen. Wenn Zeit, die Fragen (B.7.) mündlich im Plenum.
Hausaufgabe: B.11. und B.12.* (Interview IIIB).

3. B.9. und B.10. allein oder zu zweit. Aufholen oder Konversation über Arbeitsplätze der Studenten (in kleinen Gruppen). Wer keine Stelle hat, fragt die anderen nach ihren Beschäftigungen.
Hausaufgabe: Für die Prüfung über IIC, IIIA u. IIIB wiederholen.

7. Woche

1. 2. Prüfung.
   Hausaufgabe: Wortschatz IIIC mit C.1. C.2, C.4.

2. Prüfung zurückgeben und besprechen. C.1. überprüfen. Den Text zusammen lesen und klären. Wenn Zeit, Partizipialkonstruktionen besprechen.
   Hausaufgabe: C.5., C.6.* und C.7.*

3. Vokabelquiz IIIC. C.4. (war aufgegeben) überprüfen. Partizipialkonstruktionen besprechen und mit C.3. beginnen.
   Hausaufgabe: C.3. beenden. C.10.* (Interview IIIC).

8. Woche

1. C.3. überprüfen. C.8., erst zu zweit.
   Hausaufgabe: Wortschatz und Text von Kapitel IVA mit A.1.

2. Fragen zum Text? A.1. überprüfen. A2 unvorbereitet mündlich in der Klasse. A.3. zu zweit. Vorschläge zu Kapitelüberschriften an die Tafel schreiben lassen, im Gespräch vergleichen und die besten wählen. Nebenordnende und unterordnende Konjunktionen wiederholen.
   Hausaufgabe: A.4., A.5.* und A.6.*

3. Vokabelquiz IVA. A.4. überprüfen. A.7. oder A.8. erst zu zweit. A.9. zu dritt.
   Hausaufgabe: A.12* (Interview IVA). Vorbereitung von A.11.

9. Woche

1. Etwa 6 Paare spielen A.11. vor der Klasse. Mit dem Lesen und Klären von Text IVB beginnen.
   Hausaufgabe: Wortschatz von IVB mit B.1. und B.2.

2. Den Text zu Ende lesen und besprechen, B.1. und B.2. überprüfen.
   Hausaufgabe: B.5., B.6.* und B.8.*

3. Vokabelquiz IVB. B.5. überprüfen.
   Adjektivendungen wiederholen mit Beispielen. B.3. unvorbereitet.
   Hausaufgabe: B.4., B.10. und B.11* (Interview IVB).

10. Woche

1. B.4 überprüfen. B.7. und B.10. zu dritt (instructor visits groups and listens in). Spontane Kommentare über B.9.
   Hausaufgabe: Vorbereitung auf die Prüfung über Kapitel IIIC, IVA und IVB.

2. 3. Prüfung
   Hausaufgabe: Wortschatz von IVC mit C.1. und C.2.

3. Den Text von IVC lesen und besprechen. C.1. und C.2. überprüfen.
   Hausaufgabe: C.3*., C.4., C.5., C.9.

11. Woche

1. Vokabelquiz IVC. C.4., C.5, C.9. überprüfen.
    Wiederholung der Präpositionen und ihrer Fälle.
    Hausaufgabe: C.8 und C.14* (Interview IVC).
2. C.8 überprüfen. C.7 unvorbereitet. C.13 zu zweit in der Klasse.
    Hausaufgabe: Wortschatz von IVD mit D.1. und D.2.
3. Text lesen und klären. D.3.a) in der Klasse machen lassen und sofort
    überprüfen. Wenn Zeit, die Regeln des doppelten Infinitivs wieder-
    holen.
    Hausaufgabe: D.6.* und D.9.

12. Woche

1. Vokabelquiz IVD. D.9. überprüfen.
    Den doppelten Infinitiv üben. D.4. und D.7. unvorbereitet.
    Hausaufgabe: D.5. und D.10. (3 Minuten pro Person).
2. D.5. überprüfen. Möglichst jeden D.10. vor der Klasse demonstrieren
    lassen.
    Hausaufgabe: D.11* (Interview IV.D.). Wortschatz VA mit A.1.
3. A.11. einsammeln. A.1. überprüfen. Den Text lesen und besprechen.
    Wenn Zeit, die Regeln für Verben mit trennbaren und untrennbaren
    Vorsilben wiederholen mit A.4.
    Hausaufgabe: A.2. und A.10* (Interview VA).

13. Woche

1. A.2. überprüfen. A.6. und A.7. unvorbereitet.
    Aufholen (A.4.?) und wiederholen.
    Hausaufgabe: Vorbereitung auf die 4. Prüfung über IVC, ICD and VA.
2. 4. Prüfung
    Hausaufgabe: Wortschatz von VB (diesmal nur die fettgedruckten
    Wörter). Den Text lesen und B.3.* machen.
3. Die Prüfung zurückgeben und besprechen. Fragen zum Text IVB?
    B.3* einsammeln. Verbformen wiederholen und B.4 unvorbereitet in
    der Klasse machen.
    Hausaufgabe: B.5.* und B.9.* (Interview VB).

14. Woche

1. B.5. und B.9. einsammeln. Wortschatz von VC zusammen durch-
    gehen, den Text lesen und besprechen mit C.3.
    Hausaufgabe: Wortschatz VC (nur im Fettdruck) lernen, C.1. und C.2.
2. Vokabelquiz VB und VC (nur fettgedruckte Wörter). C.5. und C.9
    (Interview VC) in der Klasse.
    Hausaufgabe: Wortschatz von VD und D.1.
3. Den Text lesen und besprechen.
    Hausaufgabe: D.5. und D.8. #1 (Interview, S.202)

15. Woche

Den Text zu Ende besprechen mit D.3. D.5. und D.8. überprüfen.
Hausaufgabe: Wiederholen Sie für die Schlußprüfung.

N.B. to the Instructor: Rather than rushing through the last 2 chapters, you may want to skip chapter IIC, or IIIA if the students have had a German business correspondence course.

CONTENTS

WIRTSCHAFTS-GEOGRAPHIE

1 / Wer sich schon zwei oder mehr Jahre mit der deutschen Sprache beschäftigt hat, hat längst irgendwo gelesen, daß es (von Norden nach Süden) in Deutschland drei große Landschaften gibt, nämlich die Norddeutsche *Tiefebene,* das Mittelgebirge und das Hochgebirge: die Alpen mit ihrem Vorland. Er kennt zumindest vom Hörensagen mittelalterliche, romantische Städte wie Heidelberg oder Rothenburg, den Rhein mit den *malerischen Schlössern und Burgen,* München mit seinem jährlichen Oktoberfest, Köln mit dem berühmten Karneval und Bayreuth mit den Wagner-Festspielen. Er hat von Garmisch-Partenkirchen als dem Traum der Schifahrer gehört und vielleicht sogar von der *berüchtigten* Reeperbahn auf St. Pauli in Hamburg—um nur ein paar bekannte Touristenattraktionen zu nennen. Möglicherweise hat er aber noch gar keine Vorstellung von der Wirtschaftsgeographie der Bundesrepublik Deutschland, weiß nicht, wo die dicht besiedelten Industriegebiete liegen und wo Ackerbau und Viehzucht getrieben werden. Davon soll hier *in großen Zügen* ein Überblick gegeben werden, bevor wir auf die verschiedenen Zweige der Wirtschaft eingehen.

Low flat land

picturesque castles and fortresses notorious

along general lines

2 / Die BRD hat rund 61 Millionen Einwohner und ist mit ihren 248,486 Quadratkilometern (= 95,934 square miles) kaum so groß wie der Staat Oregon, ist also viel dichter besiedelt als die USA. Zunächst interessieren uns die großen, von Industriegebieten *umgebenen* Städte. Es sind (von Norden nach Süden): Hamburg, Bremen, Hannover, Dortmund, Essen, Duisburg, Düsseldorf, Köln, Frankfurt, Stuttgart, Nürnberg und München. Dazu kommt mit der größten Einwohnerzahl das in der Deutschen Demokratischen Republik liegende West-Berlin. (West-Berlin hat über 2 Millionen Einwohner, Hamburg und München zwischen ein und zwei Millionen und die anderen über 500,000). Dortmund, Essen und Duisburg befinden sich in dem größten der deutschen Industriegebiete, dem Ruhrgebiet.

surrounded

3 / Nicht zufällig liegen alle diese Städte an einem Fluß, auf dem Naturprodukte und hergestellte Waren befördert werden konnten, noch ehe es andere Transportmittel gab. Die wichtigsten Flüsse sind (von Westen nach Osten) der Rhein mit seinen Nebenflüssen Neckar, Mosel, Main und Ruhr; die Ems, die Weser und die Elbe. Alle diese Hauptflüsse fließen von Süden nach Norden. Nur die Donau, nach dem Rhein der wichtigste Wasserweg für den Güterverkehr, fließt (durch acht verschiedene Nationen!) von Westen nach Osten. Mehrere *künstliche* Kanäle schaffen wichtige Verbindungen zwischen den Flüssen. Es gibt an der Nordsee leistungsfähige *Seehäfen* für den Überseetransport von Gütern und Passagieren: Hamburg, Bremerhaven, Wilhelmshaven und Emden.

man-made

seaports

Am Strand bei Kampen auf Sylt.

4 / Heutzutage sind diese Großstädte natürlich durch moderne Transportmittel schnell zu erreichen. Sie sind durch Autobahnen und ein leistungs-
fähiges *Eisenbahnnetz* miteinander verbunden, und alle—mit Ausnahme   *railway network*
von Essen, Dortmund und Duisburg, die von Düsseldorf versorgt werden
—haben einen Flughafen. Der von Frankfurt ist bei weitem der größte und
modernste.

fields and
* pasture land*

5 / *Acker- und Weideland* und Wälder findet man über ganz Deutschland   *scattered / fertile*
verstreut. In den *fruchtbaren* Ebenen und Tälern werden *Gerste, Roggen,*   *barley, rye,*
Weizen, Hafer, Kartoffeln, *Zuckerrüben,* Obst und Gemüse angebaut. Nur   * wheat, oats,*
der Anbau von Wein ist den südlich gelegenen und sonnigeren *Hängen*   * sugar beets*
slopes

Schafzucht in Schwarzwald

Am Rhein

vorbehalten, von denen man auf einer Schiffahrt den Rhein oder die Mosel entlang manche bewundern kann. Pferde, *Rinder,* Milchkühe und Schweine sieht man im flachen Norden als auch in den Tälern zwischen den südlichen *Hügelketten.* Schafe begnügen sich mit den weniger fetten Weiden im *Heideland* des Nordens und auf den *steinigen* Hügeln des Südens. An *Geflügel* fehlt es nirgends auf dem Land. Von den 10 Bundesländern (Schleswig-Holstein, Hamburg, Bremen, Niedersachsen, Nordrhein-Westfalen, Rheinland-Pfalz, Hessen, Saarland, Baden-Württemberg und Bayern, (siehe Karte, S. 2) hat Bayern (mit 3 429 800 ha) die größte landwirtschaftlich genutzte Fläche. Danach folgen Niedersachsen (2 730 800 ha), Nordrhein-Westfalen (1 617 700), Baden-Württemberg (1 498 000) und Schleswig-Holstein (1 089 200 ha). In weitem Abstand folgen Hessen und Rheinland-Pfalz (mit 771 100 und 721 800 ha). Ungefähr die Hälfte von der landwirtschaftlich genutzten Fläche ist Ackerland, der Rest *Dauergrünland.* Hauptsächlich wird Getreide angebaut. Nordrhein-Westfalen züchtet das meiste Gemüse, Baden-Württemberg hat die größte Obsternte und Rheinland-Pfalz die größte Weinmosternte. In Bayern werden die meisten Rinder und Schafe und in Niedersachsen die meisten Schweine gezüchtet.

reserved
cattle
low mountain ridges
heatherland / rocky / fowl

grassland

Bundesautobahn Köln—Frankfurt

6 / Der Tourismus spielt auch eine wichtige Rolle in der deutschen Wirtschaft.
Er *schafft* etwa eineinhalb Millionen Arbeitsplätze. In fast allen Gegenden   *creates*
in der BRD gibt es Orte, die teilweilse oder ganz vom Tourismus leben.
Mehr als 2 Millionen Betten *stehen* Besuchern *zur Verfügung,* nicht nur   *are available*
in Hotels, sondern auch in Privathäusern (Achten Sie auf "ZIMMER FREI"
schilder!), in Jugendherbergen, auf Bauernhöfen und Campingplätzen.
Die Hälfte der reiselustigen Deutschen bleiben im eigenen Land, das
immerhin viele *reizvolle* Landschaften, Sport-und *Erholungsmöglichkeiten*   *attractive/*
anzubieten hat, wie auch unzählige *Stätten* mit interessanter Geschichte   *recreational*
und Kulturgeschichte, die sich in verschiedenen *Baustilen* und *Kunst-*   *opportunities*
werken niedergeschlagen haben.   *places*
architectural

7 / Beliebte Reiseziele sind die Nordsee- und die *Ostsee*küste und die frie-   *styles/works of*
sischen Inseln, die im Sommer von *Badegästen* und Wassersportlern   *art*
überlaufen, aber auch im Frühling und Herbst nicht *verödet* sind, weil die   *reflected*
Luft dann besonders kräftigend auf die Atmungsorgane wirken soll. Die   *Baltic Sea*
Mittelgebirge wie der Harz und Taunus, der Odenwald und Schwarzwald   *tourists*
sind immer zum Wandern und zur Erholung *begehrt.* Überall gibt es   *deserted*
Kurorte, von denen viele eine natürliche *Mineralquelle* haben und das   *coveted*
lockende Wörtchen "Bad" vor ihren Namen setzen dürfen (z.B. Bad Hers-   *mineral spring*
feld, Bad Homburg, Bad Kissingen, Bad Godesberg, Bad Heilbrunn). Die   *luring*
Deutschen gehen gerne und regelmäßig *zur Kur* und *versprechen sich*   *to take a cure/*
von den Bädern große *Heilkraft.* Das Hochgebirge, die Alpen, haben   *expect*
besonders starke *Anziehungskraft.* Dort wandert und *klettert* man im Som-   *healing power*
mer, läuft Schi im Winter und glaubt sich der Sonne näher.   *power of*
attraction/

8 / Jahrhunderte alte Geschichte findet man im Norden wie im Süden. Fast   *climbs*
überall kann man Schlösser, Burgen, Kirchen und *Dome* besichtigen. Wer   *cathedrals*

Bayrische Alpen

mittelalterliche Städte besuchen will, fährt besonders gern die Romantische Straße entlang und sieht sich Heidelberg, Rothenburg ob der Tauber und Nürnberg an, wo noch viele alte *Fachwerkbauten* und Teile von Stadtmauern *erhalten* sind und *Kunsthandwerker* ihre attraktiven Waren *feilhalten*.

*medieval
wood-frame
structures
preserved/
artisans
have on sale*

9 / Bei Ausländern ist die BRD so beliebt wie Oesterreich und die Schweiz. 1984 verdiente sie, um nur ein Beispiel zu geben, 16 Millionen DM mit ausländischen Gästen. Allerdings ist das bei weitem nicht genug, um die Reiseausgaben der Deutschen im Ausland auszugleichen.

WORTSCHATZ

1 / **sich beschäftigen mit**
die Landschaft
das Gebirge, -
vom Hörensagen
die Vorstellung
dicht besiedelt
die **Industrie, -n**
das **Gebiet, -e**
der Ackerbau
die Viehzucht
treiben, ie, ie

der Überblick, -e

*to occupy oneself with
scenery; landscape
mountain range
by hearsay
idea, imagination; performance
densely populated
industry
area
agriculture, farming
stock breeding
to pursue, practice, do; push,
    drive
overview, survey*

| der **Zweig, -e** | branch, department, section |
| die **Wirtschaft** | economy |

2 / der **Einwohner, -** | inhabitants |
| besiedelt | populated |
| sich befinden | to be located |

3 / zufällig | accidental(ly) |
herstellen	to manufacture
die **Ware, -n**	merchandise, goods
befördern	to transport; promote
die **Transportmittel,** pl.	means of transportation
Haupt-	main
Neben-	side
die **Güter,** pl.	goods
der Kanal, ⸚e	canal; channel
schaffen, u, a	to procure, create, get done
die Verbindung	connection
leistungsfähig	productive, efficient
der **Hafen, ⸚**	port, harbor

4 / die **Autobahn, -en** | freeway |
mit Ausnahme von	with the exception of
versorgen	to take care of; supply
der **Flughafen, ⸚**	airport
bei weitem	by far

5 / der Wald, ⸚er | forest, woods |
die Ebene, -n	plain, flatland; level
das Tal, ⸚er	valley
das Obst	fruit
das Gemüse	vegetables
Obst und Gemüse	(= grammatically a collective singular noun)
liegen, a, e	to be located; lie, rest
sich begnügen mit	to be satisfied with
das **Bundesland, ⸚er**	federal state
landwirtschaftlich	agricultural
nutzen	use; here: cultivate
die Fläche, -n	area
ha = Hektar	1 Hektar = 2.5 acres
der Abstand, ⸚e	distance
das Getreide	grain
züchten	to raise
die **Ernte, -n**	crop; harvest

6 / eine wichtige Rolle spielen | to play an important part |
der Arbeitsplatz, ⸚e	job
die Gegend, -en	area, environment
der Ort, -e	town, village; place
teilweise	partially
das Schild, -er	(posted) sign

Übungen

die Jugendherberge, -n	youth hostel
der Bauernhof, ⁼e	farm
anbieten, o, o	to offer
unzählig	countless
die Geschichte, -n	history; story

7 / beliebt — popular

die Küste, -n	coast
die Insel, -n	island
das Reiseziel, -e	travel destination
wandern	to hike
der Kurort, -e	spa

8 / besichtigen — to sightsee, visit

9 / verdienen — to earn

ausländisch — foreign

Reiseausgaben, pl. — travel expenses

ausgleichen — to balance, make up for

ÜBUNGEN

1. Vervollständigen Sie die Sätze.

1 / **1.** In Deutschland gibt es drei ganz verschiedene _____ (*landscapes*).

2. Im Süden findet man hohe _____ (*mountain ranges*).

3. Viele Amerikaner kennen deutsche Touristenattraktionen wenigstens _____ (*by hearsay*).

2 / **4.** Die BRD hat rund 61 Millionen _____ (*inhabitants*).

5. Die BRD ist viel dichter als die USA _____ (*populated*).

6. Die meisten _____ liegen in der Nähe von Großstädten (*industrial areas*).

3 / **7.** Viele alte Städte sind an einem Fluß entstanden, weil man die _____ auf dem Wasser leicht transportieren konnte (*manufactured goods*).

8. Künstliche Kanäle schaffen wichtige _____ zwischen den Flüssen (*connections*).

9. Der Rhein und die Donau haben viele _____ (*tributaries*).

10. Hamburg ist ein großer und sehr _____ Hafen (*efficient*).

4 / **11.** Fast alle deutschen Großstädte haben einen _____ (*airport*).

5 / **12.** In Deutschland gibt es viele schöne _____ (*woods*).

13. In den fruchtbaren Ebenen und Tälern wird _____ angebaut (*fruit and vegetables*).

14. Von den 10 _____ hat Bayern die größte landwirtschaftlich genutzte _____ (*federal states; area*).

15. Baden-Württemberg hat die größte _____ (*fruit crop*).

16. Viele Orte leben _____ oder ganz vom Touristenverkehr (*partially*).

6 / **17.** Die Nordsee- und Ostseeküste sind _____ (*popular travel destinations*).

18. Besonders im Schwarzwald gibt es viele _____ mit Mineralquellen (*spas*).

19. Fast überall kann man Schlösser und Burgen, Kirchen und Dome _____ (*visit = inspect as a sightseer*).

2. Verwandte Wörter. Diese Wörter sind fast identisch mit den englischen derselben Bedeutung. Merken Sie sich die geringen Abweichungen vom Englischen und das Geschlecht. Machen Sie mit jedem Wort einen einfachen Satz.

der Tourist   die Attraktion   die Industrie   modern   die Million
das Naturprodukt   der Transport   die Nation   der Kanal
der Passagier   der Wein   die Saison   der Artikel   die Kultur

3. Suchen Sie im Gespräch mit einem Partner für jeden Absatz eine passende Überschrift.

1. _____

2. _____

3. _____

4. _____

5. _____

6. _____

7. _____

8. _____

9. _____

4. Liefern Sie durch Deduktion die fehlende Information, und ziehen Sie Verbindungslinien zwischen zusammenpassenden Paaren.

Deutsche Landschaften

Im Norden:	Südlich davon:	Im _____:
_____ _____	Mittelgebirge	Hochgebirge

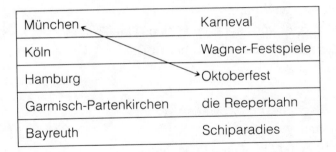

Frankfurt	Westdeutsche Hauptstadt
Hamburg	Westdt. Stadt mit größter Einwohnerzahl
Bonn	Größter westdt. Überseehafen
Rhein	Modernster westdt. Flughafen
West-Berlin	Wichtigster Fluß für den Güterverkehr
Bad Nauheim	Kurort

5. Beantworten Sie die Fragen.

1 /   **1.** Welche Touristenattraktionen kennen Sie vom Hörensagen?

     2. Haben Sie irgendwelche Touristenattraktionen in Deutschland persönlich kennengelernt?

     3. Haben Sie eine Vorstellung von der deutschen Wirtschaftsgeographie?

2 /   **4.** Nennen Sie ein paar deutsche Großstädte!

     5. Wie heißt das größte deutsche Industriegebiet?

     6. Welche Stadt der BRD hat die größte Einwohnerzahl?

     7. Wissen Sie, wie die westdeutsche Hauptstadt heißt?

4 /   **8.** Welches ist der größte und modernste Flughafen der BRD?

3 /   **9.** Warum sind wohl so viele Städte an Flüssen entstanden?

    10. Suchen Sie auf der Landkarte die acht größten Städte der BRD, die wichtigsten Flüsse und Seehäfen.

5 / 11. In welchen 4 Bundesländern wird am meisten Landwirtschaft getrieben?

    12. Welches sind bekannte Gebiete für den Anbau von Wein?

6 / **13.** Wovon leben viele Orte teilweise oder ganz?

14. Was bedeutet das Wörtchen „Bad" vor dem Namen eines Ortes?

15. Sprechen Sie über ein paar beliebte Reiseziele in der BRD.

6. Übersetzen Sie.

1. He knows Munich and the Oktoberfest only by hearsay.

2. The scenery in Southern Germany is beautiful.

3. Agriculture is an important branch of the German economy.

4. The Ruhr-area is densely populated.

5. He is interested in big industrial areas.

6. Most major cities have an airport.

7. Many old cities are located by a river. The people transported their goods on the river.

8. The Ruhr is a tributary of the Rhine.

9. Hamburg has Germany's biggest seaport.

10. A lot of grain is grown in the BRD.

11. Most of the cattle is bred in Bavaria.

12. There are many spas in Germany, especially in the Black Forest.

13. Some towns live partially or totally on tourism.

14. The German economy is very productive.

7. Wiederholen Sie die folgenden Wörter (nur die, die nicht auf der Vokabelliste dieses Kapitels verzeichnet sind, sind hier übersetzt), und beschreiben Sie dann der Klasse oder einem Partner Ihre Heimatstadt mit der Umgebung. Geben Sie soviel Detail wie möglich. Wenn Sie schon in Deutschland gewesen sind, können Sie auch stattdessen Ihren Lieblingsort in Deutschland beschreiben.

das Tal, ̈er   die Ebene, -n   (Hochebene und Tiefebene)
der Hügel, -   der Berg, -e (mountain)   das Gebirge
der Fluß, ̈sse   der Bach, ̈e (*brook*)   der Wald, ̈er
die Wiese, -n   die Küste, -n   die Insel, -n
das Dorf, ̈er (village)   der Ort, -e   die Stadt, ̈e   die Großstadt
die Kleinstadt   die Vorstadt (*suburb*)   die Gegend, -en
das Gebiet, -e   die Umgebung

8. Wenn Sie Dias von Deutschland haben, halten Sie einen kurzen Diasvortrag (= slide lecture) vor der Klasse.

9. Lesen Sie den Artikel aus „DEUTSCHLAND-NACHRICHTEN", und entscheiden Sie, ob die im Anschluß daran gedruckten Aussagen (the statements following the article) darin gemacht wurden oder nicht.

1987 BESTES JAHR FÜR HOTELS UND GASTSTÄTTEN

Für die Hotels, Pensionen und *Gaststätten* in Bayern, der *beliebtesten* deutschen Ferienregion, ist 1987 das beste Jahr nach dem Krieg. Wie der *Geschäftsführer* des *Fremdenverkehrsverbandes* Bayern, Stopperich, mitteilte, rechnet Bayern *aufgrund* der bisher vorliegenden *Buchungen* für 1987 mit 18 Millionen Gästen und 89 Millionen *Übernachtungen*. Das entspricht im Vergleich zum vergangenen Jahr einer *Zunahme* um zehn, beziehungsweise vier Prozent. Die Zahl der ausländischen Gäste stieg um 7,8, die der Übernachtungen um 7,1 Prozent an. Die Japaner stellten den Rekord mit einem *Zuwachs* von 60 Prozent (300 000 Gäste) auf.

restaurants / most popular
managing director / tourist association
based on / bookings
overnight / accommodations
increase
increase

1. Bayern ist die beliebteste deutsche Ferienregion.   **JA NEIN**
2. 1987 war für die Hotels und Gaststätten noch besser als 1986.   **JA NEIN**
3. Bayern hat 1987 18 Millionen Gäste gehabt.   **JA NEIN**
4. Die Zahl der Gäste und Übernachtungen steigen in gleichem Maße.   **JA NEIN**
5. Nach den Amerikanern stellten die Japaner den Rekord des Zuwachses.   **JA NEIN**

10. Sicher wollen Sie, wenn Sie es nicht schon getan haben, irgendwann einmal in Deutschland reisen oder vielleicht sogar leben, und Sie interessieren sich vielleicht für die deutschen Eßgewohnheiten. Sehen Sie sich Schaubild 1 an, und kommentieren Sie. Sieht Ihre tägliche Speisekarte ähnlich aus, oder leben Sie gesundheitsbewußter (= more health-conscious)?

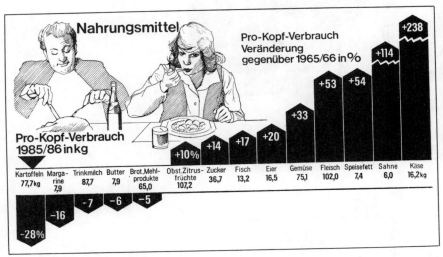

Schaubild 1 Neue Speisekarte

NEUE SPEISEKARTE

Die *Eßgewohnheiten* der Bundesbürger haben sich in den vergangenen *eating habits*
zwanzig Jahren *erheblich* verändert. Doch daß die Deutschen sich gesün- *considerably*
der ernährten, läßt sich nicht *behaupten*. Gesundheitswelle und der *claim*
jüngste Trend zu Naturkost und vegetarischem Essen haben auf die
Masse der Bevölkerung kaum *Auswirkungen*. So hatten zwar *hochwertige*, *bearing/nutritious*
aber *ballaststoffarme* Nahrungsmittel wie Käse, Fleisch und Fisch und Eier *low in fibers*
beträchtliche Zuwachsraten. Doch ebenso finden sich immer mehr Kalo- *considerable/rates*
rienbomben und Dickmacher auf dem *Speisezettel*: Zucker, Fett und *of increase/menu*
Sahne—alles Produkte, mit denen die Bundesbürger auch vor zwanzig *cream*
Jahren schon ausreichend *versorgt* waren. Mineralstoff- und ballaststoff- *supplied*
reiche Lebensmittel, Brot, Milch und Kartoffein, hingegen wurden kräftig reduziert.

**11. Hören Sie sich das Tonband-Interview zu Kapitel 1 (Kassette,
1) an. Die „Verständnishilfen" sind hier wie auch in allen folgenden Interviews chronologisch aufgezeichnet, so daß Sie beim
Anhören der Gespräche die weniger bekannten Wörter und ihre
Bedeutung mitlesen können.**

VERSTÄNDNISHILFEN

zum Gespräch mit der Leiterin eines Reisebüros

Frau Vondenhoff

Autorin

Schlangen von Kunden	*long lines of customers*
befriedigen	*please*
Reiseziele	*travel destinations*
laut	*according to*
woran liegt das	*how come*
Ausflugsfahrten	*excursions*
Sehenswürdigkeiten	*sights*
lauter Gutes	*lots of good things*
empfehlen	*recommend*
reichhaltig	*rich (food)*
sich selbst verpflegen	*to provide one's own meals*
auffällig	*noticeable*

Hören Sie sich das Gespräch zum zweiten Mal an. Machen Sie dabei mit Hilfe der folgenden Stichwörter Notizen.

Name der Gesprächspartnerin
Beruf
Die beliebtesten Reiseziele der Deutschen
  a) außerhalb von Deutschland
  b) innerhalb von Deutschland
Attraktionen in Schleswig-Holstein
Reiseziele von Amerikanern in Deutschland
Vorteile der Halbpension
Der Vorteil einer Ferienwohnung, besonders für Familien
Der Hauptgrund, warum in diesem Jahr so viele Deutsche nach den USA
  reisen

Lesen Sie die folgenden Fragen und beantworten Sie sie, nachdem Sie sich das Gespräch zum dritten Mal angehört haben.

1. Wohin, sagt Frau Vondenhoff, reisen die Deutschen am liebsten? Was ist wohl der Grund dafür?

2. Welches Land ist ein neues populäres Reiseziel?
3. Wovon hängt es ab, wieviele Deutsche nach den USA reisen?
4. Was sind für die Deutschen die beliebtesten Reiseziele innerhalb der deutschsprachigen Länder?
5. In welchem deutschen Land befindet sich dieses Reisebüro?
6. Warum reisen die Deutschen gern nach Schleswig-Holstein?
7. Helfen deutsche Gäste auf Bauernhöfen bei der Farmarbeit mit?
8. Warum sind Ferienwohnungen besonders beliebt?
9. Warum wollen viele Touristen kein Hotel mit Vollpension?
10. Wofür würden Sie sich entscheiden: für Zimmer mit Frühstück, Halbpension oder Vollpension? Warum?
11. Wofür bezahlt ein Amerikaner nicht gern in einem deutschen Restaurant?
12. Warum sind letztes Jahr wenige Amerikaner nach Deutschland gereist, und warum so viele in diesem Jahr (1987)?

PRODUKTION

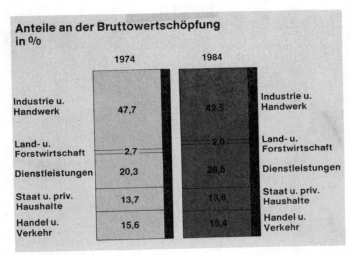

Anteile an der Bruttowertschöpfung in %

	1974	1984	
Industrie u. Handwerk	47,7	42,5	Industrie u. Handwerk
Land- u. Forstwirtschaft	2,7	2,0	Land- u. Forstwirtschaft
Dienstleistungen	20,3	26,5	Dienstleistungen
Staat u. priv. Haushalte	13,7	13,6	Staat u. priv. Haushalte
Handel u. Verkehr	15,6	15,4	Handel u. Verkehr

Schaubild 1

A. INDUSTRIE UND HANDWERK

1 / Wie Schaubild 1 zeigt, hat die Industrie den größten Anteil an der Brutto-Wertschöpfung (=Bruttosozialprodukt) in der BRD. Die Statistiken kommen vom Informationsamt der Bundesregierung in Bonn. Von den 42 Prozent werden 9 Prozent vom Handwerk geleistet. Industrie und Handwerk bestreiten also zusammen fast die Hälfte der gesamten wirtschaftlichen Leistung. Dieser Anteil ist höher als in allen andern Ländern der Welt. Solche Zahlen sind natürlich nicht konstant. Wie alle *hochentwickelten* Nationen ist die BRD *zunehmend* eine *Dienstleistungsgesellschaft.* Das bedeutet, daß immer mehr Geld mit nicht-produzierendem Gewerbe verdient wird, und weniger in anderen Sektoren der Wirtschaft. Diese Entwicklung hat schon vor Jahren begonnen und geht in derselben Richtung weiter. Das zeigt Schaubild 2 mit seiner Prognose der Arbeitswelt bis zum Jahre 2000. Bis dahin wird die Industrie voraussichtlich 16% weniger Erwerbstätige haben als 1980, während es in allen Dienstleistungsbereichen—mit Ausnahme von Verkehr und Post—*kräftigen Zuwachs* geben soll. Das hat sich in den letzten 7 Jahren schon stark *bewahrheitet.* Dennoch werden Industrie und Produktion in *absehbarer Zukunft* einen wesentlichen, wenn nicht den wesentlichsten Anteil an der Wirtschaft der BRD behalten.

highly developed
increasingly /
society of
services

strong economic
growth
proved to be
true / near future

15

Die Arbeitswelt bis zum Jahre 2000

Veränderung der Zahl der Erwerbstätigen
zwischen 1980 und 2000 in %

Werbung, Beratung +46
Medien, Kunst, Unterhaltung 32
Verbände, Organisationen 22
Staat 20
Gastgewerbe 20
Gesundheitswesen 17
Banken, Versicherungen 14
Bildung, Wissenschaft 13
übrige Dienstleistungen 26

Verkehr, Post −1
Handel 10
Energie, Bergbau 12
Industrie 16
Landwirtschaft 24
Baugewerbe 24

Quelle: IAB/Prognos   © Globus
5816

Schaubild 2

2 / Die Bundesrepublik Deutschland gehört zu den wichtigsten und modernsten Industrieländern, obwohl sie arm an Rohstoffen ist und im zweiten Weltkrieg fast alle Industrieanlagen verloren hat. Dazu haben das Niveau der Ausbildung und des Wissens entscheidend beigetragen, wie auch die hohe Leistung aller Beteiligten, vom kleinsten Arbeiter an bis

Das deutsche Ruhrgebiet bie Essen.

Die 100 größten Industrie-Unternehmen in der Bundesrepublik

Rang 1987	Rang 1986	Unternehmen	Branche	Umsatz 1987 in Millionen Mark	Umsatz Veränderung in Prozent	Gewinn (−Verlust) in Millionen Mark 1987	Gewinn (−Verlust) in Millionen Mark 1986	Beschäftigte 1987	Beschäftigte Veränderung in Prozent
1.	1.	Daimler-Benz	Auto	67 475	3,0	1782	1767	326 288	2,0
2.	2.	VW	Auto	54 635	3,5	598	580	260 458	5,8
3.	3.	Siemens	Elektro	51 431	9,4	1275	1474	359 000	0,0
4.	4.	BASF	Chemie	38 944	− 0,9	1051	910	133 759	1,7
5.	6.	Veba	Energie/Öl/Chemie	38 775	− 0,8	1030	1061	74 130	6,3
6.	5.	Bayer	Chemie	37 143	− 3,0	1544	1354	164 400	0,2
7.	7.	Hoechst	Chemie	36 956	11,2	1528	1317	167 781	9,2
8.	9.	RWE	Energie	27 155	− 6,1	779	686	72 785	1,3
9.	8.	Thyssen	Stahl/Masch/.Handel	26 551	−17,0	302	370	123 400	− 3,4
10.	10.	Bosch	Elektro	23 807	− 6,1	825	454	158 142	− 2,0
11.	11.	Ruhrkohle	Bergbau	20 267	− 3,1	38	106	125 347	− 5,4
12.	12.	BMW	Auto	19 460	11,1	k.A.	k.A.	62 794	8,1
13.	16.	Opel	Auto	17 187	15,8	479	−142	54 798	− 1,2
14.	14.	Ford	Auto	17 017	3,2	810	575	47 104	1,7
15.	13.	Mannesmann	Maschinen	16 655	− 3,4	134	107	113 274	1,9
16.	17.	M.A.N.	Maschinen	14 970	6,3	135	122	52 229	− 0,4
17.	15.	Krupp	Stahl/Masch.	14 105	−11,0	42	126	65 205	− 4,2
18.	24.	Metallgesellschaft	Metall/Anlagen	13 329	−10,5	100	98	24 394	− 4,2
19.	22.	Degussa	Chem./Edelmetalle	11 719	7,8	121	115	30 789	23,3
20.	21.	IBM Deutschland	Elektronik	11 551	− 3,9	545	518	30 544	7,0
21.	19.	Deutsche Shell	Mineralöl	10 623	−16,3	246	397	3 628	− 4,2
22.	29.	Preussag	Energie/Öl	10 423	28,9	102	79	29 669	8,3
23.	25.	Feldmühle Nobel	Chemie/Papier/Metall	9 802	1,9	151	143	42 924	0,0
24.	20.	Esso	Mineralöl	9 640	−15,0	63	269	2 998	−11,3
25.	18.	Ruhrgas	Energie	9 535	−26,7	513	450	6 448	2,8
26.	27.	Henkel	Chemie	9 256	6,2	292	226	34 731	8,4
27.	30.	Bertelsmann	Verlag	9 160	12,0	207	329	42 013	12,7
28.	23.	Deutsche BP	Mineralöl	8 826	n.v.	143	104	1483	n.v.
29.	26.	Deutsche Philips	Elektro	8 568	8,1	109	313	36 000	3,2
30.	40.	VIAG	Holding	8 444	− 2,7	191	164	32 733	− 1,4
31.	28.	Salzgitter	Stahl/Werft	7 845	− 9,2	65	61	37 542	− 3,5
32.	33.	Hoesch	Stahl	7 338	− 0,5	49	271	32 800	1,2
33.	31.	Deutsche Unilever	Lebensmittel	7 191	− 4,6	217	207	24 095	− 6,1
34.	32.	Klöckner-Werke	Stahl	6 355	−14,8	−390	1	28 232	−19,8
35.	41.	MBB	Flugzeugbau	6 320	12,2	5	−104	38 456	2,2
36.	34.	Philipp Holzmann	Bau	5 796	−11,2	23	21	23 450	−14,4
37.	42.	Bayernwerk	Energie	5 748	2,7	248	231	9 514	0,4
38.	38.	Saarbergwerke	Kohle/Energie	5 565	− 7,7	−296	−167	28 761	− 3,4
39.	37.	VEW	Energie	5 463	−10,5	167	159	8 074	1,5
40.	44.	Deutsche Texaco	Mineralöl	5 357	− 1,3	92	174	4 103	6,5
41.	45.	SEL	Elektro	5 308	− 1,6	168	95	31 746	− 3,0
42.	43.	Enka	Chemie	5 276	− 4,7	80	229	38 200	2,4
43.	36.	Mobil Oil	Mineralöl	5 257	−19,1	30	230	2 159	− 5,5
44.	48.	Continental	Reifen	5 098	2,6	139	114	42 263	32,0
45.	52.	Nixdorf	Elektronik	5 071	12,6	264	222	29 440	15,1
46.	35.	BBC	Elektro	4 963	−23,5	20	21	34 370	− 6,0
47.	39.	Batig	Holding	4 911	−15,6	140	53	24 631	−24,8
48.	47.	Deutsche Babcock	Industrieanlagen	4 827	− 6,0	45	39	22 130	2,5
49.	46.	Hochtief	Bau	4 701	− 9,2	51	131	28 251	− 2,0
50.	51.	Schering	Pharma/Chemie	4 701	0,8	144	138	23 968	0,4
51.	53.	ZF-Friedrichshafen	Maschinen	4 627	7,7	36	k.A.	30 535	5,6
52.	49.	KHD	Maschinen	4 505	− 6,6	−287	29	24 075	−11,5
53.	50.	Deutsche Nestlé	Lebensmittel	4 194	0,4	113	100	14 971	0,9
54.	55.	Linde	Maschinen	4 133	6,6	118	106	19 646	2,0
55.	54.	Boehringer-Ingelh.	Pharma	3 873	− 5,3	97	110	22 344	− 0,5

Schaubild 3

56.	61.	ITT-Beteiligung	Holding	3 775	6,8	k.A.	k.A.	21 131	− 2,6
57.	68.	W.C. Heraeus	Metalle	3 729	21,5	37	40	7 900	4,6
58.	57.	Rütgerswerke	Chemie	3 694	− 1,2	22	29	12 333	3,8
59.	−	Solvay	Chemie	3 634	5,2	89	78	11 232	− 4,6
60.	60.	Porsche	Auto	3 409	− 4,4	52	75	8 556	1,2
61.	65.	FAG-Kugelfischer	Kugellager	3 226	3,5	54	94	30 345	− 6,0
62.	66.	Grundig	Elektro	3 219	3,4	115	110	18 748	− 3,7
63.	62.	Freudenberg	Kunststoffe	3 216	− 2,5	k.A.	k.A.	23 940	− 1,5
64.	67.	Energie-Vers. Schwaben	Energie	3 125	3,7	81	56	4 799	0,1
65.	70.	Beiersdorf	Chemie	3 084	3,1	85	91	16 067	3,0
66.	59.	Werhahn	Konglomerat	3 083	−14,1	k.A.	k.A.	11 464	−17,0
67.	58.	Zeiss-Stiftung	Optik	3 052	1,1	44	56	31 725	0,2
68.	64.	adidas	Textil	3 047	− 3,9	k.A.	k.A.	10 564	−16,3
69.	74.	PWA	Papier	2 999	8,5	77	70	9 851	10,6
70.	71.	Rheinmetall	Masch./Rüstung	2 986	0,2	64	72	14 863	− 2,2
71.	63.	Merck	Chemie/Pharma	2 979	0,8	k.A.	132	20 704	1,3
72.	72.	Deutsche ICI	Chemie	2 950	3,1	29	2	6 006	1,8
73.	69.	Oetker[1])	Lebensmittel	2 900	− 3,0	k.A.	k.A.	9 000	0,0
74.	76.	Axel Springer	Verlag	2 783	4,6	96	94	11 452	1,5
75.	77.	Wacker	Chemie	2 689	1,5	45	74	13 955	2,6
76.	78.	Badenwerk	Energie	2 615	0,5	68	62	3 687	1,0
77.	75.	Bilfinger + Berger	Bau	2 605	− 4,5	16	13	22 131	7,8
78.	80.	Hewlett-Packard	Elektronik	2 500	1,5	114	150	5 130	6,0
79.	79.	Stadtwerke München	Energie	2 486	0,4	−110	−110	10 121	2,5
80.	82.	Du Pont	Chemie	2 432	− 0,1	79	74	4 192	0,9
81.	83.	Bewag	Energie	2 417	0,2	134	134	7 248	5,1
82.	84.	HEW	Energie	2 329	0,5	68	66	5 616	− 0,4
83.	85.	Fichtel & Sachs	Maschinen	2 318	3,3	k.A.	k.A.	18 683	0,7
84.	73.	Strabag	Bau	2 308	−17,9	21	−86	14 114	−10,1
85.	86.	Michelin	Reifen	2 213	1,0	59	63	9 917	6,2
86.	87.	Diehl	Uhren/Metall	2 174	0,3	k.A.	k.A.	14 042	2,1
87.	91.	Bauer[1])	Verlag	2 150	3,0	k.A.	k.A.	10 300	0,0
88.	93.	Miele	Elektro	2 146	6,6	k.A.	k.A.	12 206	4,8
89.	81.	Dillinger Hütte	Stahl	2 108	−14,4	4	3	5 795	− 3,9
90.	94.	Tchibo[1])	Lebensmittel	2 100	0,5	k.A.	67	3 800	0,0
91.	90	Dyckerhoff & Widmann	Bau	2 080	− 0,1	3	7	12 507	− 6,7
92.	92.	Melitta	Lebensmittel	2 003	− 3,1	k.A.	k.A.	8 100	2,5
93.	98.	Iveco-Magirus	Fahrzeugbau	2 001	7,6	135	89	6 597	2,4
94.	−	VDO	Autozulieferer	1 939	10,0	24	29	15 161	− 1,6
95.	−	Varta	Batterien	1 833	3,3	47	44	13 120	3,8
96.	89.	Saarstahl	Stahl	1 821	−14,1	−63	−101	9 412	−10,4
97.	97.	Liebherr	Maschinen	1 818	−11,2	29	36	7 997	0,2
98.	96.	Energievers. Weser-Ems	Energie	1 747	−11,2	32	29	1 479	− 1,7
99.	−	Mahle	Kfz-Zubehör	1 745	13,7	42	54	14 257	9,5
100.	−	SKF	Maschinen	1 731	− 2,0	19	16	10 080	− 1,7

Wegen der neuen Bilanzierungsvorschriften der EG sind in den meisten Fällen die absoluten Umsatzzahlen mit der ZEIT-Tabelle aus dem Vorjahr nicht mehr vergleichbar. Die Veränderungsraten geben indes die tatsächlichen Umsatzentwicklungen an.

Umsatz ohne Verbrauchersteuern (Mineralölsteuer, Tabaksteuer, Biersteuer)

Gewinn = Jahresüberschuß   k. A. keine Angabe

[1]) Zahlen von Redaktion geschätzt   n. v. nicht vergleichbar

Dokumentation: Maria Horn

© Copyright DIE ZEIT

Schaubild 3. (*Continued*)

zur obersten Führung. Der Ansporn zur Leistung ist bei allen groß, weil nach dem sozialen marktwirtschaftlichen System jeder einzelne am Gewinn beteiligt ist. Im Tonband-Interview (2A #1) spricht ein erfahrener *Unternehmensberater* darüber, was die deutsche Industrie tun muß, um konkurrenzfähig zu bleiben.

corporate adviser

3 / Schaubild 3 verzeichnet die 100 größten Industrie-Unternehmen in der BRD, die mit Umsatz und Beschäftigtenzahl *an der Spitze liegen*. Die vier wichtigsten Industriezweige in der BRD sind der Maschinen- und Fahrzeugbau, die Elektrotechnik mit der Herstellung von Büromaschinen und *Datenverarbeitungsanlagen* und die chemische Industrie. In diesen Branchen sind die meisten industriellen Arbeitnehmer beschäftigt.

are at the top

data processing equipment

4 / Es genügt ein *flüchtiger Blick* auf die *Rangliste* der führenden deutschen Industrie-Unternehmen, um zu erkennen, daß Unternehmen schnell an Bedeutung für die Wirtschaft, d.h. an Umsatz und Beschäftigtenzahl, gewinnen und verlieren können. Z.B. *rutschte* Siemens 1986 vom ersten Platz des Vorjahres auf den dritten Platz. Die Gründe für diesen spezifischen *Fall* liegen darin, daß Daimler Benz 1985 das drittgrößte Elektro-Unternehmen AEG gekauft hat. Es gibt aber auch andere Unternehmen, wie z.B. das relativ kleine Nixdorf auf dem 52. Platz, das aus eigenen Kräften in einem Jahr seinen Umsatz um 14,7% steigern konnte. Ein anderes Beispiel für starkes Wachstum ist das Deutsche Nestle Unternehmen. Es konnte seinen Umsatz sogar um 23% und seine Beschäftigtenzahl um 33,7% steigern. Die erstaunliche Wachstumsrate der Rheinmetall auf dem 71. Platz ist *zweifellos* auf vermehrte Aufträge der Regierung *zurückzuführen,* da es sich hier um Herstellung von *Rüstung* handelt. Die vielen negativen Wachstumsraten sind hauptsächlich durch die gefallenen Ölpreise und den im Wert gesunkenen Dollar zu erklären. Vom letzteren sind Firmen mit starkem Export am *meisten betroffen.* Andere Industriezweige, wie z.B. die Schuh- und Textilindustrie, finden durch wachsende Auslandskonkurrenz immer weniger Absatz für ihre Waren und müssen deshalb Angestellte entlassen.

quick glance/ rating list

slipped

case

undoubtedly to attribute to/ armament

hit hardest

Volkswagenwerk Hannover.

5 / Es gibt in der BRD fast 50 000 Betriebe. Schaubild 5 ist eine graphische Darstellung ihrer Größenordnung. Den größten Anteil stellen Kleinbetriebe mit nicht mehr als 49 Beschäftigten. Dagegen gibt es ganz wenige Großbetriebe mit mehr als 1000 Beschäftigten.

Deutsche Industrie

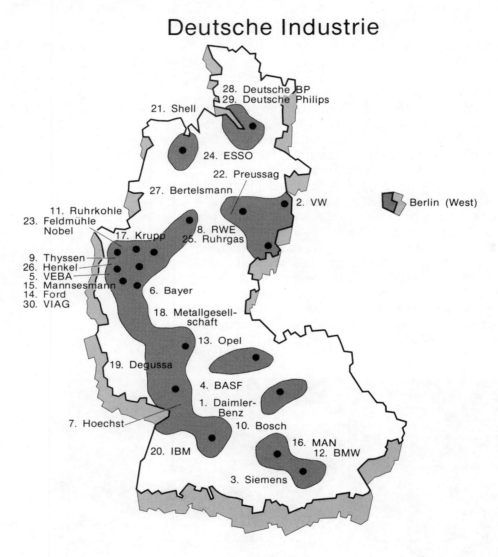

Schaubild 4   ● **Standorte großer Unternehmen**   🖝 **Industriegebiete**

6 / Die wichtigsten Industriegebiete und -städte in der BRD sind: die Ruhr-Rhein-Achse, das Rhein-Main-Gebiet, das Saarland, Hamburg, Bremen, Hannover, Stuttgart, Nürnberg, München und West-Berlin Schaubild 4 zeigt, wo einige große Firmen mit bekannten Namen angesiedelt sind.

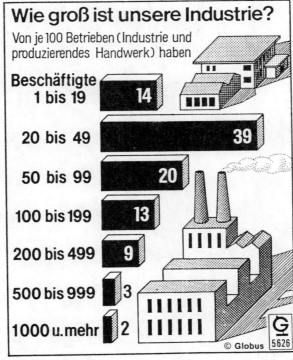

Wie groß ist unsere Industrie?

Von je 100 Betrieben (Industrie und produzierendes Handwerk) haben

Beschäftigte

1 bis 19	14
20 bis 49	39
50 bis 99	20
100 bis 199	13
200 bis 499	9
500 bis 999	3
1000 u. mehr	2

© Globus 5626

Schaubild 5

7 / Das Handwerk, das zu Beginn der industriellen Entwicklung überholt und *verdrängt* zu werden drohte, hat sich gut behauptet und sogar neue Bedeutung gewonnen. Viele Handwerker arbeiten mit der Industrie zusammen. Sie liefern ihr handgearbeitete Teile zu, wie z.B. *handgewebte* Stoffe, die dann maschinell verarbeitet werden. Besonders wichtig ist der Kundendienst, den sie übernehmen: die Wartung und Reparatur von industriell hergestellten Fabrikaten, wie z.B. Kühlschränken, Fernsehern usw.

displaced

hand-woven

8 / Es gibt aber auch noch Handwerker, die ganz unabhängig von der Industrie arbeiten. Viele Leute schätzen handgearbeitete Gebrauchs- und Dekorationsartikel und sind bereit, dafür entsprechend viel zu zahlen. Ein Handwerker, der aus dem täglichen Leben der Deutschen gar nicht wegzudenken ist, ist der Bäcker. Schon früh morgens verbreitet seine Backstube einen herrlichen *Duft,* und viele Deutsche kaufen sich zum Frühstück frischgebackene Brötchen. Und zum Abendessen wird meistens Brot mit Aufschnitt gegessen. Es gibt in der BRD über 200 verschiedene Brotsorten!

aroma

9 / Ausländische Touristen sind von der Vielfalt des deutschen Handwerks besonders fasziniert, wie auch von den dekorativen Schildern der Handwerkerzunft, die über der Tür hängen und viel zu der malerischen Atmosphäre mittelalterlicher Straßen beitragen.

Schaufenster mit Delikatessen in Mainz

Viele Brotsorten

Schaubild 6

WORTSCHATZ

1 / die Industrie, -n	*industry*
das **Handwerk**	*handicraft, trade*
der **Anteil,** -e	*share*
die **Brutto-Wertschöpfung**	*gross national product*
das **Brutto-Sozialprodukt,** -e	*gross national product*
die **Statistik,** -en	*statistics*
das Amt, ̈er	*office*
leisten	*to achieve*
bestreiten	here: *to supply*; also: *to dispute*
die **Leistung, -en**	*achievement, output*
das **Gewerbe**	*business, trade*
die **Entwicklung, -en**	*development*
die Richtung, -en	*direction*
erwerbstätig	*(gainfully) employed*
der/die Erwerbstätige, -n	*employee*
die **Dienstleistung,** -en	*services rendered*

der **Bereich,** -e	area, branch
wesentlich	essential

2 / der Rohstoff, -e — raw material.
die Anlage, -n — here: *plant, installation*
das Niveau — level, standard
die Ausbildung — education, training
entscheidend — decisive(*ly*)
beitragen(ä),u,a — to contribute
alle **Beteiligten** — all parties involved
die Führung — management
der Ansporn — stimulus, motivation
das System, -e — system
der **Gewinn,** -e — profit
das Tonband, ¨er — tape
erfahren, *adj.* — experienced
konkurrenzfähig — competitive

3 / verzeichnen — to list
das Unternehmen, - — enterprise, business firm, corporation

der **Zweig, -e** — branch, line of business
der **Umsatz,** ¨e — sales
die **Beschäftigten,** *pl.* — employees
das **Fahrzeug,** -e — motor vehicle
die **Herstellung** — production
die **Branche, -n** — branch, line of business
industriell — industrial
beschäftigen — to employ; to occupy

4 / das Vorjahr, -e — previous year
der Grund, ¨e — reason, cause
steigern — to increase
das Wachstum — growth
vermehren — to increase
die **Konkurrenz** — competition
der **Absatz** (von Waren) — sale, marketing
der **Angestellte,** -n — employee
entlassen — to lay off

5 / der **Betrieb,** -e — industrial plant, firm, shop
die Darstellung — presentation

6 / die **Firma, Firmen** — firm, company

7 / überholt (werden) — (*to become*) obsolete
drohen (*Dat.*) — to threaten
sich behaupten — to assert oneself
liefern — to supply; deliver
der/das Teil, -e — part
maschinell — by machine
verarbeiten — to manufacture, process

der **Kundendienst,** -e	*customer service*
die **Wartung**	*maintenance*
die **Reparatur,** -en	*repair*
das **Fabrikat,** -e	*product, manufactured goods*
der Kühlschrank, ⁻e	*refrigerator*
der Fernseher, -	*TV*

8 /	der **Handwerker,** -	*craftsman*
	unabhängig	*independent(ly)*
	schätzen	*to value*
	Gebrauchs-	*for use*
	bereit	*prepared, willing*
	entsprechend	*appropriate(ly)*
	das Brötchen, -	*roll*
	der Aufschnitt	*cold cuts*
	die **Sorte,** -n	*brand, type*

9 /	die Vielfalt	*variety*
	das **Schild,** -er	*sign, poster*
	die Zunft, ⁻e	*guild*

ÜBUNGEN

A.1. Vervollständigen Sie die Sätze.

1 / **1.** Die Industrie hat den größten _____ an dem Brutto-Sozialprodukt in der BRD (*share*).

2. Industrie und Handwerk bestreiten zusammen fast die Hälfte der gesamten wirtschaftlichen _____ (*output*).

3. Die _____ geht in derselben Richtung weiter (*development*).

4. Die Industrie wird voraussichtlich in der Zukunft weniger _____ haben als jetzt (*employees*).

2 / **5.** Die Bundesrepublik gehört zu den wichtigsten und modernsten _____ (*industrial countries*).

6. Sie ist aber arm an _____ (*raw material*).

7. Dazu haben Ausbildung und Wissen entscheidend _____ (*contributed*).

8. Deutschland hat im 2. Weltkrieg fast alle _____ verloren (*industrial plants*).

9. Im sozialen marktwirtschaftlichen System ist jeder am Gewinn _____ (*shares in*).

3 / **10.** Die Maschinen- und Fahrzeugbauindustrien liegen mit _____ und Beschäftigtenzahl an der Spitze (*sales*).

4 / **11.** Einige Firmen konnten ihren Umsatz wesentlich _____ (*increase*).

12. Beim Maschinenbau sind die meisten Menschen _____
(*employed*).

13. Einige Industriezweige müssen immer mehr Angestellte _____
(*lay off*).

5 / 14. Es gibt in der BRD fast 50 000 _____ (*industrial plants*).

7 / 15. Handwerker machen den _____ für die Industrie (*customer service*).

16. Sie übernehmen die _____ und die _____ für industriell hergestellte Waren (*maintenance; repair*).

8 / 17. Viele Leute schätzen handgearbeitete _____ (*articles for use*).

18. Viele Deutsche essen zum Frühstück _____ (*fresh rolls*).

19. Es gibt in der BRD über 200 _____ (*brands of bread*).

A.2. Verwandte Wörter. Sie sind fast identisch mit den englischen derselben Bedeutung. Merken Sie sich die geringen Abweichungen vom Englischen wie auch ihr Geschlecht. Machen Sie mit jedem Wort einen einfachen Satz.

das Brutto-Sozialprodukt   die Produktion   die Information
konstant   der Sektor   die Elektrotechnik   die Daten
die Branche   spezifisch   relativ   die Rate   negativ
die Ware   graphisch   sozial   das System   industriell
maschinell   die Maschine   die Reparatur   elektronisch
dekorativ   die Atmosphäre

A.3. Suchen Sie zu jedem Wort ein ähnliches auf der Liste. Als 2. Übung sammeln Sie Wörter derselben Familie, z.B.: „leisten", „die Leistung", „leistungsfähig"

leisten   mithelfen   sich beteiligen   der Ansporn   der Typ
der Zweig   beschäftigt   herstellen   teilnehmen   das Fabrikat
schaffen   angestellt   der Duft   die Motivierung   das Produkt
der Geruch   beitragen   die Sorte   erzeugen   die Branche

A.4. Suchen Sie im Gespräch mit einem Partner für jeden Paragraphen eine passende Überschrift.

1. _____

2. _____

3. _____

4. _____

5. _____

6. _____

7. _____

8. _____

9. _____

Übungen

A.5. Vervollständigen Sie die Notizen zum Text.

Die Entwicklung geht von einer Industriegesellschaft zu einer _____ gesellschaft.

Die hohe Leistung aller Beteiligten basiert auf

hohem Niveau der Ausbildung und des Wissens	

Die vier wichtigsten Industriezweige

Maschinenbau			

Wenn der Dollar im Wert gegen die DM sinkt, steigt/fällt der deutsche Export nach den USA.

Das Handwerk überlebt durch

Zusammenarbeit mit der Industrie	

Liste von Handwerkern, die Sie kennen.

Bäcker
Schlachter
Schneider
_____
_____
_____
_____
_____
_____

A.6. Beantworten Sie die Fragen.

1 / 1. Wieviel Anteil hat die Industrie am Bruttosozialprodukt der BRD?

2 / 2. Wie kommt es, daß ein rohstoffarmes und verhältnismäßig kleines Land wie die BRD zu den wichtigsten Industrieländern der Welt gehört?

3. Wieso ist der Ansporn zur Leistung bei allen Arbeitern und Angestellten groß?

3 / 4. Welche vier Industriezweige beschäftigen die meisten Arbeitskräfte?

4 / **5.** Warum müssen manche Industriezweige Angestellte entlassen?

6. Welchen Unternehmen geht es in letzter Zeit besonders gut?

7. Wie konnte sich das Handwerk in dem Industriestaat gut behaupten?

9 / **8.** Wovon sind viele ausländische Touristen fasziniert?

A.7. Folgen Sie bei der Übersetzung dem Muster.

Die BRD gehört zu den wichtigsten Industrieländern.

1. The BRD is part of (=belongs to) the Common Market(=*EG*).

2. The employees of his firm belong to a labor union (=*Gewerkschaft*).

3. Do you belong to a union?

Alle sind am Gewinn beteiligt.

4. They are participating in the competition.

5. We are participating in the profit.

6. Are you participating in the sale?

Viele Leute schätzen handgearbeitete Gebrauchsartikel.

7. People value good customer service.

8. Tourists value the variety of German craftsmanship.

9. Many Germans value fresh rolls for breakfast.

A.8. Übersetzen Sie.

1. Statistics show that many employees had to be laid off.

2. Industry and craftsmanship supply almost half of the total economic output.

3. Germany lost most of its industrial plants during the war.

4. Education and knowledge have contributed decisively to the high standard of the German industries.

5. Foreign competition made it harder to sell some goods.

6. Most of the industrial plants employ less than fifty workers.

7. Craftsmanship has not become obsolete.

8. Some craftsmen work completely independently of (the) industry.

A.9. Interpretieren Sie Schaubild 2. Beginnen Sie z.B. so: „Die Arbeitswelt wird sich bis zum Jahre 2000 ändern. Es werden mehr Leute in der Bildung und Wissenschaft beschäftigt sein und weniger in.... Den größten Zuwachs wird....''

A.10. Lesen Sie den Artikel aus der FRANKFURTER ALLGEMEINEN ZEITUNG, und entscheiden Sie, ob die im Anschluß daran gedruckten Aussagen darin gemacht werden oder nicht.

DIE SCHUHFABRIKEN LEISTUNGSFÄHIGER MACHEN*

Mit niedrigeren Lohnkosten gegen Importe/Produktion kaum höher

B.K. DÜSSELDORF, 12. März. Die deutschen Schuhhersteller können nur dann das an die *Billiglohnländer* verlorene *Terrain* zurückgewinnen, wenn sie in den kommenden Jahren mit moderner Technik die Produktivität erhöhen. Das sagte Peter Verhuven, der *Vorsitzende* des *Hauptverbandes* der Deutschen Schuhindustrie, kurz vor der GDS-Internationale *Schuhmesse*, die vom 21. bis 23. März in Düsseldorf *veranstaltet* wird. *(low-wage countries/territory, chairman, general association, shoe fair, held)*

Heute erreichen die Löhne noch 20 Prozent der Produktionskosten, doch es sei durchaus denkbar, daß diese Quote durch den *Einsatz* moderner Technik auf etwa 5 Prozent gesenkt werden könne. Bisher hätten allerdings erst 10 der gut 300 Betriebe mit der Entwicklung solcher Produktionsanlagen begonnen. Die notwendigen *Investitionen* in einem Betrieb mit einer Tagesproduktion von etwa 3000 Paar Schuhen lägen bei rund 2,5 Millionen DM. *(employment, investments)*

Im Geschäftsjahr 1986 konnten die deutschen *Schuhfabrikanten* zwar ihre Produktion um knapp 1 Prozent auf fast 88 Millionen Paar Schuhe steigern. Dabei mußten allerdings die *Hersteller* von Lederschuhen einen erheblichen Rückgang von 8 Prozent hinnehmen, während die Produzenten von Sportschuhen, Sandalen und Hausschuhen um bis zu 20 Prozent *zulegen* konnten. Diese *Verschiebung* zu den billigeren Schuhgruppen *spiegelt sich* auch im Umsatz *wider*, der um fast 2 Prozent auf gut 6,4 Milliarden DM fiel. *(shoe manufacturers, manufacturers, add/shift, is reflected)*

Die Zahl der *Betriebe schrumpfte* 1986 um 7,3 Prozent auf 304. Einen neuen *Höchststand* erreichten im vergangenen Jahr die Importe: Sie stiegen um 7,6 Prozent auf 240 Millionen Paar Schuhe, was beinahe dem Dreifachen der deutschen Produktion entspricht. *(plants/shriveled, highest level)*

1. Die deutschen Schuhhersteller müssen mit moderner Technik ihre Produktivität erhöhen, wenn sie mit Billiglohnländern konkurrieren (= *compete*) wollen. **JA NEIN**

2. Bisher haben nur wenige Betriebe mit der Entwicklung solcher Produktionsanlagen angefangen. **JA NEIN**

3. 1986 ist die deutsche Schuhproduktion gesunken. **JA NEIN**

4. Weniger Lederschuhe und mehr Sportschuhe, Sandalen und Hausschuhe wurden hergestellt. **JA NEIN**

5. Die Importe sind 1986 fast um das Dreifache gestiegen. **JA NEIN**

A.11. Lesen Sie den Artikel aus DEUTSCHLAND-NACHRICHTEN, und beschreiben Sie in drei Sätzen die Konjunktur der Autoin-

---

*FAZ (13.3.87)

dustrie im 1. Halbjahr von 1987. Berücksichtigen (= consider) Sie dabei sowohl die Inlands- als auch die Auslandsnachfrage.

GLÄNZENDE DEUTSCHE AUTO-HALBZEITBILANZ

Entgegen den eigenen *Erwartungen* kann die Autoindustrie für 1987 eine *glänzende* Halbzeit-Bilanz präsentieren: Nach dem bisherigen Rekordjahr 1986 wurde die Auto-Produktion in den ersten sechs Monaten noch einmal um zwei Prozent auf 2,307 Millionen Einheiten gesteigert. Die Auto-Nachfrage ist seit April gewachsen und erreichte im Juni saisonbereinigt den höchsten Bestell-Eingang, berichtete der Hauptgeschäftsführer des Verbandes der Automobilindustrie, Achim Dickmann, in einem dpa-Gespräch. Im 1. Halbjahr 1987 ist demgegenüber die *Ausfuhr* von deutschen Autos um vier Prozent auf 1,278 Millionen *Einheiten* zurückgegangen. Die USA bleiben das wichtigste *Abnehmerland:* In den ersten fünf Monaten wurden 171 000 Autos vor allem der Nobelklasse geliefert. Das waren 13,6 Prozent weniger als in der gleichen Zeit im vergangenen Jahr. Der Marktanteil deutscher Autos in den USA lag mit 4,2 Prozent kaum unter dem Vorjahresniveau von 4,5 Prozent.

expectations
brilliant

export
units
buyer country

Herr Dr. Reichow

A.12. Hören Sie sich das 1. Tonband-Interview zu Kapitel IIA an (*Kassette 1*).

VERSTÄNDNISHILFEN

zum Gespräch mit einem Unternehmensberater

Unternehmensberater	*corporate consultant*
Forschung	*research*
Raumakustik	*space acoustics*
Atomphysik	*nuclear physics*
Entwicklung	*development*
Erprobung	*testing and evaluation*
Unterwasserschallanlagen	*sonar testing equipment*
Marinewaffensysteme	*navy weapon systems*
Bereich	*territory*
Verantwortung	*responsibility*
Vertrieb	*sales*
Geschäftsführer	*top manager*
Qualitätswesen	*quality control*
verantwortlich zu zeichnen	*to sign as the person responsible*
man...verfügt	*one has at one's disposal*
Vorbereitung	*preparation*
in diesem Umfang	*to this extent*
Dienstleistungsgesellschaft	*society of services = a society whose biggest share of the GNP consists of services rendered*
Bedarf	*need*
zugenommen	*increased*
unverkennbar	*obvious*
Stellenwert	*place*
des gehobenen Bedarfs	*of the need for high quality products*
machbar	*achievable*
ersetzen	*replace*
Dispositions- und Steuerungssysteme	*planning and control systems*
einsetzen	*put in place*
Wettbewerb	*competition*
kostengünstig produzieren	*to produce at compatible cost*
Handel	*trade*
Vorbildung	*education and training*
leugnen	*deny*
durchschnittlich	*average*
Arbeitslosenzahl	*number of unemployed*
Fachkräfte	*skilled workers*
entsprechend	*corresponding*

weisen eindeutig	*show clearly*
Schwerpunkte	*highlights*
angerissen	*touched on*
verteufeln	*think ill of*
Leerlauf	*running idle*
es liegt viel zu viel Material rum	*much too much material is lying around*
bearbeitet	*processed*
Durchlaufszeiten	*passing-through times = processing times*
verkürzen	*shorten, reduce*
zwei Fliegen mit einer Klappe schlagen	*kill two birds with one stone*
reagieren	*react*
Zinsen	*interest*
Datenverarbeitung	*data processing*
abzusehen	*to foresee*
es lohnt sich	*it pays off*
geistig	*mentally*
Jahrzehnt	*decade*
ungeahnte Möglichkeiten	*undreamt of possibilities*
Kraftfahrzeugindustrie	*auto industry*
einen wesentlichen Anteil	*a significant share*
umweltverträglicher	*more compatible with the environment*
Qualitätssicherung	*quality assurance*
Qualitätskontrolle	*quality control*
gekennzeichnet	*marked*
eine führende Stellung	*a leading position*
sich errungen haben	*have won*
Erfolg	*success*
Kunde	*customer*
durchaus geneigt	*very willing*
in der Lage	*able*
seinen Wünschen voll entspricht	*satisfies his wishes completely*
Funktionssicherheit	*functional safety*
Befriedigung	*satisfaction*
gerechtermaßen	*justifiedly*
Leistungsmerkmale	*performance data*
sorgfältig	*careful*
Voraussetzung	*prerequisite*
Erziehungsaufgabe	*educational goal*
überlegen	*superior*
Anmerkung	*footnote, remark*
Germanisten	*professors of German language and literature*
die sie anzieht	*which attracts them*
konkurrenzfähig	*competitive*
bedeutend	*significant*

Verständnishilfen

Ausbilder	*training force*
Lehrstellen	*apprenticeship positions*
unverzichtbar	*indispensible*
Ansprüche	*demands*
ausgeknautscht entwickelten Produkten	*products developed perfectly in every way*
kunsthandwerklich	*with artistic craftsmanship*
die sich den Preis leisten können	*who can afford the price*
besteht	*exists*
Dienstleister schlechthin	*the performer of services, pure and simple*
Schattenwirtschaft	*shadow economy*
Schwarzarbeit	*moonlighting*
geklagt	*complained*
prozentuale Anteile	*percentage shares*
werfen keine Steuer- und Sozialversicherungsbeiträge ab	*do not yield taxes and social insurance contributions*
nachlassen	*will become less*
hat sich verlangsamt	*slowed down*
versessen auf	*intent on*
angemessen	*reasonable*
wund	*sore*
spezialisiert	*specialized*
Beibehaltung	*retention*
Stilmerkmale	*stylistic characteristics*
restaurieren	*restore*
Rahmen	*frame*
ersetzt	*replaced*
Entwurf	*design*
Überbrückung	*bridge over*
vorgeschrieben	*prescribed*
Konstruktionszeichnungen	*constructional drawings*
einmalig	*unique*
Neid	*envy*
Fähigkeiten	*capabilities*
gleichermaßen	*equally*
erleichtert	*facilitates*
Eintritt	*entry*
Berufssparte	*professional line*

Hören Sie sich das Gespräch zum zweiten Mal an und entscheiden Sie dann, ob die folgenden Aussagen darin gemacht wurden:

1. Dr. Reichow war 1980–1986 Geschäftsführer der Firma Hagenuck im Bereich Produktion und Qualitätswesen.   **JA NEIN**

2. Unsere Gesellschaft hat sich immer mehr zu einer Dienstleistungsgesellschaft hin entwickelt.   **JA NEIN**

3. Die Produktion hat keine wichtige Rolle in der deutschen Wirtschaft mehr.   **JA NEIN**

4. Wir müssen menschliche Arbeitskräfte durch maschinelle ersetzen, um kostengünstig produzieren zu können.   **JA NEIN**

5. Die Industrie fühlt sich nicht mehr verantwortlich, einer möglichst großen Anzahl von Menschen gute Arbeitsplätze zu beschaffen.   **JA NEIN**

6. Trotz hoher Arbeitslosenzahl ist es z. Zt. schwierig, bestimmte hochqualifizierte Fachkräfte auf dem Markt zu finden.   **JA NEIN**

7. Viele Arbeitslose sind nicht ausreichend qualifiziert.   **JA NEIN**

8. Dr. Reichow findet, daß der Roboter keine Hilfe für uns ist.   **JA NEIN**

9. Seiner Meinung nach müssen die Durchlaufzeiten in der Produktion drastisch verkürzt werden.   **JA NEIN**

10. Schwerpunkte in der deutschen Industrie liegen in der Chemie und in Textilwaren.   **JA NEIN**

11. Es lohnt sich, in Mikroelektronik zu investieren.   **JA NEIN**

12. Kraftfahrzeuge müssen umweltfreundlicher gemacht werden.   **JA NEIN**

13. Die Japaner haben sich nur wegen der billigeren Preise eine führende Stellung auf dem Weltmarkt errungen.   **JA NEIN**

14. Für viele Kunden ist die Qualität der Ware wichtiger als der Preis.   **JA NEIN**

15. Qualitätssicherung setzt einen hohen Grad der Eigenverantwortung am gesamten Erfolg eines Produktionsunternehmens bei jedem Mitarbeiter voraus.   **JA NEIN**

16. Das Handwerk hat keine wichtige Rolle mehr in der deutschen Gesellschaft.   **JA NEIN**

17. Das Handwerk stellt die meisten Lehrstellen zur Verfügung (=*makes available*).   **JA NEIN**

18. Es besteht kein Markt für kunsthandwerkliche Produkte.   **JA NEIN**

19. Das Handwerk sorgt für die Wartung und Reparatur von industriell hergestellten Gütern.   **JA NEIN**

20. Es ist oft schwer, qualifizierte Fachkräfte auf dem Arbeitsmarkt zu finden.   **JA NEIN**

21. Die meisten Arbeitslosen haben keine Ausbildung.   **JA NEIN**

22. Heute findet man wieder leichter Handwerker für Reparaturen, weil sich das Baugeschäft verlangsamt hat.   **JA NEIN**

23. Viele Länder bilden ihre Handwerker so gründlich aus wie die Deutschen.   **JA NEIN**

24. Eine gründliche Handwerkslehre erleichtert einem den Eintritt in jede andere Berufssparte.   **JA NEIN**

Hören Sie sich das Interview zum dritten Mal an, und vervollständigen Sie dabei die folgenden Notizen:

Name des Gesprächspartners:

Ausbildung:

Arbeitserfahrung: 30 Jahre Industrie

1.

2.

3.

4.

Gegenwärtige Position: _____

Die Produktion muß rationalisiert werden durch

	Einsetzen von Dispositions- und Steurungssystemen

Zur hohen Arbeitslosigkeit: Es ist trotzdem schwierig, _____ auf dem Markt zu finden. Die meisten Arbeitslosen sind nicht _____

_____ .

Zurück zur Produktion: Man kann schneller auf die Bedürfnisse des Marktes reagieren und Kosten bei der Produktion sparen, wenn _____ .

Industriezweige mit Zukunft

Mikroelektronik	

Zur Qualitätssicherung der Produktion:

Führende Stellung der Japaner auf dem Weltmarkt durch

Billigere Preise	

Die Rolle des Handwerks ist immer noch wichtig.

Das Handwerk

ist der größte Aus- bilder in der BRD		

Ein Spezialgebiet des Handwerks im Baubetrieb:

_____

Das Besondere an der deutschen Handwerksausbildung:

_____

Herr Westphal

A.13. Hören Sie sich das 2. Tonband-Interview zu Kapitel IIA an (Kassette 1).

VERSTÄNDNISHILFEN

Zum Gespräch mit einem Elektro-Installateur

Innungsmeister	*guild master*
Geselle	*journeyman*
Lehrling	*apprentice*
ausbilden	*train*
Konzession	*license*
um meinen Beruf auszuführen	*to be active in my profession*
Antrag	*application*

Energieversorgungsunternehmen	*energy supply company*
Genehmigung	*permit*
vorgeschrieben	*prescribed*
gründlich	*thorough*
Lehrgänge	*courses*
Lehrzeit	*apprenticeship*
Ausbildungswerkstatt	*training workshop*
für uns zuständigen	*for our province*
berechtigt	*entitles*
zugelassen	*admitted*
teilt ihn ein	*assigns him*
beauftragt	*charges*
Handwerkskammer	*chamber of trades*
Vater Staat	*Uncle Sam*
Zuschüsse	*subsidies*
Nachwuchs	*new blood, recruits*
betrifft das auch Ihr Fach?	*does it concern your branch too?*
Zulauf	*influx*
auserwählt	*chosen*
Klempner	*plumber*
verkannt	*not realized*
Aufträge	*work orders*
Anlagen	*installations*
Straßenbeleuchtungen	*street lights*
lukrativer	*more lucrative*
nach Aufwand	*according to expenditure*
den müssen Sie erst anbieten nach bestimmter Fragestellung	*you have to make a bid first*
schätzen	*estimate*
Pech	*tough luck*
technische Zeichnerin	*draftsperson*
einzigartig	*unique*
geopfert	*sacrificed*
Zwischenprüfungen	*midterms*
durchfallen	*fail*
darauf aufmerksam machen	*point out*
er schafft es nicht	*he won't make it*
Schwarzarbeit	*moonlighting*
Arbeitslose	*the unemployed*
dazu verdienen	*make an extra buck*
Vortrag	*lecture*
Auffassung	*opinion*

Hören Sie sich das Gespräch zum zweiten Mal an, und vervollständigen Sie dabei die Notizen:

Name des Gesprächspartners:

Beruf:

Sein Ausbildungsweg:

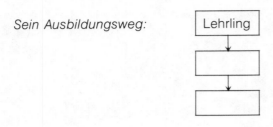

| Lehrling |

Ein Meister ist berechtigt zur

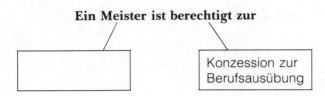

Konzession zur
Berufsausübung

Ausbildungszeit eines Lehrlings

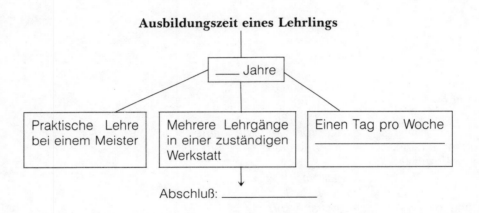

_____ Jahre

| Praktische Lehre bei einem Meister | Mehrere Lehrgänge in einer zuständigen Werkstatt | Einen Tag pro Woche _____ |

Abschluß: _____

Die Gesellenprüfung berechtigt

zur Arbeit ohne Aufsicht des Meisters

Ausbildung zum Meister
Vorbedingung (*prerequisite*): Gesellenprüfung

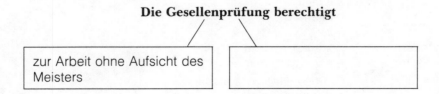

| 5 Jahre _____ | Lehrgang in einer Meisterschule |

Abschluß: _____

Ein Elektro-Installateur

installiert elektrische Anlagen in Neubauten		

Definition von Schwarzarbeit: _____

_____

Hören Sie sich das Gespräch zum dritten Mal an, und beantworten Sie dann die Fragen:

1. Wie lange dauert die Lehrlingszeit in der Elektrobranche?
2. Welche Prüfung muß am Ende der Lehrlingszeit bestanden werden?
3. Wozu berechtigt einen die Gesellenprüfung?
4. Welche Voraussetzungen muß ein Geselle erfüllen, um die Meisterprüfung zu machen?
5. Wozu berechtigt der Meisterbrief?
6. Warum, glaubt Herr Westphal, gibt es keine Probleme mit dem Nachwuchs im Elektrikerberuf?
7. Woher bekommt Herr Westphal die meisten Aufträge?
8. Was ist lukrativer: Installationen auf einem Neubau oder Reparaturen in fertigen Häusern zu machen?
9. Ist der Elektroberuf Tradition in Herrn Westphals Familie?
10. Wer macht Schwarzarbeit und aus welchen Gründen?
11. Warum gibt es bei Neubauten keine Schwarzarbeit?

B. LAND- UND FORSTWIRTSCHAFT

1 / Typisch für moderne Industrieländer ist der verhältnismäßig kleine Anteil von Land- und Forstwirtschaft an dem gesamten Brutto-Sozialprodukt. In der BRD machen sie zusammen nur knapp 2 Prozent der Brutto-Wertschöpfung aus. Dennoch produzieren die deutschen Landwirte rund 70 Prozent des Nahrungsmittelbedarfs der BRD. Durch die fast vollständige Mechanisierung der Landwirtschaft konnte die Produktion gesteigert werden, obwohl immer mehr Arbeitskräfte vom Lande weggingen und besser bezahlte Arbeitsplätze in den Städten suchten. Heute erzeugt ein Landwirt sieben mal so viel wie vor dreißig Jahren und hat—mit *Schwankungen*— *fluctuations* zunehmend sein Einkommen verbessert. Aber in den letzten Jahren hat sich die Lage verschlechtert. Der Landwirt mußte mehr für *Dünger* und *fertilizer* den Betriebsstoff seiner Maschinen ausgeben, und die Preise der landwirtschaftlichen Erträge sind nicht entsprechend gestiegen. Das Gesamteinkommen der Landwirte ist aber meistens besser als die Statistiken

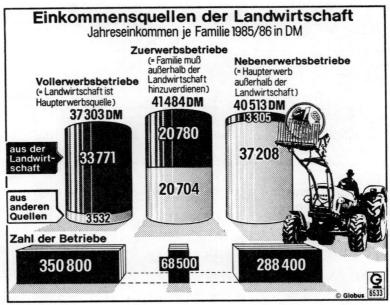

Einkommensquellen der Landwirtschaft
Jahreseinkommen je Familie 1985/86 in DM

Zuerwerbsbetriebe
(= Familie muß
außerhalb der
Landwirtschaft
hinzuverdienen)

Vollerwerbsbetriebe
(= Landwirtschaft ist
Haupterwerbsquelle)

Nebenerwerbsbetriebe
(= Haupterwerb
außerhalb der
Landwirtschaft)

37303 DM   41484 DM   40513 DM

aus der Landwirtschaft   33771   20780   3305

aus anderen Quellen   3532   20704   37208

Zahl der Betriebe   350800   68500   288400

© Globus 6533

Schaubild 1

vermuten lassen. 50 Prozent aller Landwirte betreiben Landwirtschaft nur noch als Nebenberuf, und fast alle anderen haben Nebeneinnahmen (s. Schaubild 1). Für die Bauern in Schleswig-Holstein *trifft das* aber *nicht zu,* weil es dort fast keine Möglichkeiten zu Nebenverdiensten gibt, wie im Interview zu diesem Kapitel erklärt wird.

is not true

2 / Die Agrarpolitik der BRD hat es sich zum Ziel gemacht, daß das Einkommen der Landwirte und ihrer Arbeitskräfte dem Einkommen vergleichbarer Berufe angenähert wird. Für die Agrarpreispolitik im Innen- und Außenhandel ist die Bundesregierung nicht mehr zuständig, sondern die Europäische Wirtschaftsgemeinschaft (EWG), aber die Regierung hilft bei der *Umstrukturierung* von zu kleinen und *zersplitterten* Feldern, damit sie ergiebiger bewirtschaftet werden können (= Agrarstruktur), sie fördert Erzeugergemeinschaften, die sich zur Selbsthilfe zusammengeschlossen haben, sie hilft bei der Erneuerung und Verschönerung von Dörfern, und sie zahlt einen Teil der Sozialgelder, die für die gesetzliche Krankenversicherung, für Alters- und Waisenrenten der Landbewohner nötig sind. Direkte Subventionen waren durch die Agrarpolitik der EG verboten, aber nach einem Beschluß der Brüsseler EG-Kommission sollen in Zukunft nationale Beihilfen für „*überlebensfähige*" Bauern erlaubt werden.

restructuring/ splintered

capable of surviving

3 / Der in den USA *gefährdete Bauernstand* ist auch in Deutschland problematisch geworden. Es gibt schon seit Jahren *heftige* Debatten um die staatliche Subvention der Landwirtschaft, die den Steuerzahler *ungeheure* Summen kosten. Die einen *drängen,* daß der landwirtschaftliche Sektor sich endlich dem freimarktwirtschaftlichen Prinzip *anpassen*

endangered peasantry fierce huge/urge adjust to

Vierländer Bauernhaus bei Hamburg.

müsse. Das heißt, daß das *Überangebot* landwirtschaftlicher Produkte *in Einklang mit* der Nachfrage gebracht werden müsse, und das heißt, daß nur *rentable* landwirtschaftliche Großbetriebe überleben können. Die anderen behaupten, daß die Regierung viel mehr helfen müsse, daß der *bäuerliche* Familienbetrieb um jeden Preis *erhalten* bleiben müsse. Der Bauer sei unser *Ernährer*. Er schütze Landschaft und Umwelt. Die Gegner nennen das „Bauernromantik".

4 / Der Agrarpolitik wird der Vorwurf gemacht, daß sie durch *Preisstützungen* und Preisgarantien die Überproduktion *angekurbelt* und den Bauern falsche Signale gegeben habe. Und auch jetzt noch könne sie sich zu keiner klaren Linie entscheiden. Auf der einen Seite bekämen kleine und arme Bauernhöfe zusätzliche Hilfe. Auf der anderen Seite bezahle man

oversupply / in line with

lucrative

farmer's / maintained
food supplier

price support
stimulated

Landwirtschaft und Technik

Atomwerk bei Offigen, Bayern.

sie, wenn sie ihre Felder mit einem größeren Betrieb zusammenlegten. (Von den *ungeheuren* Überschüssen landwirtschaftlicher Produktionen wird in Kapitel IIIC die Rede sein).

immense

5 / In welchen Staaten der BRD am meisten Landwirtschaft getrieben und was hauptsächlich angebaut und gezüchtet wird, ist schon im Kapitel 1 über Wirtschaftsgeographie erwähnt worden.

6 / Am 8. Mai 1975 ist ein „Gesetz zur Erhaltung des Waldes und zur Förderung der Forstwirtschaft" in Kraft getreten. Das deutsche Bundesgebiet ist zu 29 Prozent mit Wäldern bedeckt, aber 34,4 Prozent der Waldfläche sind durch *Säureregen* und andere *Schadstoffe geschädigt*. Das hat der Waldschadenbericht des Bundeslandwirtschaftsministeriums 1983 ermittelt. Tannen und Fichten seien davon am schwersten *betroffen*. Das Land Baden-Württemberg, besonders im Schwarzwald und Odenwald, sei am schwersten geschädigt. Dort sollen die Bäume auf 49,5 Prozent der Waldfläche absterben. Kein Wunder, daß die Partei der „Grünen", die aus Sorge über die Umwelt Politiker *von Einfluß* geworden sind, hier besonders stark ist. Nach Baden-Württemberg sei Bayern, das waldreichste Bundesland, mit 46 Prozent erkrankter Wälder am schwersten betroffen. Bonn bemüht sich neuerdings um internationale Vorsorge beim Umweltschutz.

acid rain/
harmful matter/
damaged
stricken

with clout

7 / Mit den deutschen Wäldern wird nur ein geringer Prozentsatz des Bedarfs an Holz als *Heizungs*- und Rohmaterial gedeckt. Sie dienen den Deutschen hauptsächlich zur Erholung und werden auch geschont und

heating

gepflegt, weil sie günstig auf Boden, Luft und Klima wirken und darum
wichtig für die Umwelt sind.

WORTSCHATZ

1 / die **Landwirtschaft** — agriculture
die **Forstwirtschaft** — forestry
verhältnismäßig — relative(ly)
ausmachen — to add up
produzieren — to produce
der **Bedarf** — need
der **Landwirt, -e = Bauer, -n** — farmer
vollständig — complete(ly)
die Mechanisierung — mechanization
die **Produktion** — production
steigern — to increase
die Arbeitskraft, ̈e — hand, laborer; worker, employee
verbessern — to improve
das Einkommen — income
die **Lage, -n** — situation
verschlechtern — to get worse
der Betriebsstoff, -e — fuel
ausgeben (i), a, e — to spend
der **Preis, -e** — price
der Ertrag, ̈e — gain, proceeds
steigen, ie, ie — to climb, go up
Gesamt- — total
vermuten — to assume, suspect
der **Nebenberuf, -e** — additional occupation
die **Nebeneinnahme, -n** — side income

2 / das Ziel, -e — goal
vergleichbar — comparable
annähern — to approach, come close
der **Innenhandel** — domestic trade
der **Außenhandel** — foreign trade
zuständig — responsible, in charge
das Feld, -er — field
ergiebig — productive
bewirtschaften — to work (a farm), manage
fördern — to support, promote
der **Erzeuger, -** — producer
die Gemeinschaft, -en — association
sich zusammenschließen — to unite
die Erneuerung — renewal
die Verschönerung — beautification
sozial — social
gesetzlich — legal, by law
die Krankenversicherung — health insurance

die Altersrente, -n	*old-age benefit, pension*
der/die Waise, -n	*orphan*
die Subvention, -en	*subsidy*
der Beschluß, ⁻sse	*decree*
die Beihilfe, -n	*support, subsidy*

3 /
die Debatte, -n	*debate*
der Steuerzahler, -	*tax payer*
die Summe, -n	*sum, amount*
das Prinzip, -ien	*principle*
die **Nachfrage, -n**	*demand*
überleben	*to survive*
um jeden Preis	*at any price*
die **Umwelt**	*environment*

4 /
der Bauernhof, ⁻e	*farm*
zusätzlich	*additional*
der Überschuß, ⁻sse	*surplus*

5 /
anbauen	*to plant, cultivate*
züchten	*to raise*

6 /
das **Gesetz, -e**	*law*
die Erhaltung	*preservation; conservation*
die **Förderung**	*support; promotion*
in Kraft treten	*to be enacted*
bedecken	*to cover*

7 /
gering	*small*
der **Prozentsatz, ⁻e**	*percentage*
dienen	*to serve*
hauptsächlich	*mainly*
die Erholung	*recreation*
schonen	*to take good care of, spare*
pflegen	*to take care of; to nurse*
günstig	*favorable; reasonable, inexpensive*
der Boden	*here: soil*
das Klima	*climate*
wirken auf	*to have an effect on*

ÜBUNGEN

B.1. Vervollständigen Sie die Sätze.

1 /   **1.** Die deutschen Landwirte _____ 70 Prozent des Nahrungsmittelbedarfs der BRD (*produce*).

2. Durch die Mechanisierung der Landwirtschaft konnte die Produktion
_____ werden (*increased*).

3. In den letzten Jahren hat sich die Lage _____ (*become
worse*).

4. Die Preise der landwirtschaftlichen Erträge sind nicht entsprechend
_____ (*gone up*).

5. Viele Landwirte haben heute noch eine _____ (*side income*).

2 / **6.** Jetzt ist die EG für die Agrarpreispolitik _____ (*in charge*).

7. Die Regierung bezahlt einen Teil der gesetzlichen _____ (*health insurance*).

8. In Zukunft sollen nationale _____ für überlebensfähige Bauern erlaubt werden (*subsidies*).

3 / **9.** Es gibt schon seit Jahren heftige _____ um staatliche Subventionen der Landwirtschaft (*debates*).

10. Der bäuerliche Familienbetrieb soll _____ erhalten bleiben (*at any price*).

6 / **11.** Im Jahre 1975 ist ein „Gesetz zur Erhaltung des Waldes und zur Förderung der Forstwirtschaft" _____ (*was enacted*).

7 / **12.** Nur ein _____ des Holzbedarfs wird aus deutschen Wäldern gedeckt (*small percentage*).

B.2. Verwandte Wörter. Merken Sie sich die geringen Abweichungen vom Englischen wie auch ihr Geschlecht. Machen Sie mit jedem Wort einen einfachen Satz.

produzieren   die Mechanisierung   die Maschine
das Einkommen   die Politik   sozial   das Prozent   der Preis
problematisch   der Sektor   die Romantik   die Preisgarantie
das Signal   das Klima   die Produktion   sozial   das Material

B.3. Suchen Sie auf der Liste zu jedem Wort eines von ähnlicher Bedeutung.

steigern   der Arbeiter   die Subvention   ausgeben
die Arbeitskraft   bezahlen   die Beihilfe   die Debatte
die Diskussion   der Bauer   ergiebig   vermehren   ertragreich
schonen   pflegen   der Landwirt

B.4. Geben Sie für jede Aussage die Nummer des Paragraphen an, in dem die entsprechende Information zu finden ist.

1. Die Bundesregierung ist nicht mehr für die Agrarpreispolitik zuständig.

2. Die landwirtschaftliche Produktion konnte trotz Abwanderung vieler Arbeitskräfte in die Städte gesteigert werden.

3. Für viele ist Landwirtschaft nur noch ein Nebenberuf.

4. Wälder sind für die Umwelt wichtig.

5. Die Bundesregierung zahlt einen Teil der Sozialgelder für die Landbewohner.

6. Die Subvention der Landwirtschaft kostet den Steuerzahler enorme Summen.

7. Es gibt keine klare Linie in der Agrarpolitik.

8. In den letzten Jahren sind Dünger und Betriebsstoff teurer geworden.

9. Viele Landwirte haben sich in Erzeugergemeinschaften zur Selbsthilfe zusammengeschlossen.

10. Säureregen und andere Schadstoffe zerstören viele Wälder in Deutschland.

B.5. Beantworten Sie die Fragen.

1 / **1.** Wie kommt es, daß heute weniger Landleute mehr produzieren als vor dreißig Jahren?

2. Warum haben viele Landleute Ackerbau und Viehzucht aufgegeben?

3. Womit hat sich in den letzten Jahren die Lage für den Landwirt verschlechtert?

4. Wie verbessern viele Landleute ihr Einkommen?

2 / **5.** Wer ist heute für die Agrarpreispolitik zuständig?

6. Wie hilft die Bundesregierung den Landleuten?

3 / **7.** Über welches Thema gibt es heftige Debatten?

8. Warum sollen die Bauern weniger produzieren?

9. Weshalb soll der bäuerliche Familienbetrieb um jeden Preis erhalten bleiben?

6 / **10.** Wieviel Wald gibt es in der BRD?

7 / **11.** Wozu dienen die Wälder den Deutschen hauptsächlich?

12. Warum müssen Wälder geschont und gepflegt werden?

B.6. Folgen Sie bei der Übersetzung dem Muster.

Die Preise sind nicht entsprechend gestiegen.

1. Their income did not improve accordingly.

2. He was not paid appropriately.

3. The merchandise was accordingly less expensive.

Die Bundesregierung war für die Agrarpreispolitik nicht mehr zuständig.

4. We are not in charge of (the) customer service any more.

5. This office is not in charge any more.

6. They are not in charge any more of (the) transportation of the goods.

Die Wälder dienen den Deutschen hauptsächlich zur Erholung.

7. The fertilizer serves the farmers toward increasing their crops
   (= *Ernte*).
8. The health insurance serves us toward payment of the hospital bills.
9. The new law serves the people toward the preservation of the woods.

B.7. Übersetzen Sie:

1. The fuel for the machines has become more expensive, and the profit
   is smaller now.
2. Because of the mechanization of (the) agriculture, the farmers have
   greater proceeds.
3. Many farmers have an additional occupation and a side income.
4. The government helps with the payment of the health insurance.
5. Fierce debates are going on about state subsidies of agriculture.
6. The farmer protects the environment.
7. Forestry has a relatively small share in the German economy.
8. The woods are important for the soil and the climate.

B.8. Lesen Sie den Artikel aus der FRANKFURTER ALLGEMEINEN ZEITUNG, und entscheiden Sie dann, ob die im Anschluß daran gedruckten Aussagen darin gemacht werden oder nicht.

DREI OSTEREIER FÜR DIE EUROPÄISCHEN BAUERN*

Hilfen für die kleinen Landwirte / Nationale Subventionen nun möglich

Von Peter Hort

BRÜSSEL, 15. April. Die *vielgescholtene* Brüsseler EG-Kommission hat Europas Landwirten wenige Tage vor Ostern gleich drei Eier ins Nest gelegt, die besonders die Bauern in der Bundesrepublik aus ihrem *Schmollwinkel* herausholen sollen. Das erste Ei enthält Einkommensbeihilfen für ärmere Bauern, die aus der *Gemeinschaftskasse* bezahlt werden, das zweite ist mit *Prämien* für „*Frührentner*" gefüllt. Das dritte *schließlich* öffnet den *Mitgliedsregierungen* die Möglichkeit, nationale Beihilfen für ihren *notleidenden Nährstand* zu zahlen. Damit das dritte Osterei auch richtig *gewürdigt* werde, rückte Landwirtschaftskommissar Frans Andriessen den Beschluß der Kommission in ein vorösterliches Licht: „In

often-chided

sulking corner
EG-budget
bonuses / early
  retirees / finally
governments of
  EG-member states
suffering / nourish-
  ing class =
  farmers
appreciated

*FAZ 16. April 1987

dieser Woche, die zur *Auferstehung* des Herrn führt, hat die Kommission *diesen weitreichenden Beschluß gefaßt.*"

Die Details der neuen *Regelung* müssen zwar noch geprüft werden, doch über eines *herrscht schon Klarheit:* Die *vorgesehene Ermächtigung* der nationalen Regierungen, nach eigenen Kriterien direkte Subventionen an *„überlebensfähige" Bauern* zu zahlen, ist eine kleine Revolution. Etwas Vergleichbares hat es, seit es die gemeinsame Agrarpolitik gibt, nicht gegeben, und manche sehen in diesem Schritt die beginnende Re-Nationalisierung (oder zumindest die Regionalisierung) der inzwischen unbezahlbar gewordenen EG-Agrarpolitik. Und auch darüber herrscht Klarheit: Dieses Osterei gilt besonders den Deutschen, die mehr nationale Hilfen für ihre *aufgebrachten* Bauern schon seit längerem zahlen wollen.

Trotz allem ist der *Zorn* der deutschen Bauern über die restriktiven *Preisvorschläge* und die vorgesehene *Abschaffung* des *Grenzausgleichs* noch

> Die von der Brüsseler Kommission beschlossenen zusätzlichen Einkommens-
> hilfen für die Landwirtschaft sind vom Deutschen Bauernverband als reines
> Ablenkungsmanöver in der laufenden Agrarpreisrunde kritisiert worden.
> Den Bauern würde aus Brüssel Hilfe versprochen, damit sie die Politik des
> Preis- und Einkommensdrucks schlucken sollten. Diese Politik der Kom-
> mission führe aber zur Vernichtung bäuerlicher Familienbetriebe.   K.B.

resurrection
made this far-reaching decision
ruling
is clear / stipulated
authorization
capable to survive

angry

anger
price proposals / repeal
adjustment at the borders

Kartoffelernte in Süddeutschland.

nicht *verraucht*, noch ist Minister Ignaz Kiechle mit den Brüsseler „Eurokraten" nicht *im reinen*. Dennoch könnten die neuen Beschlüsse zur *Entspannung* des Verhältnisses beitragen, denn sie sollen den kleinen bäuerlichen Familienbetrieb—der den Deutschen so am Herzen liegt— nicht nur als Produktionsbetrieb, sondern auch als ökologisches Unternehmen *im Dienste* des Landschafts- und *Umweltschutzes* sichern.

> *blown over*
> *reconciled*
> *easing*
>
> *in the service/ environmental protection*

Für die kleineren EG-Länder ist freilich das erste Ei gedacht, das Einkommensbeihilfen aus der Gemeinschaftskasse *vorsieht*. Vier Förderstufen sind geplant: *Je nach Bedürftigkeit* können die Regierungen *auf* Brüsseler Hilfen von 70 Prozent (Portugal, Irland), 45 Prozent, 20 Prozent und 10 Prozent *rechnen;* den Rest müssen sie selbst *beisteuern*. Daß die Deutschen als reiches Land aus diesem „Topf" *lediglich* 10 Prozent erhalten, soll ein Zeichen der höheren, *ausgleichenden Gerechtigkeit* sein. Denn alle erwarten, daß die „reichen Deutschen" mehr als andere von den nationalen Beihilfen Gebrauch machen. Schließlich soll auch das „Frührentner-Programm" die Bonner *besänftigen*: Landwirte im Alter von 55 bis 65 Jahren sollen eine *vorzeitige Rente* erhalten, wenn sie ihren Hof aufgeben, Felder an Nachbarhöfe *abtreten* oder Ackerland *aufforsten*. Die Kosten dieses Programms für die nächsten fünf Jahre werden auf mindestens 1,1 Milliarden DM geschätzt. Alle drei Maßnahmen zusammen werden den europäischen Steuerzahler, auf fünf Jahre verteilt, 5,2 Milliarden DM kosten.

> *stipulates*
> *according to need*
> *count on/contribute*
>
> *only*
> *compensating justice*
>
> *placate*
> *early retirement*
> *transfer/afforest*

1. Nach einem Beschluß der EG-Kommission sollen in Zukunft aus der Gemeinschaftskasse Einkommenshilfen für ärmere Bauern gezahlt werden. **JA NEIN**

2. Frührentner sollen nicht belohnt (= *rewarded*) werden. **JA NEIN**

3. Nationale Regierungen dürfen in Zukunft ihren notleidenden Bauern Beihilfen geben. **JA NEIN**

4. Direkte Subventionen waren seit der gemeinsamen Agrarpolitik der EG bisher nicht erlaubt gewesen. **JA NEIN**

5. Die Deutschen sind gegen nationale Hilfen der Bauern. **JA NEIN**

6. Die neuen Beschlüsse sollen den kleinen bäuerlichen Familienbetrieb sichern. **JA NEIN**

7. Die kleineren EG-Länder erhalten weniger Beihilfen aus der Gemeinschaftskasse als die großen. **JA NEIN**

8. Alle Landwirte im Alter von 55 bis 65 sollen eine vorzeitige Rente erhalten. **JA NEIN**

9. Der europäische Steuerzahler muß die Kosten tragen. **JA NEIN**

Bereiten Sie zu zweit zwei kurze Gespräche vor.

B.9. A foreigner and prospective tourist, perhaps an American farmer, questions another person about German agriculture. How big a share does it have in the German economy? What are some problems? How does the small farmer survive? How are wages compared to city jobs? What does the government do to help the farmers?

B.10. Riding the train through Germany, you just made an acquaintance. You are astounded about the many woods you are seeing. You have always heard that Germany was overpopulated. So you express your surprise and ask the German all kinds of questions. How extensive are the areas of woods? What are the trees mainly used for? Fuel or raw material for furniture? Who protects them, etc. You are in luck. The German is very knowledgeable and talkative and also worried about the sick and dying forests.

B.11. Interpretieren Sie Schaubild 2. Beginnen Sie z.B. so. „In der BRD wird 15% mehr Milch erzeugt, als die Bundesbürger selbst verbrauchen, aber sie müssen Eier einführen."

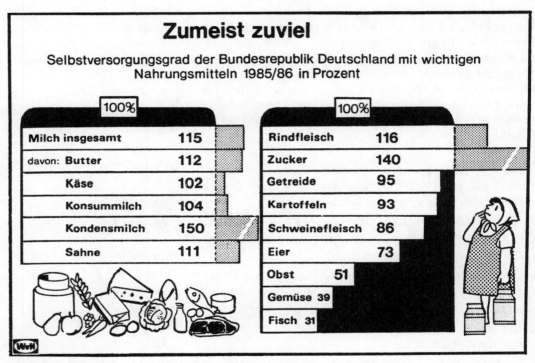

Zumeist zuviel

Selbstversorgungsgrad der Bundesrepublik Deutschland mit wichtigen Nahrungsmitteln 1985/86 in Prozent

100%		100%	
Milch insgesamt	115	Rindfleisch	116
davon: Butter	112	Zucker	140
Käse	102	Getreide	95
Konsummilch	104	Kartoffeln	93
Kondensmilch	150	Schweinefleisch	86
Sahne	111	Eier	73
		Obst	51
		Gemüse	39
		Fisch	31

Schaubild 2

ZUMEIST ZUVIEL Der *Selbstversorgungsgrad* der Bundesrepublik bei *Nahrungsmitteln* ist bei den einzelnen Erzeugnissen unterschiedlich. Aber bei den meisten wichtigen Produkten erzeugt die eigene Landwirtschaft zuviel. Dabei ist im *abgelaufenen* Wirtschaftsjahr der Selbstversorgungsgrad vor allem bei Milch und bei einigen ihrer Erzeugnisse weiter gestiegen.

degree of self-sufficiency
food products
past

B.12. Hören Sie sich das Tonband-Interview zu Kapitel IIB an (Kassette 1).

Herr Honnens

VERSTÄNDNISHILFEN

zum Gespräch mit einem Landwirt

Heuernte	*harvest*
es hat nicht geklappt	*it did not work*
verregnet	*spoiled by rain*
Wintergerste	*winter barley*
dreschen	*thresh*
Raps	*turnip seeds*
Getreide	*grain*
Kornfeuchte	*water contents of the grain*
Feuchtigkeit	*water contents*
Werte	*values, standards*
kostspielig	*costly*
kostenaufwendig	*costly*
(Bauern)Hof	*farm*
überliefert	*handed down*
stöhnen	*complain*
gerechtfertigt	*justified*
ironischerweise	*ironically*
die Preise gedrückt werden	*prices go down*
bloß	*only*
Wahlen	*elections*
Überschüsse	*surplusses*
die Weichen stellen	*set the course*
Sparten	*branches*
regeln	*regulate*

das läßt sich politisch nicht durchsetzen	*that cannot succeed politically*
weil die Wähler dann nicht zur Stange halten	*because the voters won't support it*
liefern	*supply*
von 15 bis 8.5 Prozent wurden einem abgezogen	*one's quota was cut by 15 to 8.5 percent*
ausgedehnt	*expanded*
spielte gar keine Rolle	*did not matter at all*
gekürzt	*cut*
ein harter Schlag	*a hard blow*
abgebaut	*reduced*
läßt sich verkraften	*can be coped with*
knapp	*scarce*
die Preise ziehen etwas an	*prices are on their way up*
Anlieferungen	*supplies*
saisonmäßig	*seasonally*
gering	*small*
Meiereien	*dairies*
Lieferverträge	*delivery contracts*
einzuhalten	*to comply with*
Konzern	*trust*
lagern	*store, stock*
Milchpulver	*dry milk*
Eiweißüberschuß	*protein surplus*
Magermilch	*non-fat milk*
da wagt sich keiner ran	*nobody dares to do it*
zurückgeschnitten	*cut back*
subventioniert	*subsidizes*
Kürzung	*cutback*
bestraft	*penalized*
die übergelieferte Milch	*milk in excess of the quota*
erstattet	*compensated for*
Regierung	*government*
allerhand	*all kinds of things*
am meisten zieht	*is most effective*
Kiechle	*presently minister of agriculture*
zugestimmt	*agreed*
Währungsausgleich	*currency adjustment*
vollkommen abzubauen	*to do away with completely*
aufgewertet	*revaluated, appreciated*
bekommen ihr Schärfchen dazu	*get an extra bonus*
Grenze	*border*
Preiserhöhungen	*price increases*
gesenkt	*lowered*
Maßnahme	*measure*
den Einstieg in den totalen Währungsausgleichsabbau	*starting the total removal of the currency adjustment*
Spitzenposition	*top position*

Schlußlicht	*bottom*
dauernde	*continuous*
Beiträge	*dues*
gemeinsam	*in common*
Außenpolitik	*foreign policy*
sparen	*make savings*
verwirklicht	*realized*
abfällt	*loses in value*
in vollem Umfang	*in its full extent*
zurückgeschraubt	*reduced*
beschnitten	*pruned*
sich erst mal durchringen könnten	*could make up their minds*
Familienbetrieb	*family enterprise*
überwiegend	*predominantly*
Vollerwerbsbetriebe	*full-time operations*
Nebenerwerbsbetriebe	*part-time operations*
Hauptarbeitgeber	*leading employer*
Bundeswehr	*army*
ausbaufähig	*capable of expansion*
Erzeugergemeinschaft	*producers' cooperative*
Lohnunternehmer	*paid contractors*
die Arbeit verrichten	*do the work*
anteilig	*proportionally*
Bedienungspersonal	*operating personnel*
angewiesen auf	*dependent on*
Grassilo	*grass for the silo?*
verrechnet	*charged*
ausgelastet	*working to capacity*

Hören Sie sich das Interview zum zweiten Mal an, und entscheiden Sie dann, ob die folgenden Aussagen darin gemacht wurden.

1. Das Wetter ist in diesem Jahr gut gewesen. **JA NEIN**
2. Die Getreideernte ist verregnet. **JA NEIN**
3. Getreide darf nur 9% Feuchtigkeit haben. **JA NEIN**
4. Nachtrocknen ist kostenaufwendig. **JA NEIN**
5. Dieser Bauernhof ist schon lange in der Familie. **JA NEIN**
6. Herr Honnens ist traurig, daß bisher keine seiner drei Töchter den Hof übernehmen will. **JA NEIN**
7. Die Bauernhöfe produzieren nicht genug. **JA NEIN**
8. Die Politiker tun nicht das sachlich Richtige, weil sie keine Wähler verlieren wollen. **JA NEIN**
9. Herr Honnens findet es nicht gut, daß die Milch quotiert wurde. **JA NEIN**
10. Milch kann nur in Form von Pulver oder Butter gelagert werden. **JA NEIN**

11. Wer mehr als seine Milchquote lieferte, dem wurden 50 Pfennig pro Liter abgezogen. **JA NEIN**

12. Die Regierung wagt nicht zu tun, was bei den Wählern nicht populär ist. **JA NEIN**

13. Ein Drittel des EG-Budgets wird in die Landwirtschaft hineingesteckt. **JA NEIN**

14. Eine der schlimmsten Entscheidungen von Bonn war, den Währungsausgleich vollkommen abzubauen. **JA NEIN**

15. Je stärker die DM wird, desto besser ist das für die deutsche Landwirtschaft. **JA NEIN**

16. Die EG-Länder haben weder eine gemeinsame Außenpolitik noch eine gemeinsame Währungspolitik. **JA NEIN**

17. Die Politiker wissen selber noch nicht, was sie wollen. **JA NEIN**

18. In Schleswig-Holstein haben viele Landwirte Nebeneinnahmen. **JA NEIN**

19. Die Bundeswehr ist die einzige Alternative für Landwirte in Schleswig-Holstein. **JA NEIN**

20. Herr Honnens gehört einer Maschinengemeinschaft an. **JA NEIN**

21. Die meisten Schleswig-Holsteiner Landwirte lassen die Maschinenarbeit von Lohnunternehmern verrichten. **JA NEIN**

22. Bei Herrn Honnens macht der Nachbar die Maschinenarbeit. **JA NEIN**

C. BERGBAU UND ENERGIEPOLITIK

1 / Wenn vom deutschen Bergbau die Rede ist, handelt es sich eigentlich immer nur um Kohle. Denn die heimische Kohle spielt eine entscheidende Rolle in der Energieversorgung, und 90 864 Arbeiter unter Tage sind noch im Steinkohlenbergbau beschäftigt (1955 waren es noch 368 499). Im Vergleich dazu spielen andere Bodenschätze wirtschaftlich keine große Rolle. Unter den Metallerzen werden nur noch von den Blei-Zink-*Erzgruben* im Harz und im Rheinischen Schiefergebirge ins Gewicht fallende Mengen gefördert. Die Roheisen*gewinnung* aus *Brauneisenerz* war früher in Deutschland weit verbreitet, aber seit Ende der fünfziger Jahre wurden viele *Hütten* geschlossen, weil weltweit eisenreiche *Lagerstätten* erschlossen wurden, die fast ausschließlich im billigeren *Tagebau* abgebaut werden konnten. Sonst noch nennenswert ist die *Torf*gewinnung aus norddeutschen *Mooren*. Der Torf wird als *Brennstoff* und vor allen Dingen als Mittel zur Verbesserung des Bodens gebraucht. Knapp 20 Prozent des Torfs werden ausgeführt, besonders an die Schweiz, an Frankreich und Italien. Es gibt viele *Kali-* und *Steinsalzbergwerke* über Deutschland verstreut. Die westdeutsche Kaliindustrie stellt aus Kalium das weltweit verwendete *Düngemittel* Kali her und ist mit 10 Prozent am Weltkaliexport

ore mines

*extraction/
hematide
iron works/
deposits
surface mining
peat
swamps/fuel*

*potash/rock salt
mines
fertilizer*

Drie Kumpel werden nach der Arbeit aus 1000 Meter Tiefe ans Tageslicht gebracht.

beteiligt. Aus Steinsalz wird *Siedesalz* hergestellt, das früher hauptsäch-   *boiling salt*
lich als Speisesalz verbraucht wurde und jetzt auch zunehmend Absatz
in der chemischen Industrie findet.

2 / Seit Jahren gibt es in den deutschen Zeitungen *heftige* Debatten um die   *fierce*
deutsche Kohle. Seit 1961 wird sie vom Staat stark subventioniert, um
mit dem Schweröl und der billigen Einfuhrkohle konkurrenzfähig zu bleiben. Damals gab es dafür zwei Gründe: die deutsche Kohle als die einzig
sichere nationale Energiequelle zu schützen und um den Bergarbeitern
ihren Arbeitsplatz zu erhalten. Man erwartete auch, besonders seit der
Energiekrise 1974, eine Art Renaissance der Kohle: sie würde allmählich
Heizöl und Erdgas wieder ersetzen. Aber das geschah weniger als erwartet. Die Umstellung auf Kohle erwies sich als sehr teuer und erforderte
hohe Investierungen, und die Kohle hat den Nachteil, daß sie nicht so
sauber im Verbrauch ist. Stattdessen setzte eine andere nicht voraus-
gesehene Entwicklung ein: der Stromverbrauch ging durch Energie-
Sparmaßnahmen wie durch eine weltweite Konjunkturflaute zurück. Mit   *saving policies*
der deutschen Stahlkrise, die durch diese Marktflaute (= Rezession) wie

durch innere Strukturprobleme verursacht war, kam es zur Kohlenkrise.
Die Stahlindustrie war neben den *Elektrizitätswerken* Hauptabnehmer der   *power plants*
deutschen Kohle gewesen. Ende April 1983 waren die Kohlereserven zu
riesigen *Halden* angewachsen, weil nur 90% der Bergbauerzeugnisse   *dumps*
Absatz fanden.

3 / Niemand unter den Politikern bestreitet die wichtige Rolle der Kohle in
der deutschen Energie*versorgung*. Natürlich ist sie den Revierländern in   *supply*
der Rheinland-Pfalz und dem Saarland wichtiger als den revierfernen
Ländern wie z.B. Schleswig-Holstein im Norden und Bayern im Süden,
die stattdessen den wachsenden Anteil der billigeren Kernenergie gesichert sehen wollen.

4 / Die Regierung in Bonn hat ein klares Konzept für ihre Energiepolitik.
Deutschland soll von ausländischen Energiequellen so weit wie möglich
unabhängig sein. Zwischen 1970 und 1985 hat die BRD den Rohölimport
um ein Drittel reduziert und auch verläßlichere Lieferanten gefunden. Der
mittlere Osten ist heute nur noch mit 12% an der Gesamteinfuhr beteiligt,
während Afrika mit 40,8 und Großbritannien mit 26,8% die Hauptliefe-
ranten geworden sind. Tatsächlich ist es der BRD schon 1984 gelungen,
90% des Stromverbrauchs aus heimischen Quellen zu erzeugen (je 31%
aus Steinkohle und Kernenergie, 22% aus Braunkohle, 6% aus Erdgas,
4% aus Wasserkraft, 2,3% aus Mineralöl und 3% aus sonstigen Quellen).

5 / Die geringere Einfuhrmenge von Rohöl wurde durch Spar- und Substitutionsmaßnahmen ermöglicht. Erstere haben es möglich gemacht, daß
in 14 Jahren, in denen das Bruttosozialprodukt um 27% stieg, der Energieverbrauch nur um 2% zunahm. Bei den Substitutionsmaßnahmen hat
die Steigerung der Kernenergieerzeugung eine wesentliche Rolle gespielt. Ihr Anteil am Primärenergieverbrauch stieg 1985 um 32,2%. Die
Regierung besteht darauf—trotz der seit dem Unglück in Tschernobyl
wachsenden Bürgerproteste—daß diese Kernenergie *unverzichtbar* sei.   *indispensable*
Sie verschmutze die Umwelt nicht wie andere Energieerzeugung. Sie sei
außerdem billig, und diese Einsparung sei unbedingt nötig zur Unterstützung der deutschen Stein- und Braunkohle, die zusammen 53% zur
Stromerzeugung beitragen.

6 / Seit dem Preisverfall des Öls ist die Subvention der Kohle besonders
teuer geworden. Die Regierung hat 1980 mit den Elektrizitätswerken einen
Vertrag abgeschlossen, der ihnen verspricht, die Kohle zum Marktpreis
des Schweröls zu bekommen. Dieser sogenannte Kohlepfennig (der die
Differenz zu den realen Kosten der Kohle beträgt) ist inzwischen so gestiegen, daß der Stromverbraucher ihn nicht mehr allein tragen kann. Also
muß die Regierung, d.h. der Steuerzahler, auch dafür noch aufkommen.

7 / Die Bergwerkunternehmen und -gewerkschaften wollen natürlich nichts
davon hören, daß *Zechen stillgelegt* und Arbeiter entlassen werden   *coal mines /*
müssen, oder daß allgemeine Kurzarbeit mit entsprechenden Lohnein-   *closed*
bußen eingeführt werden muß. Sie wollen eine andere Lösung: Höhere
Subventionen vom Staat, mehr Restriktionen für Einfuhrkohle, genauere
Einhaltung des Jahrhundertvertrags mit den Stromerzeugern und die Er-

schließung neuer Absatzmärkte, wozu mehr staatliche Gelder für Investitionen bereitgestellt werden müßten.

8 / Es ist z.Zt. die schwierige Aufgabe der Bundesregierung, sich um einen erneuten Konsens aller Länder zu bemühen.

WORTSCHATZ

1 / der **Bergbau** — mining
heimisch — native
die Kohle, -n — coal
die Energie, -n — energy
die **Versorgung** — supply
die Steinkohle, -n — pit coal
im Vergleich dazu — by comparison
die **Bodenschätze**, pl. — natural resources
wirtschaftlich — economic(ally)
das Metall, -e — metal
das Erz, -e — ore
das Gewicht, -e — weight; importance
ins Gewicht fallen — to carry weight, be important
die Gewinnung — production, output
erschließen, o, o — to open up, develop
ausschließlich — exclusively
abbauen — to mine
nennenswert — worth mentioning
ausführen — to export
verstreut — scattered
verwenden — to use
der **Export, -e** — export
verbrauchen — to consume

2 / die **Debatte, -n** — debate
der **Staat** — government; state, country
subventionieren — to subsidize
die **Einfuhr, -en** — import
der Grund, ⁻e — reason; ground
die Quelle, -n — source
schützen — to protect
die **Krise, -n** — crisis
allmählich — gradually
ersetzen — to replace
geschehen (ie), a, e — to happen, take place
die Umstellung — conversion, change-over; adjustment
sich erweisen, ie, ie — to prove
erfordern — to require
die **Investition** — investment

die Investierung	*investment*
der **Nachteil, -e**	*disadvantage*
der **Verbrauch**	*consumption, use*
einsetzen	*to start*
der Strom	*here: current, electricity*
die **Konjunkturflaute, -n**	*slack market, recession*
die **Marktflaute, -n**	*slack market, recession*
versursachen	*to cause*
der **Abnehmer, -**	*buyer, consumer, customer*
die Reserve, -n	*reserves*

3 /
der Politiker, -	*politician*
bestreiten, bestritt, bestritten	*to dispute*
die Kernenergie	*nuclear energy*

5 /
die **Menge, -n**	*quantity*
die Steigerung	*increase*
auf etwas bestehen (Acc.)	*to insist on s.th.*
verschmutzen	*to pollute*
die **Unterstützung**	*subsidy, support*

6 /
der **Vertrag, ⁻e**	*contract; treaty*
einen Vertrag abschließen	*to make a contract*

7 /
die **Gewerkschaft**	*union*
die Kurzarbeit	*shortened work hours*
Lohneinbußen, *pl.*	*pay cuts*
die Lösung	*solution*
bereitstellen	*to make available*

ÜBUNGEN

C.1. Vervollständigen Sie die Sätze.

1 / **1.** Die heimische Kohle spielt eine entscheidende Rolle in der _____
_____ (*energy supply*).

2. Andere Bodenschätze fallen _____ nicht ins Gewicht (*by comparison*).

3. Eisenreiche Lagerstätten wurden im billigeren Tagebau _____
(*opened up*).

4. Kali wird weltweit als _____ verwendet (*fertilizer*).

2 / **5.** Seit einiger Zeit gibt es heftige _____ um die deutsche
Kohle (*debates*).

6. Die Kohle wurde stark vom Staat _____, um mit der Einfuhrkohle _____ zu bleiben (*subsidized; competitive*).

7. Die Kohle hat den _____, daß sie nicht so sauber im Verbrauch ist (*disadvantage*).

8. Der Stromverbrauch ging durch eine weltweite _____ zurück (*recession*).

9. Die Stahlkrise war teilweise durch die Marktflaute _____ (*caused*).

10. Die Stahlindustrie war ein _____ der deutschen Kohle gewesen (*main buyer*).

3 / **11.** Niemand unter den Politikern _____ die wichtige Rolle der Kohle (*disputed*).

12. Die revierfernen Länder wollen den wachsenden Anteil der billigeren _____ gesichert sehen (*nuclear energy*).

5 / **13.** Bei den Substitutionsmaßnahmen hat die _____ der Kernenergieerzeugung eine wichtige Rolle gespielt (*increase*).

14. Kernenergie _____ die Umwelt nicht (*pollutes*).

6 / **15.** Mit dem Preisverfalls des Öls ist die _____ teurer geworden (*subsidy*).

16. Die Regierung hat mit den Elektrizitätswerken _____ ____ _____ (*made a contract*).

7 / **17.** Die _____ wollen nicht, daß Arbeiter entlassen werden (*unions*).

C.2. *Verwandte Wörter. Machen Sie mit jedem Wort einen einfachen Satz.*

die Energie   das Metall   das Zink   die Debatte
die Renaissance   die Krise   die Investition   die Reserve
die Restriktion   der Politiker   das Konzept   die Elektrizität
die Primärenergie   reduzieren   die Substitution   der Protest
der Marktpreis   der Konsens

C.3. *Suchen Sie zu jedem Wort ein ähnliches auf der Liste. Danach sammeln Sie Wörter derselben Familie, z.B. „der Verbraucher", „verbrauchen", „verbraucht", „der Verbrauch".*

der Verbraucher   der Strom   die (finanzielle) Unterstützung
die Elektrizität   gebrauchen   die Diskussion   ins Gewicht fallen
verwenden   die Debatte   die Konjunkturflaute   die Einfuhr
ungerecht   die Subvention   wichtig sein   der Abnehmer
die Marktflaute   der Import   unfair

C.4. *Übertragen Sie die Sätze ins Aktiv, z.B:*

Billige Kohle wird importiert = Man importiert billige Kohle.

1. Nur Blei und Zink werden noch abgebaut.

2. Weltweit wurden eisenreiche Lagerstätten erschlossen.

3. Torf wird auch als Brennstoff verwendet.

4. Aus Kali wird Dünger hergestellt.

5. Torf und Kali sind ausgeführt worden.

6. Die Kohle wird vom Staat weiter subventioniert werden.

7. Kohle muß als einzige nationale Energiequelle geschützt werden.

8. Der Marktanteil der Kohle soll vergrößert werden.

9. Im Jahre 1986 ist mehr Kernenergie erzeugt und verbraucht worden.

10. Der Rohölimport war um ein Drittel reduziert worden.

C.5. Benutzen Sie den Text als Informationsquelle und ziehen Sie Verbindungsstriche zwischen den Bodenschätzen und ihrer speziellen Verwendung.

Bodenschätze	Verwendung
Kohle	Bodenverbesserung
Brauneisenerz	Export
Torf	Speisesalz
Kalium	Energieversorgung
Steinsalz	Roheisen
	Düngemittel

C.6. Schreiben Sie einen Paragraphen auf Englisch (a) über die Kohlenkrise in der BRD, (b) über die Argumente und Gegenargumente zum Thema „staatliche Subventionen der Bergbauindustrie".

C.7. Übersetzen Sie.

1. The topic is German mining.

2. Coal plays a decisive role in the energy supply of the country.

3. Peat has always been used as fuel.

4. It has also been used for the improvement of the soil.

5. New sources of iron were opened up.

6. The West-German Kali-Industrie produces fertilizer.

7. The energy consumption was reduced.

8. The electricity plants are the main buyers of coal.

9. Many laborers had to be dismissed.

C.8. Lesen Sie den Artikel aus der Stuttgarter Zeitung, und entscheiden Sie, ob die im Anschluß daran gedruckten Aussagen darin enthalten sind oder nicht.

Wirtschaft

„NEUE ABSATZKANÄLE FÜR DIE STEINKOHLE"*

Jochimsen: Nationale Energieversorgung Vorrang vor Importkohle—Versäumnisse beim Ausbau der Fernwärme

ls. DÜSSELDORF. Der nordrhein-westfälische Wirtschaftsminister Professor Reimut Jochimsen (SPD) hat in einem Gespräch mit dieser Zeitung erstmalig durchblicken lassen, daß das in jüngster Zeit zunehmend heftig *umstrittene Förderziel* im deutschen Bergbau von 90 Millionen Tonnen im Jahre 1990 für die Düsseldorfer Regierung grundsätzlich kein Tabu ist. Vor dem Hintergrund der nunmehr erreichten Kohlehalden von rund 35 Millionen Tonnen - ein Rekord in der deutschen Wirtschaftsgeschichte - meinte er allerdings *einschränkend,* zuerst müsse alles getan werden, um neue Absatzkanäle zu erschließen. Wenn es aber nicht gelänge, der Steinkohle einen „erheblich größeren Anteil am Wärmemarkt zu erkämpfen", dann wären Kapazität*sanpassungen,* also Stillegungen, *unausweichlich.*

    Das Kalkül des Professors: „Wenn Strom und Stahl und Wärme nicht mehr abnehmen können, dann wäre es absurd, *langfristig* am Markt vorbei zu operieren." Bonn halte eine wesentliche *Kürzung* der Kapazitäten für notwendig. In den zurückliegenden Wochen waren häufig Zahlen zwischen 70 und 80 Millionen Tonnen zu hören gewesen. Jochimsens dringendes *Anliegen:* Bis Ende dieses Monats sollen die *zuständigen* Fachverbände ihre bisherigen *Bedarfsschätzungen* überarbeiten, um dann in einer neuen „Kohlenrunde" in Bonn Nägel mit Köpfen zu machen und die jetzt auf den *Knappen* lastende Ungewißheit über ihre Zukunft zu nehmen. Eine Fördergarantie aber könne niemand geben, sondern die Kohle hat nach seiner Vorstellung die Aufgabe, „einen optimalen *Beitrag* zur sicheren nationalen Energieversorgung" zu leisten, und sie habe daher *Vorrang* vor der Importkohle. Eine kurzfristig billiger erscheinende Lösung könne schnell sehr teuer werden. Der Subventionsbedarf kann nach seinem Verständnis nicht *Grundlage* der Kohlepolitik werden, und die Entscheidung könne man nicht von kurzfristigen Schwankungen und Haushaltsproblemen des Bundes *abhängig* machen. Der dritte Energiepreisschock kommt für ihn bestimmt.

    Seiner Meinung nach wurde beim *Ausbau* der Fernwärme in der Vergangenheit vom Bergbau einiges *versäumt.* Die *Aussichten* für die Kohle in diesem Markt schätzt der Politiker als grundsätzlich gut ein. Beispielsweise würden als Brennstoff immer noch zu 54 Prozent Gas und Öl eingesetzt. Das bedeutet rein rechnerisch 2,5 Millionen Tonnen Steinkohle*einheiten* im Jahr. Er hält es durchaus für möglich, daß die Fernwärme am Ende des Jahrzehnts zusätzlich eine Million Tonnen verbraucht - *vorausgesetzt* freilich, das Ausbautempo der zurückliegenden vier Jahre wird *beibehalten.* . . .

Margin glosses: disputed / goal of mining; qualifyingly; adjustments inevitable; in the long run cut; concern / appropriate estimates of required amounts miners / oppressive contribution; priority; foundation; dependent; completion left undone / prospects; units; assuming maintained

---

*Stuttgarter Zeitung Nr. 128, Dienstag, 7.Juni 1983

1. Das Förderziel von 90 Millionen Tonnen (Kohle) im
   Jahre 1990 ist für die Düsseldorfer Regierung tabu.   **JA   NEIN**

2. Auf den Kohlenhalden liegen jetzt rund 35 Millionen
   Kohle.   **JA   NEIN**

3. Man kann keine neuen Absatzkanäle mehr finden.   **JA   NEIN**

4. Vielleicht werden Stillegungen nötig.   **JA   NEIN**

5. Man kann auf die Dauer nicht am Markt vorbei ope-
   rieren.   **JA   NEIN**

6. In Zukunft sollen nur noch 70 oder 80 Millionen Tonnen
   Kohle gefördert werden.   **JA   NEIN**

7. Die Bergarbeiter müssen von der lastenden Un-
   gewißheit über ihre Zukunft befreit werden.   **JA   NEIN**

8. Aufgabe der Kohle ist es, einen optimalen Beitrag zur
   sicheren nationalen Energieversorgung zu leisten.   **JA   NEIN**

9. Die Entscheidung, ob die Kohle weiter subventioniert
   wird, muß man von kurzfristigen Schwankungen und
   Haushaltsproblemen des Bundes abhängig machen.   **JA   NEIN**

10. Es wird keinen dritten Energieschock mehr geben.   **JA   NEIN**

11. Bei der Fernwärme könnte in der Zukunft mehr Kohle
    gebraucht werden.   **JA   NEIN**

**C.9. Lesen Sie den Artikel in den DEUTSCHLAND-NACHRICHTEN
und beantworten Sie die im Anschluß daran gedruckten Fragen.**

27 Jan. 88

20.000 BERGLEUTE ZUVIEL

Schneller als andere Bergwerksgesellschaften hat die Ruhrkohle AG (RAG), Essen, jetzt *Einzelheiten* ihres *Anpassungskonzeptes* an die trotz hoher Subventionen *ungünstigen Absatzmöglichkeiten veröffentlicht.* Danach ist *vorgesehen,* die *Förderungskapazitäten* um 10 Millionen Tonnen auf 46 bis 47 Millionen zu *vermindern. Betroffen* davon sind bis 1995 etwa 20.000 Beschäftigte der Ende 1987 noch 107.200 Mitarbeiter zählenden *Beleg-schaft.* Doch wird kein Mitarbeiter entlassen. Wie die RAG mitteilte, wird der *Belegschaftsabbau sozial verträglich* durchgeführt. Er erfolgt vorwiegend durch vorzeitige Pensionierung älterer Mitarbeiter mit Anpassungshilfen. Den übrigen von Anpassungsmassnahmen betroffenen Mitarbeitern wird ein Arbeitsplatz in anderen Betrieben der RAG angeboten.

*details / adjustment
concept
unfavorable / sales
possibilities /
published
planned / mining
capacities
reduce / affected
staff
staff reduction /
socially bearable*

1. Warum will die Ruhr AG weniger Kohle fördern?

2. Was soll mit den 20.000 Beschäftigten geschehen, die bis 1995 ihren
   Arbeitsplatz verlieren?

C.10. Hören Sie sich das Tonband-Interview zu Kapitel II C an (*Kassette 2*).

Herr Jacobi

VERSTÄNDNISHILFEN

zum Gespräch über Energiepolitik

Bundeswirtschaftsministerium	*Federal Department of Economics*
Oberregierungsrat	*Councillor*
Aufgabengebiet	*area of competency*
umreißen	*outline*
gegenwärtig	*at this time*
Referat	*division*
Abteilung	*department*
gesondert	*separate*
Kernstücke	*center pieces*
Kernenergie	*nuclear energy*
lösen	*solve*
Zielsetzungen	*goals*
Krise	*crisis*
anbetrifft	*concerns*
Erhöhung	*increase*
Schweröl	*crude oil*
auszugleichen	*to compensate for*
Vertrag	*contract*
daß ihr Preis dem des Schweröls entsprechen soll	*that their price shall be the same as that of crude oil*
den Unterschied ausmachen	*make up for the difference*
Ihr Eingangswort	*your opening comments*
zur Verfügung gehabt	*had available*

Herausforderungen	*challenges*
Ölpreissprünge	*leaps in oil prices*
weitgehend	*largely*
zu wettbewerbsfähigen und guten Preisen	*at competitive and good prices*
geschafft	*managed*
Benutzung	*use*
verringert	*lowered*
unabhängig	*independent*
Versorgungssicherheit	*assured supply*
ausgeschöpft	*exhausted*
Öl aus der sogenannten Verstromung herauszudrücken	*to eliminate oil for the would-be generation of electricity*
das heißt die deutsche Steinkohle in der Verstromung hineinzuführen	*that is to use German pit coal instead*
Stromversorgungsunternehmen	*Corporation of Power Supply*
Stromwirtschaft	*power economy*
ausläuft	*runs out*
Verlängerung	*extension*
Modalitäten	*modalities*
Subventionsbelastungen	*fiscal burdens of subsidies*
die revierfernen Länder	*the federal states which are far away from the coal mines*
Unglück	*accident*
Kohlegruben	*coal mines*
Zusammenhang	*connection*
gering	*small*
Verlust	*loss*
Arbeitsplätze	*jobs*
ein Zusammengehörigkeitsgefühl	*a team-spirit*
ein Ziehen am selben Strang	*a concerted action*
vorhanden waren	*existed*
Ausrichtung	*orientation*
einstimmig	*unanimous*
einheitlich	*uniformly*
gefahren	*directed*
aufgebrochen	*broke open (here: fell apart)*
Überlagerung	*complication*
gegen Kernenergie, für den mittellangfristigen Ausstieg	*against nuclear energy and for getting out of it gradually*
gegenüber	*on the opposite front*
letztlich	*in the last analysis*
nicht berührt	*does not touch*
Mehrheit	*majority*
neue Kredite aufzunehmen	*to borrow more money*
Ausgleichsabgabe	*compensating surcharge*
angehoben	*raised*
dafür Sorge tragen müssen	*have to see to it*

Regelungen	*regulations*
Verstromungsvertrag	*contract for power supply*
begrenzen	*limit*
Zechen	*coal mines*
umschulen	*retrain*
wie man sie anders unterbringen kann	*how one can find other jobs for them*
im Schnitt	*on the average*
auf Anhieb	*at first*
beträchtlich	*considerable*
Bergfreie	*here: vacuum*
Abfindungen	*severance pay*
Wechsel	*change-over*
Vollbeschäftigung	*full employment*
die darauf hinausliefen	*which resulted in*
Rentenalter	*retirement age*
in Pension geschickt	*sent into retirement*
Übergangsphase	*transitional phase*
in Rente geschickt	*sent into retirement*
Anpassungsgeld	*compensation*
Stellvertreterprinzip	*principle of representation*
ausscheiden	*here: retire*
ersetzt	*replaced*
auszukommen	*to make due*
sparsamer	*more economical*
Faustregel	*rule of thumb*
Energiezuwachs	*energy increase*
Bruttosozialanstieg	*increase of the GNP*
Primärenergieaufkommen	*primary energy yield*
Vorschriften	*decrees*
energiesparende Energiedämmung einzuführen	*to introduce energy saving measures*
Doppelfensterverglasung	*double glass windows*
überschätzt	*overestimated*
da wird einem angst und bange	*one really gets scared stiff*
statistische Messungen	*statistical surveys*

Hören Sie sich das Interview zum zweiten Mal an und entscheiden Sie dann, ob die folgenden Aussagen darin gemacht werden:

1. Herrn Oberrat Jacobis Aufgabe im Bundeswirtschaftsministerium ist, die Energiepolitik zu koordinieren und zu formulieren. **JA NEIN**

2. Es ist ein Problem für die deutsche Kohlepolitik, daß der Ölpreis so stark gesunken ist. **JA NEIN**

3. Der Kohlepreis, den die Elektrizitätswerke zahlen, darf nicht mehr als doppelt so hoch wie der Preis für Schweröl sein. **JA NEIN**

4. In der BRD gibt es augenblicklich eine große Energiekrise.   **JA NEIN**

5. Die BRD hat es inzwischen geschafft, die mit der Erzeugung und dem Verbrauch von Energie verbundene Luftverschmutzung zu verringern.   **JA NEIN**

6. Die Regierung subventioniert die deutsche Steinkohle nur deshalb, weil das Öl zu teuer werden könnte.   **JA NEIN**

7. Die Regierung subventioniert die Steinkohle, weil es möglich wäre, daß ihr eines Tages kein Öl mehr zur Verfügung stehen könnte.   **JA NEIN**

8. Bei der sogenannten Verstromung wird statt Öl Steinkohle gebraucht.   **JA NEIN**

9. Die Regierung hat dem Stromversorgungsunternehmen versprochen, daß es die deutsche Steinkohle zu ähnlichen Bedingungen (= Preisen) bekommt wie Öl.   **JA NEIN**

10. Der Vertrag läuft über hundert Jahre.   **JA NEIN**

11. Die Regierung denkt über die Verlängerung des Jahrhundertvertrags nach.   **JA NEIN**

12. Es ist gegenwärtig eine der Hauptaufgaben der Regierung, die Subventionsbelastungen zu verringern.   **JA NEIN**

13. Die Revierländer, in denen Kohle abgebaut wird, sind gegen Kernenergie, und die vom Revier fernen Länder sind gegen hohe Subventionen der Kohle.   **JA NEIN**

14. Das Unglück in Tschernobyl hat keinen Einfluß auf deutsche Kernenergiepolitik gehabt.   **JA NEIN**

15. Im Saarland und in Nordrhein-Westfalen ist die Kohle auch ein arbeitspolitisches Problem.   **JA NEIN**

16. Im Augenblick gibt es keinen energiepolitischen Konsens mehr in der Bundersrepublik.   **JA NEIN**

17. Der gegenwärtige Konflikt zwischen SPD und CDU/FDP ist nicht ernst, weil es eine komfortable Mehrheit für die Regierung gibt.   **JA NEIN**

18. Manche Bundesländer haben sich gegen die Erhöhung des Kohlepfennigs von 4,5 auf 7,5% gestellt.   **JA NEIN**

19. Seit den fünfziger Jahren haben durchschnittlich 15 000 Bergarbeiter pro Jahr ihren Arbeitsplatz verloren.   **JA NEIN**

20. Die meisten sind arbeitslos geworden.   **JA NEIN**

21. Das Rentenalter für Bergleute ist sechzig.   **JA NEIN**

22. Viele Bergleute sind frühzeitig in Pension geschickt worden.   **JA NEIN**

23. In den letzten Jahren gibt es viel mehr junge als alte Bergarbeiter, und das ist ein Problem für Bonn.   **JA NEIN**

24. Die Deutschen sind nicht sparsamer im Verbrauch
von Energie geworden.   **JA NEIN**

25. Der Zuwachs von Primärenergieaufkommen (= Verbrauch) ist seit 1973 nur um 2% gestiegen, das Bruttosozialprodukt aber um 27%.   **JA NEIN**

26. In den Gebäuden wird nicht an Energie gespart.   **JA NEIN**

27. Herr Jacobi sagt, daß man überall auf den deutschen
Autobahnen mit unbegrenzter Geschwindigkeit fah-
ren darf.   **JA NEIN**

**Hören Sie sich das Gespräch zum dritten Mal an, und vervoll-
ständigen Sie dabei die folgenden Notizen:**

Name des Gesprächspartners: _____

Seine Stellung in Bonn: _____

Aufgabengebiet: Die Energiepolitik der BRD zu formulieren und zu
_____ .

Gründe für die Subvention der Steinkohle

	Die Erhaltung von Arbeits-plätzen

Die Subvention der Kohle ist problematisch geworden durch

den Ölpreisverfall: je billiger das Öl, desto teurer der „Kohlepfennig"	

Den vielen Bergarbeitern, die durch Stillegung von Zechen ihren Arbeitsplatz verloren, wurde geholfen durch

Anpassungsgelder und neue Arbeits-plätze		das sogenannte Stellvertreterprin-zip

Die Faustregel vor den Ölkrisen war: Erlaubt ist soviel Energiezuwachs
wie _____ . Aber seit 1973 gibt es nur knapp 2% Energiezuwachs bei _____% Zuwachs im Bruttosozialprodukt.

Gründe für sparsameren Energieverbrauch

| Energie ein-sparende Vor-schriften in der Industrie | Bessere Isolierung der Gebäude, z.B. durch Doppelfen-ster | |

HANDEL

A. GROSSHANDEL UND EINZELHANDEL

1 / Der Großhändler bezieht seine Waren direkt von der Industrie oder vom Aufkaufhandel, der z.B. Agrarprodukte vom Erzeuger aufkauft und lagert. Der Großhändler hat gewöhnlich ein Warenhaus mit viel Lagerraum und ein Kontor mit Angestellten, die den Ankauf der Waren wie auch den Weiterverkauf an den Einzelhändler abwickeln. Sie machen Angebote, nehmen Bestellungen auf, sie schreiben Rechnungen und Quittungen,

Markttag vor dem Aachener Dom.

kontrollieren laufend die Lagerbestände und sorgen für rechtzeitige Auslieferung der Waren. Oft haben Großhändler auch Handelsvertreter oder Handelsreisende, die einen Kundenkreis von Kleinhändlern besuchen, sie beim Einkauf von alten und neuen Waren beraten und möglichst große Aufträge für ihre Firma einholen. Ein Großhändler braucht viel Kapital, denn es ist üblich, daß er seine Zulieferer sofort bezahlt oder sogar Vorauskasse leistet, während seine Kunden von ihm ein Ziel von zwei bis drei Monaten eingeräumt bekommen.

2 / Ein Einzelhändler braucht nicht so viel Lagerraum und auch nicht so viel Kapital. Dafür ist sein Profit auch nicht so hoch. Er braucht aber einen attraktiven Laden, in dem die Waren so ausgestellt sind, daß seine Kunden sich zum Kaufen animiert fühlen. Und die Bedienung muß schnell und freundlich sein! Natürlich muß er genug Vorrat haben, um seine Kunden nicht zu enttäuschen und zu verlieren. Wenn er nur über sehr wenig Lagerraum verfügt, kann er bei einem besonderen Großhändler einkaufen, dem „Cash- and Carry"-Betrieb. Dort braucht er die Waren nicht im voraus zu bestellen. Er kann sie sofort mitnehmen. Die Preise sind günstig. Allerdings kann er dort nicht auf Kredit kaufen, sondern er muß in bar bezahlen.

3 / Großhändler und Einzelhändler stehen zwischen dem Erzeuger oder der Industrie und dem Verbraucher. Sie werden deshalb auch Mittelmänner genannt. Ihre Dienste kosten den Verbraucher viel Geld, und es gibt verschiedene Versuche, ohne sie auszukommen. Konsumläden schalten den Großhändler aus, und Versandhäuser, wie das bekannte Quelle-Versandhaus, verkaufen direkt an den Konsumenten. Dafür bezahlt der aber direkt oder indirekt die Versandkosten (Porto und Verpackung) und auch den dicken Katalog, der jährlich an die Kunden geschickt wird. Wenn man noch die Unkosten bedenkt, die dadurch entstehen, daß viele Kunden die bestellten Waren zurückschicken, weil sie nicht passen oder Fehler haben oder sonst ihren Vorstellungen nicht entsprechen, wird am Ende nicht viel Geld gespart.

WORTSCHATZ

1 / der **Großhandel** — *wholesale trade*
der **Einzelhandel** — *retail trade*
die Ware, -n — *merchandise, goods*
der **Großhändler, -** — *wholesale dealer*
der **Einzelhändler, -** — *retail dealer*
(Waren) **beziehen von** — *to buy (regularly) from*
der Aufkaufhandel — *buying-up trade, an agency cornering the market*

lagern — *to store, keep in stock*
das **Kontor, -e** — *(merchant's) office*

der Ankauf	purchase
abwickeln	to transact
das **Angebot, -e**	offer
die **Bestellung**	order
die **Rechnung**	bill
die **Quittung**	receipt
laufend	constantly
das **Lager, -**	storehouse; storage, stock(pile)
der **Bestand, ⸚e**	stock, supply
die **(Aus)lieferung**	delivery
der **Handelsvertreter, -**	sales representative, (independent) agent (draws commission)
der **Handelsreisende, -n**	traveling salesman (employee)
der **Kundenkreis, -e**	clientele
beraten (ä), ie, a	to give advice
der **Auftrag, ⸚e**	order
das **Kapital**	capital, big money
üblich	customary
der **(Zu)lieferer, -**	supplier
Vorauskasse leisten	to pay in advance
das **Ziel**	credit
einräumen	to concede, allow
2 / der **Profit, -e**	profit
der **Laden, ⸚**	store, business, shop
ausstellen	to exhibit
der **Kunde, -n**	customer
die **Bedienung**	service (in a store or restaurant)
der **Vorrat, ⸚e**	stock, supply
verfügen über	to have at one's disposal
bestellen	to order
(in) bar bezahlen	to pay (in) cash
3 / der **Verbraucher, -**	consumer, buyer
der **Dienst, -e**	service
auskommen, a, o	to get along
der Konsumladen, ⸚	co-operative store
ausschalten	to eliminate
das Versandhaus, ⸚er	mail order house
der **Konsument, -en**	consumer
das **Porto**	postage
die **Verpackung**	packaging
die **Kosten = Unkosten**	expenses
bedenken	to consider, figure in (one's calculations)
entstehen, a, a	to arise
passen	to fit
sparen	to save

ÜBUNGEN

A.1. Vervollständigen Sie die Sätze.

1. Der Einzelhändler _____ seine Waren gewöhnlich vom Großhändler (*buys*).

2. Ein Großhändler muß genügend _____ haben (*storage space*).

3. Man nennt das Büro eines Geschäftsmannes das _____.

4. Im Kontor sitzen die Angestellten, die alle schriftlichen Arbeiten _____ (*transact*).

5. Der Kunde hat seine _____ bezahlt und möchte eine _____ dafür haben (*bill; receipt*).

6. Der Einzelhändler fragt, ob er sich auf rechtzeitige _____ der Waren verlassen könne (*delivery*).

7. Der _____ besucht regelmäßig seinen _____ (*sales rep; clientele*).

8. Er holt neue _____ für seine Firma ein (*orders*).

9. Der Großhändler muß oft bei seinem Zulieferer _____ _____ (*pay in advance*).

10. Der Einzelhändler räumt seinen Kunden ein zwei bis drei Monate _____ ein (*credit*).

11. Die _____ im Laden muß prompt und freundlich sein (*service*).

12. Der Einzelhändler fragt seinen _____, ob sie noch genügend _____ an Zucker haben (*employee; supplies*).

13. Die Preise sind beim „Cash- and Carry"-Betrieb _____, aber man muß die Waren _____ bezahlen (*reasonable; cash*).

14. Wenn der Verbraucher bei Versandhäusern einkauft, muß er für _____ und _____ zahlen (*postage; packaging*).

15. Oft schicken Kunden die bei Versandhäusern bestellten Kleidungsstücke zurück, weil sie nicht _____ (*fit*).

A.2. Verwandte Wörter. Bilden Sie mit jedem einen kurzen Satz.

das Warenhaus   kontrollieren   das Kapital   der Profit   attraktiv
animiert   der Kredit   der Konsument   der Katalog

A.3. Suchen Sie zusammen mit einem Partner zu jedem Paragraphen eine Überschrift.

1. _____

2. _____

3. _____

A.4. Vervollständigen Sie das Flußdiagramm.

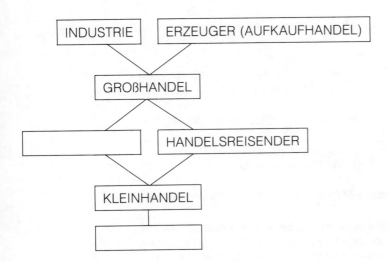

A.5. Sehen Sie sich die Liste der Synonyme an. Wörter mit einem Sternchen werden nur in der Geschäftssprache gebraucht. Da werden sie vorgezogen.

beziehen*-kaufen
der Verbraucher-der Konsument
die Bestellung-der Auftrag*
Lagerbestände*-Reserven-Vorräte
Vorauskasse leisten*-im voraus
   bezahlen
der Lieferant-der Zulieferer
Kredit geben-ein Ziel einräumen*

das Büro-das Kontor*
abwickeln*-erledigen
der Profit-der Gewinn
animieren-anregen
der Dienst-die Bedienung
die Lieferung-die Auslieferung

In vielen Situationen sind die Synonyme auswechselbar, aber in anderen nicht, was durch leere Klammern angedeutet wird. Die folgenden Sätze zeigen ihre richtige Anwendung.

1. Der Gemüseladen in unserer Nachbarschaft bezieht (kauft) sein Gemüse direkt von einem Bauern. Ich kaufe (   ) mein Gemüse dort. **2.** Der Kaufmann arbeitet in seinem Kontor (Büro). Der Schuldirektor sitzt in seinem Büro (   ) oder Sprechzimmer. **3.** Die Mode wird oft geändert, damit der Verbraucher (Konsument) immer neue Wünsche hat. **4.** Er muß noch ein Geschäft abwickeln (erledigen). Ich will noch die Hausarbeit erledigen (   ). **5.** Ich muß noch eine Bestellung (   ) beim Bäcker machen. Die Industrie erhält regelmäßig Aufträge (   ) von Großhändlern. **6.** Wenn die Konjunktur schwach ist, ist der Gewinn (Profit) der Geschäftsleute gewöhnlich klein. **7.** Kontrollieren Sie bitte die Lagerbestände (Vorräte, Reserven) im Warenhaus. Unsere Familie hat im Keller Vorräte (Reserven,) für schlechte Zeiten. **8.** Die Waren müssen attraktiv verpackt sein, damit sie den Kunden zum Kaufen animieren (anregen). **11.** Der Großhändler muß Vorauskasse leisten (im voraus bezahlen). Müssen Sie Ihre Musikstunden im voraus bezahlen (   )? **12.** Der Dienst (   ) am Kunden ist äußerst wichtig. In guten Restaurants und Läden ist die Bedienung (   ) prompt und freundlich. **13.** Die Ausieferung (Lieferung) der Waren muß pünktlich sein. Ist die Lieferung (   ) heil angekommen? **14.** Unser Lieferant (Zulieferer) hat seinen Betrieb in München. **15.** Die großen Kaufhäuser in Amerika geben ihren Kunden Kredit (   ). Der Großhändler räumt dem Einzelhändler gewöhnlich ein zwei oder drei Monate Ziel (   ) ein.

Bilden Sie nun selbst mit jedem Wort einen Satz.

A.6. Verbinden Sie die beiden Sätze mit einem Relativpronomen.

Beispiel: Der Großhändler liefert die Waren an den Kleinhändler. *Dieser* verkauft sie weiter an den Verbraucher. Der Großhändler liefert die Waren an den Einzelhändler, der sie an den Verbraucher weiterverkauft.

1. Er hat ein großes Kontor mit vielen Angestellten. *Sie* erledigen die schriftlichen Arbeiten.

2. Der Einzelhändler kann heute die Wünsche seiner Kunden nicht erfüllen. *Sein* Zulieferer hat die Waren nicht rechtzeitig ausgeliefert.

3. Der Handelsvertreter konnte heute nicht kommen. Herr Mayer wollte sich *von ihm* beraten lassen.

4. Unsere Apotheke macht kein gutes Geschäft. *Ihre* Bedienung ist nicht freundlich.

5. Ich kaufe nicht mehr bei Versandhäusern ein. Ich habe kein Glück *damit* gehabt.

6. Großhändler und Einzelhändler stehen zwischen der Industrie und dem Verbraucher. *Sie* werden auch Mittelmänner genannt.

7. Manche Kunden senden Waren ans Versandhaus zurück. Sie sind nicht *damit* zufrieden.

A.7. Beantworten Sie die Fragen.

1 / **1.** Woher bezieht der Großhändler seine Waren?

2. Was machen seine Angestellten im Kontor?

3. Was ist die Aufgabe von Handelsvertretern?

4. Warum braucht ein Großhändler mehr Kapital und mehr Lagerraum als ein Einzelhändler?

2 / **5.** Was ist im Laden eines Einzelhändlers wichtig?

6. Für wen ist der „Cash-and-Carry-"Betrieb eine große Hilfe?

3 / **7.** Warum werden Großhändler und Einzelhändler auch Mittelmänner genannt?

8. Welche Möglichkeiten gibt es für den Verbraucher, einen Mittelmann auszuschalten?

9. Wird damit in jedem Fall Geld gespart?

A.8. Übersetzen Sie.

1. This wholesaler buys his merchandise directly from (the) industry.

2. This merchant has a big office, because he needs many employees.

3. These employees take care of (= transact) the paperwork. They write offers, orders, bills and receipts.

4. Although he has many customers, his profit is not very high.

5. Because her store has not much storage space, she buys her goods from „Cash-and-Carry"-outfits.

6. I don't find merchandise from mailorder houses very cheap. You have to pay for postage and packaging.

A.9. Lesen Sie den Artikel aus der FRANKFURTER ALLGEMEINEN ZEITUNG, und beantworten Sie die im Anschluß daran gestellten Fragen.

HANDEL IN HOCHSTIMMUNG*

K.B. BONN, 12. März. Die Lage im Handel ist durch *Hochstimmung* gekennzeichnet. Das berichtet der Deutsche Industrie- und Handelstag nach einer *Umfrage*. Die *Geschäftsaussichten* würden noch positiver als im Herbst 1986 gesehen. Sie seien wegen der wachsenden *Konsumbereitschaft* und wegen der *Ausgabenfreudigkeit* der Kunden erheblich günstiger als in der Industrie und in der Bauwirtschaft. Der Einzelhandel ist allerdings eindeutig *zuversichtlicher* als der Großhandel. Der Handel mit Rohstoffen und Halbwaren sowie das Import- und Exportgeschäft seien schwierig. In Erwartung einer weiter zunehmenden privaten Nachfrage haben die konsumnahen Handelszweige ihre Investitionspläne *ausgeweitet*.

high spirits

poll / business prospects
consumer acceptance
readiness to spend money
more confident
expanded

1. Warum ist man 1987 glücklich über die Lage im Handel?

2. Warum ist das Geschäftsklima in der Industrie und Bauwirtschaft nicht so günstig?

3. Warum ist der Großhandel nicht so zuversichtlich wie der Einzelhandel?

4. Weshalb haben die konsumnahen Handelszweige ihre Investitionspläne ausgeweitet?

A.10. Lesen Sie den Artikel aus DEUTSCHLAND-NACHRICHTEN, und entscheiden Sie im Gespräch mit einem Partner, ob die im

---

*FAZ 13. März. 87

Anschluß daran gestellten Fragen darin enthalten sind oder nicht.

SINKENDE PREISE UND STEIGENDE UMSÄTZE IM TEXTILHANDEL*

Die Nachfrage im Textileinzelhandel hat sich im Juni wegen des sommerlichen Wetters belebt. Zugleich bedeutet der Beginn der Ferienzeit das Startsignal für verstärkte Preisaktivitäten. Nach einer *Umfrage* der *poll* Zeitschrift „Textil-Wirtschaft" wollen 25 Prozent der befragten Einzelhandelsunternehmen früher als im Vorjahr mit Preisaktionen beginnen, 65 Prozent zur gleichen Zeit wie im Vorjahr und nur 10 Prozent später. Bei diesen Sonderangeboten handelt es sich nur zum Teil um reguläre Ware, die reduziert ist. Ein großer Teil dieser Preisaktionen wird auch mit gezielt eingekaufter Ware, *vornehmlich* Importen, bestritten. Wie die *especially* „Textil-Wirtschaft" schreibt, werden solche Aktionen sogar unter *Ertragsgesichtspunkten* günstig *beurteilt*, da die Artikel schnell verkauft *aspects of gains/* werden. *Im Durchschnitt* liegt der *Aufschlag* sogar über der normalen *judged* Kalkulation, besonders dann, wenn es sich bei Nachkäufen um aktuelle, *on the average/* gute Waren handelt. *markup*

Auch die Reduzierung aktueller Ware setzt in diesem Jahr früh ein. Nach der Umfrage wollen 35 Prozent früher als im Vorjahr die Preise herabsetzen, 58 Prozent zur gleichen Zeit und 7 Prozent später. Die dabei erfolgenden *Abschläge* werden von 34 Prozent der Unternehmer als *discounts* höher bezeichnet als im Vorjahr.

1. Wegen des warmen Wetters wird diesen Juni weniger Kleidung gekauft.   **JA NEIN**

2. Manche Einzelhandelsunternehmen wollen schon früher als im Vorjahr Preise reduzieren.   **JA NEIN**

3. Bei den Sonderangeboten handelt es sich nur um reguläre Ware.   **JA NEIN**

4. Manche zum Sonderpreis angebotene Ware wird extra dafür eingekauft. Oft ist es importierte Ware.   **JA NEIN**

5. Die Einzelhändler verdienen wenig mit Sonderangeboten.   **JA NEIN**

A.11. If you have a businessman or woman among your relatives or friends (if not, take any store you know), describe his or her operation. Are they retailers or wholesalers? How many employees do they have? How big an office and warehouse? Go into as much detail as possible.

*„DEUTSCHLAND-NACHRICHTEN", Nr.26, den 6.7.1983.

A.12. Together with a classmate write out a skit and act it out later. One of you is the sales representative of a big wholesale company, the other one the retailer he visits. Choose your line of merchandise. Sales representative, talk about new offers, good payment conditions etc.; retailer, talk about your customers needs and perhaps lack of storage space and other reasons that make you careful to buy large orders.

Frau Kankelfitz

A.13. Hören Sie sich das Tonband Interview zu Kapitel IIIA an (*Kassette 2*).

VERSTÄNDNISHILFEN

zum Gespräch mit der Besitzerin einer Boutique für Damenoberbekleidung

Damenmoden-Oberbekleidungsgeschäft	*ladies fashions outer wear store*
anprobiert	*tried on*
zu ganz besonderem Anlaß	*for a very special occasion*
Vorausbedingungen	*prerequisites*
Bankauskunft	*bank information*
kreditwürdig	*credit-worthy*
dementsprechend gestaltet	*set up accordingly*
Zahlungsziel	*payment terms, credit for a certain time-span*
auf Kommission	*on consignment*
Risiko	*risk*
wie treffen Sie die Auswahl	*how do you make the selection*

Messen	*fairs*
behauptet	*claims*
überwiegend	*predominantly*
von großen Geschäften bestückt	*filled with large stores*
Ausverkaufsware	*sales items*
Rathausmarkt	*market place around or in front of City Hall*
Fachwerkbauten	*buildings with wood frame work*
umgebaut	*remodeled*
Stammkundenkreis	*regular clientele*
Kurgäste	*patients or visitors at spas*
konkurrenzfähig	*competitive*
darbieten	*offer*
auf deren Typ passend zugeschnitten	*tailored to their type*
Kundenkartei	*customer directory*
bei künstlicher Beleuchtung	*with artificial light*
Vorteil	*advantage*
zur Ansicht	*for approval*

Hören Sie sich das Interview zum zweiten Mal an, und vervollständigen Sie die Notizen, indem Sie zutreffende Aussagen ankreuzen und leere Kästen ausfüllen.

☐ Die Boutique ist ganz neu

☐ Frau K. hat sie vor einem Jahr übernommen

☐ Frau K. hat sie jugendlicher gestaltet

☐ Frau K. hat sie für einen älteren Kundenkreis aufgebaut

Vorbedingungen, die ihre Lieferanten stellen

	Der Laden muß attraktiv gestaltet sein

☐ Frau K. bekommt die Ware auf Kommission

☐ Sie hat ein gewisses Zahlungsziel

☐ Sie besucht die Lieferanten und kauft dort die Ware ein

☐ Sie kauft die Ware auf Messen ein

☐ Ihr Geschäft ist ungünstig gelegen

☐ Ihr Geschäft hat eine sehr günstige Lage

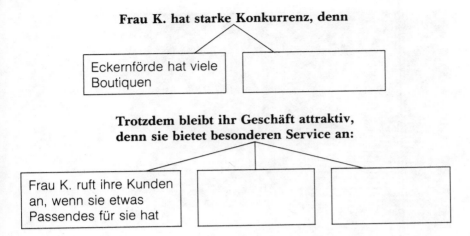

Frau K. hat starke Konkurrenz, denn

Eckernförde hat viele Boutiquen

Trotzdem bleibt ihr Geschäft attraktiv, denn sie bietet besonderen Service an:

Frau K. ruft ihre Kunden an, wenn sie etwas Passendes für sie hat

Hören Sie sich das Gespräch zum dritten Mal an, und beant- worten Sie dann die Fragen.

1. Welche Veränderungen machte Frau Kankelfitz, nachdem sie die Boutique übernommen hatte?
2. Welche Vorausbedingungen verlangen ihre Lieferanten?
3. Muß sie für die gelieferten Waren Vorauskasse leisten?
4. Kann sie Ware auf Kommission bekommen?
5. Wo macht sie die meisten Bestellungen für die Ware?
6. Warum verkauft Frau Kankelfitz nicht das gleiche Kleid in verschie- denen Größen?
7. Wie findet sie die Lage ihres Geschäfts?
8. Warum ist das Einkaufen in der Kieler Straße nicht so gemütlich?
9. Macht Frau Kankelfitz das größere Geschäft mit Stammkunden oder mit Touristen, bzw. Kurgästen?
10. Wie bleibt Frau Kankelfitz' Boutique konkurrenzfähig?
11. Was für einen ganz besonderen Service bietet sie ihren Stammkun- den an?

B. INNENHANDEL UND AUßENHANDEL

1 / Das Handelssystem der BRD wird als „soziale Marktwirtschaft" bezeich- net: „Marktwirtschaft" im Gegensatz zur „Planwirtschaft", wie sie in den *Staatshandelsländern* des Ostens praktiziert wird. Dort bestimmen die von der Regierung beauftragten Behörden, was produziert und an wen es verteilt wird und zu welchen Preisen. Bei der Marktwirtschaft wird die Produktion, solange genügend Rohstoffe vorhanden sind, allein von der Nachfrage des Verbrauchers geregelt. Je mehr der Konsument kauft, desto mehr wird auf den Markt gebracht. Und so regeln sich auch die

state trading nations

Das Gebäude der Europäischen Gemeinschaft in Brüssel.

Preise. Bei Hochkonjunktur steigen die Preise, bei Marktflaute fallen sie gewöhnlich.

2 / In der Marktwirtschaft gilt freier Wettbewerb. Wer die preisgünstigsten Angebote macht, hat die besten Absatzchancen. Die Regierung wacht darüber, daß der freie Wettbewerb erhalten bleibt. Deshalb sind Kartelle nur im Ausnahmefall erlaubt, nämlich dann, wenn sie die Konkurrenz auf dem Markt nicht ausschalten. Auch sorgt die Regierung für Aufklärung der Käufer. Überall gibt es Verbraucherzentralen, die Auskunft über Qualitätsvergleiche und Preise und gute Einkauftips geben. Eine von der Regierung unabhängige „*Stiftung* Warentest" überprüft die Qualität der *foundation* Konsumgüter und veröffentlicht die Ergebnisse in der Zeitschrift „Test", die dem amerikanischen „Consumers Report" vergleichbar ist. Die Bundesregierung schreitet auch ein, wenn die Umwelt von Marktinteressen bedroht wird.

3 / „Soziale" Marktwirtschaft heißt das System, weil die vorübergehend oder dauerhaft Leistungsschwachen, wie Arbeitslose, Kranke, Kinder oder Alte einen umfangreichen Schutz genießen, der ihnen das zum Leben Notwendige garantiert.

4 / Die BRD *schob sich* 1986 im Welthandel bei den Ausfuhren *an die Spitze* *pushed to the* mit einem Anteil von 11,5% (USA 10,3%; Japan 10%; Frankreich 5,9%; *top* Großbritannien 5%). Bei Welteinfuhren steht sie mit 8,7% an zweiter Stelle (USA 17,8%; Frankreich 5,9%; Japan und Großbritannien 5,8%). Die drei großen Grundsätze ihrer Außenwirtschaftspolitik lauten: 1. Internationale Arbeitsteilung statt Autarkie. 2. Weltweiter Wettbewerb statt Handelsbarrieren. 3. *Interessenausgleich* statt ökonomischer Konfrontation. Nach *balancing of* dem Prinzip der Marktwirtschaft strebt sie möglichst unbeschränkten Welt- *interests* handel an. Als Mitglied der EG (= Europäische Gemeinschaft) oder EWG (= Europäische Wirtschaftsgemeinschaft) kann die BRD aber nicht alle

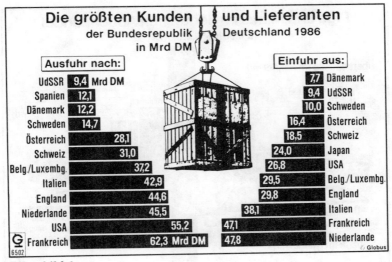

Die größten Kunden und Lieferanten
der Bundesrepublik Deutschland 1986
in Mrd DM

Ausfuhr nach:

UdSSR	9,4 Mrd DM
Spanien	12,1
Dänemark	12,2
Schweden	14,7
Österreich	28,1
Schweiz	31,0
Belg./Luxembg.	37,2
Italien	42,9
England	44,6
Niederlande	45,5
USA	55,2
Frankreich	62,3 Mrd DM

Einfuhr aus:

7,7	Dänemark
9,4	UdSSR
10,0	Schweden
16,4	Österreich
18,5	Schweiz
24,0	Japan
26,8	USA
29,5	Belg./Luxembg.
29,8	England
38,1	Italien
47,1	Frankreich
47,8	Niederlande

© Globus

Schaubild 1

liberalen Ideen durchsetzen, denn die zwölf Mitgliedstaaten betreiben gemeinsame Außenpolitik.

5 / Die EG (s. Kapitel IIIC) ist eine Handelsmacht ersten Ranges. Sie bestreitet über ein Drittel des gesamten Weltexports. Zwischen den Mitgliedstaaten gibt es keine Zollschranken mehr, und der Handel wird außerdem durch das Europäische Währungssystem (EWS) erleichtert. Kein Wunder, daß die BRD den größten Teil ihres Handels mit EG-Ländern abwickelt, unter denen Frankreich und die Niederlande an erster Stelle stehen. Schaubild 1 verzeichnet die wichtigsten Handelspartner der BRD. Das sind außer den EG-Ländern hauptsächlich die USA, die Schweiz, Oesterreich, Schweden und die UdSSR. Japan spielt nur bei der Einfuhr eine bedeutende Rolle. Schaubild 2 zeigt das Plus und Minus im deutschen Außenhandel.

6 / Der Handel mit den Entwicklungsländern ist wichtiger als der Prozentsatz es vermuten läßt, denn diese Länder haben Rohstoffe, die der BRD fehlen, besonders das Erdöl, und sie brauchen deutsche Maschinen und deutsches „Know-how" beim *Aufbau* eigener Industrie. Es ist deshalb *building* auch im eigenen Interesse der BRD, wenn sie diesen Ländern beträchtliche Entwicklungsbeihilfe in Form von Zuschüssen und zinsgünstigen Krediten geben. Auch gibt es allgemeine Zollvergünstigungen für Halb- und Fertigwaren aus Entwicklungsländern, und 57 Entwicklungsländer in Afrika, der Karibik und im Pazifik haben freien Zugang zu den Märkten der EG-Länder. Der Grundsatz „Hilfe durch Handel" hat sich bewährt. Inzwischen haben die Entwicklungsländer (ohne die OPEC-Länder) der BRD gegenüber einen Exportüberschuß erreicht (s. Schaubild 2).

7 / Der Handel mit der DDR (= Deutschen Demokratischen Republik) zählt genau genommen weder zum Außenhandel noch zum Innen- oder Binnenhandel, und es gibt Regelungen, die besonders für die DDR günstig sind. Der Handel ist zollfrei. Die BRD muß bei Lieferungen in die DDR,

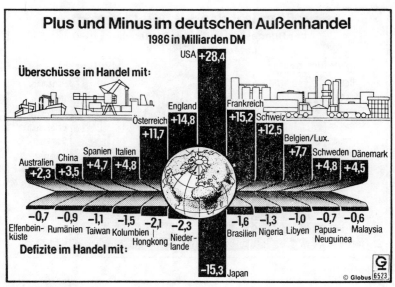

Plus und Minus im deutschen Außenhandel
1986 in Milliarden DM

USA **+28,4**

Überschüsse im Handel mit:

England **+14,8**   Frankreich **+15,2**   Schweiz **+12,5**

Österreich **+11,7**   Belgien/Lux. **+7,7**

                                                                    Schweden **+4,8**   Dänemark **+4,5**

Australien **+2,3**   China **+3,5**   Spanien **+4,7**   Italien **+4,8**

−0,7   −0,9   −1,1   −1,5   −2,1   −2,3   −1,6   −1,3   −1,0   −0,7   −0,6
Elfenbein- Rumänien Taiwan Kolumbien | Nieder-   Brasilien Nigeria Libyen Papua- Malaysia
küste   Hongkong lande   Neuguinea

Defizite im Handel mit:

−15,3   Japan

© Globus 6523

Schaubild 2

anders als im Außenhandel, Mehrwertsteuer zahlen, allerdings zu ge-
ringeren *Sätzen* als im Innenhandel. Der Handel mit der DDR wird da-   *rates*
durch erschwert, daß jeder, der dort Waren einführen will, *sich verpflichten*   *is obliged*
muß, Waren im gleichen Wert von der DDR abzunehmen, was proble-
matisch ist, weil es ihr an ausreichenden Qualitätsgütern fehlt. Dennoch
ist der innerdeutsche Warenverkehr seit 1961 ständig gestiegen mit einem
derzeitigen Umsatz zwischen 7000 und 8000 Millionen DM und ist für die   *current*
BRD besonders aus politischen Gründen wichtig, weil dadurch die Verbindung zum andern Deutschland offenbleibt und *gestärkt* wird. Für die   *strengthened*
DDR ist die BRD (mit 8% des Außenhandelumsatzes) nach der UdSSR
(mit 40%) der zweitwichtigste Handelspartner, der außerdem durch *Tran-*   *flat charges for*
sitpauschale und Postpauschale usw. wichtige Devisen bringt.   *visitors from the*
                                                                            West

8 / Die DDR bezieht aus der BRD vor allen Dingen Maschinen und Fahrzeuge
und elektronische Erzeugnisse, gefolgt von chemischen Erzeugnissen
und danach von Eisen, Stahl, Agrarprodukten und Textilien. Bei den Lieferungen der DDR handelt es sich an erster Stelle um Textilien und Bekleidung. An zweiter Stelle folgen Mineralöle und an dritter chemische
Erzeugnisse, gefolgt von Maschinen, Elektronik und schließlich Agrarprodukte.

9 / Schaubild 3 zeigt die Rangfolge der Waren im Import und Export der
BRD aus dem Jahre 1986, wobei Straßenfahrzeuge, Maschinen, chemische und elektronische Produkte bei der Ausfuhr die bedeutendste
Rolle spielen. In der Rangfolge der ein- und ausgeführten Produkte ist
aber laufend mit *Verschiebungen* zu rechnen, denn die Produktion tech-   *shifting around*

Die wichtigsten Warengruppen im deutschen Außenhandel 1986 in Milliarden DM

Bei der Ausfuhr

Nahrungs- u. Genußmittel · Elektrotechnik · Maschinen · Straßenfahrzeuge · Chemische Produkte · Eisen u. Stahl · Eisen-, Blech-, Metallwaren · Büromaschinen, EDV · Textilien · Kunststofferzeugnisse

11,4 · 18,4 · 22,6 · 56,9 · 82,4 · 94,9 · 70,1 · 20,2 · 14,7 · 13,4

Bei der Einfuhr

Textilien · Nahrungs- u. Genußmittel · Straßenfahrzeuge · Elektrotechnik · Chemische Produkte · Agrarprodukte · Erdöl, Erdgas · Maschinen · NE-Metalle · Mineralölprodukte

22 · 27 · 29,4 · 35,6 · Mrd DM 40,2 · 32,1 · 27,8 · 23,6 · 16,7 · 15

Quelle: Statistisches Bundesamt

DIE ZEIT/GLOBUS

Verkaufsschlager

Im Außenhandel der Bundesrepublik Deutschland spielen Industrieprodukte die weitaus wichtigste Rolle. Verkaufsschlager Nummer eins der heimischen Industrie sind Straßenfahrzeuge. Es folgen Maschinen, chemische und elektronische Produkte. Diese vier Warengruppen zusammen erreichen schon deutlich über die Hälfte des gesamten deutschen Exports. Bei der Einfuhr halten sich die wichtigsten Güter eher die Waage. Das einst so bedeutende Erdöl ist – zusammengerechnet mit Erdgas – an die fünfte Stelle gerutscht. Hier spiegelt sich die Energieeinsparung ebenso wider wie der Preisverfall in den vergangenen Jahren. Zu wichtigen Exportgütern der deutschen Wirtschaft wurden in den vergangenen Jahren Nahrungs- und Genußmittel sowie Textilien und Bekleidung.

Schaubild 3

nisch einfacher Erzeugnisse wird zunehmend von Ländern mit weniger hohen Arbeitslöhnen übernommen.

10 / Die BRD muß laufend ihren hohen Stand der Technik und ihren leistungsfähigen Produktionsapparat verbessern, um nicht nur ausreichend Devisen zu verdienen, um die notwendigen Einfuhrposten zu bezahlen, sondern um darüber hinaus weiter einen beachtlichen Aktivsaldo zu erzielen. Diese jährlichen Exportüberschüsse sind nötig: 1. um das hohe Defizit im Auslandsreiseverkehr auszugleichen, 2. um die *Überweisungen* — *remittances* der Gastarbeiter in ihre Heimatländer zu decken, 3. um Beiträge für die EG, die UNO und andere internationale Organisationen zu zahlen und 4. um notwendige Devisenreserven zu haben.

11 / Wie in der BRD vom Ausland Investitionen gemacht werden, so investiert auch die BRD im Ausland, um Rohstoffzufuhren zu sichern, um den Vorteil niedrigerer Arbeitslöhne auszunutzen, und um neue Absatzmärkte auszubauen und zu sichern.

12 / Ein Amerikaner, der Waren nach Deutschland exportieren oder von dort importieren möchte, wendet sich am besten an die Industrie- und Handelskammern der Stadt, in der er ein Geschäft aufmachen oder einen Importeur oder Exporteur finden will. Wenn er sich erst orientieren möchte, welche Stadt für sein Geschäft am günstigsten wäre, dann schreibt er an die *Dachorganisation* der 81 Industrie- und Handelskammern in der BRD, die DIHT (*Deutscher Industrie- und Handelstag*), Adenauer Allee — *umbrella organization German Conference of Industry and Trade*

148, D-5300 Bonn. Er kann sich zunächst auch an eine „German Chamber of Commerce" in seinem eigenen Land wenden. Dort erhält er das Buch The Federal Republic of Germany as a Business Partner, das von der Bundesstelle für Außenhandelsinformation (BfAI) in Köln herausgegeben wird. Darin findet er alle notwendige Information und eine lange Liste von wichtigen Adressen.

WORTSCHATZ

1 / der **Handel**   *trade*
   bestimmen   *to determine*
   beauftragen (ä), u, a   *to put in charge*
   die **Behörde, -n**   *public authority, agency*
   verteilen   *to distribute*
   vorhanden   *present, available*
   die **Nachfrage**   *demand*
   regeln   *to regulate*

2 / der **Wettbewerb, -e**   *competition*
   die Chance, -n   *chance, opportunity*
   das Kartell, -e   *cartel, trust*
   preisgünstig   *cheap, budget-priced*
   wachen über   *to guard over*
   der Ausnahmefall, ⁻e   *exceptional case*
   sorgen für   *to provide, care for*
   die **Regierung, -en**   *government*
   die Aufklärung   *enlightenment; explanation*
   die **Auskunft, ⁻e**   *information*
   die **Qualität**   *quality*
   der **Tip, -s**   *hint, suggestion*
   veröffentlichen   *to publish*
   das **Ergebnis, -se**   *result*
   die Zeitschrift, -en   *periodical*
   überprüfen   *to review, inspect*
   einschreiten, i, i   *to intervene*
   bedrohen   *to threaten*

3 / vorübergehend   *temporari(ly)*
   umfangreich   *extensive*
   genießen, o, o   *to enjoy*
   großzügig   *generous*
   das Maß, -e   *measure, measurement;*
                                            moderation

   garantieren   *to guarantee*

4 / die **Einfuhr, -en**   *import*
   die **Ausfuhr, -en**   *export*
   einführen   *to import*
   ausführen   *to export*
   der **Grundsatz, ⁻e**   *principle*

die Teilung	*division*
die Barriere, -n	*barrier*
anstreben	*to aim for*
ökonomisch	*economic(al)*
beschränkt	*limited*
EG = Europäische Gemeinschaft	*European Community*
EWG = Europäische Wirtschaftsgemeinschaft	*Europen Economic Community = Common Market*
das **Mitglied, -er**	*member*
durchsetzen	*to carry through*
betreiben, ie, ie	*to pursue, run, operate*

5 / die **Macht, ⁼e** — *power*
der Rang — *rank, degree*
ersten Ranges — *first-rate*
der **Zoll, ⁼e** — *customs, duty, toll*
die Schranke, -n — *barrier*
die **Währung, -en** — *currency*
erleichtern — *to make easy, facilitate*

6 / das Entwicklungsland, ⁼er — *developing country*
fehlen (Dat.) — *to be missing*
beträchtlich — *considerable*
die Beihilfe — *support, subsidy*
der Zuschuß, ⁼sse — *subsidy*
zinsgünstig — *at a low interest rate*
die Halbfertigware, -n — *half-finished goods*
die Fertigware, -n — *finished goods*
die Vergünstigung — *preferential treatment*
der Zugang — *access*
sich bewähren — *to prove true*
der Überschuß, ⁼sse — *surplus*

7 / *die Regelung, -en* — *regulation*
zollfrei — *duty-free*
die Mehrwertsteuer — *value-added tax*
der Wert — *value*
abnehmen(i), a, o — *to buy*
Devisen, pl. — *foreign currency*
der **Lohn, ⁼e** — *pay, wage*

9 / die Rangfolge — *ranking, sequence*
rechnen mit — *to count on*
technisch — *technical*
das **Erzeugnis, -se** — *product*

10 / **verdienen** — *to earn*
der Posten, - — *item*
beachtlich — *considerable*
der **Aktivsaldo** — *active (= credit) balance*
ausgleichen — *to balance*

der Gastarbeiter, -	*guest worker, foreign worker*
decken	*to cover*
der **Beitrag, -̈e**	*dues; contribution*

11 / die Investition, -en | *investment*
investieren | *to invest*
die Zufuhr, -en | *supply, delivery*
sichern | *to insure, assure*
der **Vorteil, -e** | *advantage*
ausnutzen | *to make use of; exploit*

12 / **sich wenden an** | *to turn to*
die **Handelskammer, -n** | *Chamber of Commerce*

ÜBUNGEN

B.1. Vervollständigen Sie die Sätze.

1 / **1.** Bei der Planwirtschaft bestimmt die Regierung, was _____ und an wen es _____ wird (*produced; distributed*).

2. Bei der Marktwirtschaft wird der Markt von der _____ des Verbrauchers geregelt (*demand*).

2 / **3.** In der Marktwirtschaft ist der freie _____ wichtig (*competition*).

4. Wer die preisgünstigsten _____ macht, setzt die meisten Waren ab (*offers*).

5. Kartelle dürfen die _____ auf dem Markt nicht ausschalten (*competition*).

6. Die Verbraucherzentralen geben _____ über Qualitätsvergleiche und Preise (*information*).

7. Die Zeitschrift „Test" _____ die Ergebnisse (*publishes*).

3 / **8.** Arbeitslose, Kranke, Kinder und Alte genießen einen umfangreichen _____ (*protection*).

4 / **9.** Die BRD _____ den ersten Platz im Welthandel _____ (*holds*).

10. Die zehn Mitgliedstaaten der EG betreiben gemeinsame _____ (*foreign policies*).

5 / **11.** Zwischen den EG-Ländern gibt es keine _____ mehr (*customs barriers*).

6 / **12.** Der Handel mit den _____ ist für die BRD sehr wichtig (*developing countries*).

7 / **13.** Der innerdeutsche Handel ist _____ (*duty-free*).

14. Es gibt _____, die für die DDR besonders günstig sind (*regulations*).

15. Die BRD muß bei Lieferungen in die DDR _____ zahlen (*value-added tax*).

16. Die BRD ist der zweitwichtigste _____ der DDR (*trade partner*).

0 / **17.** Alle Länder möchten im Export einen _____ haben (*credit balance*).

18. Die BRD muß jedes Jahr ein beachtliches Defizit für die _____ der Gastarbeiter ausgleichen (*pay*).

B.2. Verwandte Wörter. Bilden Sie mit jedem einen kurzen Satz.

praktizieren   ökonomisch   das Prinzip   die Chance
das Kartell   die Qualität   die Autarkie   die Barriere   der Rang
die Bilanz   das Defizit   der Apparat   die Organisation
die Investition   die Zentrale

B.3. Suchen Sie zu jedem Wort ein ähnliches auf der Liste. Als 2. Übung sammeln Sie Wörter derselben Familie, z.B. „beträchtlich", „betrachten", „die Betrachtung".

der Import   die Beihilfe   die Einfuhr   die Ausfuhr   der Zuschuß
erreichen   das Ergebnis   der Aktivsaldo   kontrollieren
die Barriere   die EG   das Resultat   erzielen   die Konkurrenz
stimmen   der Exportüberschuß   überprüfen   erheblich
der Export   die Zollschranke   der Tip   der Wettbewerb
die EWG   richtig sein   beträchtlich   der Ratschlag

B.4. Suchen Sie im Gespräch mit einem Partner für jeden Paragraphen eine passende Überschrift.

B.5. Interpretieren Sie Schaubild 1 mit mindestens 5 Sätzen. Beginnen Sie etwa so: „Frankreich ist der beste Kunde der BRD."

B.6. Interpretieren Sie Schaubild 3 mit wenigstens 5 Sätzen. Beginnen Sie z.B. so: „Die BRD verdient besonders viele Devisen mit der Ausfuhr von Autos".

B.7. Vervollständigen Sie die Notizen zum Text.

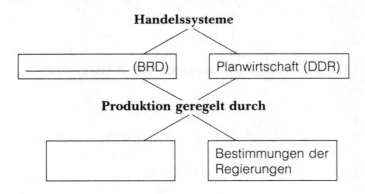

Aktive Rolle der Regierung in der Marktwirtschaft

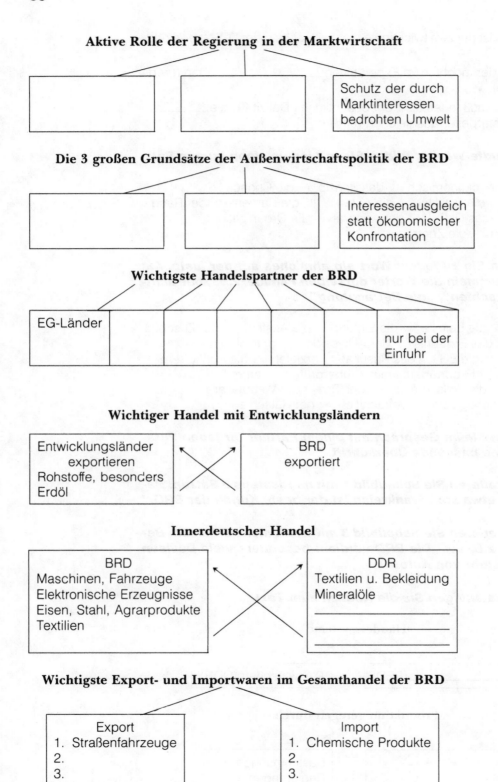

| | | Schutz der durch Marktinteressen bedrohten Umwelt |

Die 3 großen Grundsätze der Außenwirtschaftspolitik der BRD

| | | Interessenausgleich statt ökonomischer Konfrontation |

Wichtigste Handelspartner der BRD

| EG-Länder | | | | | | nur bei der Einfuhr |

Wichtiger Handel mit Entwicklungsländern

| Entwicklungsländer exportieren Rohstoffe, besonders Erdöl | | BRD exportiert |

Innerdeutscher Handel

| BRD Maschinen, Fahrzeuge Elektronische Erzeugnisse Eisen, Stahl, Agrarprodukte Textilien | | DDR Textilien u. Bekleidung Mineralöle _____ _____ _____ |

Wichtigste Export- und Importwaren im Gesamthandel der BRD

| Export 1. Straßenfahrzeuge 2. 3. 4. | Import 1. Chemische Produkte 2. 3. 4. |

**Die BRD muß ausreichend Devisen verdienen
zur Deckung von**

Einfuhrposten	Defizit des Reiseausgleichs			Devisen-reserven

B.8. Beantworten Sie die Fragen.

1 / **1.** Wie nennt man das Handelssystem in der BRD?

2. Was bestimmt die Regierung in einer Planwirtschaft?

3. Wie werden die Preise in einem marktwirtschaftlichen System geregelt?

4 / **4.** Wovon hängt das Angebot auf dem Markt ab?

5. Was sind die Grundsätze der Außenwirtschaftspolitik der BRD?

6. Kann die BRD ihre Außenwirtschaftspolitik allein bestimmen?

5 / **7.** Wieviel vom Weltexport bestreitet die EG?

8. Was erleichtert den Handel zwischen den EG-Ländern? 1.? 2.?

6 / **9.** Warum ist der Handel mit den Entwicklungsländern so wichtig?

10. Wer hat freien Zugang zu den Märkten der EG-Länder?

7 / **11.** Gibt es Zollschranken zwischen der BRD und der DDR?

12. Was erschwert den Handel mit der DDR?

13. Wie nennt man den Handel zwischen der BRD und der DDR?

8 / **14.** Was bezieht die BRD hauptsächlich von der DDR?

9 / **15.** Welche Waren der BRD spielen bei der Ausfuhr die wichtigste Rolle?

11 / **16.** Aus welchen Gründen machen viele Länder Investitionen im Ausland?

12 / **17.** Wo bekommt ein Ausländer die nötige Information, wenn er mit der BRD Handel treiben will?

B.9. Übersetzen Sie.

1. The government guards over free competition on the market.

2. The consumer centers give information on quality and prices.

3. The government intervenes when the environment is threatened.

4. The results are published in the magazine „Test".

5. There are no more customs barriers between the EC-countries.

6. The trade with the developing countries is very important.

7. The BRD helps the developing countries with subsidies and low interest rate loans.

8. The trade with the DDR is important for political reasons.

9. The BRD has to earn enough foreign currency to balance the high deficit of foreign travels and the money the guest workers send to their home countries.

10. By making investments in foreign countries, the BRD is taking advantage of lower pay for the workers.

B.10. Lesen Sie den Artikel aus den DEUTSCHLAND-NACH-RICHTEN, und entscheiden Sie dann, ob die im Anschluß daran gedruckten Aussagen darin gemacht werden oder nicht.

AUSFUHREN IN EG-LÄNDER GESTEIGERT*

Die deutsche Exportwirtschaft hat 1987 ihre Position in den Industrieländern *ausgebaut* und die Ausfuhr in die EG-Staaten gesteigert. Das geht   *expanded*
aus der jüngsten Veröffentlichung des Statistischen Bundesamtes in
Wiesbaden vom 19.2. hervor. 83 (1986: 82) Prozent der gesamten Ausfuhren, die 1987 um 0,1 Prozent auf den Rekordwert von 527 Milliarden
DM stiegen, ging in westliche Industrieländer. Die Lieferungen dort hin
erhöhten sich um 1,7 Prozent auf 451 Milliarden DM. Die wichtigste
Kundschaft befindet sich in den EG-Ländern, deren Anteil am deutschen
Export auf 52,7 (50,8) Prozent zunahm. Die Lieferungen in diese Länder
stiegen um 3,7 Prozent auf 278 Milliarden DM. Die USA und Kanada
nahmen dagegen mit 55 Milliarden DM 9,6 Prozent weniger deutsche
Waren ab, so dass sich das *Gewicht* Nordamerikas auf 10,4 (11,5) Prozent   *weight*
abschwächte. In die Entwicklungsländer wurden 9,9 (10,6) Prozent der   *decreased*
Ausfuhren exportiert, in die OPEC-Länder 2,7 (3,4) Prozent. Auch die
Exporte in die Staatshandelsländer waren *rückläufig:* von 4,9 Prozent   *reduced*
1986 auf 4,4 Prozent.

Die Importe stiegen dem Volumen nach um 5,4 Prozent. Da die Einfuhrpreise aber um 6,1 Prozent niedriger *ausfielen, vermindete sich* der   *turned out/*
Importwert *um* 1,0 Prozent *auf* 410 Milliarden DM. Deshalb *verzeichnete*   *decreased by ...*
die Bundesrepublik 1987 einen Rekordüberschuss im Aussenhandel von   *to/recorded*
117,5 Milliarden DM. Real schwächte sich nach Angaben des Statistischen Bundesamtes der *Aktivsaldo* im Aussenhandel auf der Basis der   *active balance*
Werte von 1980 jedoch von 53 auf 45 Milliarden DM ab.

Bei den Importen erreichten die westlichen Industrieländer mit 340
Milliarden DM einen Anteil von 83 Prozent. Aus den EG-Ländern wurden Waren für 216 Milliarden DM eingeführt, wobei der Anteil auf 52,6
(52,2) Prozent zunahm. Aus den USA und Kanada schwächten sich die
Lieferungen um 4,2 Prozent auf 29 Milliarden DM ab. Auch die Entwicklungsländer setzten in der Bundesrepublik weniger Waren ab, wobei
der Lieferwert um fünf Prozent auf 50 Milliarden DM abnahm. Die
Einfuhren aus den OPEC-Ländern fielen um 16 Prozent auf elf Milliarden DM.

Der nominale Ausfuhrüberschuss von 117,5 Milliarden stammte größtenteils aus dem Aussenhandel mit den EG-Staaten (62 Milliarden DM)
und anderen europäischen Ländern (34 Milliarden DM). Im Handel mit
den USA und Kanada wurde ein Plus von 26 Milliarden DM *erzielt.* Auch   *reached*

---

der Warenverkehr mit den Opec-Staaten (3,2 Milliarden DM) und den Staatshandelsländern (3,5 Milliarden DM) schloss mit *positiven Salden* ab. Mit Japan ergab sich ein Handelsbilanzdefizit. Es exportierte für 15 Milliarden DM mehr Waren in die Bundesrepublik, als es importierte.

positive (=credit) balance

1. Die BRD hat 1987 weniger in die EG-Staaten ausgeführt als 1986. **JA NEIN**
2. Die BRD hat noch nie in einem Jahr für mehr als 527 Milliarden Mark Waren exportiert. **JA NEIN**
3. Die EG-Länder sind die besten Kunden der BRD. **JA NEIN**
4. Der Export in die Entwicklungsländer ist in diesem Jahr gestiegen. **JA NEIN**
5. Das Importvolumen stieg, aber der Importwert fiel. **JA NEIN**
6. 1980 war der Aktivsaldo im Außenhandel dem Werte nach höher als 1987. **JA NEIN**
7. Von den EG-Ländern wurde mehr und von den USA und Kanada weniger eingeführt. **JA NEIN**
8. Von den Entwicklungsländern und den OPEC-Ländern wurden weniger Waren importiert. **JA NEIN**
9. Japan machte ein Handelsbilanzdefizit mit der BRD. **JA NEIN**

B.11. Lesen Sie den Artikel aus der *FRANKFURTER ALLGEMEI-NEN ZEITUNG*, und skizzieren (= sketch) Sie die Situation der Chemie-Produktion im Jahre 1987, indem Sie zu den 5 Posten (= items) einige Stichwörter (= catchwords) schreiben.

1. Effekt der Dollarschwäche
2. Konkurrenz
3. Inlandskonjunktur
4. Produktion versus Umsatz
5. Löhne und Gehälter

DER DOLLAR DRÜCKT DIE CHEMIE-PRODUKTION*

Erstmals seit 1983 Produktionseinbuße / Starker Exportrück-gang

mh. FRANKFURT, 9.März. Nach drei Jahren des *Aufschwungs* hat die chemische Industrie in der Bundesrepublik im vergangenen Jahr einen leichten Produktionsrückgang um ein Prozent hinnehmen müssen. Das lag nach einem Bericht des *Arbeitgeberverbandes* Chemie vor allem an

boom

employers association

Einbussen beim Export infolge der Verteuerung der D-Mark gegenüber dem Dollar. Bei einer *Exportabhängigkeit* der Branche von mehr als 50 Prozent war nicht nur der Außenhandel mit dem Dollarraum *betroffen*, die deutsche Chemie *spürte* auch auf anderen Märkten verstärkt die amerikanische Konkurrenz. Während 1986 das *gesamtwirtschaftliche Wachstum* 2,5 Prozent betrug, stieg die industrielle Produktion um 2,3 Prozent.

Stärker als die Produktion ging der Umsatz der Branche zurück. Während eine gute *Inlandskonjunktur* und die Geldwertstabilität die Produktionseinbußen beim Export weitgehend *ausgleichen* konnten, *schlug* die Dollarschwäche voll auf den Umsatz *durch*. Er ging um 5,5 Prozent auf 168,3 Milliarden DM zurück, während der Gesamtumsatz der Industrie *angesichts* der *Wechselkursveränderungen* nur um 1,9 Prozent rückläufig war. Der Rückgang der Exporte war mit 6,4 Prozent noch *ausgeprägter*.

Die Verbilligung des Öls hat den Umsatzrückgang nicht aufgehalten. Der Wettbewerb ließ die Erzeugerpreise der chemischen Industrie mit 5,8 Prozent sogar stärker zurückgehen als den Gesamtumsatz, wobei der *Durchschnitt* im letzten Quartal um 8 Prozent unter dem *Vorjahresniveau* lag. Da gleichzeitig *Löhne* und *Gehälter* um 5,6 Prozent stiegen, ist ihr Anteil am Umsatz von 16,1 auf 17,9 Prozent gestiegen.

losses
dependence on
  exports
adversely affected
sensed
total economic
  growth
domestic market
  conditions
the same item
balance out/
  affected
considering/
  changes in the
  currency exchange
  rate
more pronounced
average/last year's
  level
pay/salaries

B.12. Hören Sie sich das Tonband-Interview Kapitel IIIB an (Kassette 2).

Fräulein von Appen

VERSTÄNDNISHILFEN

zum Gespräch mit einer Auslandskorrespondentin

Abitur	*diploma of a „Wissenschaftliche Oberschule" or „Gymnasium" qualifying a student for admission to a university*
„Mittlere Reife"	*"Middle Maturity" (high-school) diploma which is accomplished by either finishing a "Mittelschule" or "Technische Oberschule" or by finishing 10th grade of a "Wissenschaftliche Oberschule"*
obendrauf	*in addition*
angefragt	*requested*
KFZ = Kraftfahrzeuge	*motor vehicles*
Sparte	*field, branch*
asiatisch	*Asian*
Chef	*boss*
vermissen Sie es	*do you miss it*
zusammenhalten	*stick together*
das kommt drauf an	*that depends*
zu einseitig	*too specialized*
was so anfällt	*what needs to be taken care of*
üblich	*customary*
voller Lohn	*full pay*
umgelegt auf	*prorated to*
moderne Anlagen	*modern equipment*
Schreibautomat	*word processor*
sonst rentiert es sich ja nicht	*otherwise it does not pay off*
Empfangsgerät	*receiver*
Mitteilungen	*communications*
gerechnet	*computed*
vereinbart	*agreed upon*
aber fünf Wochen steht Ihnen zu	*but you are entitled to five weeks*
in dem Sinne	*in that sense*
ein dreizehntes Gehalt	*a 13th (monthly) salary*
mich...festlege	*tie myself down*

Hören Sie sich das Gespräch zum zweiten Mal an, und schreiben Sie dann je ein paar Sätze über:

(a) Frl. von Appens Ausbildung

(b) die Firma, bei der sie arbeitet

(c) ihr Aufgabengebiet

(d) ihre Arbeitsstunden (= *workload*) und Ferien und besondere Zulagen
(= *bonus pay*).

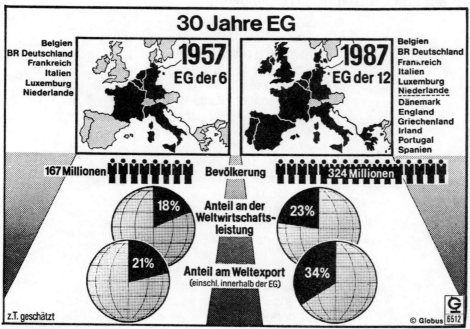

30 Jahre EG

Belgien
BR Deutschland
Frankreich
Italien
Luxemburg
Niederlande

1957
EG der 6

1987
EG der 12

Belgien
BR Deutschland
Frankreich
Luxemburg
Niederlande
Dänemark
England
Griechenland
Irland
Portugal
Spanien

167 Millionen   Bevölkerung   324 Millionen

18%   Anteil an der
Weltwirtschafts-
leistung   23%

21%   Anteil am Weltexport
(einschl. innerhalb der EG)   34%

z.T. geschätzt   © Globus 6512

Schaubild 1

C. DIE EUROPÄISCHE GEMEINSCHAFT

1 / Die Europäische Gemeinschaft (EG) besteht aus zwölf Mitgliedstaaten
(s. Schaubild 1), die sich zusammengetan haben,

in dem festen Willen, die *Grundlagen* für einen immer engeren
Zusammenschluß der europäischen Völker zu schaffen,

foundations

entschlossen, durch gemeinsames *Handeln* den wirtschaftlichen
und sozialen Fortschritt ihrer Länder zu sichern, indem sie die
Europa *trennenden* Schranken *beseitigen,*

action
which separate/
  eliminate

in dem *Vorsatz,* die stetige Besserung der Lebens- und
Beschäftigungsbedingungen ihrer Völker als wesentliches Ziel
anzustreben...

resolve
working
  conditions
to strive for

(Aus der Präambel der Verträge zur Gründung der Europäischen
Wirtschaftsgemeinschaft, Luxemburg, 1973, S. 173 f.)

Die ersten Mitglieder waren Belgien, Frankreich, Italien, Luxemburg, die
Niederlande und die BRD. Dänemark, Irland und Großbritannien schlos-

Hier in Strassburg tagt das Europaparlament.

sen sich 1973 an. Griechenland kam 1981 dazu, und Portugal und Spanien sind im Jahre 1986 zugelassen worden.

2 / 1951 geschah der erste *Schritt* zum wirtschaftlichen Zusammenschluß durch die *Errichtung* der Europäischen Gemeinschaft für Kohle und Stahl (=Montanunion). 1958 traten die Verträge zur Gründung der Europäischen Wirtschaftsgemeinschaft und zur Europäischen Atomgemeinschaft (=Eurotom) in Kraft. Die Mitglieder hofften, allmählich alle Schranken gegen freie Bewegung von Kapital, Gütern, Leistungen und Arbeitern innerhalb ihrer Staaten *aufzuheben*. Das langfristige Ziel ist ein wirtschaftlich und politisch vereintes Europa. — *step* / *founding* / *to lift*

3 / Die Hoffnungen haben sich bisher nur teilweise erfüllt. Zwar gibt es keine Zolltarife mehr zwischen den Mitgliedstaaten und keine *mengenmäßigen* Beschränkungen an Ein- und Ausfuhrwaren. Trotzdem gibt es an den Grenzen zwischen den EG-Ländern noch *Zöllner, die Steuerausgleichsbeträge erheben,* weil die einzelnen Länder die Waren verschieden besteuern [z.B. wird in der BRD eine Schachtel Zigaretten mit DM 2,27 besteuert, in Frankreich aber nur mit (*umgerechnet*) 69 Pfennig, während andererseits Dänemark für die gleiche Packung von 20 Stück DM 4,37 an Steuer verlangt]. Es ist aber 1985 von Staats- und Regierungschefs im EWG-Vertrag *festgelegt* worden, daß bis 1992 ein ganz freier Binnenmarkt verwirklicht werden muß. — *quantitative* / *customs officers / sums for tax adjustment* / *collect* / *converted* / *determined*

4 / Andere Probleme bleiben offen. Damit den Arbeitern *Freizügigkeit* von einem Staat zum andern gewährt werden kann, müssen Löhne, Steuern und Sozialleistungen in den verschiedenen Mitgliedstaaten einander angeglichen werden. Das ist noch nicht erreicht worden. — *free movement*

5 / Die EG hat einen gemeinsamen Agrarmarkt mit freiem Warenverkehr und gemeinsamen Preisniveau geschaffen, was den Handel innerhalb der Mitgliedstaaten sehr erleichtert und gesteigert und die EG zur stärksten Wirtschaftsmacht der Welt gemacht hat. Das *angestrebte* Gleichgewicht von Angebot und Nachfrage ist aber nicht erreicht worden. Der Agrar- — *aspired*

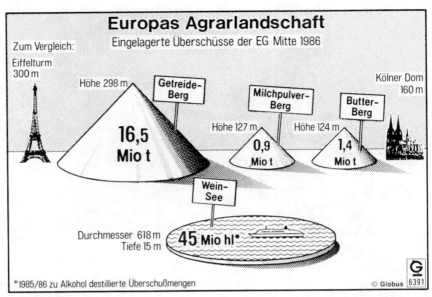

Europas Agrarlandschaft
Eingelagerte Überschüsse der EG Mitte 1986

Zum Vergleich:
Eiffelturm
300 m

Höhe 298 m
Getreide-Berg

Milchpulver-Berg

Butter-Berg

Kölner Dom
160 m

Höhe 127 m

Höhe 124 m

16,5 Mio t

0,9 Mio t

1,4 Mio t

Wein-See

Durchmesser 618 m
Tiefe 15 m

45 Mio hl*

*1985/86 zu Alkohol destillierte Überschußmengen

© Globus 6391

Schaubild 2

markt leidet unter enormen Überschüssen (s. *Schaubild 2*), und die Agrarpolitik der EG kostet sie rund zwei Drittel ihres Budgets (s. Schaubild 5).
Die *diesbezüglichen* Probleme sind schon in Kapitel IIB angesprochen
worden und werden im Tonband-Interview zu diesem Kapitel von einem
Mitarbeiter des Zentrums für Europäische Politik in Bonn noch *weiter
ausgeführt.*

referring to this

*elaborated on
further*

6 / Das Hauptproblem der EG besteht darin, daß es keine grundlegende
Übereinstimmung über binnen- und außenwirtschaftliche Prioritäten gibt.
Man ist sich zwar über die wirtschaftlichen und politischen Ziele der EG
mehr oder weniger einig, aber nicht über die Methoden, diese zu erreichen. Es gibt laufend Streit und Ärger zwischen den Mitgliedstaaten,
wenn Regelungen getroffen werden sollen, die zwar für das Allgemeinwohl, aber nicht immer für alle einzelnen Staaten günstig sind. Seit dem
„Luxemburger Kompromiß" von 1966 ist die EG fast *handlungsunfähig*
geworden, weil seitdem keine Beschlüsse mehr durch *Mehrheitsentscheid* gefaßt werden können. Die großen Mitgliedstaaten waren nicht
mehr bereit, sich in wichtigen Fragen *überstimmen zu lassen.*

*incapacitated to
act*
majority vote
to be voted down

7 / Hauptregierungsorgane der EG sind die Kommission, der Rat, bzw. *Ministerrat,* der Europäische Rat und der *Gerichtshof,* der die *letzte Rechts-
instanz* für Streitigkeiten der EG-Länder ist. Die Kommission, bestehend
aus 17 Mitgliedern, die alle vier Jahre von ihren Regierungen ernannt
werden, ist die eigentliche Exekutive. Sie schlägt aber auch, in Zusammenarbeit mit *Fachvertretern* der einzelnen Staaten, Gesetze vor, die
dann vom Rat akzeptiert oder abgelehnt werden. Zu den Sitzungen des
(Minister)rats entsenden die nationalen Regierungen ihren für die *an-
stehenden Fragen* jeweils *zuständigen Fachminister.* Sie treffen die eigentlichen Entscheidungen über die Vorschläge der Kommission.

*Council of
Ministers/Court
of Justice/
supreme court
experts*

*questions up for
debate/
minister of the
appropriate
department*

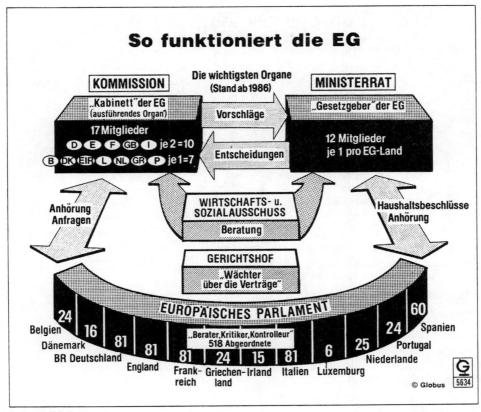

Schaubild 3

Abänderungen der Kommissionsvorschläge können nur einstimmig be-   *amendments*
schlossen werden. Ansonsten hatte eine *qualifizierte Mehrheit* im Mini-   *qualified majority*
sterrat genügen sollen. Wie gesagt ist diese Regelung 1966 *widerrufen*   *revoked*
worden, was die Macht der EG sehr geschwächt hat. Als höchstes
Entscheidungsgremium tagt seit 1975 mindestens zweimal jährlich der
Europäische Rat, der aus den Staats- und Regierungschefs der
Mitgliednationen besteht. Sowohl Kommission als auch Ministerrat werden vom Europäischen Parlament *beraten* (s. Schaubild 3). Es hat die   *advised*
Macht, bei zwei Drittel Stimmenmehrheit die ganze Kommission abzu-
setzen. Das Parlament tagt in Luxemburg, der Hauptstadt des *winzigen*   *tiny*
Landes Luxemburg, das zwischen den Grenzen von West-Deutschland,
Frankreich und Belgien liegt, oder in Straßburg, der französischen Stadt
am linken Rheinufer. Kommission und Rat tagen in Brüssel, Belgien.

8 / Im Jahre 1979 wurde das Europäische Währungsytem gegründet
(s. Schaubild 4), dem sich—mit Ausnahme von Großbritannien—alle Länder, die zu der Zeit Mitglieder der EG waren, anschlossen. Es sollte die
verschiedenen Währungen stabiler machen und sie gegen Inflation
schützen. Es wurde abgemacht, daß die Währungen im *festgesetzten*   *fixed*
Wert nicht mehr als 2,25 Prozent gegeneinander fluktuieren dürften (Nur
der schwachen Währung Italiens wurden 6 Prozent gestattet). Sonst

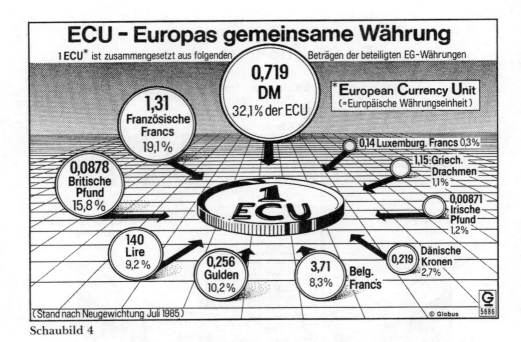

ECU – Europas gemeinsame Währung

1 ECU* ist zusammengesetzt aus folgenden Beträgen der beteiligten EG-Währungen

0,719 DM 32,1% der ECU

*European Currency Unit (=Europäische Währungseinheit)

1,31 Französische Francs 19,1%

0,0878 Britische Pfund 15,8%

0,14 Luxemburg. Francs 0,3%

1,15 Griech. Drachmen 1,1%

0,00871 Irische Pfund 1,2%

140 Lire 9,2%

0,256 Gulden 10,2%

3,71 8,3% Belg. Francs

0,219 Dänische Kronen 2,7%

(Stand nach Neugewichtung Juli 1985)

© Globus 5686

Schaubild 4

müßten die *betroffenen* Länder Änderungen schaffen. Die *Recheneinheit* der EG ist die ECU (= European Currency Unit). Die ECU ist noch nicht als *Geldschein* oder *Münze* erhältlich, aber

affected/ monetary unit bill/coin

„Die ECU dient heute als

-*gemeinsamer Nenner* zur Festlegung der Leitkurse und Währungen,

-Grundlage zur *Berechnung* des *Abweichungsindikators,* der *Spannungen* im Kurssystem signalisiert,

-*Rechengröße* im Zahlungsverkehr zwischen den EG-Notenbanken und mit den Fonds für währungspolitische Zusammenarbeit,

-Rechengröße für die Zahlungsbilanzhilfen der Gemeinschaft,

-„Zahlungsmittel" der Notenbanken bei Interventionen am Devisenmarkt.*

common denominator calculation/ deviation indicator tensions monetary unit

9 / Die EG finanziert sich nicht mehr aus Mitgliedsbeiträgen (s. Schaubild 5). Ihre größte Einnahme ist der gesetzliche Mehrwertsteueranteil. 1,4% der eingenommenen Mehrwertsteuer müssen die Staaten an die EG abführen. Die Zollgelder in ihrem Haushalt stammen von Zöllen, die Nicht-Mitgliedstaaten bei der Einfuhr von Waren in die EG *entrichten* müssen. Die „Agrarabschöpfungen" sind die Differenz zwischen den meist billigeren Agrar-Einfuhrprodukten und den EG Preisen.

pay

---

*Aus INFORMATIONEN ZUR POLITISCHEN BILDUNG. DIE EUROPÄISCHE GE-MEINSCHAFT, Nr. 213 (1986), S. 14:

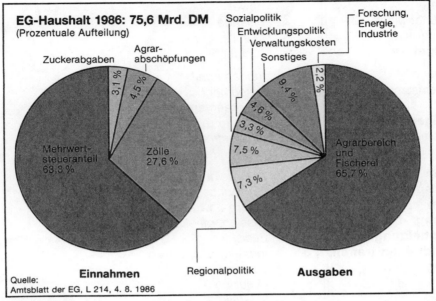

EG-Haushalt 1986: 75,6 Mrd. DM
(Prozentuale Aufteilung)

Einnahmen: Zuckerabgaben 3,1 %, Agrarabschöpfungen 4,5 %, Mehrwertsteueranteil 63,3 %, Zölle 27,6 %

Ausgaben: Sozialpolitik, Entwicklungspolitik, Verwaltungskosten, Sonstiges, Forschung, Energie, Industrie 2,2 %, 9,4 %, 4,6 %, 3,3 %, 7,5 %, 7,3 %, Regionalpolitik, Agrarbereich und Fischerei 65,7 %

Quelle: Amtsblatt der EG, L 214, 4. 8. 1986

Schaubild 5

WORTSCHATZ

1 / **Europäische Gemeinschaft (=EG)**   *European Community (=EC)*
bestehen aus   *to consist of*
der Fortschritt, -e   *progress*
sich anschließen, o, o   *to join*
zulassen (ä), ie, a   *to admit*

2 / der Zusammenschluß, ¨-sse   *union, integration*
die Gründung   *founding*
Europäische   *European economic community*
    Wirtschaftsgemeinschaft   *(=EEC, Common Market)*
    (=EWG)
der **Arbeiter, -**   *laborer, blue collar worker*
langfristig   *long-term*

3 / der Tarif, -e   *tariff, rates, charges*
die Beschränkung, -en   *limitation*
die Grenze, -n   *border; limit*
die **Steuer, -n**   *tax*
besteuern   *to tax*
verlangen   *to demand*

4 / gewähren   *to grant, permit*
Sozialleistungen, pl.   *insurance benefits*
angleichen, i, i   *to adjust*

5 / die Macht   *power*
das Gleichgewicht   *balance*
leiden unter (Dat.)   *to suffer from*
das **Budget, -s**   *budget*

6 / grundlegend   *fundamental*
die Übereinstimmung, -en   *agreement*
einig   *in agreement*
Regelungen treffen   *to make regulations*
das Allgemeinwohl   *the common good or welfare*
der Beschluß, ̈-sse   *decree, resolution*

7 / **ernennen**   *to appoint*
vorschlagen (ä), u, a   *to propose, suggest*
ablehnen   *to turn down, refuse*
die **Sitzung, -en**   *session, meeting, conference*
die **Entscheidung, -en**   *decision*
Entscheidungen treffen, i, o *to make decisions*
einstimmig   *unanimous*
genügen   *to suffice*
schwächen   *to weaken*
die Mehrheit   *majority*
tagen   *to hold meetings, convene*

8 / **Europäisches**   *European Monetary System*
   Währungssystem
etwas abmachen   *to agree upon s.th.*
abwerten   *to devalue*
aufwerten   *to increase the value*

ÜBUNGEN

C.1. Vervollständigen Sie die Sätze.

1 / **1.** Die Europäische Gemeinschaft _____ _____ zehn Mitgliedstaaten (*consists of*).

2. Portugal und Spanien sind 1986 _____ worden (*admitted*).

2 / **3.** 1958 traten die _____ zur Gründung der EWG in Kraft (*treaties*).

3 / **4.** Es gibt keine _____ und keine mengenmäßigen Beschränkungen im Warenverkehr mehr innerhalb der Migliedstaaten (*custom tariffs*).   .

5. Es gibt aber an den _____ zwischen den EG-Ländern noch Zöllner (*borders*).

6. Die einzelnen Länder _____ die Waren verschieden (*tax*).

4 / **7.** In den verschiedenen Mitgliedstaaten sollen _____ und _____ und Sozialleistungen einander angeglichen werden (*pay; taxes*).

5 / 8. Der freie Warenverkehr und das gemeinsame Preisniveau sollen ein Gleichgewicht von _____ und _____ schaffen (*supply; demand*).

9. Der Agrarmarkt _____ _____ enormen Überschüssen (*suffers from*).

6 / 10. Es gibt keine grundlegende _____ über binnen- und außenwirtschaftliche Prioritäten (*agreement*).

11. Man ist sich über die wirtschaftlichen und politischen Ziele mehr oder weniger _____ (*in agreement*).

12. Einige _____ sind nicht bei allen Mitgliedstaaten populär, aber das _____ ist wichtiger (*regulations; common good*).

13. Jetzt können keine _____ mehr durch Mehrheitsentscheid gefaßt werden (*decrees*).

7 / 14. Die Kommission _____ Gesetze _____ (*proposes*).

15. Die Fachminister _____ die eigentlichen _____ über die Vorschläge der Kommission (*make the decisions*).

16. Abänderungen der Kommissionsvoschläge können nur _____ beschlossen werden (*unanimously*).

17. Das Parlament _____ in Luxemburg (*holds its meetings*).

C.2. Verwandte Wörter. Bilden Sie mit jedem einen kurzen Satz.

Resourcen   der Tarif   das Preisniveau   das Parlament
die Exekutive   die Kommission   der Lebensstandard   fluktuieren
die Zigarette   die Packung   die Priorität   die Methode
akzeptieren   qualifiziert

C.3. Wiederholen Sie Partizipialkonstruktionen und übersetzen Sie.

1. Ich spreche über die aus zwölf Staaten bestehende EG.

2. Das 1981 zugelassene Griechenland war der zehnte Staat.

3. Die inzwischen aufgehobenen Zolltarife waren hoch.

4. Es gibt auch ein noch zu erreichendes Ziel gleicher Löhne und Steuern.

5. Die oft umstrittene EWG erhöht den Lebensstandard aller Mitglieder.

6. Die immer größer werdenden Butterberge machen der EG Sorge.

7. Der Europarat muß die von der Kommission vorgeschlagenen Gesetze akzeptieren oder ablehnen.

8. Man muß an den Grenzen noch Zoll für die verschieden besteuerten Waren bezahlen.

9. Die von der Kommission gemachten Vorschläge müssen vom Ministerrat akzeptiert werden.

(*Wiederholen Sie den Wortschatz von Kapitel IIIA*)

10. Die den ganzen Tag im Kontor sitzenden Angestellten wickeln die schriftlichen Arbeiten ab.

11. Die heute vom Großhandel gelieferten Waren sind leider defekt.

12. Der von ihm beratene Kundenkreis ist sehr zufrieden mit den neuen Angeboten.

13. Der die Lagerbestände im Warenhaus prüfende Angestellte ist nicht mehr jung.

14. Der seine Ware auf der Messe ausstellende Chef der Firma kommt morgen von Frankfurt zurück.

15. Die Kunden finden in hübsche Kästen (= *boxes*) verpackte Waren besonders attraktiv.

C.4. Interpretieren Sie Schaubild 2. Beginnen Sie etwa so. „Der Getreideberg der EG ist fast so hoch wie der Eiffelturm."

C.5. Vervollständigen Sie die Notizen zum Text.

Zur Verwirklichung eines ganz freien Binnenmarktes müssen

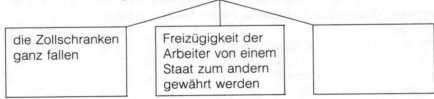

die Zollschranken ganz fallen	Freizügigkeit der Arbeiter von einem Staat zum andern gewährt werden	

Hauptregierungsorgane der EG

Kommission	Ministerrat	Europäischer Rat	Gerichtshof

Ihre Zusammensetzung

	zuständige Fach-minister von den nationalen Re-gierungen		

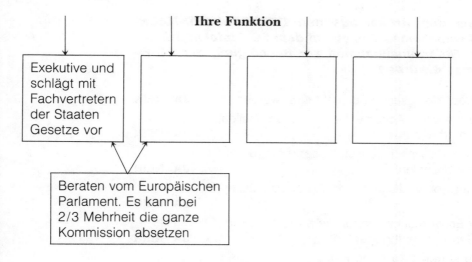

Ihre Funktion

Exekutive und schlägt mit Fachvertretern der Staaten Gesetze vor

Beraten vom Europäischen Parlament. Es kann bei 2/3 Mehrheit die ganze Kommission absetzen

C.6. Schreiben Sie einen Abschnitt über die EG. Benutzen Sie dabei die folgenden Fragen als Richtlinien.

1 / **1.** Wieviele Mitgliedstaaten hat die EG zur Zeit?

  2. Welche Staaten sind zuletzt zugelassen worden?

2 / **3.** Was war der erste Schritt zum wirtschaftlichen Zusammenschluß der Länder?

  4. Was ist das langfristige Ziel der EG?

3 / **5.** Was ist schon und was ist noch nicht erreicht worden?

4 / **6.** Was soll durch einen gemeinsamen Agrarmarkt erreicht werden?

6 / **7.** Worüber gibt es dauernd Streit und Ärger unter den EG-Ländern?

7 / **8.** Welches sind die Hauptregierungsorgane der EG?

8 / **9.** Wozu ist das Europäische Währungssystem eingerichtet worden?

C.7. Übersetzen Sie.

1. The Common Market consists of 12 member states.

2. All customs barriers between the member states were lifted.

3. The long-term goal is a united Europe.

4. Pay, taxes and social benefits must be adjusted in the various member states.

5. They want to create a balance between supply and demand.

6. The members are more or less in agreement over the political and economic goals.

7. Some regulations are beneficial for the common good, but not for all the states.

8. The commission and the council hold their meetings in Brussels, whereas the parliament meets in Luxembourg or Strasbourg.

C.8. Lesen Sie den Artikel aus den DEUTSCHLAND-NACH-RICHTEN und entscheiden Sie, ob auf dem EG-Gipfel in Brüssel die folgenden Reformmaßnahmen zur Beendigung der EG-Finanzkrise gemacht wurden.

1. Überschußprodukte sollen in Zukunft teurer werden.   **JA NEIN**

2. Bauern, die freiwillig Ackerflächen stillegen, sollen dafür Prämien erhalten.   **JA NEIN**

3. Reichere Länder sollen in Zukunft noch höhere Mitgliedsbeiträge bezahlen.   **JA NEIN**

4. Großbritannien soll in Zukunft von Agrarzuschüssen profitieren.   **JA NEIN**

5. Es soll mehr Entwicklungshilfe für die ärmeren Regionen in der Gemeinschaft geben.   **JA NEIN**

6. Für die Deutschen und besonders die deutschen Bauern bedeuten diese Reformen große Opfer.   **JA NEIN**

EINIGUNG IN BRÜSSEL

Die Regierungschefs der zwölf EG-Länder haben sich am 13.2. in Brüssel auf Massnahmen zur Begrenzung der Agrarausgaben und Änderungen im Finanzsystem der Europäischen Gemeinschaft geeinigt. Nach zweitägigen Beratungen beschlossen sie unter dem Vorsitz von Bundeskanzler Helmut Kohl ein *Bündel* von Reformen zur Beendigung der EG-Finanzkrise.   *bundle*

Die EG-Regierungschefs *beschlossen* Preissenkungen für die Überschussprodukte Getreide und Ölsaaten bei der Überschreitung bestimmter *Obergrenzen*, Prämienzahlungen bei freiwilliger Stillegung von Ackerflächen, höhere Ausgaben für die ärmeren Länder der EG sowie ein neues System für die *Bemessung* der *Mitgliedsbeiträge*. Es schliesst erstmals neben der bisher schon *berücksichtigten* Mehrwertsteuer auch einen für jedes Jahr festzulegenden Prozentsatz des EG-Bruttosozialproduktes ein. Damit soll dem tatsächlichen Wohlstand der Länder realistischer als bisher *Rechnung getragen* werden.   *decided on*

upper limits

assessment / membership dues taken into account

taken into account

Bundeskanzler Kohl, der die *Gipfelbeschlüsse* nach Abschluss der *Beratungen* erläuterte, sprach von einem „Ergebnis, das Europa *voranbringt*". Die Ergebnisse des Gipfels treten am 22. Februar in Kraft. Kohl unterstrich, dass der Gipfel die Finanzen der Gemeinschaft bis 1992 auf eine solide *Grundlage* gestellt habe, wobei der relative Wohlstand der Mitgliedstaaten stärker berücksichtigt werde als bisher. Ferner werde der *Ausgleichsmechanismus* für Grossbritannien, das weniger als andere Mitgliedsländer von den Agrarzuschüssen profitiert, *fortgesetzt*, und vor allem würden die Strukturfonds—die „Entwicklungshilfe" für die ärmeren Regionen in der Gemeinschaft—bis 1993 mehr als *verdoppelt*. Dies ist nach den Worten des Kanzlers eine der wesentlichen *Voraussetzungen* für die Verwirklichung des Binnenmarktes. Mit den Entscheidungen zur Agrarpolitik, die eine allmähliche Absenkung der Überschußproduktion   *summit decrees / council meetings promotes*

foundation

compensating mechanism continued doubled prerequisites

bewirken sollen, werde den Bauern Orientierung und Zukunftsperspektive gegeben. Die „bittere *Last* und die *Fehlentscheidungen* der Vergangenheit" hätten korrigiert werden müssen, „aber wir sind fest entschlossen, die Entwicklung zur Überproduktion zu stoppen", sagte Kohl. *(burden / wrong decisions)*

Der Kanzler bezeichnete den europäischen Binnenmarkt als *unverzichtbare* Basis für die EG, um auch auf dem Weltmarkt *bestehen* zu können. „Es gibt keine Alternative zur Einigung Europas", fügte er hinzu. Die wirtschaftliche und soziale Integration bilden die Voraussetzung für die politische Integration: „Wir als Deutsche wollen auf gar keinen Fall eine gehobene Freihandelszone, sondern ein Europa, das seine Stimme erheben kann, mit einer Stimme spricht, seiner Verantwortung in der Welt *gerecht wird* und seinen Beitrag leistet zur *Bewältigung* der Probleme im alten Kontinent und draussen in der Welt." Die Bundersrepublik hat nach den Worten Kohls für den Brüsseler Erfolg „*erhebliche Opfer*" gebracht. Bonn werde 1988 über vier Milliarden und 1992 zehn Milliarden Mark mehr an die EG zu zahlen haben. Er *räumte ein*, dass den deutschen Bauern *Opfer zugemutet* werden müssten. *(absolutely necessary / compete)* *(does justice / solving)* *(considerable sacrifices / conceded / sacrifices would have to be asked of)*

C.9. Lesen Sie den Artikel aus der Süddeutschen Zeitung, und machen Sie die im Anschluß daran gestellte Aufgabe.

FALLEN DIE SCHRANKEN FÜR DIE ECU?*

Bundesfinanzminister Stoltenberg will die Bundesbank umstimmen

Frankfurt (dpa/vwd)—*Bundesfinanzminister Stoltenberg hat einen wichtigen Antrag in der Tasche, wenn er am heutigen Donnerstag zum Zentralbankrat nach Frankfurt kommt. Er will eine Ausnahmegenehmigung für die europäische Kunstwährung ECU erwirken, gegen deren private Nutzung sich die Spitze der Bundesbank bislang sträubte.*

Laut Paragraph 3 des *Währungsgesetzes* dürfen Währungen nicht mit einem Index *versehen* sein, damit Inflationsgefahren kein *Vorschub* geleistet wird. Und genau das ist der Punkt, den die deutsche Notenbank seit Jahren gegen die private Nutzung des ECU in der Bundesrepublik vorbringt und dem ECU die *Bezeichnung* „Währung" *aberkennt*. Dabei hat sich in den acht Jahren seit der Geburt des Europäischen Währungssystems (EWS) und der European Currency Unit (ECU) einiges *gewandelt*. Am europäischen *Anleihemarkt* spielt der ECU, dessen Wert sich aus zehn europäischen Währungen *zusammensetzt*, eine zunehmende Rolle, ebenso wie im internationalen Bankgeschäft oder im Außenhandel. Vorschub geben dabei die Turbulenzen des Dollar-Kurses, dessen Risiken immer schwieriger *einzuschätzen* sind. *(currency law / provided / support)* *(designation / denies)* *(changed / bond market / is composed of)* *(to calculate)*

*SZ 7. Mai 1987

Speisekarte in ECU

In den meisten EG-Staaten gibt es inzwischen auch für private Kunden *auf ECU lautende Girokonten, Termingeldeinlagen, Sparbücher,* Investmentfonds, Exportkredite, *Kurssicherungsgeschäft,* Euro- und Reisechecks. Führend sind dabei die Banken in Luxemburg und Belgien als *Hochburgen* der europäischen Institutionen. In Brüssel preist ein Restaurant als Spezialservice für die EG-Beamten sogar die Speisekarte in ECU an. *Lediglich* die Bundesbürger können bislang am deutschen Bankschalter noch kein ECU-Konto eröffnen, sondern es lediglich in Luxemburg führen lassen. Der Bedarf dürfte für die durchschnittlichen Bankkunden auch denkbar gering sein. Zwar gibt es auf ECU-*Anlagen* höhere *Zinsen,* aber sie *bergen* auch die Gefahr sinkender *Kurse.* Außerdem ist die DM weltweit die zweitwichtigste Währung—wenn auch mit weitem Abstand hinter dem Dollar—, so daß sich ein *Umsteigen* auf ECU für den normalen Bankkunden kaum *lohnen* dürfte.

in ECU/checking accounts/ restricted cash investments/ savings accounts foreign exchange guaranty transactions fortresses only investments/ interest contain/rates

Im Währungskorb der ECU hat die DM einen gewichtigen Anteil von einem Drittel. Weil die DM jedoch seit dem *Bestehen* des EWS nicht so stark *aufgewertet* wurde wie die übrigen Währungen *abgewertet* wurden, ist der DM-Wert des ECU stetig gesunken. 1979 betrug er noch 2,51 DM, heute sind es 2,08 DM. Die Bundesbank *warf* bei ihren Bedenken gegen die private Nutzung des ECU jedoch nicht nur inflationäre Bedenken *in die Waagschale.* Sie warnte davor, den ersten Schritt vor dem zweiten zu tun. Zunächst müsse das EWS *reibungslos* funktionieren, dann erst könne man eine Währung dafür ausgeben.

switch pay off existence revalued/devalued brought...into consideration without friction

Bislang gibt es weder eine europäische Super-Zentralbank noch auf ECU lautende Geldscheine. Lediglich Belgien hat ECU-*Münzen* herausgegeben, die allerdings wegen des Gold- und *Silbergehalts* eher *Sammlercharakter* haben. Aus Bonner Sicht stellt sich die Frage des *Zusammenrückens* innerhalb der EG natürlich aus anderem *Blickwinkel.* Harmonisierung heißt hier das *Stichwort.* Wirtschaftsminister Martin Bangemann ist dabei seit Jahren ein *Vorreiter* für das „Mehr" an gemeinsamen Markt und Normen.

coins silver-content collector's value of moving closer/ viewpoint key word pioneer

Nutzen für die Banken

Begreiflicherweise versprechen sich die deutschen Kreditinstitute die meisten Auswirkungen auf die *angestrebte* private Nutzung des ECU auf den Außenhandel. *Ohnehin* sind die europäischen Partner die besten deutschen Kunden, und die Abwicklung des Warenaustauschs in ECU praktisch mit geteiltem Währungsrisiko—ist heute keine Seltenheit mehr. Fast so *umstritten* wie die private Nutzung der *Kunstwährung* ist übrigens in der Bundesrepublik deren Geschlecht. Während im Duden eindeutig „der" ECU vorgestellt wird, halten Bundesbank und Banken an „die" ECU fest. Auch *einschlägige* Wirtschaftslexika kennen die weibliche „European Currency Unit".

strived-for anyhow

controversial/ artificial currency

pertinent

Ergänzen Sie die Aussagen.

1. ECU   ist   eine   Abkürzung   für _____ _____
_____ .

2. Die ECU setzt sich aus 10 _____ zusammen.

3. Private Kunden in der BRD können noch kein _____ _____ eröffnen.

Beantworten Sie die Fragen.

4. Wofür hat die ECU besonderen Wert?

5. Warum ist der DM-Wert der ECU ständig gesunken?

6. Was fehlt bei der ECU-Währung noch?

C.10. Hören Sie sich das Tonband-Interview zu Kapitel IIIC an (Kassette 2).

Herr Schmuck

VERSTÄNDNISHILFEN

zum Gespräch über die EG und Europapolitik

angesiedelt	*housed*
Einigung	*unification*
Zeitschrift	*periodical*
Forschungsprojekte	*research projects*
betreuen	*take care of*
beschränkt sich nicht nur auf	*is not limited only to*
Vereinigung	*uniting*
Ziel	*goal*
erheblich	*considerably*
Maßnahmen	*measures*
Wohlstand	*high living standard;*
Mitbürger	*fellow-citizens*
etwas Alltägliches	*something ordinary*
Grenzen	*borders*
Anforderungen	*demands*
eng	*narrowly*
Bereich	*area*
konzipiert	*conceived*
die Wirtschaftsstärkeren	*the economically stronger ones*
Mittel	*means*
den Anschluß nicht verlieren	*not miss the connection*
Gesichtspunkt	*aspect*
betont	*emphasized*
Überfluß	*surplus*
Halden	*piles, dumps*
verschleudert	*dumped*
um die Wähler bei der Stange zu halten	*in order not to lose the voters*
Haushalt	*budget*
vorhanden	*available*
fördern	*promote*
Hauptursache	*main cause*
als etwas gelten	*are respected*
was man eben versäumt hat	*what one has failed to do*
umzudenken	*to change one's thinking*
Saatsorten	*kinds of seeds*
drosseln	*throttle*
die gleiche Fläche	*the same acreage*
anzubauen	*to cultivate*
Schädlingsbekämpfungsmittel	*pesticides*
verträglich	*compatible*
Feuchtwiesen	*wetlands*
Soja	*soya*
Schrot	*groats = hulled and crushed wheat or oats*

Fettsteuer	taxes on fats (other than butter)
Selbstversorgungsgrad	self-sufficiency in supplies
festgelegt	fixed
Mindestpreise	minimum prices
ursprünglich	originally
Mindestschwelle	minimum threshold (price)
Notbehelf	stopgap
circulus vitiousus	vicious circle
tragbar	bearable
neue Ansätze	new beginnings
Widerstände	opposition
Kontingentierungen	rationing
ankurbeln	stimulate
die Initiative eindämmen	curb the incentives
anzupflanzen	to grow
wenn die Preise nach unten genommen würden	if the prices were lowered
Volkswirtschaftler	economists
errechnet	calculated
Überlegung	consideration
abschaffen	get rid of
gezielt	targeted
Umweltschutz	environmental protection
die sinnvoll sind	which make sense
langfristig	gradually
abzubauen	to reduce
Empörung	outrage
Cholesteringehalt	cholesterol content
verkalkt die Adern	plugs up the arteries with calcium deposits
zur Kenntnis genommen	acknowledged
Gremien	panels, committees
Bauernverbände	farmers' associations
verteuern	jack up the price
Finanzfachleute	financial experts
Einnahmequelle	source of income
ungerecht	unjust, unfair
Steuern werden...erhoben	taxes are levied
vom Markt zu verdrängen	to push from the market
Angriff	attack
absehbar	predictable
Anreize	incentives
einen Riegel zuschiebt	puts an end to it
in absehbarer Zeit	in the near future
Weinseen	"lakes" of wine
angelegt ist	is meant to
ihre Stimme zu Gehör bringen kann	can make herself heard
mitberücksichtigen	consider also

Hören Sie sich das Gespräch noch einmal oder zweimal an, und entscheiden Sie dann, ob die folgenden Aussagen darin gemacht wurden oder nicht.

1. Das Institut für Europäische Politik gehört nicht zum Europazentrum.   **JA NEIN**

2. Herr Schmuck hat nur die Aufgabe, die Zeitschrift *Integration* zu betreuen.   **JA NEIN**

3. Er ist primär politikwissenschaftlich beschäftigt.   **JA NEIN**

4. Für die jüngeren Leute in Deutschland ist die europäische Einigung etwas Alltägliches geworden.   **JA NEIN**

5. Die Eltern finden es selbstverständlich, daß die Grenzen in Europa gefallen sind.   **JA NEIN**

6. Man versucht, europäisch statt deutsch zu denken.   **JA NEIN**

7. Die Wirtschaftsstärkeren haben weniger Vorteile von einem großen Binnenmarkt.   **JA NEIN**

8. Spanien, Portugal und Griechenland sind zuletzt der EG beigetreten.   **JA NEIN**

9. Sie erhoffen sich neue Impulse von der Forschungs- und Technologiepolitik der EG.   **JA NEIN**

10. Das Problem der EG ist, daß sie keine Überschüsse hat.   **JA NEIN**

11. Man verschleudert Überschüsse, um die Preise zu senken.   **JA NEIN**

12. Die Regierung subventioniert die Landwirtschaft, um die Wähler nicht zu verlieren.   **JA NEIN**

13. Leider bleibt nicht genug Geld vom EG-Budget für Forschung, Technologien und Jugendaustausch.   **JA NEIN**

14. Die Bauern haben in der Bevölkerung kein gutes Image.   **JA NEIN**

15. Durch bessere Saatsorten, Dünger und Maschinisierung ist mehr produziert worden.   **JA NEIN**

16. Man hat rechtzeitig die gesteigerte Produktion gedrosselt.   **JA NEIN**

17. Man sollte Flächen stillegen.   **JA NEIN**

18. Man sollte ökologisch anbauen: statt Quantität Qualität.   **JA NEIN**

19. Die Fettsteuer soll eingeführt werden, um die Butter teurer zu machen.   **JA NEIN**

20. Durch die Fettsteuer soll die Margarine teurer werden.   **JA NEIN**

21. Es gibt keine freie Marktwirtschaft in der Agrarpolitik.   **JA NEIN**

22. Herr Schmuck befürchtet eine Weiterführung der Politik der kleinen Schritte.   **JA NEIN**

23. Niedrige Preise kurbeln die Produktivität an.   **JA NEIN**

24. Niedrige Preise schaden den kleinen Bauern am meisten. **JA NEIN**

25. Kontingierung der Milch hilft beim Abbau der Überschüsse. **JA NEIN**

26. Es brauchen keine Flächen stillgelegt zu werden. **JA NEIN**

27. Die Agrarpolitik ist das einzige Ziel der EG. **JA NEIN**

28. Ein vereinigtes Europa könnte sich in der Welt besser Gehör verschaffen. **JA NEIN**

DIENSTLEISTUNGEN

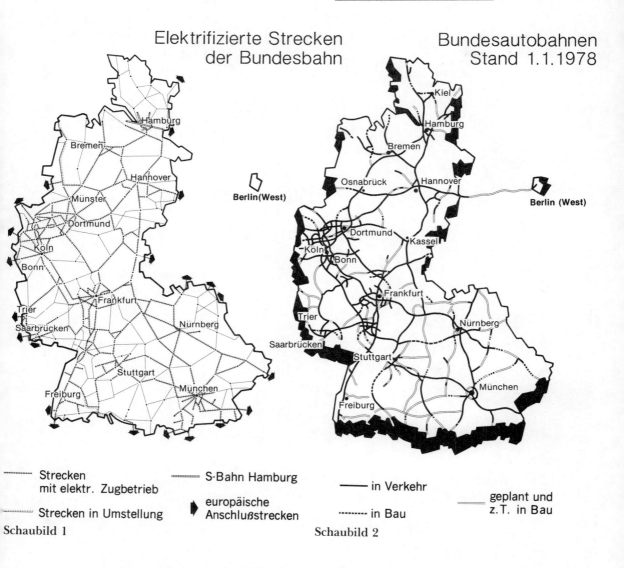

Elektrifizierte Strecken der Bundesbahn

Bundesautobahnen Stand 1.1.1978

·········· Strecken mit elektr. Zugbetrieb

·········· Strecken in Umstellung

········ S-Bahn Hamburg

▶ europäische Anschlußstrecken

──── in Verkehr

········ in Bau

══ geplant und z.T. in Bau

Schaubild 1

Schaubild 2

A. MITTEL DER BEFÖRDERUNG

1 / Der in Deutschland reisende amerikanische Kaufmann stellt sehr schnell fest, daß er für seine Geschäftsreisen nicht aufs Auto oder Flugzeug angewiesen ist, sondern daß er mit dem Intercity(=IC)-Zug der deutschen Bundesbahn (=DB) schnell und bequem von einer großen

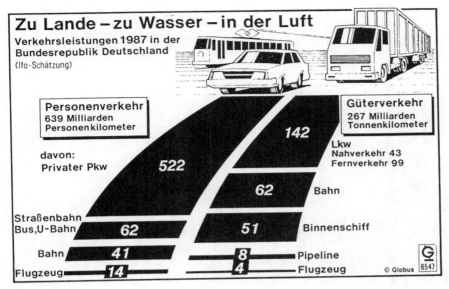

Zu Lande – zu Wasser – in der Luft

Verkehrsleistungen 1987 in der
Bundesrepublik Deutschland
(Ifo-Schätzung)

Personenverkehr
639 Milliarden
Personenkilometer

davon:
Privater Pkw

522

Straßenbahn
Bus, U-Bahn   62

Bahn   41

Flugzeug   14

Güterverkehr
267 Milliarden
Tonnenkilometer

142

Lkw
Nahverkehr 43
Fernverkehr 99

62   Bahn

51   Binnenschiff

8   Pipeline

4   Flugzeug

© Globus   6547

Schaubild 3

Stadt zur andern kommen kann. Diese IC-Züge mit erster und zweiter
Klasse befahren jede Stunde ein *Streckennetz* von 3000 Kilometern und
werden jetzt nach und nach durch einen Interregio-Zug ergänzt, der im
2-Stunden-Takt fährt und die Bundesländer miteinander verbindet. Es
wird auch schon an Strecken gebaut, auf denen ab 1991 ein Intercity
Express mit 250 km pro Stunde fahren soll, ähnlich wie der französische
TGW (s. Tonband-Interview). Insgesamt befährt die Bundesbahn 28 000
Kilometer Schienen, und daneben gibt es noch über hundert private

railway network

Frankfurter Hauptbahnhof.

Fußgängerzone in München.

Eisenbahnen, die kleine Orte verbinden, so daß man fast überallhin mit der Bahn fahren kann.

2 / Trotz des großen Unternehmens — die DB beschäftigt z.Zt. ungefähr 314 000 Dienstkräfte — und ihrer hohen Leistungsfähigkeit muß sie vom Bund stark subventioniert werden. Trotz dieser hohen Subventionen, die mehr als die Hälfte des gesamten Verkehrshaushalts *verschlingen,* hat die DB 1986 mit einem Defizit von 3,3 Milliarden Mark gearbeitet. Warum ist die Regierung gewillt, solche hohen Verluste zu tragen? Hier sind ihre Gründe:

gobble up

Die Bahn ist energiesparend und umweltfreundlich (39% der Loks sind elektrisch, die übrigen werden mit Diesel betrieben).

Sie ist zukunftssicher auch in Krisenzeiten.

Sie ist *unverzichtbar* für alle, die kein Auto benutzen.

indispensible

Sie erschließt auch *Randgebiete* der BRD. (Aus dem Informationsblatt 3 des Presse- und Informationsamts zitiert).

outskirts

Goarshausen am Rhein.

3 / Wie im Personenverkehr das Auto oder der PKW (= Personenkraftwagen) der stärkste Konkurrent der DB geworden ist — vor dreißig Jahren war ein Familienauto eine Seltenheit, und heute gibt es fast in jedem Haushalt einen Wagen — so im Güterverkehr der LKW (= Lastkraftwagen). (S. Schaubild 3) Nach den USA hat die BRD mit ihren fast 7 500 Kilometern Autobahnstrecke und all den anderen Schnellfahrstraßen das längste Autobahnnetz der Welt und damit auch die Probleme, die gewöhnlich mit starkem Autoverkehr verbunden sind: Umweltschäden, vor allen Dingen Luftverschmutzung und Lärm, *Verkehrsstauungen* und viele Unfallstote *traffic jams* und -verletzte und natürlich hohen Energieverbrauch. In alten Städten, bei deren Bau kein oder wenig Autoverkehr eingeplant war, wirkt sich der Verkehr umso schädlicher auf die Umwelt aus. Je enger die Straßen und je höher die Häuserfronten, desto gesundheitsschädlicher wirken *Abgase* und Lärm auf Gesundheit und Nerven der Menschen. Man ist *exhaust fumes* sich seit einiger Zeit in Deutschland der immer stärker bedrohten Lebensqualität bewußt und bemüht sich, auch bei hohen Kosten die Umwelt vor weiterer Zerstörung zu schützen und wenn möglich sogar zu verbessern. So werden z.B. in Stadtzentren Fußgängerzonen eingerichtet, wo der Bürger, *unbelästigt* und ungefährdet von Autos, seine Einkäufe *not bothered*

Schaubild 4

machen, sich zu einem Imbiß draußen hinsetzen und ein Straßenleben
mit Ansprachen, mit musikalischen und anderen *Darbietungen* mitten   *events*
unter den Fußgängern beobachten kann.

4 / Außer Bahn und LKW sind, wie Schaubild 3 zeigt, auch Wasser und
Luftwege an der Beförderung von Gütern beteiligt. Binnenschiffahrt, der
billigste Transport, eignet sich besonders für große und nicht *verderbliche*   *perishable*
Frachten. Viele Flüsse und Kanäle, die sich zum Teil noch im Bau befin-
den, bilden das Binnenschiffahrtsnetz. Der größte Teil der Binnenschiffahrt
(84%) spielt sich auf dem Rhein ab, und die Hälfte davon wird von *Schif-*   *shippers*
fern bestritten, die nur ein Schiff besitzen, auf dem sie mit ihrer Familie
wohnen. Diese langen flachen *Schuten,* oft mit Kohlen, Baumaterial oder   *barges*
Öltonnen beladen und mit im Winde *flatternder* Wäsche darüber, sind ein   *flapping*
vertrautes Bild auf deutschen Wasserwegen.

5 / Für den Überseetransport von Einfuhr- und Ausfuhrfrachten spielt die
deutsche Seeschiffahrt eine wichtige Rolle. Die größten Seehäfen sind
Hamburg, Bremerhaven, Wilhelmshaven und Emden. Sie haben sich als
schnelle *Umschlagshäfen* einen Namen gemacht. Die deutsche Han-   *ports of*
delsflotte ist modern. Die meisten ihrer Schiffe sind in den letzten 14   *transshipment*
Jahren gebaut worden, aber auch die *Werften* sind auf finanzielle Un-   *shipyards*
terstützung angewiesen.

6 / Der Transport durch *Rohre* eignet sich nur für Öl und Gas, und der   *pipes*
Warentransport auf dem Luftwege rentiert sich nur für hochwertige
Expreßgüter von leichtem Gewicht.

7 / Seit es den Container als Warenbehälter gibt, ist das Umladen der Güter
einfacher und billiger geworden, so daß sich oft eine Kombination von
Transportmitteln empfiehlt. So können z.B. Güter vom Schiff mit wenig
Mühe auf einen LKW umgeladen und zur Weiterbeförderung zur Bahn
gebracht und vom *Bestimmungsbahnhof* wieder per LKW zum Händler   *station of*
gefahren werden. Oder der LKW kann im *Huckepackverkehr* den größten   *destination*
Teil der Strecke per Bahn zurücklegen (s. Schaubild 4). Eine solche   *piggyback traffic*
Transportkette entlastet die Straßen und wird darum vom Staat unterstützt. *chain of transport*

WORTSCHATZ

1 / der **Kaufmann, Kaufleute**	*businessman*
feststellen	*to realize, establish*
angewiesen auf	*dependent on*
befahren (ä), u, a	*to cover, travel on*
jede Stunde	*every hour*
ergänzen	*to complement, supplement*
die Schiene, -n	*track*
2 / die **Dienstkraft, ¨e**	*employees and workers*
der Verkehrshaushalt	*traffic budget*
gewillt	*willing*
der **Verlust, -e**	*loss*
benutzen	*to use*
3 / der **PKW** (= Personenkraftwagen)	*passenger car*
die Seltenheit	*scarcity*
der **LKW** (= Lastkraftwagen)	*truck*
die **Autobahn, -en**	*freeway*
die **Landstraße, -n**	*highway*
der Umweltschaden, ¨	*damage to the environment*
die Luftverschmutzung	*air pollution*
der Lärm	*noise*
verletzt	*hurt, wounded*
schädlich	*harmful*
sich auswirken auf	*to have an effect on*
bewußt (Gen.)	*aware of, conscious of*
sich bemühen	*to make an effort*
die Zerstörung	*destruction*
die Fußgängerzone, -n	*pedestrian zone*
der Imbiß	*snack*
die Ansprache, -n	*speech, address*
4 / die **Beförderung**	*promotion*
die **Binnenschiffahrt**	*inland shipping*
sich eignen für	*to lend itself to*
die **Fracht, -en**	*freight*
beladen	*loaded*
5 / die Handelsflotte, -n	*merchant fleet*
6 / **sich rentieren**	*to pay off*
hochwertig	*of high value, costly*
7 / der **Container, -**	*container*
der Behälter, -	*container*
umladen (ä), u, a	*to reload*

ÜBUNGEN

A.1. Vervollständigen Sie die Sätze.

1 / 1. In Deutschland ist man nicht so stark aufs Auto _____ wie in Amerika (*dependent*).

2. In der BRD kann man fast überallhin mit der _____ fahren (*train*).

2 / 3. Die DB _____ rund 314 000 Dienstkräfte (*employs*).

4. Auf die Dauer kann der Bund solche _____ _____ nicht tragen (*high losses*).

3 / 5. Beim Gütertransport ist der LKW der stärkste _____ der DB (*competitor*).

4 / 6. Binnenschiffahrt _____ _____ besonders gut für große und nicht verderbliche Frachten (*lends itself*).

7. Der Rhein ist der meist _____ Fluß (*traveled on*).

5 / 8. Die deutsche Seefahrt ist wichtig für den _____ von Import- und Exportwaren (*overseas shipment*).

6 / 9. Lufttransport ist teuer und _____ _____ nur für hochwertige Expreßgüter (*pays off*).

A.2. Verwandte Wörter. Bilden Sie mit jedem Wort einen kurzen Satz.

die Lokomotive   Diesel   elektrisch   die Nerven (pl.)
die Kosten (pl.)   die Zone   der Kanal   das Schiff   das Material
beladen   der Überseetransport   die Fracht   der Container
die Kombination   der Tourist

A.3. Suchen Sie zu zweit eine Überschrift zu jedem Paragraphen des Textes.

1. _____
2. _____
3. _____
4. _____
5. _____
6. _____
7. _____

A.4. Wiederholen Sie die nebenordnenden und unterordnenden Konjunktionen, und verbinden Sie dann jedes Satzpaar durch die angegebene Konjunktion.

1. In Deutschland reisen viele Kaufleute per Bahn. Sie ist schnell und bequem. (weil)

2. Die Intercity-Züge fahren jede Stunde. Sie bieten wirklich eine Alternative zum Auto. (damit)

3. Die Deutsche Bundesbahn beschäftigt zur Zeit rund 327 000 Dienstkräfte. Sie muß wahrscheinlich wieder viele davon entlassen. (aber)

4. Der Bund ist gewillt, die DB zu subventionieren. Sie ist energiesparend und umweltfreundlich. (denn)

5. Heute hat fast jeder Haushalt ein Auto. Vor dreißig Jahren war ein Familienauto eine Seltenheit. (während)

6. Es ist allen bekannt. Die Abgase der Autos sind gesundheitsschädlich. (daß)

7. Es gibt in Deutschland immer noch viele Unfallstote. Die Geschwindigkeitsbegrenzung ist herabgesetzt worden. (obgleich)

8. In den Fußgängerzonen kann man unbelästigt von Autolärm und -gestank seine Einkäufe machen. Man kann draußen sitzen und essen. (oder)

9. Die Binnenschiffahrt eignet sich zur Beförderung von Massengütern. Sie ist billiger. (da)

10. Die meisten Schiffer sind keine Großbesitzer. Sie haben nur ein Frachtschiff und wohnen mit ihrer Familie darauf. (sondern)

A.5. Übersetzen Sie.

1. The traveling businessman is not dependent on his automobile.

2. The DB is quick and comfortable, but unfortunately it has high losses.

3. Many employees of the DB will have to be dismissed.

4. Germany has excellent freeways and highways.

5. Next to the USA it has the most extensive freeway system of the world.

6. The many cars cause air pollution, noise and many fatal accidents.

7. Big cities now have pedestrian zones where no cars are allowed.

8. There you can shop and eat in the street and watch people.

9. Trucks have the biggest market share (= *Marktanteil*) in transporting goods.

10. Containers can easily be reloaded from boats to trucks and freight cars (= *Güterwagen*).

11. Transportation by boat within the country is cheapest and lends itself to transportation of mass goods.

12. The BRD has a modern merchant fleet and ocean harbors with fast service.

A.6. Schreiben Sie ungefähr eine Seite über die Mittel der Beförderung in der BRD. Benutzen Sie dabei die folgenden Fragen als Richtlinien.

1 / 1. Warum ist der deutsche Kaufmann nicht auf sein Auto angewiesen?

2. Wie oft fahren die IC-Züge?

2 / 3. Wie viele Dienstkräfte sind bei der DB beschäftigt?

4. Ist die DB ein wirtschaftlich erfolgreiches Unternehmen?

3 / **5.** Was ist der stärkste Konkurrent der DB?

6. Was für Umweltschäden verursacht ein starker Autoverkehr?

4 / **7.** Wofür eignet sich die Binnenschiffahrt besonders gut und warum?

5 / **8.** Spielt die Seeschiffahrt eine wichtige Rolle?

A.7. Lesen Sie den Artikel aus der SÜDDEUTSCHEN ZEITUNG, und

(a) schreiben Sie wenigstens 3 Verbesserungen auf, die Bundesverkehrsminister Warnke im europäischen Eisenbahnsystem für nötig hält,

(b) schreiben Sie die Städte und Länder auf, die bis zur Jahrhundertwende durch ein Hochgeschwindigkeitseisenbahnnetz verbunden werden sollen.

WARNKE: EUROPAS BAHNEN ATTRAKTIVER MACHEN

hen. **Bonn** (Eigener Bericht) — Die Eisenbahn muß *nach Auffassung von* Bundesverkehrsminister Jürgen Warnke überall in Europa attraktiver und wettbewerbsfähiger werden. Voraussetzung dafür seien Rationalisierung und Modernisierung, aber auch Verbesserungen im Service und im *Marktverhalten.* Vor dem Europäischen Parlament in Straßburg rief Warnke am Donnerstag dazu auf, die Ziele und *Anforderungen* für einen *Hochgeschwindigkeitsverkehr* in Europa schnellstmöglich einheitlich festzulegen und in konkrete Schritte umzusetzen. Industrie und *Eisenbahnverwaltungen* müßten die Systeme so *gestalten*, daß sie überall *einsatzfähig* seien. Angesichts der günstigen geographischen Lage der Wirtschaftszentren und *Ballungsräume* in Europa mit durchschnittlichen Entfernungen von 300 bis 500 km ergebe sich für die Eisenbahn ein beträchtliches, bisher noch unerschlossenes Verkehrspotential auch über die Grenzen hinweg. *[in the opinion of]* *[market behavior]* *[demands]* *[high speed traffic]* *[railway administrations/organize/ fully operational]* *[urban centers]*

Warnke forderte eine *sinnvolle* Zusammenarbeit der *einschlägigen* Industrien. Es sei *unabdingbar*, daß deutsche Hochgeschwindigkeitszüge im französischen Schienennetz und französische Hochgeschwindigkeitszüge im deutschen Netz fahren könnten. In der Bundesrepublik seien mit dem Bundesverkehrswegeplan 1985 die *Weichen* für ein neues Schienennetzalter gestellt, betonte der Minister. Das Projekt einer Schienenverbindung Paris-Brüssel-Köln/Amsterdam nannte Warnke ein europäisches Projekt, das als Ganzes verwirklicht werden müsse. Mit Untersuchungen für einen Hochgeschwindigkeitsverkehr auf der Schiene zwischen Paris und dem südwestdeutschen Raum sei inzwischen begonnen worden. *[meaningful/ pertinent]* *[indispensable]* *[switches]*

Der Aufbau eines europäischen Schnellbahnnetzes *setze* allerdings selbstverständlich den Nachweis der *Wirtschaftlichkeit voraus*, die wie- *[presupposes]* *[economical feasibility]*

*Süddeutsche Zeitung, 8. Mai 1987

derum entscheidend von dem zu erwartenden *Verkehrsaufkommen* ab-   *amount of traffic*
hänge. Nach Warnkes *Darstellung* bestehen gute Aussichten, daß zur   *presentation*
Jahrhundertwende ein Hochgeschwindigkeitsnetz von Paris bis Wien, Ko-   *turn of the century*
penhagen bis Rom, von London bis München aufgebaut oder zumindest
in Bau sei.

**A.8. Lesen Sie den Artikel aus „DEUTSCHLAND-NACHRICHTEN"
und beantworten Sie die im Anschluß daran gedruckten Fragen.**

ARBEITER BESETZEN WERFTEN

In einer dramatischen Aktion haben rund 2 200 Schiffbauarbeiter am
19.9. in Bremen die Großwerft "AG Weser" *besetzt*, um gegen den Verlust   *occupied*
von Arbeitsplätzen zu protestieren. Die *Werft*, die einen Umsatzverlust   *shipyard*
von fast 50 Prozent hinnehmen mußte und 30 Millionen Mark *Schulden*   *debts*
hat, soll bei *Sanierungsmaßnahmen* zur Bekämpfung der anhaltenden   *austerity measures*
Schiffbaukrise in den norddeutschen Küstenstädten geschlossen werden.
Erst vor einer Woche hatten mehrere tausend Schiffbauer in Hamburg
die Howaldtswerke Deutsche Werft (HDW) besetzt, wo ebenfalls Mas-
senentlassungen geplant sind. In Hamburg arbeitet bisher jeder zwölfte
Arbeitnehmer in einer Werft, in Bremen jeder sechste. Bremen kann
seine Werftindustrie selbst mit Staatsgeldern nicht länger über Wasser
halten. Die Bundesregierung in Bonn genehmigte 80 Millionen Mark,
macht die Auszahlung jedoch davon abhängig, daß ein „*tragfähiges* Werf-   *sound*
tenkonzept" entwickelt wird. *Fachleute* und Politiker sind sich einig, daß   *experts*
die westdeutsche Schiffbaukrise nur durch *einschneidende* Veränderungen   *decisive*
in der Produktionsstruktur behoben werden kann. Nach ihrer Ansicht
hätten sich die Werften auf den Bau von Schiffen mit hoher Technologie
beschränken sollen, anstatt sich von ihrer *Spitzenstellung* in den 60er   *top position*
Jahren in Wettbewerb mit den expandierenden südostasiatischen Nie-
driglohnländern zu begeben und auf gewaltigen Anlagen technisch an-
spruchslose Großtanker und Container-Schiffe zu bauen.

1. Warum besetzten die Schiffbauer die Großwerft „AG Weser"?

2. Wie steht es um die Finanzen der Werft?

3. Was war kurz vorher in Hamburg passiert?

4. Warum wäre es für Bremen und Hamburg schlimm, wenn sie ihre
Werften schließen müßten?

5. Wie können die Werften vielleicht noch gerettet werden?

6. Was haben die Werften nach Ansicht von Fachleuten und Politikern
falsch gemacht?

**A.9. Sind Sie schon einmal mit einem deutschen Zug gefahren?
Vielleicht mit einem „Eurail Pass"? Erzählen Sie von Ihrer Reise
und Ihren Eindrücken von der Bundesbahn als Verkehrsmittel.
Sprechen Sie auch über andere öffentliche Verkehrsmittel, die
Sie in Deutschland benutzt haben. Vergleichen Sie sie mit öffent-**

Verbrauchsausgaben gestern und heute
Ausgaben der privaten Haushalte für Käufe im Inland und Reiseausgaben im Ausland

1960 insgesamt 173 Mrd DM	davon waren bestimmt in % für:	1986 insgesamt 1095 Mrd DM

Quelle: Statistisches Bundesamt   DIE ZEIT/GLOBUS

Autos waren der Renner

Wie eh und je gaben die Bundesbürger auch im vergangenen Jahr mit 240 Milliarden Mark das meiste Geld für die Ernährung aus. Das vergangene Jahr war aber vor allem das Jahr des Automobils. Es feierte nicht nur seinen hundertsten Geburtstag, sondern erreichte mit 2,8 Millionen Neuzulassungen eine Rekordmarke. Die Bundesbürger kauften für knapp 60 Milliarden Mark Autos. Damit gaben die Verbraucher für „Verkehr und Post" erstmals mehr aus als für Mieten (166 Milliarden Mark). Aber auch insgesamt herrschte 1986 ein günstiges Verkaufsklima. Denn erstens bekamen die Verbraucher mehr für ihr Geld, weil die Preise sanken, und zweitens hatten sie mehr im Portemonnaie, weil ihr Einkommen um vier Prozent höher lag als im Jahr zuvor. Auch 1987 wird der private Verbrauch noch zunehmen.

Schaubild 5

lichen Verkehrsmitteln in den USA und anderen Ländern, in denen Sie gereist sind.

**A.10. Sprechen Sie über Schaubild 5. Vergleichen Sie die Aus-
gaben der deutschen Haushalte von 1960 mit 1986, und vergleichen Sie das mit Ihren eigenen Ausgaben.**

**A.11. Bereiten Sie zu zweit ein Gespräch vor, um es Ihrer Gruppe
oder Klasse vorzuspielen. Einer/eine von Ihnen reist lieber per
Zug, der/die andere lieber per Auto. Sprechen Sie über die Vor-
und Nachteile von Zug und Auto.**

**A.12. Hören Sie sich das Tonband-Interview zu Kapitel IV A an
(Kassette 3).**

VERSTÄNDNISHILFEN

zum Gespräch über die Deutsche Bundesbahn

Verkehrsministerium	*Department of Transportation*
brummendes Geräusch	*humming noise*
apropos	*appropriate*
abgespult	*transacted*
umreißen	*outline*

Herr Raasch

Haushaltsreferat	*budgetary office*
Finanz- und Haushaltsrecht	*financial and budgetary law*
Fachgebiete	*special areas*
Flugsicherung	*air safety*
Verkehrsträger	*carriers*
begrenzt	*limited*
Sorgenkind	*problem child, worry*
verschlingt	*gobbles up*
über die Hälfte des Ansatzes des Verkehrshaushaltes	*more than half of the original transportation budget*
von Neubaustrecken und Ausbaustrecken	*of new and extended routes*
ersetzt	*replaced*
Bezeichnung	*name*
Nachfolgesystem	*successor system*
zusätzlich zum	*in addition to*
ausgeschaltet	*eliminated*
das sich sehr bewährt hat	*which has proven very successful*
vorgesehen	*planned*
ab nächsten Fahrplanwechsel	*starting with the new train schedule*
im Zweistundentakt	*running every two hours*
im Einstundentakt	*every hour*
Vollmitglied	*full member*
nicht mehr bedarfsgerecht	*no longer keeps pace with the demand*
vornehmlich	*especially*
Bundesbahnvorstand	*management of the Bundesbahn*
Entfernungen	*distances*
Anreiz	*incentive*
einhaken	*cut in*

Vorreiter	*pioneer*
pauschalierten Karten	*tickets at a flat rate*
Rückfahrkarten	*round-trip tickets*
Geburtshelfer	*midwife*
probehalber	*for a trial period*
haben sich jetzt niedergeschlagen	*are now reflected*
kundenbewußt	*customer-conscious*
Umfragen	*polls*
Bedarfsermittlung	*ascertainment of demand*
Berücksichtigung	*consideration*
Pendlerkarten	*commuter tickets*
Zwischenbilanz	*interim balance sheet*
sind sehr gut angeschlagen	*have had a very good response*
Pauschalpreis	*flat rate*
zum Zuge gekommen wäre	*were successful (subjunctive)*
andeutete	*mentioned*

Hören Sie sich das Gespräch ein zweites Mal an und entscheiden Sie dann, ob darin die folgenden Aussagen gemacht werden:

1. Herr Raasch ist im Verkehrsministerium in Bonn angestellt. **JA NEIN**

2. Sein besonderes Fachgebiet ist die Bundesbahn. **JA NEIN**

3. Die Bundesbahn verschlingt einen großen Teil des Verkehrsbudgets. **JA NEIN**

4. Die Bundesbahn muß stark subventioniert werden. **JA NEIN**

5. Der D-Zug soll durch das Interregio-System ersetzt werden. **JA NEIN**

6. D-Zug und IC-Zug sind dasselbe. **JA NEIN**

7. Das IC oder Intercity-Netz ist bisher sehr erfolgreich gewesen. **JA NEIN**

8. Der Interregio soll im Einstundentakt fahren. **JA NEIN**

9. Das Interregio-System soll die verschiedenen Länder der EG miteinander verbinden. **JA NEIN**

10. Der D-Zug ist in roten Zahlen gelaufen. Er war ein Verlustgeschäft. **JA NEIN**

11. Der Intercity-Zug bedeutete kein Verlustgeschäft. **JA NEIN**

12. Das neue Tarifsystem ist für Familien und Gruppen ungünstig. **JA NEIN**

13. „Die rosaroten Zeiten" waren Rückfahrkarten zu einem billigen Pauschalpreis. **JA NEIN**

14. Die Bundesbahn hat aus den Erfahrungen mit den „rosaroten Zeiten" nichts gelernt. **JA NEIN**

15. Bevor das neue Tarifsystem eingeführt wurde, hat man durch Umfragen herausgefunden, was den einzelnen Kunden interessiert. **JA NEIN**

16. Pendlerkarten sind sehr gut angenommen worden. **JA NEIN**

17. Der Superspartarif von 120 Mark für eine Rückfahrkarte für eine Entfernung über 201 km hat sich als
sehr beliebt erwiesen. **JA NEIN**

18. Mit dem Superspartarif kann man zu jeder Zeit fahren. **JA NEIN**

19. In der BRD werden sowohl unrentable Strecken stillgelegt, wie auch bereits existierende Strecken ausgebaut. **JA NEIN**

20. Die BRD arbeitet noch an einem anderen Projekt: Dem
Intercity-Express, um mit anderen Verkehrsträgern
konkurrenzfähig zu sein. **JA NEIN**

21. Die Geschwindigkeit des ICE soll so hoch sein wie
die eines Flugzeugs. **JA NEIN**

22. Die Beförderung mit dem ICE wird nicht mehr Zeit
kosten als ein Flug. Man ist gleich in der Innenstadt
und braucht nicht lange am Flughafen zu warten. **JA NEIN**

23. Herr Raasch sagt, daß der ICE viel billiger sein wird
als ein Flug. **JA NEIN**

24. Die Bundesbahn muß nicht so rentable Strecken stillegen. **JA NEIN**

25. Sie sorgt dann, zusammen mit dem Land und der
Gemeinde, für Alternativen. **JA NEIN**

26. Taxis können keine Alternative sein, denn sie sind zu
teuer. **JA NEIN**

B. INDIVIDUELLE KOMMUNIKATION UND MASSENMEDIEN

1 / Für den Geschäftsmann unseres Jahrhunderts gibt es verschiedene Möglichkeiten der Kommunikation, wobei die älteste Form, das persönliche
Gespräch zwischen Verkäufer und Käufer relativ wenig mehr benutzt wird.
Die Post leistet schnelle und zuverlässige Dienste in der Beförderung von
Briefen. Bei großer Eile kann man bei ihr ein Telegramm aufgeben oder
telefonieren oder, wenn man ans Fernschreibenetz angeschlossen ist,
dann kann man, so schnell wie übers Telefon, z.B. Aufträge erteilen oder
bestätigen und sofort die Dokumente zur Geschäftsabwicklung mitliefern.
Teletex unterscheidet sich vom Telex nur durch eine höhere *Über-* *speed of*
tragungsgeschwindigkeit. Die neueste Technik erlaubt durch Telefax *transmission*
auch die schnelle *Fernübertragung* eines Bildtextes. *telecasting*

2 / Ohne den Computer ist das moderne Geschäftsleben kaum noch vor-
stellbar. Er kann durch seinen Schreibautomaten in Massen Briefe herstellen, die so aussehen, als ob sie an jeden Adressaten persönlich
geschrieben wären. Der Computer speichert und verarbeitet Daten und
kann durch Telefonleitungen an zentrale Datenbanken angeschlossen
sein. Auf diese Weise kann z.B. ein Reisebüro in Sekunden feststellen,
ob für einen bestimmten Flug noch Plätze zu haben sind. Eine an eine

Deutsches Postamt mit öffentlichen Fernsprechern.

zentrale Datenbank angeschlossene *Vorverkaufsstelle* für Theater- und   *ticketron*
Konzertkarten braucht nicht mehr zu telefonieren, um herauszufinden, ob
es für eine bestimmte *Vorstellung* noch Karten gibt, usw. Man kann die   *performance*
erwünschte Information *durch den Druck weniger Tasten* sofort auf den   *by punching a*
eigenen *Bildschirm* projizieren. Für kleine Betriebe, die sich keinen großen   *few keys*
Computer leisten können, *stellt* die Post mit ihrem Bildschirmtextdienst   *screen*
Computer *zur Verfügung.* Den *nimmt* z.B. ein kleiner Handwerker *in An-*   *makes available*
spruch, der seine Rechnungen schreiben will.   *uses*

3 / Die Deutsche Bundespost nimmt in der Rangliste der größten Gewinner,
der größten Investoren und der größten Arbeitgeber den ersten Platz ein.
1987 beschäftigte sie 552 625 Dienstkräfte. Die DBP wird von der Bonner
Regierung verwaltet, mit einem Postminister an der Spitze. In naher Zukunft soll ihre Verwaltung in drei Produktionsbereiche mit je ei-
nem eigenen *Vorstand* aufgeteilt werden. Der 1. Bereich ist die eigent-   *executive board*
liche Post, nämlich die Verteilung von materiellen Gütern. Den 2. Bereich
bildet das Postbankwesen, das sich weiterhin auf *Überweisungs- und*   *services for*
Spardienste beschränkt. Der 3. Bereich umfaßt alle Formen der Telekom-   *checking &*
munikation, d.h. den immateriellen Transport von Sprach- und Bildü-   *savings*
bertragung. Die *Vorstandsvorsitzenden* der 3 Bereiche bilden das   *accounts*
sogenannte Direktorium. Sie müssen zur gegenseitigen Unterstützung   *chairs of the*
tagen.   *executive board*

4 / Die Einzelheiten zur geplanten Neustrukturierung der Post und die Gründe
dafür erfuhr ich persönlich von dem Präsidenten der Oberpostdirektion
in Kiel, Herrn Diplom-Ingenieur Wolfgang Schilling, der in einem langen
Gespräch auch die *weitverbreiteten Vorstellungen* von den oft heftig kri-   *wide-spread/*
tisierten Monopolen der Bundespost berichtigte. Hier folgt eine kurze   *assumptions*
Zusammenfassung seiner Erklärungen.

5 / Es hat nie ein Monopol in der Paketpost gegeben. Ein Drittel ist schon
immer von der Bundesbahn und ein zweites Drittel von anderen *Spedi-*   *shipping agents*
tionsgewerben befördert worden. Das letzte Drittel pflegte der Bundes-
post zuzufallen, aber in den letzten Jahren hat sie einen Teil davon an
neue Wettbewerber, u.a. UPS verloren.

6 / Im Telefonverkehr verdient die DBP weit mehr als 90% ihrer Einnahmen. Sie wird wegen ihres Netz- und Dienstleistungsmonopols *angegriffen*. Ihr *Fernmeldeunternehmen* ist aber nicht größer als eine mittelgroße amerikanische Telefongesellschaft. Eine gewisse *Grundgröße* ist jedoch erforderlich für ein wirtschaftlich gesundes Unternehmen, wenn man nicht nur lukrative Verbindungen, wie z.B. zwischen Industriegebieten, herstellen will. Die DBP hat sich aber verpflichtet, auch das Land, auch die Bauern zu versorgen, und das ist nicht kostendeckend zu erbringen. *Ortstarife* werden prinzipiell von Ferntarifen subventioniert, was MA Bell früher auch gemacht hat. Die Bundesregierung hält das für gerecht. Bei *Großunternehmen* *fallen* Post- und Telefontarife (außer wenn sie sich auf Datenverarbeitung spezialisieren) gar *nicht ins Gewicht*. Herr Schilling hält die *Auflösung* von Ma Bell nicht für eine Deregulation, sondern eine Regulation von AT&T.* Auch nach der Neuregelung der Postbereiche bleiben Telefonnetz und Telefondienst im Monopol der Bundespost, während der Datenbereich *ohne Einschränkung* dem freien Wettbewerb geöffnet wird. Die bisher von der Bundespost bestimmten Normen der *Endgeräte* werden ab 1992, wenn der europäische Binnenmarkt voll verwirklicht sein soll, von der EG festgesetzt.

attacked
telecommunication
 enterprise
basic size

local tariffs

are of no
 consequence
break-up

without limitation

terminals

7 / An den Massenmedien war die Post schom immer beteiligt. Für jedes Radio und Fernsehgerät in Gebrauch kassierte sie monatliche Gebühren. Heute betreiben die Fernseh- und Rundfunkgesellschaften selbst das *Inkasso*. Aber auch in der *Medienlandschaft* hat die DBP kein Monopol. Sie ist weder an der Produktion der Programme beteiligt, noch vertreibt sie Endgeräte. Ihr Monopol *beschränkt sich auf das Verteilungsnetz*, die Verbreitung über Satelliten, bzw. über *Richtfunk*. Sie verkauft *Übergabepunkte*, an die man bis zu 200 Haushalte anschließen kann. Die *Anschlüsse* ins Haus darf die Post nicht machen. Die sind privaten Handwerkern *vorbehalten*. Das hat die Kosten stark erhöht und manchen Verbraucher davon abgehalten, sich für Kabel-Fernsehen zu entscheiden, obwohl ohne Kabel nur drei Programme empfangen werden können. Aus einer Hand hätten die Anschlüsse im rationellen Verfahren, d.h. Haus für Haus, für 200 Mark pro Haushalt gelegt werden können. Der Anschluß durch Handwerker im freien Wettbewerb aber kostet bis zu 1200 Mark und ist vielen zu teuer.

collection/media
 business
is limited to/
 distribution
 network
radio relay link/
 cable
 connection
 points
connections
reserved to

8 / Die Bundespost hat keinerlei Einfluß auf die Programmgestaltung. Die deutschen Rundfunkanstalten — wobei „Rundfunk" ein *Sammelbegriff* für Hörfunk und Fernsehen ist — sind unabhängige Anstalten des öffentlichen Rechts. In einem wichtigen Urteil des *Bundesverfassungsgerichts* von 1961 heißt es, daß Rundfunkanstalten weder vom Staat noch von einzelnen gesellschaftlichen Gruppen beherrscht werden dürfen und daß alle relevanten gesellschaftlichen Kräfte in ihren Organen Einfluß haben und in ihren Programmen zu Wort kommen müssen. Repräsentanten

collective term

federal supreme
 court

In den US gäbe es seit der Deregulation besonders im Datenbereich keine kompatiblen Geräte mehr. Entweder müsse man dauernd umsetzen oder bei e i n e r Firma kaufen: IBM. IBM-Geräte oder IBM kompatible Geräte seien da jetzt die Norm, und alle Innovationen gingen kaputt, weil sich jeder nach IBM richten müsse.

dieser Gruppen bilden den *Rundfunkrat,* der Grundsatzfragen der Anstalt behandelt und den *Intendanten* wählt. Der leitet die gesamte Geschäftsführung einschließlich der Programmgestaltung. So geschieht das in den neun Landesrundfunkanstalten (Schleswig-Holstein hat keine), die in der ARD (= Arbeitsgemeinschaft der öffentlichen Rundfunkanstalten Deutschlands) zusammenwirken und für alle Länder das erste Programm (offiziell „Deutsches Fernsehen" genannt) produzieren. Nur ein kleiner Prozentsatz des Gesamtprogramms wird regionalen Interessen gewidmet. Dem ARD ist ein Drittes Programm angeschlossen, das von Land zu Land verschieden ist und hauptsächlich Kultur- und Bildungsprogramme sendet. Ein zweites Deutsches Fernsehen (ZDF) beruht auf einem Staatsvertrag aller Bundesländer. Es wird von Mainz an alle Bundesländer abgestrahlt.

broadcasting council director

9 / Bür Haushalte mit Kabelanschluß bietet sich seit 1982 eine viel größere Auswahl an. Sie finden diese neuen privaten und *öffentlich-rechtlichen* Satellitenprogramme im Abendprogramm der „HÖR ZU" verzeichnet (s. S. 141–146). Daß noch nicht mehr Haushalte angeschlossen sind, liegt an oben erwähnten Problemen. Die Postgebühren für Kabelfernsehen sind verhältnismäßig gering: die einmalige Anschlußgebühr beträgt bei einem Einzelhaus 675 Mark, die monatliche Gebühr 9 Mark. In einem Hochhaus fällt die Anschlußgebühr bei 200 Anschlüssen bis auf 12 Mark und die monatliche Gebühr auf 2 bis 3 Mark.

subject to public law

10 / Die Werbung im Fernsehen ist auf 30 Minuten pro Tag beschränkt (s. Kapitel IVD) und bringt nur etwa 3% des gesamten Budgets ein. Der

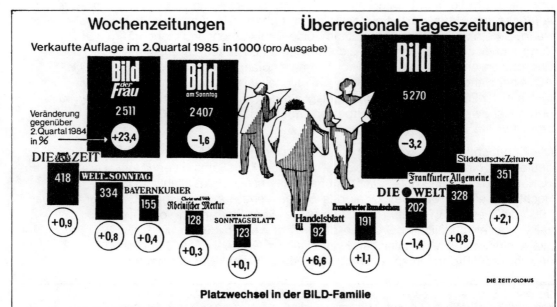

Wochenzeitungen Überregionale Tageszeitungen

Verkaufte Auflage im 2.Quartal 1985 in 1000 (pro Ausgabe)

Bild der Frau 2511 +23,4

Bild am Sonntag 2407 −1,6

Bild 5270 −3,2

Veränderung gegenüber 2.Quartal 1984 in %

DIE ZEIT 418 +0,9

WELT am SONNTAG 334 +0,8

BAYERNKURIER 155 +0,4

Christ und Welt Rheinischer Merkur 128 +0,3

SONNTAGSBLATT 123 +0,1

Handelsblatt 92 +6,6

Frankfurter Rundschau 191 +1,1

DIE WELT 202 −1,4

Frankfurter Allgemeine 328 +0,8

Süddeutsche Zeitung 351 +2,1

DIE ZEIT/GLOBUS

Platzwechsel in der BILD-Familie

Die Auflagenzahlen bei den deutschen Tageszeitungen waren im zweiten Quartal 1985 im Vergleich zum Vorjahr stabil. Von den rund 400 Blättern wurden fast 25 Millionen Exemplare täglich verkauft. Leichte Auflagenbewegungen gab es bei den überregionalen Titeln:

Mit einem Plus von 2,1 Prozent legte die *Süddeutsche Zeitung* am meisten zu. *Bild,* Europas größtes Boulevardblatt, verlor über drei Prozent seiner Auflage. Der jüngste Titel der *Bild-*Familie, das montäglich erscheinende *Bild der Frau,* legte weiterhin kräftig zu.

Damit überrundete die Zeitung für Frauen, die thematisch mit Illustrierten konkurriert, *Bild am Sonntag,* die weiter an Auflage verlor. Leichte Auflagengewinne gab es bei den politischen Wochenzeitungen. *DIE ZEIT* lag mit knapp einem Prozent Zuwachs an der Spitze.

The press†

Sales of major topical printmedia (*1987*)

Daily newspapers (*with regional editions)

Bild (Hamburg)	4,754,200
Westdeutsche Allgemeine (Essen)	666,600
Hannoversche Allgemeine (Hanover)*	435,400
Express (Cologne)	434,900
Südwestpresse (Ulm)*	412,400
Rheinische Post (Düsseldorf)	393,400
Süddeutsche Zeitung (Munich)	367,200
Frankfurter Allgemeine (Frankfurt)	354,800
Augsburger Allgemeine (Augsburg)*	349,800
Nürnberger Nachrichten (Nuremberg)	313,700
B.Z. (Berlin)	306,400
Ruhr Nachrichten (Dortmund)	297,700
Hamburger Abendblatt (Hamburg)	290,100
Kölner Stadt-Anzeiger (Cologne)	274,600
Stuttgarter Nachrichten (Stuttgart)*	261,600
Münchner Merkur (Munich)*	251,700
Abendzeitung (München)	251,500
Westdeutsche Zeitung (Düsseldorf)*	250,200
Die Rheinpfalz (Ludwigshafen)	247,600
Rhein-Zeitung (Koblenz)	232,800
Hessische/Niedersächsische Allgemeine (Kassel)	230,800
Neue Westfälische (Bielefeld)*	221,900
Nordwest-Zeitung (Oldenburg)	217,300
Die Welt (Bonn)	215,000
Westfälische Nachrichten (Münster)*	212,100
Westfälische Rundschau (Dortmund)	208,800

Weeklies and Sunday papers

Bild am Sonntag (Hamburg)	2,259,500
Die Zeit (Hamburg)	461,000
Bayernkurier (Munich)	156,100
Deutsches Allgemeines Sonntagsblatt (Hamburg)	120,700
Rheinischer Merkur (Koblenz)	113,400
Vorwärts (Bonn)	44,300

News magazine (*weekly*)

Der Spiegel (Hamburg)	986,400

†Source: *Facts about Germany* Bertelsmann Lexikothek Verlag GmbH, Gütersloh, 1979, 1986E, p. 321.

größte Teil wird durch die monatlichen Gebühren der Fernseh- und Rundfunkteilnehmer finanziert.

11 / Jeder Landesrundfunk bietet mehrere Hörsendungen. Außerdem gibt es den „Deutschlandfunk", der in vierzehn Sprachen in ganz Europa gehört werden kann. Die „Deutsche *Welle*" sendet auf Kurz- oder Mittelwelle   *wave* deutschsprachige Programme für die im nichteuropäischen Ausland lebenden Deutschen. Sie kann Übersee auch in dreißig Fremdsprachen gehört werden.

Deutscher Zeitungskiosk mit Zeitungen und Zeitschriften aus aller Welt.

12 / Die 382 Zeitungsverlage, die ungefähr 1 270 Zeitungen verlegen, sind
privatwirtschaftliche Unternehmen. Vor fünfzig Jahren gab es noch mehr
als doppelt so viele verschiedene Zeitungen, aber inzwischen sind viele
Lokalblättchen. verschwunden, und manche anderen Zeitungen haben   *local papers*
sich wegen finanzieller und technischer Schwierigkeiten mit anderen Verlagen *zusammengetan.* So bestreitet z.B. der Verlag Axel Springer AG   *merged*
25 Prozent der gesamten Tagespresse. Diese zunehmende Konzentration
bringt natürlich die Gefahr der Meinungsmanipulation mit sich.

13 / Das Fernsehen *hat* der Zeitungslesefreudigkeit der Deutschen bisher
keinen Abbruch getan. 1954 wurden insgesamt 13 Millionen Tageszei-   *has not*
tungen verkauft, 1985 war der Absatz auf 20,9 Millionen gestiegen. Die   *diminished*
Liste auf S. 129 stammt aus *Facts about Germany: The Federal Republic
of Germany* (Bertelsmann Lex-ikothek Verlag GmbH, Gütersloh, 1979,
1986E).

14 / Die wichtigsten überregionalen Tageszeitungen sind „DIE WELT" (konservativ), die „FRANKFURTER ALLGEMEINE ZEITUNG" (konservativ/li-
beral), die „SÜDDEUTSCHE ZEITUNG" (liberal) und die „FRANKFURTER
RUNDSCHAU" (linksliberal). Sie alle enthalten einen wirtschaftlichen Teil.
Besonders umfangreich ist er in der Wochenzeitung „DIE ZEIT". Es gibt

Karriere-Börse

Die deutschen Personalberater nennen Capital monatlich die neuesten, von ihnen ausgeschriebenen Positionen. Interessenten können sich unmittelbar mit der Beratungsfirma in Verbindung setzen.

Geschäftsführung

Vorstand, Dipl.-Kfm. für deutsches Großunternehmen des Maschinen- und Anlagenbaus, bis 50 Jahre; EK um 350000 DM *(Mönnekemeyer, Bremen, 0421/321848).*

Kaufmännischer Geschäftsführer für stark expandierendes, konzernunabhängiges Unternehmen der Automobilzulieferindustrie, Süddeutschland; EK 220000 DM plus *(Trottnow, Stuttgart, 0711/652058).*

Vorstand Finanz- und Rechnungswesen für Handelskonzern mit über 2 Mrd. DM Umsatz, Dipl.-Kfm., Schwerpunkt Finanzierung, um 40 Jahre; EK ab 200000 DM *(Hofmann, Herbold, Königstein, 06174/2905-24).*

Hauptgeschäftsführer Gießerei, Grauguß, Stahlguß, Ferroguß und Feinguß, 1000 MA, Sitz NRW, bis 50 Jahre; EK 200000 DM *(M. S., München, 089/1745450).*

General Manager Deutschland, Hotel, verantwortlich für expansive Kette mit mehreren Hotels, Englisch, regionale Verantwortung Voraussetzung; EK 180000 DM *(GKR, Düsseldorf, 0211/592051).*

Technischer Geschäftsführer für ein SF-Bauunternehmen, Dipl.-Ing., bis 50 Jahre; EK ab 150000 DM branchenerfahren; *(Interprocon, Düsseldorf, 0211/451006).*

Kaufmännischer Geschäftsführer/Controller mit technischer Ausrichtung, internationales Unternehmen der Hydraulik-Branche, 1000 MA; EK um 150000 DM *(Dr. Welsch, Kirschner, Leinfelden-Echterdingen, 0711/7979053).*

Vice-President, Chemiker als zukünftiger Vice-President und Technischer Leiter für Tochter eines deutschen Chemie-Unternehmens; EK ab 130000 DM *(Inklusiv, Krefeld, 02151/58046).*

Geschäftsführer in spe für Unternehmen des Mineralölverkaufs in NRW, BWL-Studium, vertriebsstark, Englisch, bis 40 Jahre; EK 100000 DM plus *(H. Chiaradia, Moers, 02841/34285).*

Kaufmännischer Bereich

Informations-(MIS-)Manager, Akademiker, für Mrd.-Nahrungsmittel, Erfahrung aus Controlling, Bw., EDV, Englisch, berichtet an Sprecher; EK um 200000 DM *(AMC, Frankfurt, 069/724658).*

Import-Export-Profi für namhafte süddeutsche Import-/Exportgesellschaft, Erfahrung im Ostblock, Kenntnisse im Lebensmittelbereich; EK 130000 DM plus *(Vollmer + Kuhn, Stuttgart, 0711/420027).*

Leiter Materialwirtschaft für intern. Unternehmen der Kunststoffverarbeitung, Logistik, Kenntnisse in EDV-gestützten Systemen; EK um 130000 DM *(Praxis Personal Marketing, Saarbrücken, 0681/5846063).*

„Jetzt brauchen Sie nur noch ein oder zwei wohlwollende Kollegen, die herunterspringen und Sie an die Führungsspitze katapultieren."

Leiter Beschaffung und Disposition, Hersteller passiver elektronischer Bauelemente, Großserienfertigung, Bayern; EK ab 120000 DM *(Udo Wirth, München, 089/4485750).*

Vertrieb/Verkauf

Verkaufsleiter Far East für deutsches Unternehmen der Medizintechnik, Fernost- und Branchenerfahrung, Englisch; EK um 200000 DM *(Drechsler o Rank, München, 089/5309236).*

Niederlassungsleiter Vertrieb für internationale Sportkleidungskollektion, Branchenerfahrung, profunde Handelsmarketing-Kenntnisse, Englisch, Mitte 30; EK ab 150000 DM *(Marketing-Studio, Gechingen-Bergwald, 07056/1055).*

Nationaler Verkaufsleiter Kundendienst für führendes Unternehmen im Bereich Meß- und Regeltechnik/Automationstechnik, Kenntnisse in Strategie und Umsetzung, Englisch, bis 40 Jahre; EK 150000 DM plus *(UBI, Hamburg, 040/491797).*

Vertriebsleiter für Unternehmen der Lüftungs- und Klimatechnik, Branchenleader; EK 130000 DM plus *(Neuhaus, Bielefeld, 0521/15 2030).*

Zentralverkaufsleiter Textilien für bekanntes SB-Warenhaus-Unternehmen in NRW; EK um 130000 DM *(Ernst-Dieter Puppel, Dorn-Dürkheim, 06733/7269).*

Senior-Vertriebsingenieur für US-Hersteller von CAE-Systemen, Ing. mit Vertriebserfahrung im System- oder Halbleitergeschäft für Aufbau des Büros Norddeutschland; EK bis 130000 DM *(Interconsult, München, 089/507990).*

Regionaler Verkaufsleiter für Unternehmen der Investitionsgüterindustrie in NRW; EK bis 110000 DM *(Inza, Düsseldorf, 0211/450966).*

Vertriebsleiter Inland/Ausland für ein Profit Center im Sondermaschinenbau; EK 100000 DM plus *(Ihde, Bendestorf, 04183/6041).*

Exportleiter für HAKA-Marke, europäisches Ausland, EK 100000 DM plus *(MBS, Stuttgart, 0711/703035).*

Geschäftsgebietsleiter Vertrieb, Dipl.-Ing./Wirt.-Ing./Dipl. Phys., ausländische Großkunden für internationales Unternehmen Elektronik/Meßgerätebau, Raum Hamburg, Fremdsprachen; EK um 100000 DM *(Götz Junkers, Hamburg, 040/892522).*

Verkaufsleiter für bedeutenden Kfz-Teile-Hersteller, regionale Verantwortung; EK um 100000 DM *(Rohde, Hamburg, 040/7212078).*

Marketing

Leiter Marketing/Vertrieb für Verlagsunternehmen in Süddeutschland; EK 120000 DM plus *(ZAV, Herr Brexel, Frankfurt, 069/7111-308).*

Leiter Markt- und Mediaforschung für mittelgroße Werbeagentur; Start-EK um 120000 DM *(Dieter Schröder, Düsseldorf, 0211/684469).*

Marketingmanager für bekanntes Unternehmen der Baubranche in Süddeutschland; EK um 100000 DM plus *(Fritz H. Lüdtke, Bad Hersfeld, 06621/62884).*

Product Manager für Gold Marketing in international tätigem Unternehmen des Investment-Bereichs, bis 40 Jahre; EK um 100000 DM plus *(International Gold Corporation, München, 089/23034-121).*

Marketing-/Vertriebsberater mit BWL-Studium (Prädikat) für international führendes Unternehmen in Düsseldorf, um 30 Jahre; Ziel-EK 100000 DM *(Mercuri-Goldmann, Düsseldorf, 0211/84661).* ▶

vier tägliche Veröffentlichungen, die ausschließlich der Wirtschaft gewidmet sind: 1. Das „HANDELSBLATT" ist mit einer *Auflage* von 90 000   *circulation*
Exemplaren das wichtigste Organ für nationale und internationale Wirtschaft. Es enthält als *Beilage* die „Finanzeitung" mit Nachrichten über   *supplement*
die Börsen. Alle großen Aktiengesellschaften veröffentlichen ihre Bilanzen
darin. 2. Die Frankfurter „BÖRSENZEITUNG" ist spezialisierter als das
„Handelsblatt". 3. Der „Blick durch die Wirtschaft" ist eine Beilage der
„FRANKFURTER ALLGEMEINE". 4. Die „NACHRICHTEN FÜR DEN
AUSSENHANDEL" werden von der schon erwähnten Bundesstelle
für Außenhandelsinformation veröffentlicht. Diese Zeitung hat als wö-
chentliche Beilage „Auslandsanfragen", in denen Geschäftsleute des
Auslands kostenlos Kontakte in der BRD suchen können.

15 / In der BRD werden erstaunlich viele (etwa 9 500) Zeitschriften gedruckt
und gelesen. Die *aktuellen* Unterhaltungszeitschriften *sind auf* vier Titel   *of current events*
zusammengeschrumpft, von denen der „Stern" und die „Bunte" die   *shrunk*
höchsten *Auflagen* haben. Die beiden der Wirtschaft gewidmeten Illu-   *circulation*
strierten mit Beiträgen über alle Wirtschaftsbereiche sind „WIRTSCHAFTS-
WOCHE" und „CAPITAL". Darin finden Sie auch *Stellenangebote* (s. als   *job offers*
Beispiel die KARRIERE-BÖRSE aus dem CAPITAL).

WORTSCHATZ

1 / das Gespräch, -e   conversation
         zuverlässig   dependable
         der Dienst, -e   service
         die Eile   hurry
         das **Telegramm, -e**   telegram
         ein Telegramm aufgeben   to send a telegram
         telefonieren   to telephone
         das Fernschreibenetz   telex network
         anschließen, o, o   to connect; join
         das **Telefon, -e**   telephone
         Aufträge erteilen   to place orders
         bestätigen   to confirm
         das **Dokument, -e**   document

2 / der **Schreibautomat, -en**   word processor
         der **Adressat, -en**   addressee
         speichern   to store
         verarbeiten   to process
         die **Daten,** *pl.*   data
         die Datenverarbeitung   data processing
         sich etwas leisten   to afford s.th.

3 / verwalten   to administrate
         die **Verwaltung, en**   administration
         die Verteilung, **en**   distribution
         sich beschränken auf (Acc.)   to be limited to

4 /	kritisieren	*to criticize*
	das Monopol, -e	*monopoly*
	berichtigen	*to correct*
	die Zusammenfassung, -en	*synopsis*
5 /	das **Paket, -e**	*package*
	die Spedition	*shipping (company)*
	der Wettbewerber	*competitor*
6 /	erforderlich	*mandatory*
	sich verpflichten	*to make a commitment*
	kostendeckend	*covering the cost*
7 /	das Radio, -s	*radio*
	der Gebrauch	*use*
	kassieren	*to collect money*
	das Programm, -e	*program; channel*
	rationell	*efficient, economical*
	das Verfahren, -	*operation, procedure*
8 /	der Einfluß, ⁼sse	*influence*
	die Gestaltung	*shaping, forming*
	der Funk	*wireless*
	die Anstalt, -en	*institution, establishment*
	das Urteil, -e	*judgment*
	gesellschaftlich	*societal*
	beherrschen	*to dominate, control*
	das Organ, -e	*mouthpiece of opinion; organ*
	der Repräsentant, -en	*representative*
	behandeln	*to treat*
	die **Geschäftsführung**	*management*
	die Arbeitsgemeinschaft	*study group*
	senden	*to broadcast*
	beruhen auf	*to be based on*
9 /	anbieten, o, o	*to offer*
	die Auswahl	*selection, choice*
	die **Gebühr, -en**	*fee*
10 /	die Werbung, -en	*advertising*
11 /	bieten, o, o	*to present, offer*
12 /	der Verlag, -e	*publisher*
	verschwinden, a, u	*to disappear*
	die Schwierigkeit, -en	*difficulty*
	die Presse	*press*
13 /	stammen aus	*to stem from*
	die **Tatsache, -n**	*fact*
14 /	die Veröffentlichung	*publication*
	die Börse, -n	*stock market*
	die Beilage, -n	*supplement*

15 / erstaunlich   *amazing(ly)*
die Zeitschrift, -en   *magazine*
drucken   *to print*

ÜBUNGEN

B.1. Vervollständigen Sie die Sätze.

1 / **1.** Das persönliche _____ ist die älteste Form der Kommunikation (*conversation*).

2. Die Post leistet _____ _____ in der Beförderung
von Briefen (*dependable services*).

3. Wenn man in Eile ist, kann man übers Telefon _____
_____ (*place orders*).

4. Viele Geschäftsleute sind an ein _____ angeschlossen
(*telex network*).

5. Mit dem _____ kann man in Massen persönlich ausse-
hende Briefe herstellen (*word processor*).

2 / **6.** Der Computer _____ und _____ Daten (*stores;
processes*).

3 / **7.** Die Deutsche Bundespost wird von der Bonner Regierung _____
_____ (*administrated*).

8. Das Postbankwesen _____ _____ weiterhin auf
Überweisungs- und Spardienste (*is limited*).

4 / **9.** Er _____ die weit verbreiteten Vorstellungen (*corrects*).

10. Hier folgt eine kurze _____ (*synopsis*).

5 / **11.** Ein Drittel der _____ wird von der Deutschen Bundesbahn
befördert (*packages*).

12. Sie hat einen Teil an neue _____ verloren (*competitiors*).

6 / **13.** Für ein wirtschaftlich gesundes Unternehmen ist eine gewisse
Grundgröße _____ (*mandatory*).

14. Verbindungen auf dem Land sind nicht _____ zu erbringen
(*cost-effective*).

7 / **15.** Für jedes Radio und Fernsehgerät _____ _____
muß man der Post _____ bezahlen (*in use; fees*).

8 / **16.** Die Bundespost hat aber keinen _____ auf die Programmgestaltung (*influence*).

17. Die Medien dürfen nicht von einzelnen gesellschaftlichen Gruppen
_____ werden (*controlled*).

18. Das Dritte Programm _____ hauptsächlich Kultur und Bildungsprogramme (*broadcasts*).

10 / **19.** In Deutschland wird das Fernsehen nicht durch Werbung _____
_____ (*financed*).

11 / 20. In den USA kann man auf der _____ _____ deutsche Nachrichten hören (*German Wave*).

13 / 21. Im Jahre 1954 wurden 13 Millionen _____ verkauft (*daily newspapers*).

14 / 22. Fast alle Zeitungen enthalten einen _____ _____ (*part on business*).

15 / 23. Die Deutschen lesen erstaunlich viele _____ (*magazines*).

B.2. Verwandte Wörter. Bilden Sie mit jedem einen kurzen Satz.

die Form   automatisch   das Telefon   telefonieren
das Telegramm   telegraphieren   das Dokument   Telex
das Monopol   der Haushalt   automatisiert   das Massenmedium
das Radio   das Programm   relevant   das Organ
der Repräsentant   informativ   finanzieren   der Block
die Manipulation   liberal   die Orientierung   das Kabel
kritisiert   die Existenz   der Kompromiß   der Adressat

B.3. Geben Sie zu jedem Nomen ein verwandtes Verb und zu jedem Verb ein verwandtes Nomen.

das Gespräch   der Dienst   die Eile   das Telefonat
der Auftrag   das Dokument   das Paket   der Gebrauch
der Einfluß   die Gestaltung   das Urteil   der Repräsentant
die Werbung   die Orientierung   anschließen   bestätigen
abdrucken   verwalten   vermitteln   wählen   verbinden
nummerieren   widmen   bieten   finanzieren   unterbrechen
drucken   kritisieren

B.4. Wiederholen Sie Adjektivendungen nach „der-Wörtern" und „ein-Wörtern". Schreiben Sie dann die fehlenden Endungen. Wo keine Endung hingehört, machen Sie einen Strich (– – –)

1. Gestern hatte ich ein lang _____ Gespräch mit meinem Verlag. **2.** Die Post leistet zuverlässig _____ Dienste. **3.** Das kurz _____ Telegramm war teuer genug. **4.** Die BRD hat das dichtest _____ Fernschreibernetz der Welt. **5.** Er will heute noch viele groß _____ Aufträge erteilen. **6.** Das alt _____ Dokument war besser als dieses neu _____. **7.** Sie kann die hoh _____ Gebühren nicht mehr bezahlen. **8.** Du hast aber ein lang _____ und teur _____ Telefonat gemacht! **9.** Unser neu _____ Telex-Anschluß spart uns viel Zeit und Mühe. **10.** Vor der gelb _____ Telefonzelle standen viele Leute. **11.** Alle öffentlich _____ Fernsprecher der BRD sind gelb _____. **12.** Er brachte den dick _____ Eilbrief zum Postamt. **13.** Die Aufschrift des nass _____ Päckchens war schwer zu lesen. **14.** Die „Bild-Zeitung" ist die meistgekauft _____ Zeitung der BRD. Sie ist berühmt _____ und berüchtigt _____. **15.** Das „Erst _____ Programm" heißt allgemein „Deutsch _____ Fernsehen". **16.** Viele klein _____ Zeitungen müssen sich mit groß _____ Verlagen zusammentun.

B.5. Vervollständigen Sie die Notizen zum Text.

Möglichkeiten der Kommunikation

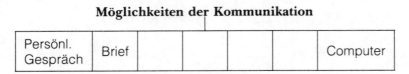

Persönl. Gespräch	Brief					Computer

Geplante Aufteilung der Postverwaltung in 3 Bereiche

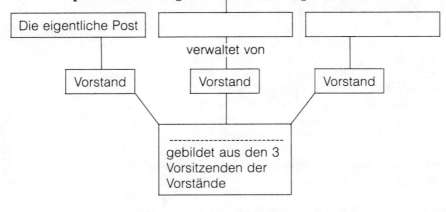

Die eigentliche Post		

verwaltet von

Vorstand	Vorstand	Vorstand

----
gebildet aus den 3
Vorsitzenden der
Vorstände

Paketpost wird befördert von

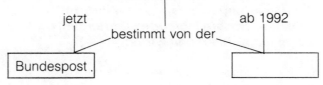

der Bundesbahn		

Normen für Endgeräte der Datenverarbeitung

jetzt   ab 1992

bestimmt von der

Bundespost .	

Monopole der Post bei:
der Produktion der Programme   **JA   NEIN**
dem Verkauf der Endgeräte   **JA   NEIN**
dem Verteilungsnetz   **JA   NEIN**
der Verbreitung über Satelliten und Richtfunk   **JA   NEIN**
Übergabepunkte für Anschlüsse an Kabel-Fernsehen   **JA   NEIN**
Kabel-Anschlüsse ins Haus   **JA   NEIN**

**Ohne Kabel-Anschluß können 3 Fernsehprogramme
empfangen werden**

ARD:1. Deutsches Fernsehen		

Rundfunk = Hörfunk oder Radio plus _____

Jede der 9 Landesfunkanstalten wird verwaltet von

| einem Rundfunkrat gebildet aus _____ | einem _____ gewählt vom |

Finanzierung des Fernsehens durch

| | |

Definition von:

(a) Deutschlandfunk: _____

_____

(b) Deutsche Welle: _____

_____

Gedruckte Informationsquellen über die Wirtschaft

| Tageszeitungen | | | | | CAPITAL |

B.6. Beantworten Sie die Fragen.

1 / 1. Welche verschiedenen Dienste leistet die Post?

6 / 2. Woher kommt es, daß die Bundespost keine Verlustgeschäfte mehr macht?

7 / 3. Wieso ist die Bundespost auch an Massenmedien beteiligt?

4. Wie viele Fernsehprogramme gibt es ohne Kabel?

8 / 5. Was war das Urteil des Bundesverfassungsgerichts von 1961 über Rundfunkprogramme?

6. Was sendet das Dritte Programm hauptsächlich?

11 / 7. Wie kann man im Ausland deutsche Nachrichten hören?

13 / 8. Lesen die Leute heutzutage wegen des Fernsehens weniger Zeitungen und Zeitschriften?

14 / 9. Wo kann man Artikel über Wirtschaft lesen?

Teletexdienst und Dateldienste	Bereich der DBP	**37**

Teletexdienst   DM

Monatliche Grundgebühr je Teletexhauptanschluß   Tarif A   **220,00*)**

                                                        Tarif B   **180,00*)**

Verbindungsgebühren*)

je Sekunde Verbindungsdauer
bei Verbindungen zwischen zwei Teletexanschlüssen

innerhalb des Fernsprechortsnetzbereichs und zwischen verschiedenen Fernsprechortsnetzen bei Entfernungen zwischen den Fernsprechortsnetzen bis 50 km (Regionalbereich)

Taggebühr	**0,76 Pf**
Nachtgebühr I und Nachtgebühr II	**0,36 Pf**

zwischen verschiedenen Fernsprechortsnetzen bei Entfernungen
zwischen den Fernsprechortsnetzen über 50 km (Fernbereich)

Taggebühr	**1,40 Pf**
Nachtgebühr I	**0,72 Pf**
Nachtgebühr II	**0,36 Pf**

zwischen dem Fernsprechortsnetz Berlin (West)
und anderen Fernsprechortsnetzen

Taggebühr	**1,04 Pf**
Nachtgebühr I	**0,50 Pf**
Nachtgebühr II	**0,36 Pf**

Dateldienste

Auskunft über die Dateldienste erteilt die Technische Vertriebsbera-
tung Ihres Fernmeldeamts.

---

*) Für jede bereitgestellte Teletexverbindung wird eine Zuschlaggebühr von 3 Pfennig (Tarif
A) oder 40 Pfennig (Tarif B) erhoben.

**B.7. Wenn Sie in Deutschland telefonieren wollen und Ihnen kein
privates Telefon zur Verfügung steht, gehen Sie zu einem öffentlichen Fernsprecher. Diese gelben Telefonzellen sehen Sie fast
an jeder Straße. Sie können da auch Ferngespräche machen.
Jede Nummer im Inland können Sie direkt wählen, und auch
Auslandsgespräche sind zu 95% automatisiert. Die Gebühren
werden nach Zeiteinheiten berechnet. Mit nur zwei Groschen (10
Pfennig-Stücke) kann man jedes Gespräch anfangen. Je größer
die Entfernung ist, desto schneller muß man mehr Münzen
(= coins) in den Apparat werfen. Z.B. kann man mit nur einer**

38 Bereich der DBP

Fernsprechdienst

Gesprächsgebühren	DM
Gesprächsgebühreneinheit	
bei Teilnehmersprechstellen	**0,23**
bei öffentlichen Sprechstellen	**0,30**

Bei öffentlichen Sprechstellen mit Münzfernsprecher
wird für die erste Gesprächsgebühreneinheit
0,20 DM erhoben. Bei gemeindlich öffentlichen
Sprechstellen sowie öffentlichen Sprechstellen bei
Privaten mit gewöhnlichem Sprechapparat wird für
die Gesprächsgebühreneinheit 0,23 DM erhoben.

	in der Zeit von	
Sprechdauer für eine Gebühreneinheit**)	8 – 18 Uhr (Normaltarif)	18 – 8 Uhr (Billigtarif*)
in Ortsnetzen **mit** Nahdienst		
Orts- und Nahgespräche	**8** Min	**12** Min
Ferngespräche bei einer Tarifentfernung bis 50 km	**45** s	**67**$^{1}/_{2}$ s
bis 100 km	**20** s	**38**$^{4}/_{7}$ s
über 100 km***)	**12** s	**38**$^{4}/_{7}$ s

Technisch bedingt kann die Länge des „ersten" Zeitintervalls zu Beginn eines Gespräches im Einzelfall bis zu $^{1}/_{16}$ kürzer sein. Maßgebend
hierfür sind die Fernmeldegebührenvorschriften, über die Sie Ihr Fern-
meldeamt gerne näher informiert.

*) Der Billigtarif gilt an Samstagen, Sonntagen und an Tagen, die bundeseinheitlich gesetzli-
che Feiertage sind, sowie am 24. und 31. Dezember auch von 8 bis 18 Uhr.
**) In Berlin (West) gilt nicht die Zeitzählung im Ortsdienst.
***) Für Gespräche von und nach Berlin (West) wird der Zeittakt für die Entfernung bis
100 km angewendet.

*Mark ganz kurz in den US anrufen und etwa soviel sagen wie:
„Mir geht es gut. Ich komme nächsten Dienstag um 20:30 Uhr in
New York an." Wenn Sie nicht genügend Kleingeld bei sich haben, gehen Sie zum Postamt und sagen am Schalter, welche
Telefonnummer Sie anrufen wollen. Der/die Beamte schickt Sie
dann in eine nummerierte Telefonzelle und stellt die Verbindung
her. Hinterher zahlen Sie am Schalter. Improvisieren Sie zu dritt
ein Gespräch. 1 = Sie, 2 = der/die Beamte, 3 = Ihr Geschäftspartner am Telefon.*

Fernsprechdienst		Bereich der DBP **39**
Gesprächsgebühren		
Sprechdauer für eine Gebühreneinheit	in der Zeit von	
in Ortsnetzen **ohne** Nahdienst	8 – 18 Uhr (Normaltarif)	18 – 8 Uhr (Billigtarif*)
Ortsgespräche	unbegrenzt	unbegrenzt
Ferngespräche im Knotenvermittlungsbereich	**1,5 Min.**	**1,5 Min.**
Ferngespräche bei einer Tarifentfernung bis 25 km	**45 s**	**67$^{1}/_{2}$ s**
über 25 bis 50 km	**30 s**	**67$^{1}/_{2}$ s**
über 50 bis 100 km	**20 s**	**38$^{4}/_{7}$ s**
über 100 km	**12 s**	**38$^{4}/_{7}$ s**
Zu den Gesprächsgebühren nach Tarifentfernung wird ein Funkkanalzuschlag vom oder zum Autotelefon erhoben B-Funktelefongespräche	**12 s**	**38$^{4}/_{7}$ s**
C-Funktelefongespräche	**8 s**	**20 s**

Von der Zahl der Gebühreneinheiten eines Abrechnungszeitraums bleiben 20 Gebühreneinheiten unberücksichtigt. Sind während des Abrechnungszeitraums weniger als 20 Gebühreneinheiten aufgekommen, so werden keine in Rechnung gestellt.

In Ortsnetzen mit Nahdienst erhalten einkommensschwache und hilfsbedürftige Teilnehmer auf Antrag und unter bestimmten Voraussetzungen weitere 30 freie Gebühreneinheiten. Auskunft erteilen die Fernmeldeämter.

Auskünfte über Gebühren für Gespräche zu Seefunkstellen und Schiffsfunkstellen auf Binnenschiffen erteilen die Fernmeldeämter.

Telefonauftragsdienst

Über Leistungen und Gebühren des Telefonauftragsdienstes erhalten Sie Auskunft bei der Rufnummer 11 41 bzw. 0 11 41.

*) s. Seite 38

B.8. Übersetzen Sie.

1. The German federal postal service performs dependable services.

2. If you want to send a telegram, go to the post office!

3. You can also make a long distance call at the post office.

4. Go into booth No. 2, wait for the dial tone, pick up the receiver and talk. When you are done, come back to this counter and pay for the call!

5. Participants in radio and TV have to pay monthly fees to the post office.

6. Advertisements are not permitted to interrupt the programs.

FR 7. August   1. Programm tagsüber   3. Programm

ARD

Vormittagsprogramm ARD/ZDF
10.00 Tagesschau und Tagesthemen. – 10.23 Der große Preis Ein munteres Spiel für gescheite Leute mit Wim Thoelke. – 11.45 Umschau. – 12.10 Wie würden Sie entscheiden? Rechtsfälle im Urteil des Bürgers. Aus der Bahn geworfen. Leitung: Gerd Jauch. – 12.55 Presseschau. – 13.00 Tagesschau. – 13.15 ⓓ Videotext

Um 14.30 ⓓ Videotext für alle

14.50 Salto Mortale (13)
SWF Von Heinz Oskar Wuttig (Wh.)
Mit Gustav Knuth, Hans-Jürgen Bäumler, Hellmut Lange, Gitty Djamal, Horst Janson, Margitta Scherr, Andreas Blum, Hans Söhnker, Joseph Offenbach, Ursula von Manescul, Karla Chadimova, Kai Fischer u. a.

15.50 Tagesschau

16.00 Kit & Co.
SFB Eine Verfilmung von Jack Londons abenteuerlichen Alaska-Erzählungen
Ein Defa-Farbfilm

17.45 Tagesschau

Regionalprogramme

Nord 17.55 Berichte vom Tage / 18.05 Kommissar Zufall: Der Tote im Dunkeln / 18.50 Sandmännchen. Familie Alleman: Hausaufgaben / 18.55 Die Eingeweihten von Eleusis / 19.15 Landesprogramme

Bremen 17.55 Büro, Büro: Der Chef kommt zurück / 18.20 Hart aber herzlich: Geld macht nicht glücklich / 19.15 Buten & binnen. Bremer Berichte

West 17.55 Hier und Heute / 18.14 Achtung Zoll / 18.40 Natur vor der Haustür / 19.00 Love Stories: Veränderungen

Hessen 17.55 Familie Lallinger / 18.05 Förster Horn / 18.30 Hessen heute / 18.40 Sandmännchen / 18.50 Schloßherren. Kapitel 7

14.50 Salto Mortale **13. Teil: Gastspiel in Brüssel**

Carlo Doria (Gustav Knuth) macht sich Sorgen um Nina (Karla Chadimova), die unter den amourösen Eskapaden ihres Verlobten Viggo leidet und mit ihrer Clown-Nummer keinen Erfolg mehr hat. Auch am Trapez gibt es Probleme. Sascha verletzt sich beim Training und muß ins Krankenhaus. Nun suchen die Dorias dringend einen Ersatz-Fänger. (60 Min.)

16.00 Kit & Co. **Abenteuerfilm nach Jack Londons Alaska-Erzählungen**

Kit (Dean Reed, r.) hat gemeinsam mit seinem Partner Shorty am Klondike Gold gefunden. Doch damit ist genug: In einem riskanten Hundeschlittenrennen kämpft er erfolgreich gegen seinen Widersacher Wildwater-Bill (Manfred Krug). Bald jedoch kommt Kit zu der Einsicht, daß Geld und Erfolg allein nicht glücklich machen. (105 Min.)

REGIONAL NORD

18.05 Kommissar Zufall Der Tote im Dunkeln

Jürgen Lehner besitzt eine Videofirma. Sein Partner ist auf dubiose Weise ums Leben gekommen. Dessen Freundin fühlt sich verfolgt, sie bittet Lehner um Hilfe. Bald merkt der, daß die Frau hinter Elektronik-Bauteilen her ist. Welche Rolle spielt der Angestellte Bolesch (Thomas Schücke, M., mit Christoph Lindert, lks., und Rainer Steffen)?

Nord 3

Sommerpause: Kein Schulfernsehen und keine Gymnastiksendungen

16.30 Englisch für Anfänger (30)
The editor's office

17.00 Foto als Hobby
Weitwinkelfotografie (1) (Wh.)

17.15 Manfred von Ardenne (2)
Alle zehn Jahre das Forschungsgebiet wechseln
Von Uwe Herms und Rainer Aust
■ Auch unter extremen gesellschaftlichen Bedingungen gelang es dem Physiker und Erfinder Manfred von Ardenne, seine Forschungsarbeit fortzuführen – zunächst in Berlin, dann in der Sowjetunion und jetzt in Dresden.
3. Teil: am 13. August, 17.15 Uhr

17.45 Viens jouer avec nous (30)
Französisch für Kinder

18.00 Brüderchen und Schwesterchen
Puppenspiel der Kleinen Bühne
Nach einem Märchen der Brüder Grimm (Wh.)

18.30 Die Sprechstunde
Vegetative Dystonie – Fehlgesteuertes Nervensystem

19.15 Wunder der Erde (4)
Gletscherschliff und frühe Kunst
Von und mit Ernst W. Bauer
■ An vielen Orten der Erde findet man blankgeschliffene Felsen. Sie sind das Werk von Gletschern. Für die frühen Menschen waren die polierten Felsen eine Art Anschlagtafel. Sie ritzten magische Zeichen und Nachrichten hinein. Der Film zeigt Vereisungsspuren und Felszeichnungen im Val Camonica (Italien) und im Nooitgedacht (Südafrika).

---

7. Germans like to read newspapers and magazines.

8. Most newspapers have a supplement on business.

9. „Die Wirtschaftswoche" is an important source (= *die Quelle*) of information for business people.

B.9. Sehen Sie sich die Seiten des Postgebührenbuchs von 1987 (S. 138–140) an und kommentieren Sie. Was überrascht Sie? Was ist anders, als Sie es gewöhnt sind?

B.10. Gruppendiskussion zwischen 3–6 Gesprächsteilnehmern. Sie sind am Freitagnachmittag und Freitagabend mit ein paar Freunden zusammen. Sie wollen zusammen einen Stadtbummel

Nachbarn   2. Programm tagsüber   7. August FR

West 3

Sommerpause: Kein Schulfernsehen und keine Telekolleg-Sendungen

18.05 Videotext für alle
Eine Auswahl
aus dem WDR-Videotext

18.30
Ein unmöglicher Auftrag
Die Geheimnisse
der Severinstraße (4)

■ Wie bringt man gegensätzliche
Ansichten unter einen Hut? Eine
schwierige Aufgabe für Achim
Maiwald und sein Team. Denn
die Gruppe BAP und die Roten
Funken sollen zusammen spielen.
BAP und ihr Leadsänger Wolfgang Niedecken haben aber mit
Karneval und auch mit Militäri-
schem nichts im Sinn; die Roten
Funken hingegen sind eine Kar-
nevalsgesellschaft, die sich als
Nachfolger der Kölner Stadtsol-
daten versteht. Als Wolfgang Niedecken das Anti-Karnevals-
lied „Nit für Kooche" vorschlägt,
sieht Achim Maiwald schwarz.

Die Kölner Gruppe BAP mit dem
Sänger Wolfgang Niedecken (vorn).

19.00 Aktuelle Stunde
Regionalmagazin
mit Nachrichten, Sport
und „Blickpunkt Düsseldorf"
Moderation:
Christel Cohn-Vossen
und Reinhard Münchenhagen
Wochenendwetter:
Franz Burbach
Bürgertelefon: 0221/23 64 33

14.50 Das bucklige Pferdchen
Zeichentrickfilm nach einem
russischen Märchen

Der kleine Iwan muß nachts das
Feld bewachen. Da sieht er ein
schönes Pferd, das den Acker ver-
wüstet. Er fängt das Tier, läßt es
aber auf sein Bitten wieder frei.
Zum Dank schenkt es ihm zwei
Hengste und ein kleines Pferd mit
einem Höcker. Und dieses Tier
kann wahre Wunder vollbringen.

16.30 Freizeit Ferienvergnügen im Europa-Park Rust

Freizeitparks gibt es fast
überall in Deutschland.
Während andernorts da-
mit geworben wird, man
fühle sich zwischen all
den Attraktionen wie in
Amerika, beeindruckt
der Park in Rust am
Oberrhein mit einem Ita-
lien-Platz (Foto) und ei-
nem Europabrunnen. Auf
eine Western-Eisenbahn
mag man freilich auch
dort nicht verzichten.

17.45 Robin Hood Der Schatz

In seinem verfallenen Schloß hütet
der alte Agrivaine einen Schatz.
Magische Karten prophezeien ihm,
daß er bald sterben werde und seine
Kostbarkeiten in Gefahr sind. Tatsächlich ist der Schurke Raven mit
seiner Bande schon im Anmarsch.
Da schickt Agrivaine seine Tochter
Isadora zu Robin Hood mit der Bitte, ihm beizustehen.

Mutig verteidigt Isadora (Cathryn
Harrison) den Schatz gegen die Räuber.

ZDF

Vormittagsprogramm ARD/ZDF
10.00 Tagesschau und Tagesthemen.
– 10.23 Der große Preis Ein Spiel für
gescheite Leute mit Wim Thoelke. –
11.45 Umschau. – 12.10 Wie würden
Sie entscheiden? Rechtsfälle im Urteil des Bürgers. Aus der Bahn geworfen. Leitung: Gerd Jauch. –
12.55 Presseschau. – 13.00 Tagesschau. – 13.15 ○ Videotext

Um 14.40 Programmvorschau

14.45 heute

14.50
Das bucklige Pferdchen
Russischer Zeichentrickfilm
Buch und Regie:
Iwan Iwanow-Wano (Wh.)

16.00 Ferienexpress
Tips, Spaß und Spannung

16.10 Gamines
Ehemalige Straßenkinder
aus Bogota bei uns zu Besuch
Film von Gallus Kalt
Anschließend:
heute-Schlagzeilen

16.30 Freizeit
Thema: Europa-Park Rust –
Ferienvergnügen für alle
Moderation: Tony Marshall

17.00 heute
Anschl. **Aus den Ländern**

17.15 Tele-Illustrierte
Zu Gast: Slavko Avsenik
und seine Original Oberkrainer

17.45 Robin Hood
Der Schatz. Teil 1
Teil 2: um 18.20 Uhr
Dazwischen:
heute-Schlagzeilen
Um 18.56 Programm-Service

19.00 heute
Um 19.30 auslandsjournal

---

machen, essen und ein interessantes Fernsehprogramm sehen,
aber Sie haben es nicht leicht sich zu einigen, welches Programm
Sie ansehen wollen. Da Ihre Wohnung Kabelanschluß hat, ist die
Auswahl ziemlich groß, wie Sie auf den Seiten 64–69 der HÖR
ZU sehen. Jeder versucht, die Freunde von seiner/ihrer Wahl zu
überzeugen. Einigen Sie sich (= come to an agreement) innerhalb von 15 Minuten.*

**B.11. Hören Sie sich das Tonband-Interview zu Kapitel IVB an
(Kassett 3).**

---

*Diese Diskussion wird am besten zu Hause vorbereitet, so daß Sie am Anfang
der Diskussion schon wissen, was Sie am liebsten sehen wollen und was Ihren
Freunden bestimmt auch Spaß machen oder sie interessieren würde.

ARD

Um 19.57 Heute im Ersten

20.00 ⧉ **Tagesschau**

20.15 Thompsons letzter Ausbruch
(Thompson's last run)
Amerikanischer Spielfilm (1985)
∞ (englisch / deutsch)

John Thompson . . Robert Mitchum
Red Haines . . . . Wilford Brimley
Louise . . . . Kathleen York
James Warner . . . . Guy Boyd
Mary . . . . Royce Wallace
Sheriff . . . . Tony Frank
Regie: Jerold Freedman
(Deutsche Erstaufführung)
■ Die Rolle des mürbe gewordenen Ganoven, der das lebenslange Räuber-und-Gendarm-Spiel mit seinem Jugendfreund ausgerechnet dann gewinnt, als er ganz am Ende zu sein scheint, ist Robert Mitchum auf den Leib geschrieben.
Nächster Robert-Mitchum-Film: „Gabilan, mein bester Freund" am 23. August

21.45 Gott und die Welt
🔲 **Jesus statt Heroin**
Versuch einer christlichen Drogentherapie
Film von Rita Knobel-Ulrich
Auch morgen vormittag, 11.25 Uhr

22.30 Tagesthemen
mit Bericht aus Bonn

23.00 Heut abend
Die ARD-Talkshow
mit Joachim Fuchsberger
Zu Gast: Evelyn Hamann

23.45 ARD-Sommerkomödie
Blondinen bevorzugt
(Gentlemen prefer blondes)
Amerikanischer Spielfilm (1953)

Lorelei Lee . . . . Marilyn Monroe
(Sprecherin: Margot Leonard)
Dorothy . . . . Jane Russell
(Sprecherin: Gisela Trowe)
Francis . . . . Charles Coburn
(Sprecher: Siegfried Schürenberg)
Malone . . . . Elliott Reid
Gus Esmond . . Tommy Noonan
Henry Spofford . George Winslow
Mr. Esmond, sen. . Taylor Holmes
Regie: Howard Hawks **(Wh.)**
■ „Blondinen bevorzugt" gilt als die witzigste Marilyn-Monroe-Komödie mit einigen ihrer bekanntesten Lieder. Als Altmeister Howard Hawks den Film 1953 drehte, war das damalige Starlet noch längst kein Kassenmagnet.
Nächste Sommerkomödie: „Hier bin ich – hier bleib ich" am Sonntag um 14.40 Uhr

1.15 Tagesschau

1.20 Nachtgedanken
Späte Einsichten
mit Hans Joachim Kulenkampff
Arthur Schopenhauer:
Psychologische Bemerkungen

Thompsons letzter Ausbruch [20.15]

Gangsterballade mit Robert Mitchum

John Thompson (Robert Mitchum) sucht nach seiner trickreichen Flucht aus der Haft das Callgirl Pookie (Susan Tyrell) auf. Er weiß genau, daß er ein ausgebrannter alter Mann ist.

Zwei in die Jahre gekommene Männer. Der eine, Safeknacker John Thompson, sitzt wieder einmal im Kittchen. Der andere, sein Jugendfreund Red Haines, ist Polizist. Das ändert nichts an ihrer gegenseitigen Sympathie. Aber bei der Überstellung in ein anderes Gefängnis kann John – eigentlich ungewollt – mit Hilfe seiner Nichte fliehen. Sie will mit ihm nach Kanada auswandern ... (91 Min.)

GOTT UND DIE WELT
Jesus statt Heroin [21.45]
Versuch einer christlichen Drogentherapie

Um Drogenabhängigen zu helfen, hat der Amerikaner David Wilkerson „Teen Challenge" (Herausforderung der Jugend) gegründet. In acht deutschen „Farmen" wie in Metzdorf (Foto) versuchen die Mitglieder, bei den Jugendlichen die Droge Heroin durch die „Droge Jesus" zu ersetzen.

Heut abend
Evelyn Hamann zu Gast bei Joachim Fuchsberger [23.00]

Wegen ihrer kabarettistischen Duette mit Loriot und ihrer nicht nur komischen Schauspielkunst ist Evelyn Hamann bekannt geworden. Verdienter Lohn: Die Goldene Kamera von HÖRZU. Joachim Fuchsberger wird versuchen, auch etwas über ihr Privatleben zu erfahren.

[23.45] **Blondinen bevorzugt** **Filmkomödie mit Marilyn Monroe**

Die Broadway-Schönheit Lorelei ist so verführerisch wie ihre Namensschwester vom Rhein. Sie hat eine Schwäche für Männer mit Geld und Diamanten. Als ihr Verlobter – natürlich ein Millionärssohn – eine geplante Reise nach Frankreich absagt, springt ihre Freundin Dorothy ein. Auf dem Luxusschiff wirbeln beide die zahllosen Verehrer durcheinander – bis der richtige kommt. (88 Min.)

Hahn im Korb der beiden Schönen (Marilyn Monroe, l., und Jane Russell) ist der steinreiche Francis Beekman (Charles Coburn).

Nord 3

20.00 Tagesschau

20.15
Charles und Diana (2)
Aus dem Alltag der Königskinder
Film von Alastair Burnet **(Wh.)**

Das britische Thronfolgerpaar Prinz Charles und Prinzessin Diana bei einer Fiakerfahrt in Wien.

21.00 Nordlichter
Lilo Katzke berichtet über Typen und Themen aus Norddeutschland
■ Wieder einmal werden die Unbekannteren unter interessanten Menschen vorgestellt. Da ist z. B. der Hamburger Gewürzkaufmann Georg Schulz. Er weiß alles über den Pfeffer und – schreibt Gedichte über „Merkwürzigkeiten". Dabei sind heute auch Hedwig Rost und Jörg Baesecke. Mit ihrer „kleinsten Bühne der Welt" treten sie nicht nur im großen Theatersaal auf, sondern auch auf Straßen und sogar in Wohnzimmern. Ihr Repertoire reicht von klassischen Dramen bis zu selbsterdachten Märchen. Was immer die beiden jungen Künstler spielen – innerhalb weniger Minuten versetzen sie den Zuschauer ins Reich der Phantasie. Schließlich macht Lilo Katzke noch mit Kurt Schibilski bekannt, einem ehemaligen Berliner Meister im Federgewicht.

21.45 NDR Talkshow
Live-Sendung mit Gästen

Dagmar Berghoff — die Leser von HÖRZU wählten sie 1986 zur Siegerin der „Goldene Kamera"-Umfrage

Eingeladen wurden u. a.: „Miß Tagesschau" Dagmar Berghoff; Modeagent Rüdiger Janke; die Puppen-Experten Ingrid und Dieter Greiff
Musik: Sally Oldfield mit Pop-Rock; Gold Washboard Band aus Warschau mit Oldtime-Jazz

23.45 Letzte Nachrichten

Nachbarn   2. Programm abends   7. August FR

West 3

20.00 Tagesschau

20.15 Geheimnisse des Meeres (2)
Von Jacques Cousteau (Wh.)
Pinguine
Kamera: Philippe Cousteau und Colin Mournier
■ Bilder vom Leben der Pinguine in einer Kolonie in der Antarktis. Sie wurden während der Brutzeit und bei der Nahrungssuche unter Wasser beobachtet.

21.00 Television (5)
Der Kasten,
der die Welt verändert hat
Macht des Bildes

21.45 ... und abends in die Casanova
Revue und Cabaret
nach dem Krieg
Film von Bertram Rath (Wh.)
■ Als im Ruhrgebiet noch Hamsterfahrten und Schwarzmarktkäufe an der Tagesordnung waren, startete die Casanova-Bar in Essen ihre Varieté-Programme „Brot und Spiele". Künstler und Conférenciers erzählen aus jenen vergangenen Tagen.

22.15 Agatha Christie
Miss Marple
Englische Krimiserie
Ein Mord wird angekündigt (1)
Miss Marple ...... Joan Hickson
Letitia Blacklock   Ursula Howells
Dora Brunner .... Renee Sherson
Hannah .... Elaine Ives
Julia .... Samantha Bond
Patrick .... Simon Shepherd
Inspektor Craddock . John Castle
Regie: David Giles
■ Ein neuer Fall für die Hobby-Detektivin Miss Marple: Während sie sich in Chipping Cleghorn zur Kur aufhält, erscheint in der Lokalzeitung diese Anzeige: „Ein Mord wird angekündigt. Er findet am Freitag, den 5. Oktober um 7.00 abends im Haus Little Paddocks statt". Obwohl niemand diese Ankündigung ernst nimmt, finden sich am besagten Abend alle Nachbarn in Little Paddocks ein. Dort leben Letitia Blacklock, ihre Gesellschafterin Dora Brunner, die Nichte Julia und Neffe Patrick. Die gelassene Heiterkeit der Gesellschaft verwandelt sich bald in schieres Entsetzen ... (50 Min.)
2. Teil: nächsten Freitag

23.05 Sommer-Jazz
Subway heute: Maria Joao Trio
■ Die stimmgewaltige portugiesische Jazz-Sängerin Maria Joao tritt zusammen mit dem Frankfurter Saxophonisten Christof Lauer und dem Freiburger Bassisten Thomas Heidepriem auf.

0.00 Letzte Nachrichten

20.15

SEIN ERSTER FALL
Der Alte
Die Dienstreise

Mit ungewöhnlichen Methoden rückt „der Alte", Hauptkommissar Köster, Verbrechern zu Leibe. Seit langem versucht er, den Profikiller Teretti zu schnappen. Da wird er zu einem Bankraub gerufen, bei dem ein Gangster drei Geiseln genommen hat. Er erfährt, daß der Mann zu den Gefolgsleuten Terettis gehört. (90 Min.)

Oben: Mit Anna (Xenia Pörtner) wollte sich der Alte (Siegfried Lowitz) einen guten Tag machen. Da kommt Alarm. Unten: Der verwundete Bankräuber (Hans Brenner) läßt sich von einer der Geiseln verarzten.

Gute Freunde: Starreporter Johnny (Stuart Erwin, l.) und Pancho Villa (Wallace Beery).

Rechts: Pancho Villa (l.) hat den Gegner geschlagen und dessen General Pascal (Joseph Schildkraut, M.) gefangen.

Schrei der Gehetzten
Abenteuerfilm über den mexikanischen Revolutionär Pancho Villa   **23.20**

Mexiko 1880. Als Kind erlebt Pancho Villa, wie sein Vater von einem Gutsbesitzer zu Tode geprügelt wird. Jahre später sammelt er unterdrückte Bauern um sich und sagt den Reichen den Kampf an. An der Seite des Revolutionsführers Francisco Madera wird Pancho Villa zur Robin-Hood-Figur für Mexiko. (104 Min.)

ZDF

19.00 heute

19.30 auslandsjournal
Moderation: Horst Kalbus
Auch morgen vormittag, 12.10 Uhr

20.15 Sommerfestival im ZDF –
Sein erster Fall
Der Alte
Die Dienstreise
Krimi von Oliver Storz
Erwin Köster .. Siegfried Lowitz
Heymann ...... Michael Ande
Millinger ..... Henning Schlüter
Klaus Rott ...... Hans Brenner
Gala Teretti . Wolfgang Reichmann
Katja Ewers .... Susanne Uhlen
Rudi Stallmann ... Gert Haucke
Walburga ... Katharina Seyferth
Anna Gautier ... Xenia Pörtner
Einsatzleiter .... Wolfgang Wahl
Josef Kriegl .... Ralph Wolters
Musik: Peter Thomas
Regie: Johannes Schaaf (Wh.)
■ Blick zurück auf Kösters ersten Fall. Auch an den drei kommenden Freitagen wird jeweils der „erste Fall" einer bekannten Krimiserien-Hauptfigur wiederholt: „Der Kommissar", „Derrick" und „Ein Fall für zwei".

21.45 heute-journal

22.10 Aspekte
Kulturmagazin
Bericht über den Maler Richard Ziegler / Glosse über die Münchner Biergärten: Was man darf und was nicht / Bericht zur Ausstellung „Malerei der Etrusker in Zeichnungen des 19. Jahrhunderts" im Landesmuseum Mainz
Moderation:
Alexander U. Martens

22.50 Die Sport-Reportage
mit Wolfram Esser
Auch morgen vormittag, 10.23 Uhr

23.20 Schrei der Gehetzten
(Viva villa!)
Amerikanischer Spielfilm (1934)
nach Edgcumb Pinchop
Pancho Villa ..... Wallace Beery
Madero ..... Henry B. Walthall
Sierra .... Leo Carrillo
General Pascal . Joseph Schildkraut
Don Rodrigo .... George Regas
Regie: Jack Conway
und Howard Hawks (Wh. von 67)
■ Eine französische Filmzeitschrift lobte das Werk von Jack Conway und Howard Hawks: „Die eigentliche Hauptrolle spielt der Klassenkampf. Pancho Villa gehört zur Klasse der Peones, der freien Kleinbauern, die von den großen Landbesitzern zuerst ausgebeutet und dann von ihrem Land vertrieben werden. Pancho revoltiert für eine Bodenreform, hauptsächlich aber geht es ihm um eine Privatrache".

1.05 heute

FR 7. August — Weitere 3. Programme und Nachbarsender

Die Familie Skjern, wie sie sich nun nennt, hat aus Arnesens Damen-Magazin die „Kreisbank" gemacht. Kristen Andersen-Skjern (Jesper Langberg) ist ihr Direktor geworden. (Hessen 3, um 18.33 Uhr)

Hildegard Knef und Tyrone Power in Henry Hathaways „Diplomatic courier" aus dem Jahre 1952, einer abenteuerlichen Geschichte um Spionage und diplomatische Verwicklungen. (Holland 2, 23.35)

Vier junge Mädchen (Bernadette Lafont, Jane Birkin, Elisabeth Wiener, Emma Cohen, v. l) wurden Zeuginnen eines Bankeinbruchs. Nun wollen sie den schweren Jungs ins Handwerk pfuschen. (21.30 Uhr)

Der Aufstieg vom Revuegirl zur umjubelten Solotänzerin fällt Tereza (Izabela Trojenowska, r.) nicht in den Schoß. Sie braucht viel Selbstvertrauen, Ehrgeiz und ein wenig Glück. („DDR" 2, um 20.00 Uhr)

Hessen 3

18.00 Kater Mikesch (2) Der Rahmtopf. – 18.30 Programmtips

18.33 Die Leute von Korsbaek (7)
Die neue Bank

19.20 Hessenschau

19.57 Drei aktuell

20.00 Haus, Herd, Garten
Zum Mit- und Selbermachen

20.45 Tödliche Viren
Bericht von Dieter Stengel

21.30 Drei aktuell und Sport

21.45 NDR-Talkshow

Bayern 3

15.30 ◻ Liebesspuk um Mitternacht Italienischer Spielfilm (1958). Mit Nino Manfredi, Marisa Allasio. Regie: Gianni Puccini. – 17.00 Pazifik (4) Rückkehr ins Paradies. – 17.45 Hallo Spencer Dornröschen. – 18.15 Bayern-Report. – 18.45 Rundschau. – 19.00 Unser Land

19.55 German Dreams
Film von Lienhard Wawrzyn
Mit Angela Leiberg
■ Lienhard Wawrzyns erster Spielfilm ist eine „gesamtdeutsche Komödie" und der Versuch, die bundesdeutsche Wirklichkeit mit fremden Augen zu sehen.

21.25 Z.E.N. Steinlandschaften

21.30 Rundschau

21.45 Einmal Frankreich und zurück
Eine vergnügliche Reise von und mit Walter Sedlmayr. (Wh.)

22.30 Nix für ungut!

22.35 Sport heute

22.50
Der letzte Surrealist
Philippe Soupault. Porträt

23.35 Rundschau

23.40 Ohne Filter — extra
Special mit der amerikanischen Soul- und Jazz-Sängerin Chaka Khan und ihrer Band (bis 0.40)

Dänemark

16.00–17.30 Sommerkino. – 18.20 Neues im Videotext. – 18.30 Freitagskino. – 19.00 Muppet Show Gaststar: Alice Cooper. – 19.30 Nachrichten. – 20.00 Zeichentrickfilm. – 21.00 Sport. – 21.15 Dempsey & Makepeace Britische Krimiserie. Mit Michael Brandon, Glynis Barber. – 22.05 Porträtsendung. – 23.25 Nachrichten

Holland 1

15.30 De grens Serie. – 16.00 Casbah Amerikanischer Spielfilm (1948). – 17.30 Nachrichten. – 17.40 Sport. – 18.30 Vakantiekompas Ferienmagazin. – 19.05 Knight rider Serie. – 20.00 Nachrichten. – 20.28 Voetballer van het jaar Magazin. – 21.50 Aktua Aktuelles Magazin. – 22.20 The one and only Amerikanischer Spielfilm (1978). Mit Henry Winkler, Kim Darby. – 0.00 Nachrichten. – 0.10 Sport-Studio Extra Fußball

Holland 2

18.20 Paspoort. – 18.30–18.45 Sesamstraße. – 19.00 Nachrichten. – 19.12 Comedy capers. – 19.25 Littlest horse thieves Jugendfilm. – 20.00 René van de Belt. – 21.10 Amen Serie. – 21.35 Polizeirevier Hill Street Amerikanische Krimiserie. – 22.30 Nachrichten. – 22.45 Kenmerk special Dokumentarserie. – 23.35–1.10 Diplomatic courier Amerikanischer Spielfilm (1952). Mit Tyrone Power, Hildegard Knef, Patricia Neal

Belgien

NIEDERLÄNDISCH
15.55 Ordinary people Amerikan. Spielfilm (1980). Mit Donald Sutherland, Mary Tyler Moore. – 18.00 Tik Tak. – 18.05 Der Zauberer von Oz Serie. – 18.30 Vrouwtje theelepel Trickfilmserie. – 18.50 Unbekannte Welt Dokumentarserie. – 19.15 Uitzending door derden. – 19.40 Mitteilungen/Heute abend. – 19.45 Nachrichten. – 20.10 Weerman. – 20.20 Beyond the reef Amerikan. Spielfilm (1981). Mit Dayton Kane, Maren Jensen. – 22.55 Nachrichten / Coda

FRANZÖSISCH
18.00 Annonces ONEm. – 18.15 L'ecran des vacances. – 19.00 Nachrichten. – 19.03 Heute abend. – 19.30 Nachrichten. – 20.00 Au plaisir de Dieu Serie. – 20.55 Dites-moi Tania Bari. – 22.00 Les fils d'Abraham Serie. – 22.30 Nachrichten

„DDR" 1

9.10 Vorschau. – 9.15 Medizin nach Noten. – 9.25 Aktuelle Kamera. – 10.00 Prisma. – 10.30 Sport spezial Aufzeichnung vom Vorabend. – 11.30 Sport spezial Aufzeichnung vom Vorabend. – 12.15 Alles, was recht ist. – 12.40 Nachrichten Anschl. Sendepause. – 13.45 Mobil. – 15.20 Vorschau. – 15.25 Musik und Snacks. – 16.25 Elternsprechstunde. – 16.50 Medizin nach Noten. – 17.00 Nachrichten. – 17.10 Gewußt wie. – 17.15 Kinderfernsehen. – 17.45 Zug um Zug (5) Zug-Revanche. – 18.10 Verkehrskompaß. – 18.15 Alles Trick. – 18.40 Blickpunkt Arbeitsschutz. – 18.45 Vorschau. – 18.50 Sandmännchen. – 19.00 Tierkaleidoskop Bisamrüßler – Hummel – Höckerschwan

19.30 Aktuelle Kamera

20.00 Fridolin (6)
Straßenbekanntschaften
■ Fridolin hat keine Zeit für den kleinen Christof, er wandert auf Freiersfüßen. Die Verkehrspolizistin Bettina hat es ihm angetan.

21.00 Tips
zum Fernsehwochenende

21.05 Katja Ebstein unterwegs in der DDR
Eine musikalische Radwanderung
Heute: Zwischen Greifswald und Anklam

21.30 Zu hübsch, um ehrlich zu sein
Französisch-italienischer Spielfilm (1973)
Mit Bernadette Lafont, Elisabeth Wiener, Jane Birkin, Emma Cohen
Regie: Richard Balducci (Wh.)
■ Ein Sommertag in Nizza. Vier attraktive junge Mädchen werden zufällig Zeuginnen eines Bankeinbruchs. Sie verfolgen die Täter, die die Beute im Safe einer alten Villa verstecken. Bernadette, Christine, Frédérique und Martine beschließen, sich das Geld zu holen. Denn: Diebe zu bestehlen ist ja schließlich kein Diebstahl. Bernadette läßt ihren Vater, der gerade im Gefängnis sitzt, einen Plan ausarbeiten. Leider funktioniert er keineswegs so, wie die vier sich gedacht hatten.

23.05 Aktuelle Kamera

23.20 Kurze Begegnung
Neue Schlager aus Bulgarien
Sendeschluß: 23.45 Uhr

„DDR" 2

17.30 Siehste. – 17.35 Medizin nach Noten. – 17.45 Nachrichten. – 17.50 Sandmännchen. – 18.00 Wolga, du Königin der Flüsse Lieder und Tänze. – 18.25 Panare bauen ein Haus Expedition zu den Waldindianern Venezuelas

18.52 Siehste bei uns im 2.

18.55 Nachrichten

19.00
Der Wunschbriefkasten
mit Heidi Weigelt und Lutz Jahoda

20.00
Schade um deine Tränen
Polnischer Spielfilm (1983)
Mit Krzysztof Chamiec, Izabela Trojanowska, Barbara Golaska
Regie: Stanislaw Lenartowicz
■ Dieser Film — er schildert das schwere Leben junger Tänzerinnen — entstand nach dem Roman „Angste" von Maria Ukniewska. Die Autorin kannte das Milieu und die Atmosphäre am Revue-Theater sehr genau. Sie war viele Jahre Tänzerin, bis eine drohende Lungenkrankheit sie zwang, den Beruf aufzugeben.

21.30 Aktuelle Kamera

22.00 Sport spezial
Leichtathletik: Junioren-EM in Birmingham (Großbritannien)

23.00 Ödipus auf Kolonos
Die Tragödie des Sophokles in einer Inszenierung (1983) des ungarischen Fernsehens
Mit Karoly Mecs, Nora Kaldi u. a.
Regie: Karoly Kazimir
(Originalfassung mit Untertiteln)
Sendeschluß: 0.30 Uhr

AFN

12.30 Hour magazine. – 13.20 General hospital. – 14.05 Guiding light. – 14.50 For kids only. – 15.10 Dragon's lair. – 15.35 The Littles. – 16.00 The today show. – 18.00 Headline news. – 18.30 Evening news. – 19.00 My sister Sam. – 19.25 Night court. – 19.50 Gasthaus. – 20.00 Who's the boss? – 20.30 Entertainment this week. – 21.30 St. Elsewhere. – 22.30 The tonight show. – 23.30 Late show. – 1.10 Dance fever. – 1.35 World news tonight. – 2.05 Nightwatch

Satelliten- und Kabelprogramme   7. August   FR

Butch (June Allyson) ist glücklich verheiratet mit dem Ex-Jagdflieger Mac McConnell (Alan Ladd). Sie ist entsetzt, als Mac sich als Testpilot bewirbt. (Wolkenstürmer — der Starfighter-Tiger schlägt zu, 23.15)

Die Komödie „Traumhaus für zwei" mit Pat Delaney und Anthony Eisley ist einer der beiden Filme, die heute zur Wahl stehen. — (Kinoparade, 20.30)

Nach einem abendlichen Treffen mit der Redakteurin Anna gerät Willi (Ralf Schermuly) in eine Polizeikontrolle. Er muß ins Röhrchen blasen. (3SAT, 19.30)

Alfred (Maurice Poli) und seine sechs Freunde sind zufrieden: Der bestgepanzerte Tresor der Welt ist geknackt. — (Eins Plus, um 21.50 Uhr)

Renate Schroeter als Eve in „Castaway": Die Schiffbrüchigen trauen ihren Augen nicht — am Horizont kommt Land in Sicht! (Sky Channel, 19.30)

SAT 1

16.30 SAT 1 macht Spaß Programmvorschau. — 16.35 SAT 1 Blick Nachrichten. — 16.40 Happy days Blauer Dunst. — 17.00 Neue Serie: **Kein Pardon für Schutzengel** Amerikanische Krimiserie. Der schöne Köder. Mit Robert Vaughn, Nyree Dawn Porter. — 17.30 SAT 1 Blick Telegramm. — 17.35 Ufo Englische Science-fiction-Serie. Der Mann, der zurückkam. Oder: Regionalprogramme

18.30 SAT 1 Blick
Nachrichten und Wetter

18.40 SAT 1 Quiz

18.45 Love Boat
Dr. Brickers Sohn

19.35 SAT 1 Blick Nachrichten

19.40 Gewinn in SAT 1

19.50 ⬚ Der Himmel ist nie ausverkauft
Deutscher Spielfilm (1955)
Mit Hardy Krüger, Irene Galter, Victor de Kowa, Claus Biederstaedt
Regie: Alfred Weidenmann
■ Um ihre Finanzen aufzubessern, fahren die vier Freunde Robert, Franz, Michael und Jimmy Luftfracht zum Flughafen. Eines Tages lernt der sonst so schüchterne Michael dort die hübsche Italienerin Angelina kennen. Die vier Studenten treten in einen edlen Wettstreit um die Schöne. (110 Min.)

21.40 SAT 1 Blick
Berichte vom Tage, Sport, Quiz

22.10 Thriller
Ein Butler für Madame

23.15 Wolkenstürmer — der Starfighter-Tiger schlägt zu
Amerikanischer Kriegsfilm (1955)
Mit Alan Ladd, June Allyson, James Whitmore
Regie: Gordon Douglas
■ Mac McConnell war einmal ein erfolgreicher Jagdflieger. Nun ist er verheiratet und stolzer Vater von drei Kindern. Seiner Familie zuliebe möchte er weniger gefährlich leben. Aber die Arbeit am Schreibtisch fällt ihm schwerer als er erwartet hatte. Ein Freund erzählt ihm von der wichtigen Arbeit der Testpiloten. (98 Min.)

0.55 SAT 1 Blick Nachtausgabe

RTL-plus

15.20 **Musicbox** Aktuelle Musiksendung. — 17.20 Gewinn zu Beginn. — 17.25 Die Springfield-Story. — 17.54 6 vor 6 – RTL aktuell. — 18.00 Jetzt ist Feierabend 18.01 RTL Spiel / 18.05 Wie geht's? Gesundheitstips. Heute: Steinöl – schwarzes Gold für die Wirbelsäule / 18.05 (Nur im Kabelbereich Rhein-Neckar) RNF-life / 18.05 (Nur über Kanal 7) Regional 7. Das Regionalprogramm für das Saarland und Rheinland-Pfalz / 18.15 Stars, Tips und Spiele (1) / 18.30 Gustav ist eifersüchtig. Zeichentrickserie / 18.35 Stars, Tips und Spiele (2)

18.53 7 vor 7 – Die Bilder des Tages
Nachrichten, Sport, Wetter

19.22 Karlchen

19.30 Twilight Zone
Episodenfilm: 1. Wortspiel / 2. Träume zu verkaufen / 3. Chamäleon

20.15 RTL-Spiel

20.20 Filmvorschau

20.30 Kinoparade
Zuschauer wählen per Telefon (00352/1321) zwischen:
1. ⬚ **Geld bei Lieferung**
Amerikan. Spielfilm (1956)
Mit Shelley Winters, John Gregson und anderen
Regie:
Muriel Box (76 Min.)
2. **Traumhaus für zwei**
Amerikan. Spielfilm (1977)
Mit Anthony Eisley, Pat Delaney und anderen
Regie:
Brice Mack (77 Min.)

22.00 RTL-Spiel

22.05 Die 7-Minuten-Nachrichten und Wetter

22.10 Im Banne des Dr. Monserat
Englischer Spielfilm (1967)
Mit Boris Karloff, Susan George und anderen
Regie:
Michael Reeves (85 Min.)

23.35 Horoskop

23.45 Betthupferl

3SAT

18.00 Mini-ZiB

16.30 ⬚ Tarzans Rache
Amerikan. Spielfilm (1936)
Mit Johnny Weissmüller
Regie:
Richard Thorpe (86 Min.)

18.15 Alles per Drahtesel
und: Raus aus dem Haus

18.30 Tips & Trends
Kreative Techniken

19.00 heute

19.20 3SAT-Studio

19.30 Der Mann, der keine Autos mochte
4. Vom Regen in die Traufe

20.15 Zur Sache

21.15 Zeit im Bild 2

21.35 Kulturjournal

21.45 Kath. Tagebuch

22.00 Klausenberger Geschichten
Letzter Teil:
Asphaltdschungel

22.55 Backstage-Special
Festival Montreux 1987

23.40 Schlagzeilen

Teleclub

17.30 Info-Show. — 18.00 **Zwei Asse trumpfen auf** Italienischer Spielfilm (1981) mit Bud Spencer und Terence Hill (108 Min.). — 19.50 Vorschau. — 20.00 **Perfect** Amerikan. Spielfilm (1985) mit John Travolta (115 Min.). — 22.00 **Himmelsstürmer** Amerikan. Spielfilm (1985) mit Donald Sutherland (103 Min.). — 23.40 **Höllentrip** Amerikan. Spielfilm (1980) mit William Hurt (98 Min.)

Eureka

6.00 Frühstücksfernsehen. — 9.00 Amerika heute / Nachr. / Land und Leute (bis 12.30 Uhr). — 20.00 Land und Leute. — 21.00 Sport. — 21.30 Essenzen. — 22.00 Blick in die Welt. — 23.00 Trans Atlantic. — 0.00 Ein erfülltes Leben

Eins Plus

19.00 Der Erfinder mit dem Knall
Alexander Brehm entwickelt des Echolot

19.45 Zug um Zug — Schach für jedermann
Das Bauerndiplom (7)

20.00 Tagesschau

20.15 Das Kölner Rundfunk-Sinfonie-Orchester spielt
Jean Sibelius: Violinkonzert d-Moll op. 57; Igor Strawinsky: Suite aus dem Ballett „Der Feuervogel" (Fassung 1919)

21.10 Tatjana Grindenko und Gidon Kremer spielen
Duos für zwei Violinen

21.50 7 Goldene Männer
Italien. Spielfilm (1965)
Mit Philippe Leroy, Rosana Podesta, Giampiero Albertini, Maurice Poli u. a.
Regie: Marco Vicario
■ Sieben „Supermänner" der Gangsterwelt haben es auf den Tresor der Schweizer Nationalbank abgesehen, der als unbezwingbar gilt. Ihr Boß Albert, genannt der Professor, hat alles einkalkuliert, beinahe alles … (87 Min.)

23.20 Nachrichten

Super Channel

englisch

7.00 Hippo. — 8.00 Amanda Redington. — 9.00 Sons . . . — 9.30 Golf. — 10.00 Adventures of Lollipop Dragon. — 10.30 Emmerdale Farm. — 11.30 Simon Potter. — 12.30 Survival. — 13.00 Are you beeing served? — 14.00 Sons . . . — 14.30 Hippo. — 15.30 Ulysses 31. — 16.00 Live show. — 17.00 Countdown. — 18.00 Gulliver in Lilliput. — 18.30 The Goodies. — 19.00 Show. — 19.30 Deep end. — 20.30 Some mothers . . . — 21.00 Hot pursuit. — 22.00 News / Sport. — 23.30 Unexpected. — 0.00 Kolchak. — 1.00 Rockin' / Power hour / Boogie / Chart / The face

Sky Channel

englisch

7.30 Wake-up club mit DJ Kat show. — 8.35 Sky Trax. — 13.05 Athletics World cup Canberra. — 14.00 Fashion TV. — 14.30 City lights. — 15.00 Transformers. — 15.30 The deputy Cherchez la femme. — 16.00 Sky Trax Canada calling / 16.30 The American show. — 17.00 DJ Kat. — 18.00 Pop spectacle from the Netherlands Mit Nick Kamen, Mai Tai, Labi Siffre, Ruby Turner, Nancy Boyd u. a. — 19.30 Castaway The best of the journey. Serie mit Fred Haltiner, Renate Schroeter, Peter Gwynne. — 20.00 Ritter's cove Mad man Mulligan. Serie mit Hans Canninenberg, Dale Walters, Craig Kelly. — 20.30 Big Valley Serie mit Lee Majors, Linda Evans, Barbara Stanwyck. — 21.30 Cimarron City Chinese invasion. — 22.45 Sky Trax New music mit Randy Travis, Tom Verlaine / 23.50 American show / 0.20 Canada calling

musicbox

deutsch

0.00 Mensch Mädchen. — 1.00 Off beat. — 2.00 Kinobox. — 3.00 Gambler. — 4.00 Logo. — 5.00 Metropolis. — 6.00 Volle Tour. — 6.55 Nachr. — 7.00 Auf Zack. — 7.55 Nachr. — 8.00 Schellingsound. — 8.55 Nachr. — 9.00 Hard & heavy. — 10.00 Brandheiß. — 11.00 Blackboard. — 12.00 Sport. — 13.00 Nonstop. — 14.00 Studiothek. — 15.00 Videowunsch. — 16.00 Charts. — 16.55 Nachr. — 17.00 Metropolis live. — 17.55 Nachr. — 18.00 Backstage. — 18.55 Nachr. — 19.00 UK Top 50. — 20.00 Computerbox. — 21.00 Sounds of silence. — 22.00 Yesterday. — 23.00 Plapperlos

TV 5

französisch

Das Programm lag bei Redaktionsschluß leider nicht vor

VERSTÄNDNISHILFEN

Herr Grünke

Herr Schilling

zum Gepräch über einige Funktionen der Bundespost

Oberpostdirektion in Kiel	*main post office of the Bundesland Schleswig-Holstein*
Referent	*aide*
Geschäftsbericht	*(annual) business report*
was mir doch auffiel	*what struck me however*
daß das Paketwesen sich rückläufig entwickelt hat	*that sending parcels through the mail has decreased in numbers*
Einstiegsfrage	*initial question*
seit eh und je	*from the very start*
Aufkommen	*sum total*
Speditionsgewerbe	*commercial shipping*
dem Wettbewerb unterworfen	*subject to competition*
Wettbewerber	*competitors*
im Zuge der zunehmenden Motorisierung	*with increasing motorization*
Lastfahrzeuge	*trucks*
Begehrlichkeit	*strong desire*
Bestandszahlen	*inventory figures*
die abschließenden Zahlen liegen dafür vor	*the final figures are available*
eine aufsteigende Ausweitung ihres Geschäftsbetriebes	*an increasing expansion of their operation*
ein Monopol im Bankwesen	*a monopoly in banking*
Sparbuch	*savings deposit book = savings account*
Girokonto	*checking account*
Scheckkonto	*checking account*

ausholen	*back up*
Bankunternehmen	*banking enterprise*
Bargeld	*cash*
vom Geldbriefträger ausgetragen	*delivered by the "money-order" mailman*
das volkswirtschaftliche Bedürfnis	*the economic need and desire*
Beträge	*sums*
daß er die Schwellenangst überwand	*that he overcame the threshold of anxiety*
vorhanden	*existing*
Verpflichtungen	*liabilities*
zinslos	*without interest*
Sammelbecken	*collecting vessel, reservoire*
Deutsche Reichspost	*postal service during the Third Reich*
Amtsstelle	*office*
volkswirtschaftlich	*for the general economy*
Schalter	*counters*
rund um die Uhr	*around the clock*
jederzeit in Anspruch genommen werden kann	*can be used at any time*
Postsparer	*someone with a savings account at the post office*
bezogen auf	*relative to*
Anreiz	*incentive*
Sparstrumpf	*stocking in which money is saved*
Sparverhalten	*attitude towards saving*
vertraute	*entrusted*
Sparschweinchen	*piggy bank*
animieren	*encourage*
Zinsleistung	*dividends*
marktgängig	*current*
übertragen	*transfer*
gelegener	*more convenient*
in der Hinsicht	*in that respect*
aufs Laufende gebracht	*brought up-to-date*

Hören Sie sich das Gespräch zum zweiten Mal an, und beantworten Sie dann die Fragen.

1. Warum verschickt die Deutsche Bundespost (=DBP) heute weniger Pakete als in früheren Jahren?

2. Hat es früher ein Monopol im Paketwesen gegeben?

3. Gibt es UPS nur in den USA?

4. Wie kam es zur Entstehung eines Post-Girodienstes?

5. Welche Vorteile haben ein Giro- und Sparkonto bei der Post?

6. Wieviele Deutsche sparen bei der Post?

7. Zahlt die Post den Sparern höhere Zinsen als die Banken?

8. Wo haben frühere Generationen ihr erspartes Geld aufbewahrt?

C. BANKWESEN

1 / Die Funktion der Deutschen Bundesbank in Frankfurt am Main ist ähnlich wie die der Federal Reserve Bank: sie soll die Wirtschaftspolitik der Bundesregierung unterstützen, ohne sich dabei an deren *Weisungen* halten zu müssen. Als Zentralnotenbank ist sie allein berechtigt, neue Banknoten *auszugeben.* Sie überwacht die Stabilität der deutschen Währung, indem sie die *umlaufende Geldmenge* reguliert. Zu diesem Zweck verkauft sie Wertpapiere oder kauft sie an und erhöht den Diskontsatz oder setzt ihn herab. Wenn sie Geld aus dem Markt ziehen will, kann sie auch höhere *Mindestreserven* fordern, die die Geschäftsbanken im Verhältnis zu ihren kurzfristigen Verbindlichkeiten bei der Deutschen Bundesbank halten müssen. Umgekehrt kann sie den Satz senken, um der Wirtschaft mehr Geld zur Verfügung zu stellen.

instructions

to issue
amount of money
 in circulation

minimum
 reserves

2 / Als Hauptverwaltungssitz der Bundesbank gibt es in jedem der zehn Länder eine Landeszentralbank. Im übrigen gibt es sowohl private und

DM = Geldscheine.

genossenschaftliche als auch öffentlich-rechtliche Kreditinstitute. Die drei
größten Banken der BRD: die Deutsche Bank, die Dresdner Bank und
die Commerzbank sind privatwirtschaftliche Unternehmen. Sparkassen
werden von Gemeinden betrieben. Ihre Girozentralen heißen Landes-
banken. Das größte Geldinstitut ist die Deutsche Bundespost. 1987 ver-
waltete sie 21 Millionen Sparbücher mit Guthaben in Höhe von etwa 34
Milliarden DM. Zur selben Zeit gab es in der BRD rund 60 Millionen
Einwohner!

3 / Alle Kreditinstitute müssen sich an das *Kreditwesengesetz* von 1961   *credit system*
(Neufassung 1976) halten. Seine Einhaltung wird vom Bundesaufsichts-
amt für Kreditwesen überwacht, das dem Bürger Sicherheit für seine
Spareinlagen garantiert. Sollte eine Bank Bankrott machen und Konkurs
anmelden, werden die Verluste aus einem sogenannten *„Feuerwehrfond"*   *fire fighting fund*
des Kreditgewerbes gedeckt.

4 / Banken leisten Geschäftsleuten, wie auch Privatpersonen, Dienste, ohne
die der moderne Handel gar nicht auskommen könnte. Zunächst einmal
machen sie die Abwicklung von Geschäften ohne Bargeldverkehr möglich. Jeder hat ein Girokonto für laufende Zahlungen und Eingänge. Der
Kunde könnte seinem Lieferanten einen Barscheck zuschicken, den
dieser bei seiner Bank einlösen könnte, aber das wäre riskant und ist
nicht üblich. Entweder schickt er einen Verrechnungsscheck, oder er
veranlaßt seine Bank, den Betrag auf das Konto seines Lieferers zu überweisen. Dessen Kontonummer ist ihm bekannt. Damit ist die Rechnung
auf schnellste Weise beglichen. Die Überweisungsformulare sind bei allen
Banken einheitlich. Ein Konto wird nach jedem Geschäftsvorfall neu saldiert, und man kann sich die Kontoauszüge mit dem neuen Saldo täglich
von der Bank geben lassen. Es kann gelegentlich passieren, daß ein
Scheck nicht gedeckt ist und das Konto damit überzogen wird. Dafür
steht gewöhnlich ein *Dispositionskredit* bereit. Man kann der Bank auch   *ready reserve*
Abbuchungsaufträge für regelmäßige Zahlungen geben, wie für Miete,   *account*
Gas-, Wasser- und Stromrechnungen und Versicherungsprämien. Dann
werden solche Rechnungen automatisch durch die Bank beglichen.

5 / An den eben beschriebenen Dienstleistungen verdient die Bank nicht
viel. Ihr eigentliches Geschäft besteht im Beschaffen von Geldern, die sie
mit Gewinn als kurzfristige oder langfristige Kredite (= Darlehen) verleiht.
Die Deutschen sind bekannt dafür, daß ihnen das Geldsparen wichtig
ist. Die meisten haben ein *ansehnliches* Sparkonto. Die Bank bezahlt   *handsome*
ihnen dafür Habenzinsen. Die sind aber viel niedriger als die Sollzinsen,
die derjenige bezahlen muß, der ein Darlehen bei der Bank aufgenommen
hat. Diese *Zinsspanne* ist die Bruttoeinnahme der Bank.   *profit margin*

6 / Mit der Funktion als Kreditgeber spielt die Bank als Institution eine über-
aus wichtige Rolle in der Wirtschaft. Z.B. kann ein Lieferant seinem Kunden für die Bezahlung der gelieferten Waren ein langfristiges Ziel
einräumen. Möglicherweise aber kann er nicht so lange auf das Geld
warten. Er hat einen Wechsel (= Tratte) auf seinen Kunden gezogen, den
der unterschrieben und damit akzeptiert hat. Dieses sogenannte Akzept,
das den Namen des Schuldners, den Betrag und den Fälligkeitstermin

Franfurter Effekten-Börse.

verzeichnet, kann der Wechselinhaber mit seiner Unterschrift auf der Rückseite (= Indossament) seiner Bank verkaufen. Sie stellt ihm den Betrag minus der Sollzinsen, die sie nun verdient, als Dispositionskredit zur sofortigen Verwendung bereit. Wenn der Wechsel zum Termin eingelöst wird, wird dem Lieferer die Summe gutgeschrieben. Verfällt der Wechsel, so wird sein Konto mit der Summe belastet. — Oder ein Geschäftsmann braucht Kapital für neue Investitionen. Wenn er die nötigen Sicherungen hat, kann er bei der Bank ein langfristiges Darlehen aufnehmen, das er in Raten abzahlen kann. Bei einer Hypothekenbank kann er eine Hypothek aufnehmen, wenn er neu bauen oder sein Geschäft erweitern will. Bis die letzte Abzahlung gemacht ist, ist er der Schuldner der Bank und sie sein Gläubiger.

7 / Die Banken betreiben ein großes Geschäft an den Effektenbörsen. Anders als in den USA, wo die Börsenmitglieder Teilhaber von großen Unternehmen sind und ihren Sitz an der Börse für teures Geld erkaufen müssen, sind an den deutschen Effektenbörsen außer den Vertretern der Presse und den Börsenmaklern, die die Tageskurse errechnen, nur die Banken zugelassen. Sie kaufen und verkaufen für ihre Kunden Aktien oder festverzinsliche Wertpapiere wie Pfandbriefe, Anleihen und Obligationen und bekommen dafür eine Maklergebühr. Da es den deutschen Banken nicht verboten ist, selbst mit Aktien an Großindustrien beteiligt und *Vorstandsmitglieder* dieser Industrien zu sein, können sie die Wirtschaft stark beeinflussen.

members of the board

8 / Die Effektenbörsen sind im ganzen Land nur werktags von 12–14 Uhr geöffnet. Darüber hinaus bleiben sie durch Telefon und Fernschreiber miteinander in Verbindung, so daß die Börsen in jedem Augenblick von Angebot und Nachfrage in der ganzen Bundesrepublik informiert sind. Die Aufträge der Kunden, die die Banken an der Börse abwickeln sollen, lauten verschieden: Entweder geben sie den Höchstpreis an, zu dem sie gewillt sind, Aktien zu kaufen, oder den Mindestpreis, zu dem sie verkaufen wollen (limitiert), oder sie beauftragen die Banken, für den bestmöglichen Preis zu kaufen (billigst) oder zu verkaufen (bestens).

9 / Bei den 35 Waren- und Produktenbörsen der BRD haben die Banken keinen Zugang. Dort sind nur Erzeuger, Verarbeiter und Händler landwirtschaftlicher Produkte zugelassen. In der BRD wird auf den Waren- und Produktenbörsen — mit Ausnahme von Hamburg und Bremen, wo es auch Kaffee-, Zucker, Kautschuck- und Baumwollbörsen gibt — nur mit Getreide gehandelt. Leicht verderbliche Naturprodukte werden nicht auf der Börse verhandelt, weil sie keinen konstanten Wert haben, der sich standardisieren ließe.

10 / Es gibt in der BRD rund 30 Zweigstellen amerikanischer Banken, die dieselben Befugnisse haben und denselben Gesetzen unterstehen wie die deutschen Banken.

WORTSCHATZ

1 / die **Bank, -en**   bank
das Bankwesen   banking system, banking
unterstützen   to support
die Zentralnotenbank, -en   Federal Reserve Bank
berechtigt   entitled
überwachen   to oversee
regulieren   to regulate
der **Zweck, -e**   purpose
die **Wertpapiere** (*pl.*)   securities, shares, bonds, stocks, investments

erhöhen   to raise
der **Diskontsatz, ¨e**   interest rate
herabsetzen = senken   to lower
fordern   to request, demand
kurzfristig   short-term
die **Verbindlichkeiten** (*pl.*)   liabilities; commitment
zur Verfügung stellen   to make available

2 / die Verwaltung   administration
genossenschaftlich   cooperative, corporative
öffentlich-rechtlich   under public law
das Institut, -e   institute
die **Sparkasse, -n**   savingsbank
die Girozentrale, -n   clearinghouse
Spar-   savings-
das **Guthaben**   credit

3 / die Aufsicht — *supervision*
die Spareinlagen (*pl.*) — *savings deposits*
Bankrott machen — *to go bankrupt*
Konkurs anmelden — *to file bankruptcy*
das **Gewerbe** — *business, trade*

4 / Dienste leisten — *to perform services*
der Bargeldverkehr — *trade on cash terms*
das **Girokonto, -konten** — *checking account*
der Barscheck, -s — *open or uncrossed check*
einlösen — *to cash; to pay*
riskant — *risky*
der **Verrechnungsscheck, -s** — *voucher check*
veranlassen — *to commission; cause, induce*
der **Betrag, ⁻e** — *amount*
das **Konto, Konten** — *account*
überweisen — *to transfer*
die Überweisung — *remittance*
begleichen, i, i — *to pay, clear, settle*
das **Formular, -e** — *printed form, blank*
einheitlich — *uniform*
der Geschäftsvorfall, ⁻e — *business transaction*
saldieren — *to balance an account*
der **Kontoauszug, ⁻e** — *bank statement*
ein nicht gedeckter Scheck — *a hot check*
ein Konto überziehen, — *to overdraw an account*
    überzog überzogen
regelmäßig — *regular*
die **Abbuchung** — *debit, charge*
die Miete, -n — *rent*
die Prämie, -n — *premium*

5 / **beschaffen** — *to procure, obtain*
die **Gelder** (*pl.*) — *moneys, capital*
verleihen, verlieh, verliehen — *to lend*
die **(Haben)zinsen** (*pl.*) — *dividends*
die **(Soll)zinsen** (*pl.*) — *interests*
das **Darlehen, -** — *loan*

6 / **ein Ziel einräumen** — *to concede a credit for a limited time*

der **Wechsel, -** (= die **Tratte**) — *draft, promissory note*
auf j. einen Wechsel ziehen — *to draw a bill of exchange on s.o.*
das Akzept, -e — *accepted (= signed) draft*
der Schuldner, - — *debtor*
fällig — *due*
der **Fälligkeitstermin, -e** — *due date*
der **Inhaber, -** — *possessor*
das **Indossament, -e** — *endorsement*
die **Verwendung** — *use*
gutschreiben, ie, ie — *to credit*

verfallen(ä), ie, a	to become overdue, cease to be valid
das Konto belasten	to debit the account
die Sicherungen (*pl.*)	*here:* collateral
in Raten	in installments
die Hypothek, -en	mortgage
die **Abzahlung**	payment by installments
der Gläubiger, -	creditor

7 / die **Effekten** (*pl.*) — papers, securities, bonds, shares, stocks

die **Börse, -n**	(stock) market
der **Teilhaber,** -	partner, shareholder
der Makler, -	broker
der Tageskurs, -e	market rate of the day
errechnen	to calculate, figure out
die **Aktie, -n**	share, stock
festverzinslich	with fixed interest rate
der Pfandbrief, -e	bond
die Anleihe, -n	loan
beteiligt sein	to have shares
beeinflussen	to influence

8 / werktags — weekdays
der Höchstpreis, -e — highest price
der Mindestpreis, -e — lowest price

9 / der **Händler,** - — dealer, merchant
die Baumwolle — cotton
das Getreide — grain
verderblich — spoilable

10 / die **Zweigstelle, -n** — branch office
die **Befugnis, -se** — authority, rights

ÜBUNGEN

C.1. Vervollständigen Sie die Sätze.

1 / **1.** Die Deutsche Bundesbank soll die Wirtschaftspolitik der Regierung _____ (*support*).

2. Sie _____ die umlaufende Geldmenge (*regulates*).

3. Sie kann den _____ senken oder erhöhen, um der Wirtschaft mehr oder weniger Geld _____ (*interest rate; to make available*).

2 / **4.** Sparkassen werden von Gemeinden _____ (*operated*).

5. Die Deutsche Bundespost _____ 21 Sparbücher mit _____ von ungefähr 34 Milliarden DM (*administrates; credit*).

3 / 6. Wenn eine Bank _____ _____, werden die Verluste aus einem „Feuerwehrfond" gedeckt (*goes bankrupt*).

4 / 7. Die Banken machen die _____ von Geschäften ohne _____ möglich (*transaction; cash*).

8. Jeder Geschäftsmann hat ein _____ für laufende Zahlungen und Eingänge (*checking account*).

9. Der Kunde _____ den Betrag auf das Konto seines Lieferers (*transfers*).

10. Er möchte sofort seine Rechnung _____ (*settle*).

11. Er holt sich bei der Bank die _____ ab, denn er will den neuen _____ wissen (*bank statements; balance*).

12. Ist dieser Scheck auch _____? Ich will mein Konto nicht _____ (*covered; overdraw*).

5 / 13. Die Bank muß laufend neue _____ beschaffen (*capital*).

14. Für kurzfristige oder langfristige _____ zahlt man _____ (*loans; interest*).

6 / 15. Er zieht einen _____ auf seinen Kunden (*draft*).

16. Der vom Käufer unterschriebene Wechsel heißt _____.

17. Er hat ein Darlehen aufgenommen. Er ist der _____ der Bank. Sie ist sein _____ (*debtor; creditor*).

18. Ich habe eine Überweisung geschrieben. Mein Konto wird mit dem Betrag _____, und Ihrem Konto wird er _____ (*debited; credited*).

19. Wer ein großes Darlehen aufnehmen will, braucht _____ (*collateral*).

20. Die _____ ist noch nicht abgezahlt (*mortgage*).

7 / 21. An der Frankfurter Börse wird nur mit _____ gehandelt (*securities*).

22. Ein _____ ist ein festverzinsliches Wertpapier (*bond*).

23. Ein Wertpapier mit schwankendem Wert nennt man _____ (*stock*).

8 / 24. Die Effektenbörsen sind nur _____ auf zwei Stunden geöffnet (*weekdays*).

9 / 25. An den meisten Waren- und Produktenbörsen der BRD wird nur mit _____ gehandelt (*grain*).

10 / 26. Es gibt rund 30 _____ amerikanischer Banken in der BRD (*branch offices*).

27. Die amerikanischen Banken haben dieselben _____ wie die deutschen (*rights*).

C.2. *Verwandte Wörter. Bilden Sie mit jedem Wort einen kurzen Satz.*

die Stabilität	regulieren	die Funktion	das Institut
garantieren	riskant	die Prämie	die Obligation
das Indossament	standardisieren	die Funktion	

C.3. Lernen Sie diese zusätzlichen Ausdrücke, und übersetzen Sie dann.

ein Konto einrichten (= eröffnen)	to open an account
einen Betrag einzahlen	to make a deposit
einen Betrag abheben	to cash an amount
einen Betrag dem Konto gutschreiben	to credit the account with an amount
die Gutschrift	credit entry
ein Darlehen beantragen	to apply for a loan
ein Darlehen (= einen Kredit) aufnehmen	to take out a loan
in Zahlung geben	to trade in
einen Scheck einlösen (= kassieren)	to cash a check

1. He wanted to open up a new account.
2. She wants to apply for a loan and must fill out a form.
3. I want to pick up the daily (= *Tages-*) bank statements.
4. They have a high mortgage on their house.
5. The merchant had to transfer a high sum from his account to his supplier's.
6. The Federal Bank watches over the stability of the DM.
7. If the bank does not lower the interest rate, we cannot buy a house.
8. Germans like to keep their money in a savings bank.
9. She wants to cash a check and make a deposit.
10. When you buy the new car, will you trade in the old one?
11. He did not want to be his debtor any more and came to settle his bill.
12. The draft was not honored, and I must debit your account with the amount.

C.4. Schreiben Sie die entsprechenden Ausdrücke von entgegengesetzter Bedeutung in die leeren Kästen.

Habenzinsen	
Gläubiger	
dem Konto gutschreiben	das Konto belasten
gültig sein	
einen Betrag einzahlen	
	ein Konto schließen

den Diskontsatz erhöhen	
	kurzfristig
öffentlich-rechtlich	privat
Guthaben	
Barscheck	
	leihen
Höchstpreis	
	abbuchen

C.5. Streichen Sie in jedem Vierersatz das nicht dazu gehörende Wort aus.

fällig   verfallen   werktags   Fälligkeitstermin
Inhaber   Teilhaber   Partner   Prämie
Effekten   Aktie   Konto   Pfandbrief
Makler   Wechsel   Akzept   Indossament
Vorauskasse leisten   bar bezahlen   Abzahlungen machen
leihen

C.6 Vervollständigen Sie die Notizen zum Text.

Deutsche Bundesbank (in Frankfurt)
|
10 Zentrallandesbanken

Andere Kreditinstitute

| private | | |

21 Millionen der 16 Millionen Einwohner der BRD hatten 1987 ein Spar-konto bei der _____ .

Wer Geld verleiht (= der Gläubiger), erhält Habenzinsen.
Wer Geld leiht (= der Schuldner), bezahlt _____ .

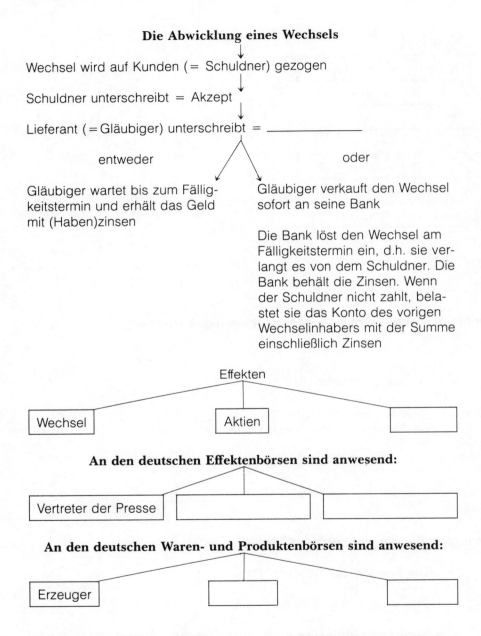

Die Abwicklung eines Wechsels

Wechsel wird auf Kunden (= Schuldner) gezogen

Schuldner unterschreibt = Akzept

Lieferant (= Gläubiger) unterschreibt = _____

entweder / oder

Gläubiger wartet bis zum Fälligkeitstermin und erhält das Geld
mit (Haben)zinsen

Gläubiger verkauft den Wechsel
sofort an seine Bank

Die Bank löst den Wechsel am
Fälligkeitstermin ein, d.h. sie verlangt es von dem Schuldner. Die
Bank behält die Zinsen. Wenn
der Schuldner nicht zahlt, belastet sie das Konto des vorigen
Wechselinhabers mit der Summe
einschließlich Zinsen

Effekten

Wechsel | Aktien | _____

An den deutschen Effektenbörsen sind anwesend:

Vertreter der Presse | _____ | _____

An den deutschen Waren- und Produktenbörsen sind anwesend:

Erzeuger | _____ | _____

***C.7. Besprechen Sie mit einem Partner, zu welchen Paragraphen
die folgenden Überschriften gehören.***

Womit die Banken Gewinn erzielen

Dienstleistungen für Geschäftsleute und Privatpersonen

Funktion der Bundesbank

Das Gesetz, unter dem alle Banken stehen

Das Kreditsystem im Geschäftsleben

Das große Geschäft der Banken an den Effektenbörsen

Andere Banken

Zweigstellen amerikanischer Banken in der BRD

Die Börse als zentrale Informationsstelle für den Stand des Marktes

Waren- und Produktenbörsen

Anweisungen der Kunden, wie die Banken an den Börsen für sie kaufen und verkaufen sollen

C.8. Wiederholen Sie alle Präpositionen und ihre Fälle, und vervollständigen Sie dann die Sätze.

1. Die Bundesbank unterstützt die Regierung mit _____ (*its*) Wirtschaftspolitik.

2. Er hat die Wertpapiere an _____ (*the*) Börse gekauft.

3. Die Bundesbank reguliert die umlaufende Geldmenge durch _____ (*the*) Diskontsatz.

4. Er erledigt seine Verbindlichkeiten mit _____ (*a*) Wechsel.

5. Mein Geld liegt auf _____ (*the*) Sparkasse. Hast du dein Konto bei _____ (*the*) Post?

6. Kommen Sie mit zu _____ (*the*) Bank? Ich will Geld auf _____ (*my*) Sparkonto einzahlen.

7. Sie können die Rechnung mit _____ (*a*) Verrechnungsscheck begleichen.

8. Nein, ich überweise den Betrag lieber direkt auf _____ (*your*) Konto.

9. Nach _____ (*every*) Geschäftsvorfall wird ein Konto neu saldiert.

10. Wegen _____ (*the*) überzogenen Konto _____ will sie jetzt sparsamer werden.

11. Trotz _____ (*the*) billigen Miete kommt er mit seinem Geld nicht aus.

12. Ich muß für _____ (*the*) Versicherungsprämie sparen.

13. Wir müssen hundert Mark von _____ (*our*) Konto abheben.

14. Ohne _____ (*the*) Abzahlung der Hypothek hätten wir genug Geld.

15. Der Bankier soll die Aktien zu _____ (*the*) Höchstpreis von DM.- 1 260 kaufen.

C.9. Machen Sie sich mit diesen Bankformularen vertraut. Haben Sie Fragen oder Kommentare? Füllen Sie den Überweisungsauftrag aus.

Zahlschein
Einzahler-Quittung

Empfänger (genaue Anschrift)

Doris Merrifield

Bankleitzahl ◄

200 300 00

◄ Konto-Nr. des Empfängers ━ — bei (Sparkasse usw.) – oder ein anderes Konto des Empfängers *) –

82/12/01308   Hamburg Vereinsbank

DM

Verwendungszweck (nur für Empfänger)

Deposit

500,—

Auftraggeber/Einzahler (genaue Anschrift)

*) Soll die Einzahlung auf ein and. Konto ausgeschlossen sein, so sind
die Worte „oder ein anderes Konto des Empfängers" zu streichen.

D 207 544 (11.77)   0 15.06.79 61090 ANLAGE S

(Empfangsbestätigung der annehmenden Kasse)

B E Z A H L T   *****500,00

15. JUN 1979   3   1

Bezirkssparkasse Heidelberg

Bezirkssparkasse Heidelberg
Hauptzweigstelle Am Universitätsplatz

50 Pf. Zahlscheingebühr

(Bei maschineller Buchung ist für die Quittung der Maschinendruck maßgebend)

620795   Überweisungsauftrag an

COMMERZBANK ⚜
A K T I E N G E S E L L S C H A F T

Bitte kräftig durchschreiben
und Bankleitzahl (BLZ) hier einsetzen
↓

► Empfänger   Bankleitzahl

Konto-Nr. des Empfängers ━   bei – oder ein anderes Konto des Empfängers ¹)

Verwendungszweck (nur für Empfänger)   DM

Betrag in Buchstaben (unter 1000 DM entbehrlich). Freies Feld durchstreichen.

Konto-Nr. des Auftraggebers ━   Auftraggeber

¹) Soll die Überweisung auf ein anderes Konto ausgeschlossen sein, so
sind die Worte » oder ein anderes Konto des Empfängers « zu streichen.

30/00/4
8121364

Datum   Unterschrift

| Mehrzweckfeld | ✕ | Konto-Nr. | ✕ | Betrag | ✕ | Bankleitzahl | ✕ Text |

20H

Überweisungsauftrag links außen festhalten und rechten Rand mit Kohlepapier durch einen Zug entfernen. Blatt 1 und 2 zusammenhängend an Commerzbank Blatt 3 (Durchschrift) verbleibt beim Auftraggeber.

DBGM Nr.
1978 133

Bitte dieses Feld nicht beschreiben und nicht bestempeln

C.10. Die populärsten Reiseschecks für Deutsche, die in Europa reisen, sind die „eurocheques", weil sie in allen EG-Ländern gültig sind und in den verschiedenen Währungen ausgestellt werden können. Die kleine Karte ist keine Kreditkarte sondern dient nur als Ausweis beim Einlösen des Schecks. Füllen Sie sie bitte aus!

C.11. Sehen Sie sich die Einkommenstafel von 1986 an (Schaubild 1). Der Dollar war in dem Jahr etwa DM 1.90 wert, also rund gerechnet 2 Mark. Vergleichen Sie das Einkommen und das

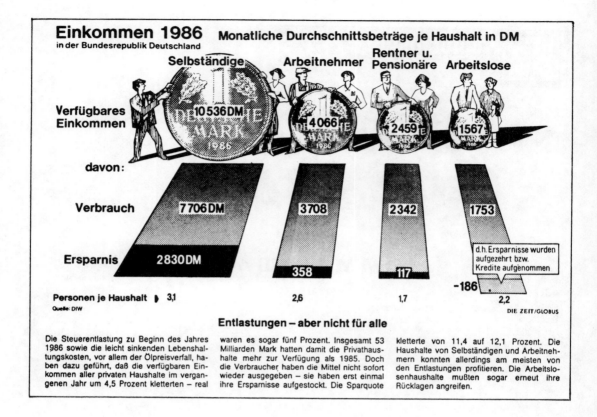

Einkommen 1986 Monatliche Durchschnittsbeträge je Haushalt in DM
in der Bundesrepublik Deutschland

Selbständige   Arbeitnehmer   Rentner u. Pensionäre   Arbeitslose

Verfügbares Einkommen: 10 536 DM   4 066   2 459   1 567

davon:

Verbrauch: 7 706 DM   3 708   2 342   1 753

Ersparnis: 2 830 DM   358   117   -186

d.h. Ersparnisse wurden aufgezehrt bzw. Kredite aufgenommen

Personen je Haushalt 3,1   2,6   1,7   2,2

Quelle: DIW   DIE ZEIT/GLOBUS

Entlastungen – aber nicht für alle

Die Steuerentlastung zu Beginn des Jahres 1986 sowie die leicht sinkenden Lebenshaltungskosten, vor allem der Ölpreisverfall, haben dazu geführt, daß die verfügbaren Einkommen aller privaten Haushalte im vergangenen Jahr um 4,5 Prozent kletterten – real waren es sogar fünf Prozent. Insgesamt 53 Milliarden Mark hatten damit die Privathaushalte mehr zur Verfügung als 1985. Doch die Verbraucher haben die Mittel nicht sofort wieder ausgegeben – sie haben erst einmal ihre Ersparnisse aufgestockt. Die Sparquote kletterte von 11,4 auf 12,1 Prozent. Die Haushalte von Selbständigen und Arbeitnehmern konnten allerdings am meisten von den Entlastungen profitieren. Die Arbeitslosenhaushalte mußten sogar erneut ihre Rücklagen angreifen.

Sparverhalten der Deutschen mit dem, was Sie aus Ihrer eigenen Umgebung kennen.

C.12. Suchen Sie in dem Artikel die erwünschte Information.

Kreditgewerbe
GERECHT SEIN*

Wer Geschäfte machen will, soll sie sich leisten können. Wer gar Bankgeschäfte betreibt, soll dabei an besonders strenge Regeln für das Eigenkapital gebunden sein — für ein Eigenkapital, über das er auch wirklich verfügt. Nach diesem *Grundsatz* hat das Bundesfinanzministerium in einem neuen *Gesetzentwurf* die Forderung der Sparkassen *abgewiesen*, man möge ihnen, *zusätzlich* zu ihrem tatsächlich eingezahlten Eigenkapital, einen *Zuschlag* dafür gewähren, daß ja im Notfalle die öffentliche Hand einspringe. Diese Entscheidung war richtig.

 Doch das Ministerium ist den selbstgesetzten Regeln an anderer Stelle

principle
proposed law/
rejected
in addition
extra amount

---

*DIE ZEIT — 7. Oktober 1983

untreu geworden: Die genossenschaftlich organisierten Volksbanken
und Raiffeisenbanken sollen eine andere Art von Zuschlag zum Eigenkapital behalten dürfen, der damit *begründet* wird, daß, wiederum   *justified*
im Notfalle, die Genossen einspringen würden — zumeist also mittel-
ständische Handwerker und Unternehmer. Dieser Zuschlag besitzt
zwar Tradition, doch er *hat sich überlebt* — zumal vor dem Hinter-   *has become obsolete*
grund der Entscheidung gegen die Wünsche der Sparkassen. Selbst
einige der *betroffenen* Institute hatten mit einer anderen Entscheidung   *affected*
gerechnet — und *Rücklagen* gebildet, *um sich zu wappnen.*   *reserves/to be ready*

Hier stellt sich für Kabinett und Bundestag die Möglichkeit und sogar
die Pflicht einer Änderung. Denn es darf in der Kreditpolitik nicht *zweier-*   *two different*
lei Maß geben — und Fehler sollten nicht erst *vor Gericht* korrigiert wer-   *in court*
den.

1. Welche Forderungen hatten die Sparkassen an das Bundesfinanzministerium gestellt?
2. Ist die Forderung erfüllt worden?
3. Wieso ist das Ministerium seinem eigenen Grundsatz untreu geworden?
4. Womit hatten die genossenschaftlich organisierten Volksbanken
   gerechnet?
5. Wieso wird hier dem Ministerium der Vorwurf der Ungerechtigkeit
   gemacht?

**C.13. Bereiten Sie ein Gespräch zu zweit vor. Einer von Ihnen
spielt einen Bankangestellten, der andere einen Kunden (The
customer wants to open up a checking account. He/she has DM
1,000.00 in cash to make an initial deposit and settle three bills
by transferring the amount into the creditor's account. The customer just moved into town and needs to buy furniture and other
expensive items and asks about applying for a loan. Yes, if the
customer has collateral. A new car that is all paid off will do).**

**C.14. Sie möchten 50 000 Mark anlegen und lesen den „Rat des
Bankiers" in der WIRTSCHAFTSWOCHE. Der Bankier gibt Ihnen
mehr als einen guten Rat. Sie akzeptieren davon einen. Schreiben Sie in 2 bis 4 Sätzen, wie Sie Ihre 50 000 Mark anlegen und
warum Sie diese Wahl getroffen haben.**

Geldwoche
DER RAT DES BANKIERS*

Die Frage der Woche

Wie lege ich 50 000 Mark an, die frei verfügbar sind, ohne daß ich ein
extremes Risiko eingehe?

*Wirtschaftswoche, 14. August 1987

„*Angesichts* des historisch niedrigen *Zinsniveaus* in Deutschland erschei- | *in view of / interest*
nen *derzeit* Anlagen in höher rentierlichen *Anleihen* in fremder Währung | *level*
interessant. Die *bemerkenswerte* Präferenz für die Mark an den Devisen- | *at this time / loans*
börsen scheint *auszuklingen*. Das international anlagesuchende Kapital | *remarkable*
wendet sich mehr und mehr anderen Märkten zu, da die Erwartungen, | *diminish, end*
die in das *Anlageland* Deutschland gesetzt wurden (fallende Zinsen, sin- | *investment country*
kende Inflationsrater, Reduzierung der *Neuverschuldung* des Staates), of- | *new debts*
fensichtlich weitgehend erfüllt sind. Damit verringert sich das Risiko von
Devisenkursverlusten bei Neuanlagen in anderen Währungen beträchtlich. Insbesondere der US-Dollar und das britische Pfund, aber auch
Exoten wie der australische Dollar machten zuletzt wieder einiges an
zuvor *verlorenem Boden* gegen die Mark gut. Hierzu hat nicht unwe- | *lost ground*
sentlich die Zinsdifferenz zwischen den betreffenden Ländern beigetragen. Ein Blick über die Grenzen lohnt sich schon: Beim Kauf einer
Anleihe eines erstklassigen Schuldners mit einer *Laufzeit* von fünf Jahren | *term*
lassen sich im US-Dollar circa zweieinhalb, im Pfund etwa vier Prozent
und im australischen Dollar gar acht Prozent *Rendite* mehr pro Jahr | *investment return*
erzielen als bei einer vergleichbaren Mark-Anleihe. Voraussetzung ist allerdings, daß bei Rückzahlung des Kapitalbetrags am Ende der Laufzeit
der Anleihe die Anlagewährung mindestens auf gleicher Höhe notiert
wie zum Zeitpunkt des Kaufs, wobei sich hier durchaus *reizvolle* Per- | *attractive*
spektiven auf zusätzliche Währungsgewinne eröffnen. Im Aktienbereich
sind Blue chips wie Nixdorf, Deutsche Bank, Daimler, aber auch dem
Farbenbereich der *Vorzug* zu geben." | *preference*

C.15. Hören Sie sich das Tonband-Interview zu Kapitel IVC an (Kassette 3).

Günter Käppler, Vorstand der Migros
Bank AG, Düsseldorf.

VERSTÄNDNISHILFEN

zum Gespräch mit einem Bankangestellten

sämtliche	*all*
angeschlossene Verbundunternehmen	*joint enterprises*
steuerbegünstigte Kapitalanlagen	*capital investments with preferential tax status*
Immobilienvermittlung	*real estate brokerage*
Angelegenheiten	*affairs*
Vorrangige Angebote	*priority offers*
Kfz.-Versicherung	*car insurance*
festverzinsliche Wertpapieranlagen	*investments in fixed securities*
nicht genehmigt	*unauthorized*
Überziehungsprovision	*overdraft commission*
Laufzeit	*terms of duration*
gewährt	*granted*
Sicherheiten	*collaterals*
Grundbucheintragungen	*real estate recordings*
Übereignung	*transfer of title*
Anzahlung	*downpayment*
in Ausnahmefällen	*in exceptional cases*
Bonität	*good credit*
Eintragung einer Grundschuld	*recorded land charge*
bei 90tägiger Kündigungsfrist	*with 90 days notice*
leisten	*perform*
Maklerdienste	*broker services*
handelbare Wertpapiere	*negotiable securities*
Ausführung	*handling*
gewährleistet	*guaranteed*
Börsenkurs	*stock-market rate*
Fernkommunikationsmedien	*telemedia*
Freiverkehr	*over-the-counter market*
untergeordnete Rolle	*secondary role*

Hören Sie sich das Gespräch zum zweiten Mal an, und entscheiden Sie dann, ob die folgenden Aussagen darin gemacht wurden oder nicht:

1. Die Bank bietet ihren Kunden Versicherungen aller Bereiche an.   **JA NEIN**

2. Mit Immobilienvermittlung hat eine deutsche Bank nichts zu tun.   **JA NEIN**

3. Wer keinen genehmigten Überziehungskredit hat, muß eine Extra-Provision bezahlen, wenn er sein Bankkonto überzieht.   **JA NEIN**

4. Man kann, ohne Sicherheiten zu hinterlegen, ein Darlehen bekommen.   JA NEIN

5. Ein Wohnungsbau kann bis zu 90% von der Bank finanziert werden.   JA NEIN

6. Wie hoch die Zinsen eines Sparkontos sind, hängt von der Kündigungsfrist ab.   JA NEIN

7. Jede Bank hat ihren eigenen Vertreter an der Börse.   JA NEIN

8. Die Bank kann auch an der Börse für ihre Kunden handelbare Wertpapiere kaufen oder verkaufen.   JA NEIN

9. Die meisten Aufträge werden telefonisch an den Börsenmakler weitergeleitet.   JA NEIN

10. Die deutsche Börse hat dieselben Geschäftsstunden wie die amerikanische.   JA NEIN

D. MARKETING

1 / Das anglo-amerikanische und ins Deutsche übernommene Wort „Marketing" umfaßt sowohl die der Produktion vorausgegangene Marktforschung als auch die Werbung für die fertig hergestellte Ware.

2 / Wer ein neues Produkt auf den Markt bringen und mit gutem Absatz rechnen will, muß die allgemeine und besondere Marktlage genau kennen. Bei Hochkonjunktur haben die Leute im allgemeinen mehr Geld für Luxusartikel. Bei Marktflaute und hoher Arbeitslosigkeit wird man zum Leben nicht unbedingt notwendige Artikel in größeren Mengen nur absetzen können, wenn sie möglichst billig gehalten sind. Das ist nur ein herausgegriffenes Beispiel für die Einkalkulation der allgemeinen Marktlage. Bei der besonderen Marktlage handelt es sich mehr um Geschmack und Moden der Gegenwart und nahen Zukunft. Z.B. kann ein Hersteller mit „Bodywear" risikofreier experimentieren, wenn „Aerobics", (so sagt man jetzt auch in Deutschland), die große Mode ist und für absehbare Zeit zu bleiben verspricht. Es ist Aufgabe der Marktforschung, das durch Verkaufsstatistiken, durch allgemeine Umfragen und persönliche Interviews herauszufinden.

3 / Wer ein schon länger gutgehendes Produkt weiter produzieren will, darf sich nicht auf einen anhaltenden großen Absatz verlassen. Mode, Geschmack und sogar Bedürfnisse der Konsumenten ändern sich. Es ist Aufgabe der Marktforschung, solche Veränderungen rechtzeitig zu erkennen. So wurden z.B. mit der zunehmenden Verteuerung von Heizöl mit Holz und Kohle zu heizende Öfen wieder begehrt. Hersteller, die auf diese Veränderung vorbereitet waren, machten das große Geschäft. Immer geht es darum, die Kundenwünsche zu befriedigen.

4 / Natürlich darf von der Marktforschung eine bestehende oder mögliche Konkurrenz nie außer acht gelassen werden. Der Hersteller muß sich vergewissern, ob die Nachfrage ausreicht, um zusätzlich ein ähnliches Fabrikat zu vermarkten. Oder er muß bessere Qualität zu günstigeren Preisen als die Konkurrenz anbieten können.

Litfaß säule an der Königsallee in Düsseldorf.

5 / Der ausländische Fabrikant hat es besonders schwer. Der deutsche Verbraucher ist neuen Produkten gegenüber sehr skeptisch. Außerdem gibt es strikte Werbungsgesetze, die eine allzu agressive Werbung verbieten. Das Büchlein *How to Approach the German Market* (published by the German Trade Information Office; BFA, Postfach 108007, D-5000 Köln 1) ist zu empfehlen. Ein von der Lufthansa veröffentlichtes Büchlein *Federal Republic of Germany. Lufthansa Executive Traveler Services* gibt unter „Marketing Practices in Germany" S. 15–17 sehr brauchbare *Ratschläge*   tips und Adressen.

6 / Der Werbung stehen heutzutage viele verschiedene Mittel zur Verfügung. Die graphische Darstellung (Schaubild 1) zeigt, welche Rangfolge die Medien in der Werbung einnehmen. Es ist auch eine Tatsache, daß jedes Jahr mehr Geld für Werbung ausgegeben wird. Offenbar macht Werbung sich bezahlt, und es stimmt nicht immer, daß der Verbraucher wegen der teuren Werbung für die Ware höhere Preise zahlt. Wenn die Werbung einen besonders hohen Absatz des Produktes erzielt, kann diese Ware

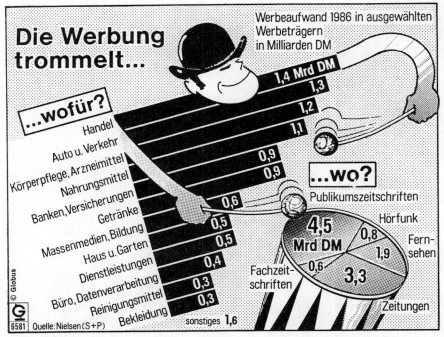

Die Werbung trommelt...

...wofür?

Werbeaufwand 1986 in ausgewählten Werbeträgern in Milliarden DM

Handel	1,4 Mrd DM
Auto u. Verkehr	1,3
Körperpflege, Arzneimittel	1,2
Nahrungsmittel	1,1
Banken, Versicherungen	0,9
Getränke	0,9
Massenmedien, Bildung	0,6
Haus u. Garten	0,5
Dienstleistungen	0,5
Büro, Datenverarbeitung	0,4
Reinigungsmittel	0,3
Bekleidung	0,3
sonstiges	1,6

...wo?

Publikumszeitschriften
Hörfunk
4,5 Mrd DM — 0,8
Fernsehen — 1,9
Fachzeitschriften — 0,6
3,3
Zeitungen

© Globus
6581   Quelle: Nielsen (S+P)

Schaubild 1

in Mengenproduktion billiger hergestellt werden. Außerdem wären Zeitungen und Zeitschriften für den Leser viel teurer, wenn die Verlagskosten nicht zum großen Teil von der Werbung getragen würden. Das trifft für Fernsehen und Radio nur in ganz geringem Maße zu. Wie bei der Besprechung der Medien schon gesagt wurde, zahlen die Rundfunkteilnehmer eine monatliche Gebühr. Es werden keine Reklamen ins Programm eingeschaltet. Sie werden früh abends in Blöcken von fünf Minuten zwischen halbstündigen Serienfilmen gezeigt. Kein Sender darf mehr als insgesamt 30 Minuten pro Tag Werbung bringen.

7 / Am wirkungsvollsten ist gezielte Werbung. Man weiß genau, an welchen Sektor der Gesellschaft man sich wendet, spricht auf die Werte an, die dort gelten und wählt die Medien, von denen sich dieser Sektor besonders angesprochen fühlt. Die meistgelesene berühmte oder berüchtigte „Bildzeitung" hat z.B. eine ganz andere Leserschaft als die von liberalen Gebildeten abonnierte Wochenzeitung „DIE ZEIT".

8 / Eine wirkungsvolle Reklame, sagt man, erfüllt vier Voraussetzungen. Sie erweckt Aufmerksamkeit, Interesse und Verlangen und führt zur Handlung, nämlich zum Erwerb der angepriesenen Ware. „AIDA" nennt man das im Amerikanischen (= *an effective ad creates **a**ttention, **i**nterest and **d**esire and leads to **a**ction*).

9 / Die Tages- und Wochenzeitungen dienen auch als Medien für persönliche Inserate. Da sind z.B. Stellenangebote inseriert oder Gebrauchtwagen zum Verkauf oder auch sehr Persönliches, nämlich die Suche nach einem

geeigneten Partner oder einer Partnerin. Geburts-, Heirats- und Todes-
anzeigen kündigen wichtige Familienereignisse an. Manche Leute
setzen sogar eine *Verlobungsanzeige* ihrer Kinder in die Zeitung.

*engagement
announcement*

10 / Nicht alle Werbung geschieht durch Medien. Reklamen kommen mit der
Post ins Haus, man sieht sie in der Stadt in *Großformat* an Wänden,
Zäunen und Litfaßsäulen, — an den Autobahnen und Landstraßen gibt
es aber keine *Anschlagtafeln* —, und meistens werden welche vor Beginn
des Films im Kino gezeigt. Viel Reklame wird an Ort und Stelle gemacht,
wo die Waren verkauft werden. Man nennt das POP-Werbung (= *point
of purchase*). Im Schaufenster kleben Schilder mit Sonderangeboten, die
Waren sind so vorteilhaft wie möglich ausgestellt, und wenn sie verpackt
sind, ist die Verpackung selbst eine Reklame, in Form und Farbe so
ausgewählt, daß sie den Blick auf sich zieht.

*large size
fences
billboards*

11 / Messen sind das älteste Werbemittel von außerordentlicher Wirkung. Sie
haben sich schon im frühen Mittelalter aus einzelnen Märkten entwickelt,
und die *Fürsten* räumten einigen ihrer Städte das Privileg ein, regelmäßige
Messen abzuhalten. In der BRD finden jährlich etwa 60 Messen und
Ausstellungen statt. Die größte Messeveranstaltung der BRD wird jedes
Frühjahr in Hannover abgehalten. Mehr als 4500 in- und ausländische
Firmen stellen dort ihre Konsum- und Investitionsgüter aus. Andere wichtige Messestädte sind Berlin, Düsseldorf, Essen, Frankfurt am Main, Hamburg, Köln, München, Nürnberg, Offenbach, Saarbrücken und Stuttgart.

sovereigns

12 / Diese Städte sind für Messen und Ausstellungen spezieller Wirtschafts-
zweige bekannt, denn neben den Universalmessen der Vergangenheit gibt
es heute, bedingt durch den technischen Fortschritt und das überreiche
Angebot auf jedem Gebiet, viele bekannte Fachmessen. Für Verleger,
Buchhändler, Schriftsteller und literarisch Interessierte des In- und Aus-
lands ist z.B. die Frankfurter Buchmesse der *Brennpunkt* des Jahres. Die   *focal point*
ANUGA (= Allgemeine Nahrungs- und Genußmittel-Ausstellung) und die
SPOGA (= Internationale Fachmesse für Sportartikel, Campingbedarf und
Gartenmöbel) werden bekanntlich in Köln abgehalten, die berühmte
BAUMA (= Internationale Baumaschinen-Messe) findet in München statt
usw. Auch im Ausland beteiligt sich die BRD an internationalen Messen
und Ausstellungen und fördert damit den Export. Was man über Messen
und Ausstellungen wissen will, kann man von der AUMA (Ausstellungs-
und Messe-Ausschuß der Deutschen Wirtschaft e.V.) erfahren. Einer ihrer
vielen *Veröffentlichungen,* der „Auma-Kalender Messeplatz Deutsch-   *publications*
land", verzeichnet alle Ausstellungen und Messen des Jahres und gibt
schon eine *Vorschau* auf folgende Jahre.   *preview*

13 / Der Unterschied zwischen Messe und Ausstellung besteht darin, daß die
Messe sich hauptsächlich an Händler wendet und an Ort und Stelle
Kaufverträge mit ihnen abschließt. Ausstellungen vermitteln einen Über-
blick des Angebots und werden auch stark von Konsumenten besucht.

WORTSCHATZ

1 / das Marketing   *marketing*
umfassen   *to comprise*
die Forschung   *research*

2 / rechnen mit   *to count on*
die **Arbeitslosigkeit**   *unemployment*
der Luxusartikel, -   *luxury item*
herausgegriffen   *arbitrary*
die Einkalkulierung   *counting in*
der Geschmack   *taste*
die Gegenwart   *presence*
die Zukunft   *future*
das **Risiko**   *risk*
experimentieren   *to experiment*
die Mode, -n   *fashion, fad*
absehbar   *foreseeable, near*
die Umfrage, -n   *inquiry, poll*

3 / anhalten (ä), ie, a   *to last; to stop*
das **Bedürfnis, -se**   *need*
die Veränderung   *change, modification*
die **Verteuerung**   *increase in price(s)*
heizen   *to heat*
das Öl, -e   *oil*
der Ofen, Öfen   *stove*

vorbereiten	*to prepare*
befriedigen	*to satisfy*
4 / außer acht lassen	*to disregard*
sich vergewissern	*to make sure*
vermarkten	*to sell*
5 / der **Fabrikant, -en**	*manufacturer*
veröffentlichen	*to publish*
6 / graphisch	*graphic*
sich bezahlt machen	*to pay off*
stimmen	*to be correct*
zutreffen (i), a, o	*to be valid for*
einschalten	*here: to insert*
7 / wirkungsvoll	*effective*
die **Gesellschaft**	*society; company, corporation*
8 / die Voraussetzung	*prerequisite*
die Aufmerksamkeit	*attentiveness*
das Verlangen	*desire*
der **Erwerb**	*purchase, acquisition*
anpreisen, ie, ie	*to praise, advertise*
9 / das **Inserat, -e**	*(classified) ad*
inserieren	*to advertise*
die **Anzeige, -n**	*announcement; ad*
ankündigen	*to announce*
10 / das Format, -e	*size*
die Litfaßsäule, -n	*advertising pillar*
an Ort und Stelle	*at the very place*
kleben	*to stick*
das **Sonderangebot, -e**	*special offer, sale*
vorteilhaft	*advantageous*
verpacken	*to package*
auswählen	*to select*
11 / die **Messe, -n**	*fair, show, exhibition*
die **Ausstellung**	*exhibition*
sich entwickeln	*to develop*
das Privileg, Privilegien	*privilege*
abhalten (ä), ie, a	*to hold, conduct*
die Veranstaltung	*show, arrangement*
12 / speziell	*special, specific*
die Vergangenheit	*past*
bedingt durch	*occasioned by*
der Fortschritt, -e	*progress*
der Verleger, -	*publisher*
der Schriftsteller, -	*author, writer*
das Genußmittel, -	*(food) luxury*
13 / **Verträge abschließen**	*to make contracts*

ÜBUNGEN

D.1. Vervollständigen Sie die Sätze.

1 / 1. Vor der Herstellung neuer _____ muß man _____ treiben (*products; market research*).

2 / 2. Bei Marktflaute und hoher _____ lassen sich teure _____ nicht so gut verkaufen (*unemployment; luxury items*).

3. Man muß immer die besondere und die allgemeine _____ einkalkulieren (*market situation*).

4. Solange „Aerobics" die große _____ ist, läßt sich „Bodywear" gut _____ (*fad; sell*).

5. Die Herstellung neuer Waren kann ein großes _____ bedeuten (*risk*).

3 / 6. Ein Fabrikant (= Hersteller) darf sich nie darauf _____ , daß der große Absatz einer Ware _____ (*depend; lasts*).

7. Es ist Aufgabe der Marktforschung, _____ im Geschmack der Konsumenten rechtzeitig zu erkennen (*changes*).

8. Wer _____ war, kann das große Geschäft machen (*prepared*).

4 / 9. Er muß bessere Qualität oder günstigere Preise als die _____ anbieten können (*competition*).

6 / 10. Seit 1975 gibt man jährlich mehr Geld für _____ aus (*advertising*).

11. Daß Werbung die Ware teurer macht, _____ nicht immer (*is correct*).

12. Die meiste Ware kann in _____ billiger hergestellt werden (*mass production*).

13. Das _____ für Radio und Fernsehen nicht _____ (*is. . .true*).

7 / 14. Gezielte Werbung ist _____ _____ (*most effective*).

8 / 15. Eine gute _____ erfüllt vier _____ (*advertisement; prerequisites*).

9 / 16. Wenn man eine Stelle sucht, liest man die _____ in der Zeitung (*classified ads*).

17. Die Geburt eines Kindes kann man durch eine _____ in der Zeitung bekannt geben (*announcement*).

10 / 18. Die Geschäfte benutzen ihre _____ zur Werbung (*display windows*).

19. Viele Leute kaufen ein, wenn es _____ gibt (*sales*).

11 / 20. Jedes Jahr werden in der BRD etwa 60 _____ und _____ abgehalten (*fairs; exhibitions*).

12 / **21.** Wegen des überreichen Angebots in jedem Wirtschaftszweig gibt es heutzutage viele _____ (*specialized fairs*).

13 / **22.** Auf den Messen werden an Ort und Stelle Kaufverträge _____ (*made*).

D.2. Verwandte Wörter. Bilden Sie mit jedem Wort einen kurzen Satz.

das Produkt   der Markt   die Kalkulation   risikofrei
experimentieren   das Öl   skeptisch   agressiv   graphisch
separat   das Budget   der Satellit   der Faktor   die Messe
das Privileg   speziell   der Sportartikel

D.3. Zeigen Sie, daß Sie den Text verstanden haben, a) indem Sie das Flußdiagramm vervollständigen.

b) indem Sie, auf Englisch, einen Paragraphen über die offensichtlichen Unterschiede zwischen dem Marketing in den U.S. und der BRD schreiben.

D.4. Interpretieren Sie Schaubild 1. Beginnen Sie etwa so. „Das meiste Geld für Werbung wird für Handel ausgegeben." Vergleichen Sie auch die Werbeträger miteinander. Drücken Sie Ihr Erstaunen aus, wenn Sie andere Erwartungen hatten.

D.5. Man muß als Ausländer nicht unbedingt Sätze mit doppeltem Infinitiv bauen können (sic!). Man kann es auch anders sagen. Aber man muß solche Satzkonstruktionen verstehen können. Wiederholen Sie den doppelten Infinitiv in Ihrem Grammatikbuch, und übersetzen sie dann die folgenden Sätze.

Z.B.: Er hat die Ware heute nicht liefern können. Wörtlich übersetzt. *He has not been able to deliver the merchandise today.* Besseres Englisch: *He could not (=was not able to) deliver the merchandise today.*

1. Sie wird Marktforschung betreiben wollen.
2. Er hatte ein neues Produkt auf den Markt bringen sollen.
3. Man wird nie ganz risikofrei experimentieren können.
4. Wir haben die Ware sofort absetzen müssen.
5. Die Marktforschung hatte das durch Umfragen herausfinden müssen.
6. Sie hatten die Veränderungen auf dem Markt nicht rechtzeitig erkennen können.
7. Neue Öfen für Holz und Kohle werden hergestellt werden müssen.
8. Das neue Fabrikat hat gut vermarktet werden können.
9. Nicht immer hatte Werbung durch höhere Warenpreise bezahlt werden müssen.
10. Wir werden in Zeitungen und Zeitschriften Reklame machen sollen.
11. Für die Werbung wird das richtige Medium gewählt werden müssen.
12. In der BRD hat man keine Reklamen ins Programm einschieben dürfen.

Nun versuchen Sie einmal, einige Sätze vom Englischen ins Deutsche zu übertragen.

13. I will want to open a checking account.
14. He has not been able to settle his bill.
15. They had wanted to be at the fair.

16. We will be supposed to package it well.

17. They had not been permitted to pay by installments.

D.6. Übersetzen Sie.

1. Taste and fashion change constantly.

2. One cannot experiment without risk.

3. Whoever is prepared for new fads makes the biggest buck.

4. A manufacturer has to make sure that he can sell his new products.

5. The German advertising business spends most of its money on ads in daily newspapers.

6. Without advertising, newspapers and magazines would be much more expensive.

7. A good ad must be able to catch the attention of people.

8. He wants to put an ad into the paper to sell his old car.

9. Dealers buy a lot at specialized fairs.

10. Publishers and authors attend the famous annual bookfair in Frankfurt.

11. Many consumers visit exhibitions where they can compare different brands (*Marken*) of merchandise.

D.7. Prüfen und bewerten Sie die Werbung auf Schaubild 2. Sagen Sie, was diese Reklame wirkungsvoll oder nicht so ansprechend macht. Was würden Sie in so einer Reklame anders machen?

D.8. Sehen Sie sich Schaubild 3 an. Warum, glauben Sie, könnte diese Reklame den Betrachter veranlassen, Ritter Sport Minis zu kaufen? — Beschreiben Sie eine mögliche Situation für jeden Spruch, z.B.:

> BITTE
> NICHT MEHR BÖSE
> SEIN.

Ein Ehemann kommt nach Hause und schenkt seiner Frau eine Schachtel mit Ritter Mini-Quadraten. Sie soll nicht mehr darüber böse sein, daß er heute morgen so ungeduldig und unfreundlich gewesen ist.

D.9. Lesen Sie den Artikel aus der FRANKFURTER ALLGEMEINEN ZEITUNG, und entscheiden Sie, ob die im Anschluß daran gedruckten Aussagen darin gemacht werden.

Schaubild 2

Spritzig *splashy*
witzig *witty*
Treiben *activity*
überschwemmen
  flood
Duschvorhang
  shower curtain
Duschabtrennung
  shower wall

flattert *flaps*
fachkundig
  expertly
fachgerecht *in*
  a professional
  manner

Schaubild 3

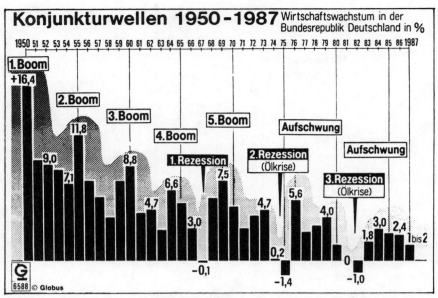

Konjunkturwellen 1950–1987 Wirtschaftswachstum in der Bundesrepublik Deutschland in %

SCHWÄCHEANFALL DER KONJUNKTUR *oder Ende des Aufschwungs? Das ist die Frage, seit die fünf führenden Wirtschaftsforschungsinstitute ein gespaltenes Urteil über die konjunkturelle Entwicklung im laufenden Jahr abgegeben haben; die einen rechnen mit 2%, die anderen mit 1% Wachstum. Auf eine Phase mit zunehmenden Wachstumsraten (Aufschwung) folgt stets eine Phase mit abnehmenden Wachstumsraten (Abschwung). Manchmal endet ein solcher Konjunkturzyklus auch in einer Rezession; dann steigt die reale Leistung der Wirtschaft nicht mehr, sondern sie sinkt. Augenfällig ist, daß nahezu jede neue Wachstumswelle niedriger ausfällt als die vorhergehende. Zu bedenken ist aber, daß 1% Wachstum heute viel gehaltvoller ist als vor zwanzig oder dreißig Jahren.* (SZ)

BANGEMANN: KEIN ENDE
DES AUFSCHWUNGS*

(market) upturn

„Nur *Verschnaufpause*" / Anschluß an Fortschritt wahren / Eröffnung der Hannover-Messe

a little time to recover one's breath

Ke. HANNOVER, 31. März. Die *Konjunktur* ist in den vergangenen Wochen ins Gerede gekommen. Die jüngsten Konjunkturindikatoren signalisieren eine Verschnaufpause. Daraus ein Ende des Aufschwungs *ableiten* zu wollen, hieße aber, die anhaltend günstige Gesamtkonstellation der deutschen Wirtschaft zu *verkennen*. Mit diesen Worten *wehrte* sich Bundeswirtschaftsminister Martin Bangemann gestern in der Stadthalle von Hannover mit Nachdruck gegen *Behauptungen,* die deutsche Wirtschaft befände sich schon wieder in einer Abschwungphase. Im Runden Saal der Stadthalle hatten sich mehr als tausend *Vertreter* aus Wirtschaft und Gesellschaft zur *Eröffnungsfeier* der diesjährigen Hannover-Messe Industrie zusammengefunden. Auf der größten Industrie-Messe der Welt, die an diesem Mittwoch beginnt und am 8. April endet, präsentieren sich 5715 *Aussteller* aus allen Kontinenten.

state of the economy

deduce
not to recognize/ defended
claims

representatives
opening ceremony

exhibitors

*FAZ, den 1. April 1987

In seiner Eröffnungsrede erklärte der Wirtschaftsminister, daß die Aufwertung der D-Mark gegenüber dem Dollar um mehr als 80 Prozent seit März 1985 die deutschen Exporte natürlich *belaste* und auch in der Bundesrepublik selbst die Wettbewerbsposition der Unternehmen gegenüber amerikanischen Unternehmen erschwere. Es sei nicht verwunderlich, daß dadurch der Aufschwung vorübergehend *ins Stocken geraten sei*. Dennoch gingen alle *namhaften* Experten von einem weiteren Wirtschaftswachstum, und nicht etwa von einer Rezession aus. „Die Expansion der *Binnennachfrage*, insbesondere auch des privaten Verbrauchs, ist kräftig, und es gibt bei stabileren Wechselkursen gute Chancen, daß der Export allmählich wieder zunimmt", sagte Bangemann.

Allerdings sei es dazu auch erforderlich, sagte der Minister an die Adresse der Unternehmen gerichtet, daß die Industrie alle *Anstrengungen* unternehmen müsse, um *Anschluß* an den technischen Fortschritt zu behalten. Es gehe dabei darum, auf den Weltmärkten immer wieder *Wettbewerbsvorsprünge* zu erzielen, damit der arbeitsplatzschaffende Effekt neuer Techniken möglichst wirksam zum Tragen komme. Eine Regierung könne die wirtschaftliche Entwicklung nicht „machen", sie könne lediglich für optimale *Rahmenbedingungen* und gut funktionierende Märkte sorgen.

Auch der Präsident der *Bundesvereinigung* der Deutschen *Arbeitgeberverbände*, Dr. Klaus Murmann, stellte als Vertreter der Wirtschaft die gegenwärtige Konjunkturlage in den Mittelpunkt seiner Rede zur Eröffnung der Hannover-Messe. „Der Wirtschaftsaufschwung, der seit vier Jahren andauert, *gleicht* inzwischen weniger einem *zügigen Aufstieg zum Gipfel*, als vielmehr einer *langgestreckten Höhenwanderung* mit einigen *Ermüdungen*, sagte Murmann dazu. Dennoch berechtigt auch seiner Ansicht nach die positive Grundverfassung der binnenwirtschaftlichen Faktoren zur *Zuversicht*. Das inländische Wirtschaftswachstum werde auch 1987 kräftige Impulse *auslösen*. Jüngste *Unternehmensbefragungen* ließen für konsumorientierte Branchen und für den Dienstleistungsbereich besonders günstige Entwicklungen erkennen. *Sorge* bereitet dem Arbeitgeberpräsidenten indessen die Kostensituation in den Unternehmen. Die Arbeitskosten einschließlich der *Personalzusatzkosten* seien in der deutschen Wirtschaft um gut ein Fünftel höher als in Amerika und Japan. Auch bei den *Steuer- und Abgabenbelastungen* nehmen die deutschen Unternehmen eine Spitzenposition ein.

burdens

had slackened
well-known

domestic demand

efforts
connection

competitive
advantages

structural
conditions
Federal
Association/
employers
associations
is like/
uninterrupted,
fast climb to the
top of the
mountain
long-distance hike
along a high
ridge
moments of fatigue
confidence
trigger/corporate
polls
worry
fringe benefits
charges of taxes
and assessments

1. Nach Bundeswirtschaftsminister Bangemann ist der Aufschwung zu Ende. **JA NEIN**

2. Die Gesamtkonstellation der deutschen Wirtschaft ist nicht mehr günstig. **JA NEIN**

3. Hier in Hannover wird die größte internationale Industriemesse abgehalten. **JA NEIN**

4. Der Export wir dadurch erleichtert, daß der Dollar gegen die D-Mark an Wert verloren hat. **JA NEIN**

5. Namhafte Experten erwarten eine Rezession. **JA NEIN**

6. Die Binnennachfrage hat zugenommen. **JA NEIN**

7. Die deutsche Industrie müsse sich weiter um technischen Fortschritt bemühen.   **JA NEIN**

8. Der Präsident der Bundesvereinigung der Deutschen
Arbeitgeberverbände beurteilt die gegenwärtige Marktlage pessimistisch.   **JA NEIN**

9. Bei deutschen Unternehmen sind die Arbeitskosten
einschließlich Personalzusatzkosten und die Steuern
viel höher als in Amerika und Japan.   **JA NEIN**

***D.10. Wählen Sie eine Reklame aus einer deutschen Zeitschrift
und zeigen Sie der Klasse, wie wirkungsvoll oder wirkungslos
sie ist. Sie können auch zwei Reklamen, am besten von zwei
ähnlichen Produkten, miteinander vergleichen.***

***D.11. Hören Sie sich das Tonband-Interview zu Kapitel IVD an
(Kassett 3).***

Herr Prick

VERSTÄNDNISHILFEN

zum Gespräch über Werbung

Sonnenschutz	*sun protection*
Handpflegemarke	*handcare brand*
Körperpflege	*bodycare*
mittlerweile	*meanwhile*
Zwillingsschwester	*twin sister*
Effie-Preis	*Effie-award*

Effizienz	*efficiency*
eine Fülle von Auszeichnungen	*an abundance of awards*
annähernd	*nearly*
Kampagne	*campaign*
Ansatz	*method, concept*
Motive	*motifs*
Leib	*body*
zarte Haut	*delicate skin*
Anstöße	*impulses*
zeichnerische Umsetzung	*graphic transposition*
Verfremdungen	*alienations*
für eine Leistung der Creme	*for one beneficial effect of the cream*
Feuchtigkeit	*moisture*
Schmuckstück	*piece of jewelry*
Jungbrunnen	*fountain of youth*
Falten	*lines, wrinkles*
Jubiläumsjahr	*anniversary*
schlechthin	*absolutely*
zusammenführte	*combined*
ranzig	*rancid*
Emulsionstyp	*type of emulsion*
Rezepturaufbau	*pharmaceutical composition*
Salbe	*salve*
Wachstum	*growth*
Markenrechte	*trademark rights*
Umsetzung	*transposition*
unter Zugrundelegung unseres Motivs	*taking our motif as a basis*
entsprechend	*corresponding*
ausgeprägt	*distinctly marked*
Werbeetat	*advertising budget*
verteilen	*distribute*
Richtlinien	*guidelines*
Fernsehanstalten	*broadcasting companies*
Teilbetrag	*fractional amount of the money*
Aufwendung	*expenditure*
eingeschaltet	*inserted*
eingespeichert	*stored*
Sender	*stations*
Fuß zu fassen	*to get a foothold*
angewiesen auf	*dependent on*
Werbeblöcke	*advertising blocks*
zuzuteilen	*to allocate*
einschalten	*tune in*
Krimis	*crime stories*
Abenteuerfilme	*adventure films*
Spotwerbung	*brief advertisements*

Hören Sie sich das Gespräch zum zweiten Mal an und entscheiden Sie dann, ob die folgenden Aussagen darin gemacht wurden.

1. Herr Prick ist Marketingleiter für Kosmetikprodukte. **JA NEIN**

2. Die besondere Produktgruppe unter seiner Betreuung ist die Marke Nivea. **JA NEIN**

3. Man sagt im Deutschen jetzt auch „Milk" und „Lotion". **JA NEIN**

4. Herr Prick hat mit der Nivea-Reklame keinen großen Erfolg gehabt. **JA NEIN**

5. Es gibt so viele Auszeichnungen in der Werbewelt, daß die Kollegen bei Beiersdorf die meisten nicht ernst nehmen. **JA NEIN**

6. Niemand freut sich über den Effie-Preis. **JA NEIN**

7. Beiersdorf hat schon seit 12 Jahren eine Nivea Cartoon-Kampagne gemacht. **JA NEIN**

8. In einem Werbe-Motiv sind Sprache und Bild miteinander verbunden. **JA NEIN**

9. Keiner merkt die Nivea-Reklame mehr, wenn sie nicht immer mit neuen Motiven kommt. **JA NEIN**

10. Cartoon-Werbung ist nicht wirksam. **JA NEIN**

11. Ein Wassertropfen ist ein Symbol für Trockenheit. **JA NEIN**

12. Jugendliche Haut braucht keine Nivea Creme. **JA NEIN**

13. Vor 1911/1912 gab es schon viele Cremen, die Fett und Feuchtigkeit miteinander verbanden. **JA NEIN**

14. Das Geschäft mit den USA ist nicht groß, wächst aber schnell. **JA NEIN**

15. Die besondere Zielgruppe in der Nivea-Reklame sind wohlhabende Leute. **JA NEIN**

16. Beiersdorf macht die meiste Nivea-Reklame in Zeitschriften. **JA NEIN**

17. Die Firma würde gern mehr Werbung im Fernsehen machen. **JA NEIN**

18. Sie tut es nicht, weil es zuviel Geld kostet. **JA NEIN**

19. Das 1. Deutsche Fernsehen und das 2. Deutsche Fernsehen teilen den Herstellern zu, wieviel Reklame sie zeigen können. **JA NEIN**

20. Kurze Filme werden in Deutschland alle fünf Minuten von Werbung unterbrochen. **JA NEIN**

21. Werbung darf nur zwischen Filmen gezeigt werden. **JA NEIN**

22. In Deutschland werden jetzt auch amerikanische Serien gezeigt. **JA NEIN**

fünf

DIE DEUTSCHE GESCHÄFTSWELT

A. UMGANGSFORMEN

1 / Nach dem zweiten Weltkrieg hat langsam aber stetig eine Entwicklung eingesetzt, die die Völker, besonders die des Westens, einander immer näher gebracht hat. Dazu haben viele Faktoren beigetragen, u.a.:

Von den Regierungen unterstützte Austauschprogramme von Schülern, Studenten, Lehrern und Wissenschaftlern.

Der sich in den sechziger Jahren entwickelnde Flugverkehr zu erschwinglichen Preisen, der Millionen von Touristen erlaubte, über den „großen Teich" zu fliegen und andere Länder und Leute kennenzulernen. *"big pond"*

Das Fernsehen, das uns in Bild und Ton mit fremden Ländern, ihren Sitten und Moden bekannt macht.

Tonbänder und Platten, die uns mit der Musik anderer Völker vertraut machen können.

2 / Man nimmt auf, was einem am Lebensstil und der Kultur des anderen gefällt, und so findet ein *Angleichungsprozeß* statt, der die Völker einander ähnlicher macht. Der amerikanische Einfluß hat sich dabei als besonders stark gezeigt, und die Deutschen sind sogar amerikanisierter als die Briten. Aber es sind bisher dennoch deutliche Unterschiede in manchen Umgangsformen der beiden Nationen übrig geblieben. *process of assimilation*

3 / Wer als Amerikaner nach Deutschland kommt und dort eine Weile wohnt, dem fällt die formelle Höflichkeit im Umgang der Deutschen miteinander auf. Nachbarn, die schon seit Generationen Haus an Haus wohnen, reden sich mit „Frau Müller", „Fräulein Meier" und „Herr Rode" an. Wenn sie einander auf der Staße begegnen, zieht der Mann im Vorübergehen mit einer leichten *Verbeugung* den Hut and grüßt. Die Damen *nicken* freundlich, wenn sie sein „Guten Tag!" oder „Grüß Gott!" erwidern, und *wohlerzogene* Kinder grüßen ebenso höflich. *bow/nod* *well-behaved*

4 / Im Geschäftsleben ist das nicht anders. Langjährige Kollegen reden sich gewöhnlich noch mit „Sie" und dem Nachnamen an, und diese höfliche Distanz wird auf jeden Fall mit Vorgesetzten und Untergebenen bewahrt. Es ist z.B. nicht üblich, daß ein Chef seine Sekretärin beim Vornamen

183

Geschäftsstraße in Frankfurt am Main.

nennt. Das ungezwungenere und vielleicht herzlichere „Du" darf nur von
dem Älteren oder *Höhergestellten* vorgeschlagen werden.

higher in rank or merit

5 / Es gibt in deutschen Betrieben auch eine stärker profilierte Hierarchie.
Man kennt seinen „Platz", und man erweist seinen Vorgesetzten Respekt.
Die *Zuständigkeitsbereiche* sind klarer *abgegrenzt* als in den USA. Wer
sich nicht zuständig fühlt, nimmt die Sache nicht in die Hand, sondern
leitet sie weiter. Das wäre sonst ein *Übergriff* in den Arbeitsbereich eines
andern. Dieses Gefühl des *Fest-Eingegliedert-Seins* hat auch eine positive Seite: die Betriebstreue. Achtzig Prozent der Angestellten machen

areas of competency/ delineated transgression being firmly fitted in

ihre Karriere innerhalb desselben Betriebs. Wer oft die Stellung wechselt, ist den Deutschen verdächtig. Für seinen Betrieb arbeitet man, man gehört dazu, und von daher ist man auch versorgt. (Jemanden gegen seinen Willen zu entlassen, ist nach dem Deutschen Arbeitsgesetz fast unmöglich). Diese Einstellung ist traditionsbedingt. Sie erinnert an das feudalistische System vorindustrieller Zeiten. Jeder hatte einen Feudalherrn, dem er Dienste leisten mußte und der ihn beschützte, und sein Platz in der *Stufenleiter* der Hierarchie war durch die Größe seines Landbesitzes *step ladder* genau festgelegt. An die Stelle des Landbesitzes treten heute Stellung und Einkommen.

6 / Die Bürokratie in manchen deutschen Firmen scheint Amerikanern stärker zu sein und den Gang der Geschäfte *aufzuhalten*. Selbst Routine-Ab- *to slow down* wicklungen müssen oft von verschiedenen *Verwaltungsebenen* und wo- *levels of* möglich noch vom obersten Betriebsleiter genehmigt werden. Man darf *administration* das aber nicht zu stark verallgemeinern. Größe und Struktur des Betriebes können dabei entscheidend sein, und noch mehr ist es die Persönlichkeit der Leute in den Spitzenpositionen, besonders ihr Alter. Jüngere *Füh-* *top executives* *rungskräfte* sind im allgemeinen flexibler. Manche von ihnen haben eine Zeitlang in amerikanischen Firmen gearbeitet und sind sehr auf Team-Arbeit eingestellt.

7 / Früher waren Titel in Deutschland ungeheuer wichtig. Man redete sich mit der Position in der Gesellschaft statt mit den Namen an, und die Frauen trugen den Titel ihres Mannes, so daß es zu grotesken Anreden wie „Frau Schneidermeister" kam. Heute gibt es das nicht mehr, wenn auch auf dem Lande noch Anreden wie „Frau Pastor" und „Frau Kantor" anzutreffen sind. Auch werden die Frauen von Ärzten oft noch mit „Frau Doktor" angeredet, worüber sich Ärztinnen ärgern, die den Titel zu Recht führen. Akademische Titel, wie „Doktor" und „Professor" werden nach wie vor in der mündlichen und schriftlichen Anrede gebraucht. Sie werden zwischen „Herr" oder „Frau" eingeschoben (ein Fräulein mit einem Doktor darf sich „Frau Doktor" . . . nennen), so daß es „Herr Doktor Schrewe" oder „Frau Professor Härtling" heißt. Hat jemand mehr als einen akademischen Grad, so wird er mit dem höchsten angeredet. In der Anschrift werden aber alle Titel bedacht, also „Herrn Prof. Dr. Schrewe". Leute mit demselben akademischen Titel nennen sich untereinander nur „Herr Schrewe" und „Frau Härtling". In Süddeutschland und Österreich werden Frauen von Status oft mit „Gnädige Frau" angeredet. Ein bescheidener Mensch stellt sich nie selbst mit seinem Titel vor, sondern nennt nur seinen Nachnamen. Wenn jemand anders zwei Leute miteinander bekannt macht, nennt er selbstverständlich die Titel. Die jüngere Person wird der älteren zuerst vorgestellt. Die ältere soll zuerst wissen dürfen, mit wem sie bekannt gemacht wird.

8 / Noch ein paar andere Sitten, mit denen der ausländische Geschäftsmann vertraut sein sollte, spielen im täglichen Leben eine Rolle. Bei jedem Treffen und Auseinandergehen geben die Deutschen einander die Hand, auch den Damen, ihnen zuerst. Sie helfen einander aus dem Mantel und in den Mantel, auch Männer untereinander. Männer gehen immer an der linken Seite einer Dame, ganz gleich, an welcher Seite der *Kantstein* ist— *curb*

Man ißt mit dem Messer in der rechten und der Gabel in der linken Hand.

eine Sitte, die keinen Sinn zu haben scheint. Wie in Amerika öffnen sie ihr die Tür und lassen sie vorgehen. Nur beim Treppensteigen folgt die Frau gewöhnlich. Der Grund dafür war ursprünglich, daß der Mann ihr so nicht unter den Rock gucken konnte. Zu einer privaten Einladung kommt man mit Blumen oder *Pralinen* für die Hausfrau. *Dafür* wird aber nicht erwartet, daß man hinterher eine Dankeskarte schickt. Wenn man zum Abendessen eingeladen ist, trinkt man nicht, bevor der Hausherr sein Glas hebt. Die Deutschen essen mit dem Messer in der rechten und der Gabel in der linken Hand. Sie werden es dem Amerikaner aber nicht übelnehmen, wenn er weiter sein Fleisch vorschneidet und dann das Messer weglegt. Dagegen würden sie es wahrscheinlich als ungesittet und unangenehm empfinden, wenn er nicht beide Hände auf dem Tisch behält. *[chocolates / in return]*

9 / Wer einen Geschäftsbesuch machen will, sollte sich vorher anmelden. Die besten Besuchszeiten sind vormittags zwischen elf und eins und nachmittags zwischen drei und fünf. Es macht keinen guten Eindruck, wenn man nicht konservativ gekleidet ist. Pünktlichkeit wird erwartet. Im Gespräch mit einem schon bekannten Geschäftspartner sollte man nicht gleich aufs Geschäftliche *lossteuern,* sondern die Unterredung mit ein paar persönlichen Bemerkungen oder Fragen, z.B. nach dem Wohlbefinden der Familie einleiten. Beim ersten Besuch sollte man nicht zu lange bleiben und am Ende eine Geschäftskarte hinterlassen, und während der Unterredung wird Geduld empfohlen, wenn der deutsche Kollege nicht so schnelle Entscheidungen trifft wie ein amerikanischer. Man sollte ihn deshalb nicht unterschätzen. Die deutschen Geschäftsleute sind meistens kluge Geschäftsleute. *[get into]*

10 / Ich bitte um Entschuldigung für den Gebrauch der männlichen Form, wenn von einer Geschäftsperson im Singular die Rede ist. Es ist zu umständlich, jedesmal die Wörter für beide Geschlechter zu geben. Das noch ganz ungewöhnliche Wort „Geschäftsperson" will mir nicht aus der Feder, und ich bringe es nicht fertig, wenigstens zu 50 Prozent die weibliche Form zu wählen. Die Macht der Gewohnheit! Aber es gibt, wenn auch noch mit weniger Selbstverständlichkeit als in den USA, durchaus schon deutsche Geschäftsfrauen, sogar in Spitzenpositionen. Nach den Statistiken, die in dem 1980 veröffentlichten und zu empfehlenden Buch *Meeting German Business* (A Practical Guide for American and other English-Speaking Businessmen in Germany, compiled and edited by Irmgard Burmeister, published by Atlantic Brücke e.V.) angegeben werden, waren unter den 580 000 westdeutschen Führungskräften 16 Prozent Frauen, eine hoffentlich wachsende Zahl. Die Umfrage war von den Instituten Marplan und Media-Markt-Analysen durchgeführt worden.

WORTSCHATZ

die Umgangsformen, *pl.*	*(good) manners*
1 / austauschen	*to exchange*
der Wissenschaftler, -	*scientist*
erschwinglich	*affordable*
das Tonband, ⁼er	*tape*
2 / deutlich	*noticeable*
übrig	*leftover*
3 / formell	*formal, stiff*
der Umgang	*social intercourse*
sich anreden	*to address one another*
4 / Distanz bewahren	*to keep a distance*
der **Vorgesetzte, -n**	*superior, boss*
der **Untergebene, -n**	*subordinate*
der **Chef, -s**	*boss*
ungezwungen	*informal, casual*
5 / Respekt erweisen	*to show respect*
weiterleiten	*to pass on*
die Betriebstreue	*loyalty to the company*
die **Karriere, -n**	*career*
verdächtig	*suspect*
versorgen	*here: to take care of; supply*
die Einstellung	*attitude*
beschützen	*to protect*
6 / die Ebene, -n	*level*
der **Betriebsleiter, -**	*top manager*
genehmigen	*to approve, grant*
verallgemeinern	*to generalize*
die Struktur, -en	*structure*
die **Spitzenposition**	*top executive position*
eingestellt auf	*geared to*
7 / der Titel, -	*title*
zu Recht	*rightfully*

die Anrede, -n	(*oral*) *address*
sich nennen	*to call oneself*
einschieben, o, o	*to insert*
der Grad, -e	*degree*
die **Anschrift, -en**	(*written*) *address*
bescheiden	*modest*
sich vorstellen	*to introduce oneself; imagine*

8 / die Sitte, -n — *custom, etiquette*
vertraut — *familiar*
ungesittet — *ill-mannered*

9 / **sich vorher anmelden** — *to make an appointment in advance*

der Eindruck, ⁻e — *impression*
die **Pünktlichkeit** — *punctuality*
erwarten — *to expect*
die **Unterredung** — *talk, conference, interview*
Entscheidungen treffen, i, o — *to make decisions*
unterschätzen — *to underestimate*

10 / umständlich — *cumbersome, awkward*
das Geschlecht, -er — *sex, gender*
die Selbstverständlichkeit — *matter of course*

ÜBUNGEN

A.1. Vervollständigen Sie die Sätze.

1 / **1.** Seit dem 2. Weltkrieg haben die westlichen Regierungen _____ unterstützt (*exchange programs*).

2. Heutzutage sind die Flugpreise für viele Leute _____ (*affordable*).

2 / **3.** Die Deutschen sind _____ als die Briten (*more Americanized*).

4. Dennoch gibt es deutliche Unterschiede in den _____ der beiden Nationen (*manners*).

3 / **5.** Amerikanern fällt auf, daß die Deutschen viel _____ sind (*formal*).

6. Nachbarn, die sich seit Jahren kennen, reden sich mit den _____ an (*last names*).

4 / **7.** Auch wenn sie schon jahrelang zusammenarbeiten, wird die _____ _____ zwischen Untergebenen und _____ bewahrt (*polite distance; superiors*).

5 / **8.** Wer sich nicht _____ fühlt, leitet die Angelegenheit weiter (*in charge*).

9. Die meisten Angestellten machen ihre _____ innerhalb desselben Betriebs (*career*).

10. Wer seine _____ zu oft _____ , zeigt keine Betriebstreue (*changes his job*).

6 / 11. Manchmal müssen sogar Routine-Abwicklungen vom Betriebsleiter _____ werden (*approved*).

12. Viel hängt von der Persönlichkeit und dem Alter der Leute in den _____ ab (*top executive positions*).

13. Es gibt natürlich auch viele _____ Betriebsleiter, die ganz auf Team-Arbeit _____ sind (*flexible; geared*).

7 / 14. Heute sind _____ nicht mehr ganz so wichtig wie früher (*titles*).

15. Ein bescheidener Mensch _____ _____ nie mit seinem Titel _____ (*introduces himself*).

8 / 16. Der Ausländer sollte noch mit ein paar anderen _____ vertraut sein (*customs*).

17. Der Deutsche empfindet es als _____ , wenn man eine Hand unter dem Tisch hat (*ill-mannered*).

9 / 18. Es ist wichtig, daß man sich zu einem Geschäftsbesuch _____ _____ (*makes an appointment*).

19. Nach der ersten _____ sollte man eine Geschäftskarte hinterlassen (*conference*).

20. Man sollte die deutschen Geschäftsleute nie _____ (*underestimate*).

A.2. Verwandte Wörter. Bilden Sie mit jedem Wort einen kurzen Satz.

amerikanisiert   die Generation   die Distanz   profiliert
die Hierarchie   der Respekt   die Karriere   die Tradition
flexibel   feudalistisch   die Bürokratie   die Routine   grotesk
akademisch   der Titel

A.3. Schreiben Sie auf englisch eine kurze Zusammenfassung des Textes.

A.4. Die deutsche Sprache ist voll von Verben mit trennbaren und nicht-trennbaren Vorsilben. Wiederholen Sie die Regeln und schreiben Sie dann die Sätze in den angegebenen Zeitformen. Alle Verben sind den Kapiteln VA und IVD entnommen.

1. Sie stellte mir ihren Kollegen vor (future).
2. Wir reden uns mit Vornamen an (present perfect).
3. Der Staat beschützt alle Angestellten und Arbeiter (future).
4. Er unterschätzt die deutschen Geschäftsleute (past perfect).
5. Haben Sie die Geburt Ihres Sohnes in der Zeitung angekündigt? (present).

6. Wir vermarkten lauter neue Ware (future).

7. Wenn er einen Vertrag abschließt, ist er froh (simple past).

8. Das trifft nicht bei der Presse zu (future).

9. Du hast zuviel erwartet (present).

10. Sie haben eine große Ausstellung abgehalten (simple past).

11. Haben Sie einen beträchtlichen Absatz erzielt (future)?

12. Der Betriebsleiter hat das nicht genehmigt (present).

A.5. Übersetzen Sie.

1. You should make yourself familiar with the manners of a foreign country.

2. Many German scientists came to the US and vice-versa.

3. There are noticeable differences in German and American customs.

4. Formal politeness is important in Germany.

5. Americans are more casual with one another.

6. You must show respect to your superior.

7. Don't say your title when you introduce yourself.

8. Sorry, I am not in charge. Please see Mr. Keller!

9. If you don't show loyalty to the company, you are suspect.

10. You must change your attitude!

11. Many transactions have to be approved by the top manager.

12. Don't forget to make an appointment.

13. It is important to be punctual when you have an interview.

14. Don't underestimate your German business partner, even if he is slow in making decisions.

A.6. Versuchen Sie, den folgenden Witz zu verstehen. Denken Sie daran, daß an die Stelle von „für" mit dem Akkusativ ein indirektes Objekt treten kann. „Schachtel hat zwei Bedeutungen im Deutschen: „box" und auch „old hag". Dann sagt man allerdings gewöhnlich „alte Schachtel".

Ein Amerikaner, der zu einer deutschen Party eingeladen ist, wird gleichzeitig mit einem anderen Gast von der Hausfrau begrüßt. Der andere Gast gibt der Hausfrau eine wunderschöne Rose und sagt dabei: „Die Rose der Rose!" Die Hausfrau errötet beglückt, und der Amerikaner beobachtet, wie sie den ganzen Abend diesen Gast mit besonderer Freundlichkeit behandelt. Aus dieser Erfahrung will er lernen!

Als er wieder eine Einladung bekommt, kauft er für die Dame des Hauses eine große Schachtel Pralinen. Er hat richtig gehört, daß Pralinen ein übliches und beliebtes Gastgeschenk seien. Bei der Begrüßung an der Haustür übergibt er der Hausfrau sein Geschenk mit lächelnder Ver-

Darf ich Sie heute abend ausnehmen?

beugung und den Worten. „Die Schachtel der Schachtel!" Da wird ihm die Tür vor der Nase zugeschlagen. Er steht draußen im Kalten und wundert und ärgert sich. Die Deutschen sind nicht konsequent. Wer soll die schon verstehen lernen!

A.7. Amerikaner, die „to take s.o out" Wort für Wort übersetzen, können in Schwierigkeiten kommen. Auf deutsch heißt es „mit jemandem ausgehen". In Süddeutschland und Österreich sagt man auch „jemanden ausführen". „Ausnehmen" dagegen bedeutet die Gedärme (intestines) eines geschlachteten (slaughtered) Tieres rauszunehmen. Sehen Sie sich die Zeichnung an, und kommentieren Sie.

A.8. Lesen Sie den Artikel „Jeder dritte kommt lieber zu früh", und unterhalten Sie sich darüber. Würden Amerikaner bei einer Umfrage auch so antworten? Würden Sie in Zukunft, wenn Sie in Deutschland zu einem Abendessen eingeladen wären, ein paar Minuten zu früh, zu spät, oder pünktlich auf die Minute erscheinen?

JEDER DRITTE KOMMT LIEBER ZU FRÜH*

„Zufrühkommen wird Mode", schrieben wir in einer Glosse im Wirtschaftsteil (F.A.Z. vom 13. Januar). Anlaß dafür waren Beobachtungen, daß Eingeladene heute eher ein wenig zu früh als zu spät zur Stelle sind. Das Institut für Demoskopie Allensbach hat dieses Thema aufgegriffen und im Februar 965 Personen gefragt: „Einmal angenommen, jemand ist irgendwo zum Essen eingeladen—und zwar um sieben Uhr abends. Was, meinen Sie, ist am höflichsten: Wenn er fünf bis zehn Minuten vor sieben oder fünf bis zehn Minuten nach sieben bei seinen Gastgebern ankommt? Oder ist es am höflichsten, wenn er ziemlich genau um sieben Uhr ankommt?"

Immerhin 33 Prozent der Befragten entschieden sich für „zu früh". Acht Prozent hielten die leichte Verspätung für einen Akt der Höflichkeit, und die Mehrheit von 55 Prozent empfindet Pünktlichkeit auf die Minute als das Beste. Kein großer Unterschied der Antworten ergab sich zwischen Frauen und Männern. Die Fraktion der Befürworter des Zufrühkommens war auch bei den jungen und älteren Befragten etwa gleich groß. Nur wenige über Sechzigjährige halten hingegen Zuspätkommen für höflich.

Eine Parallelumfrage, bei der es nicht um höflich/unhöflich ging, ergab Verstärkung für die Anhänger des Zuspätkommens, aber kaum Abwanderungen bei der Gruppe, die nach ihrer Aussage eher etwas zu früh bei ihren Gastgebern eintrifft. Wie weit das Pünktlichkeitsverhalten—um ein modernes Wort zu gebrauchen—„schichtenspezifisch" unterschiedlich ist, darüber können die Ergebnisse der Allensbach-Befragung leider keine Auskunft geben.   Li.

A.9. Auf dem Flug mit Pan Am nach Europa fand ich diesen Artikel im Pan Am Clipper. Er paßt genau zu diesem Thema, und die Hinweise darin könnten Ihnen bei geschäftlichen Besuchen in Deutschland hilfreich sein. Lesen Sie den Artikel und unterhalten Sie sich darüber auf deutsch. Betonen Sie, was ganz anders in den USA ist, und drücken Sie Ihr Erstaunen aus.

Presents of Mind
International Executive Etiquette

OBSERVING THE FORMALITIES

Business Travelers to West Germany Will Find It Advantageous If They Understand Certain Customs When Entertaining or Being Entertained.

By Dawn Bryan

Most visitors to West Germany will attest that German formality is not the most flexible and is often difficult for the foreigner to understand.

---

*Frankfurter Allgemeine Zeitung 29.4.87

Whenever matters of protocol arise, the Germans fondly tell the story of Count Knigge. This famous 18th-century German satirist and etiquette authority met his demise when he fell overboard and was attacked by a shark. In an effort to save himself, he pulled out a knife. Onlookers were shocked: "How can you possibly approach a shark with something other than a fish knife!"

Yet the basic rules of conduct in Germany are comprehensible if you recognize that the requirements of protocol are a 24-hour-a-day obligation. In Germany, this encompasses everything from gauging the importance of the people you meet by the various initials preceding their names on business cards and in correspondence (in Germany a "ppa," or *Prokurist* is a key decisionmaker with registered signing authority) to being certain to remove the wrapping paper from your hostess's flowers (yes, it's okay to slip the wrap to the host).

Let's say you're on a business trip to Germany and you've been invited to your colleague's home for dinner at 7:30. (Chances are if it's only your first or even second trip, you won't be invited to someone's home.) You realize that such an invitation is an honor; you know that if you arrive at 7:35, you will be considered late as well as rude. You also know that a gift is expected. What is appropriate?

If the gathering or party is in your honor, it is best to send a *mitbringsel*, or small gift, the day of the occasion. If you are caught unprepared, sending a gift the next day with a thank-you note is an acceptable alternative.

If you intend to send or bring flowers with you to a German home, you should be aware of these very precise guidelines:

- Do not give red roses; they are only for sweethearts.
- Germans prefer flowers in their natural state with all artifice removed, thus the rule about unwrapping flowers before presenting them.
- Buy an uneven number, definitely not a dozen (Germans are familiar with the American saying "cheaper by the dozen").
- Do not give masses of flowers.

A stylized Steuben Glass eagle,
designed by Lloyd Atkins, makes an
appropriate gift for a West German
business friend.

Fine chocolates or pralines and appropriate books, possibly about your region of the world, are gifts that are always well received by German hosts. If you expect to have a continuing relationship with these people, take mental notes about their life-style, surroundings, children, preferences, collections, and interests so that you can give a more personal gift on future trips.

President Reagan can get away with official gifts of California wines accompanied by lovely engraved crystal pieces, such as a Steuben ship's decanter. However, for the rest of us, table wine is not recommended unless you are certain that a particular bottle will be appreciated. Your host may infer that you do not care for his choices or that you think he may not have enough wine; in either case, your gift could be regarded as an affront. Other quality spirits are more fitting presents.

Entertaining is a special form of gift giving that also has its subtle, unspoken rules. Foreign businesspeople who wish to entertain their German hosts must first understand that lunch is not necessarily considered a business opportunity. In fact, if the Germans do not discuss business, it would be best to follow suit. Selecting the restaurant yourself is *de rigueur*. It is bad manners to force a German to choose, but it is perfectly acceptable to ask his or her assistant or secretary for suggestions. Do not allow your guests to pick up the check, even though they will probably try. As in most countries and circumstances, the check always belongs to the host. You may extend dinner invitations to your German associates' wives.

In Germany, business gifts are seldom exchanged at the outset of negotiations, but may be given at the conclusion of a business deal as well as at Christmastime. German gift-giving is less ostentatious than in the United States. Quality and appropriateness are the essential characteristics of any gift for your German associates. Martin Weitzner, director of corporate information for Siemens Capital Corporation, suggests that the best gift is often an American version of something the recipient enjoys: musical tapes or records, tobacco, a type of book, art objects.

Presents that are traditionally or typically American as well as commissioned or tasteful logo gifts are especially appreciated. Other presents that delight most Germans include American Western art and art books (especially Frederic Remington and Charles Russell); unusual packaged foods such as macadamia nuts or special coffees, or choice frozen steaks or lobster; and elegant reproductions of Americana from such historical sites as Williamsburg.

To commemorate special occasions, take some hints from the United States Office of Protocol. They usually present traditional American-produced gifts that can be engraved as mementos: handmade rosewood and silver boxes from Williamsburg, Tiffany's silver boxes with the presidential seal and insignia, Boehm porcelain (Mrs. Boehm designed the Nancy Reagan Rose for her to give), and lots of eagles in every medium from crystal to bronze (President Reagan's gift to Chancellor Helmut Schmidt was a Wheatley Allen bronze casting of an original wood eagle). Because the national emblem of both countries is the eagle, U.S. Chief of Protocol, Ambassador Selwa Roosevelt jokes that we are two countries that "eagle each other to death."

When your German associates visit the United States, the best present you can give is a taste of your own country and culture. As general manager of administrative services for Mercedes-Benz of North America, Fred Meyer entertains many high-level German executives. His guests enjoy well-planned sight-seeing trips, excursions to major museums, concerts, and, for those with good command of English, the theater. Meyer also notes that boat trips on the Potomac, helicopter views of New York City, and glimpses of the Grand Canyon and the giant redwoods in California have been especially appreciated.

Do not, by the way, be insulted if your German friends do not write thank-you notes after you have entertained them. A verbal acknowledgment is usually considered adequate.

TIPS FOR BUSINESSWOMEN

Although less than 20 percent of German business executives are women (and very few of those are at top levels), businesswomen are treated as the professionals they are. However, there still are cultural differences for the business traveler to consider:

- A woman never invites a male colleague to dine alone with her at a restaurant; always invite at least one other person.
- German men feel extremely uncomfortable if a woman pays the check in front of them; arrange ahead with the maître d' or give him your credit card when you arrive and sign the receipt when you leave.
- A woman never toasts a man.
- Avoid giving any business gift that might be construed as personal.

A.10. Hören Sie sich das Tonband-Interview zu Kapitel VA an (Kassette 4).

Herr Runge

VERSTÄNDNISHILFEN

zum Gespräch über Geschäftspraktiken und Umgangsformen

hebt sich von der deutschen Mentalität ab	*constrasts with the German mentality*
steuert	*steers*
Einstellung	*attitude*
veröffentlichte Bilanzgewinne	*published net profits*
vor Steuer	*before taxes*
Aktiengesellschaften	*(stock) corporations*

Herr Kugler

Kapitalausstattung	*capitalization*
Erfahrungsschatz	*sum of experience*
Bezügen	*relations*
Erfahrungsausschnitt	*sector of experience*
Fristigkeiten	*time tables*
Niederknüppelung	*beating down*
nehmen. . .in Kauf	*put up with*
auffällig	*obvious*
vor den Kopf schlagen	*give offence*
Kegeln	*bowling*
eine Stufe drauf	*one up*
Rangordnung	*hierarchy*
merkbarer	*more noticeable*
beansprucht	*claims*
geprägt	*determined*
knüpfen sich mehr an das. . .	*are more linked to. . .*
Rang	*position*
an die hundert	*close to a hundred*
sich nicht berufen fühlte	*did not feel called upon*
des Vorgesetzten	*of the boss*
Devise	*motto*
Selbstvertrauen	*self-confidence*
ungetrübter	*less troubled*
Karriere machen	*get to the top*
Kurzschrift	*shorthand*
vervielfältigt	*duplicated*
dat hep we ook	*(low German)* das haben wir auch
Umständen	*circumstances*
weiträumig	*spacious*
gelassener	*calmer*
großzügiger	*more generous*
Panne	*failure*
umwerfen	*here: break*
Knick	*bend*
aufs Dach gekriegt haben	*suffered a blow*
groß zu tun	*to boast*
Sicherheitsnetz	*network of social protection*
ausgesetzt (with Dative)	*exposed to*
Gulaschküchen	*soup-kitchens*
Mahlzeit	*meal*
Vereine	*clubs*
Wägelchen	*little carts*
ihr ganzes Hab und Gut	*all their belongings*
Dampflöchern	*steam vents*
(Heiß)luftschächten	*hot air shafts*

Lesen Sie die Fragen, bevor Sie das Gespräch zum zweiten Mal anhören, damit Sie entsprechende Notizen machen können. Vielleicht müssen Sie noch ein drittes Mal zuhören, bevor Sie alle Fragen beantworten können.

1. Sagen Sie in wenigen Sätzen, wodurch sich nach Herrn Runge der deutsche Geschäftsmann vom amerikanischen unterscheidet?

2. Wie haben die Japaner im Kamerageschäft die Konkurrenz vom Markt verdrängt?

3. Wie findet es Herr R., daß die Amerikaner ihre neuen Geschäftspartner gleich mit Vornamen anreden? Was wünscht er sich fürs deutsche Geschäftsleben?

4. Was hat sich nach Herrn Kugler und Herrn Runge in den deutschen Umgangsformen geändert?

5. Sind die Hamburger nach Herrn R. formeller oder weniger formell als andere Landsleute (*here: fellow Germans*)?

6. Wodurch ist die Rangordnung deutscher Angestellter stärker festgelegt als die ihrer amerikanischen Kollegen?

7. Wer hat stärkeres Selbstvertrauen: die Deutschen oder die Amerikaner? Wie zeigt sich das?

8. Welche Erklärung findet Herr R. dafür?

9. Glaubt Herr R., daß die in diesem Gespräch betonten Unterschiede zwischen deutschen und amerikanischen Geschäftsleuten allgemeine Gültigkeit beanspruchen dürfen?

10. Welche eine Wahrheit glaubt er über Amerika aussagen zu können?

11. Wo möchten Sie Herrn Runge widersprechen?

B. BETRIEBE UND UNTERNEHMUNGEN

1 / Ein Betrieb ist eine wirtschaftliche Einheit wie eine Unternehmung, aber ohne Selbständigkeit. Es kann z.B. eine Filiale eines Kaufhauses, einer Gaststätte oder eines Lebensmittelgeschäfts sein, oder eine Produktionsstelle oder Werkvertretung. Zu Betrieben werden auch *behördliche Stellen* von Gemeinde- und Staatsverwaltungen gezählt. Was ihm zur Selbständigkeit fehlt, ist eigenes Kapital, eigene Haftpflicht und eigene Entscheidungsmacht. Ein Betrieb ist ein Teil einer Unternehmung, die nicht nur eine wirtschaftliche, sondern auch eine rechtliche und finanzielle Einheit bildet und selbständig auf dem Markt mitwirkt.   *agencies*

2 / „Wirtschaftlich kann die Unternehmung als Veranstalterin eines *Kreislaufs* vorgestellt werden: es werden Ware und Arbeit eingekauft oder bei anderen Einheiten auf Kredit entnommen. Aus den Rohstoffen und Halbfabrikaten werden Fertigerzeugnisse hergestellt, dem *Fertiglager* übergeben und abgesetzt; der Absatz erfolgt gegen Bargeld oder *Buchforderungen*. Durch das Inkasso des baren Geldes oder der Buchforderung wird die Produktion in liquide Barmittel (den Produktionserlös) verwandelt, die zur Schuldenrückzahlung und für die Liquiditätshaltung verwendet werden, bis mit dem Einkauf die kurzfristige *Festlegung* von Mitteln und damit der Kreislauf von neuem beginnt." (Aus *Wirtschaft* von Heinrich Rittershausen, Das Fischer Lexikon FL8, Fischer Taschenbuch Verlag GmbH, Frankfurt am Main, 1966, S. 41.)   *cycle*   *storehouses for finished goods*   *accounts receivable*   *tying-up*

3 / Ein gesundes Unternehmen muß wirtschaftlich und rentabel sein. Wirtschaftlichkeit bedeutet das in DM berechnete Verhältnis von Kosten und Leistung. Je größer die Leistung im Verhältnis zu den Kosten ist, desto wirtschaftlicher ist das Unternehmen. Rentabilität zieht das *eingesetzte* Kapital in Betracht. Wenn das investierte Vermögen nicht mehr Reingewinn einbringt als der Haben-Zins auf einem Sparkonto, dann rentiert sich das Unternehmen nicht. Rentabilität wird nach der Formel
invested

$$\frac{\text{Reingewinn} \times 100}{\text{Kapital}} = \text{Rentabilität (in Prozent) berechnet.}$$

Bei einer Unternehmung haften entweder natürliche Personen oder eine juristische Person.

4 / Die drei wichtigsten Formen der ersten Gruppe sind die meist verbreitete Unternehmung eines Einzelkaufmanns, die zahlenmäßig an zweiter Stelle stehende Offene Handelsgesellschaft (OHG) und die Kommanditgesellschaft (KG). Der Einzelkaufmann ist für seine Unternehmung voll verantwortlich. Er allein trifft alle Entscheidungen. Er riskiert sein Vermögen und trägt allein Verlust und Gewinn. Für etwaige Schulden haftet er unbeschränkt, d.h. mit allem, was er besitzt. In der OHG sind mehrere selbständige Kaufleute in einem Unternehmen vereinigt. Sie stecken alle ihre Arbeitskraft ins Unternehmen und teilen daher gleichmäßig Gewinne und Verluste, außer wenn es in ihrer Verfassung, dem „Gesellschaftsvertrag", anders ausgemacht ist. Mit ihrem in der OHG angelegten Vermögen brauchen sie nicht in *gleicher Höhe* beteiligt zu sein. Für das Kapital wird
equal amounts
ein festgesetzter Zinssatz ausgezahlt, bevor der Gewinn nach Köpfen aufgeteilt wird. Alle Gesellschafter oder Teilhaber haften für die Schulden der Firma sowohl mit ihrer Kapitaleinlage als auch ihrem Privatbesitz. Bei der KG ist es anders. Da gibt es sogenannte Komplementäre und Kommanditisten. Die Komplementäre sind an der Geschäftsführung beteiligt und haften unbegrenzt, während die Kommanditisten bei einem Konkurs nicht mehr als ihre Kapitaleinlage verlieren können.

5 / Zur zweiten Gruppe gehören die Atkiengesellschaft (AG), die Gesellschaft mit beschränkter Haftung (GmbH), und die Genossenschaft. Alle drei Formen gelten als juristische Person, die haftet, die klagen und verklagt werden kann. Die einzelnen Teilhaber haften nur mit dem in die Unternehmung investierten Kapital. Das können sie verlieren, aber nicht mehr.

6 / Zur Gründung einer Aktiengesellschaft sind fünf Gründer und ein Mindest-Kapital von DM 100 000 erforderlich. Dieses Grundkapital wird in Aktien-Anteile von nominalem Wert zerlegt, mit dem leicht zu rechnen ist, wie z.B. DM 100 pro Anteil, und diese Aktien werden an der Börse von Leuten gekauft, die ihr Geld rentabel anlegen wollen. Bei einem gutgehenden Unternehmen kann der Investierer damit rechnen, daß die Aktien schnell im Werte steigen. In wirtschaftlich gutgehenden Jahren erhält er außerdem jährliche Dividenden. Wenn der Gewinn der Unternehmung nicht in Dividenden *ausgeschüttet,* sondern zur Vergrößerung des Unternehmens neu investiert wird, steigen dafür die Aktien im Kurswert.
paid out

Aktien sind fungibel, d.h. übertragbar. Dadurch hat der Besitzer von Aktien, der sogenannte Aktionär, den Vorteil der möglichen Liquidität. Wenn er flüssige Mittel braucht, kann er—hoffentlich mit Gewinn—seine Aktien verkaufen. An der Geschäftsleitung ist der Aktionär nicht direkt beteiligt. Er hat aber in der *Hauptversammlung,* der Vertretung der Aktionäre, eine *general assembly* mehr oder weniger starke Stimme, je nachdem wieviele Aktien er besitzt. Die Hauptversammlung wählt die Hälfte oder drei Viertel der Mitglieder des *Aufsichtsrats.* (Der Rest wird seit 1976 von der Arbeiterschaft gestellt. *supervisory* Siehe nächstes Kapitel). Die Hauptversammlung entscheidet auch über *board* die Verwendung des Gewinns sowie über Maßnahmen der Kapitalsbeschaffung. Der Aufsichtsrat ernennt den *Vorstand,* die eigentliche Ge- *executive board* schäftsleitung der Firma, und kontrolliert die Jahresabschlüsse. Der Vorstand trifft—im *Einvernehmen* mit dem Aufsichtsrat—alle geschäfts- *agreement* politischen Entscheidungen. Er wird aus den vollbeschäftigten leitenden Angestellten des Unternehmens ernannt, so daß hier—im Gegensatz zu den Personengesellschaften—auch tüchtige Leute ohne Kapital an die Spitze kommen können. Niemand darf zugleich im Aufsichtsrat und im Vorstand sitzen. Eine AG ist zür Veröffentlichung der Bilanz und der Gewinn- und Verlustrechnung sowie des Geschäftsberichts des Vorstandes verpflichtet.

7 / Die GmbH, eine weit verbreitete Geschäftsform, ist eine AG im Kleinen, aber mit verminderter Fungibilität (= Übertragbarkeit) ihrer Anteile, wodurch die Beschaffung von Kapital schwieriger ist und oft nur gelingt, wenn einer oder mehrere ihrer Gesellschafter bereit sind, auf den Vorteil der beschränkten Haftung zu verzichten. Dann gleichen sie, wenigstens vorübergehend, einer Kommanditgesellschaft. Wenn sie das Mindest-Kapital von DM 100 000 erreicht haben, können sie in eine AG *umgegründet* *reorganized* werden.

8 / Genossenschaften spielen in Deutschland vor allen Dingen in der Landwirtschaft eine große Rolle. Es sind Vereinigungen von landwirtschaftlichen, aber auch von industriellen und handwerklichen Unternehmungen, deren Ziel es ist, die Mitglieder vor dem Konkurrenzdruck großer Firmen zu schützen. Sie sind ähnlich wie die AGs, die großen OHGs und GmbHs organisiert mit einem Aufsichts- oder Beirat und einem Vorstand. In ihrem obersten Organ, der Mitgliederversammlung, wird aber nicht nach Kapital, sondern nach Köpfen gewählt.

9 / Unternehmungen mit gleichen Interessen können sich zu Verbänden mit wirtschaftspolitischen Zielen zusammenschließen. Sie werden heute auch in der BRD „Pressure Groups" genannt. Wenn Unternehmungen, die die gleichen Produkte herstellen oder absetzen, sich zusammentun, um die Marktpreise für ihre Ware zu verabreden oder durch Mengenregulierungen ein hohes Preisniveau zu halten, nennt man das Kartelle. Weil sie durch *Ausschaltung* der Konkurrenz die Marktwirtschaft gefährden, *elimination* gibt es seit 1957 ein (1973 verbessertes) Kartellgesetz, das Kartelle nur in *Ausnahmefällen* erlaubt, nämlich wenn sie dem Wettbewerb nicht *exceptional* schaden. Das Bundeskartellamt in Berlin und die Kartellbehörden der *cases* Länder überwachen die Einhaltung dieses Gesetzes. Es gibt aber andere Möglichkeiten, die Konkurrenz auszuschalten oder zu vermindern, die legal sind, wie die Bildung eines Konzerns. Ein Konzern ist die Vereinigung rechtlich selbständiger Unternehmungen unter einer gemeinsamen Geschäftsleitung. Darin besteht der Unterschied zu Kartellen, die auch ihre eigene Geschäftsleitung behalten.

WORTSCHATZ

die **Unternehmung**–das **Unternehmen**	*enterprise, business firm, corporation*

1 /

die Einheit	*unit*
die **Selbständigkeit**	*autonomy, independence*
die **Filiale, -n**	*branch (establishment)*
die **Vertretung**	*agency*
behördlich	*governmental, official*
die Gemeinde, -n	*community*
die **Haftpflicht**	*liability*
rechtlich	*judicial, legal*
mitwirken	*to participate*

2 /

das Inkasso	*collection, debt collecting*
der **Erlös, -e**	*proceeds, earnings, net profits*

3 /

rentabel	*lucrative, profitable*
die Rentabilität	*profitableness*
das **Vermögen**	*funds, property, assets, estate*
in Betracht ziehen	*to consider, count in*
der **Reingewinn, -e**	*net profit*
haften	*to be liable*
juristisch	*legal, juridical*

4 /

meist verbreitet	*most common*
Offene Handelsgesellschaft (OHG)	*general partnership*
die Kommanditgesellschaft (KG)	*limited partnership*
riskieren	*to risk*
etwaig	*possible*
unbeschränkt	*unlimited*
gleichmäßig	*equal(ly)*
die Verfassung	*constitution*
ausmachen	*to agree upon, settle, arrange*
anlegen	*to invest*
der **Zinssatz, ¨-e**	*interest rate*
aufteilen	*to divide up*
die Kapitaleinlage, -n	*invested capital*
der Komplementär, -e	*general (unlimited) partner*
der Kommanditist, -en	*limited partner*
die Geschäftsführung	*management*
der Konkurs	*bankruptcy, business failure*

5 /	die **Aktiengesellschaft (AG)**	*(joint-stock) corporation*
	die **Gesellschaft mit beschränkter Haftung (GmbH)**	*limited liability corporation*
	die Genossenschaft	*cooperative association*
	(ver)klagen	*to sue*
6 /	mindest	*minimum, least, smallest*
	erforderlich	*required*
	die **Dividende, -n**	*dividend, share, bonus*
	der **Kurswert, -e**	*market price, market rate*
	fungibel	*fungible, interchangeable*
	übertragbar	*transferable*
	der Aktionär	*stockholder*
	die **Geschäftsleitung**	*(top) management*
	kontrollieren	*to check, scrutinize*
	der **Jahresabschluß, ¨sse**	*annual account, balance sheet*
	vollbeschäftigt	*full-time employee*
	tüchtig	*capable, efficient*
	an die Spitze kommen	*to get to the top*
	die Veröffentlichung	*publication*
	verpflichtet	*obliged, forced*
7 /	vermindert	*decreased*
	die Beschaffung	*procurement, acquisition*
	gelingen, a, u	*to succeed*
	verzichten	*to forego, do without*
8 /	der Druck	*pressure; print*
9 /	**verabreden**	*to fix, agree upon*
	die **Menge, -n**	*quantity*
	die Regulierung	*control, regulation*
	gefährden	*to endanger*
	schaden	*to harm*
	die Einhaltung	*compliance*
	der Konzern, -e	*multicorporate enterprise*
	das Kartell, -e	*trust*

ÜBUNGEN

B.1. Vervollständigen Sie die Sätze.

1 / **1.** Ein Betrieb ist eine wirtschaftliche Einheit ohne _____ (*autonomy*).

2. Ein Betrieb kann die _____ eines Geschäfts oder einer Gaststätte sein (*branch*).

3. Ein Betrieb hat keine eigene _____ (*liability*).

3 /   **4.** Ein gesundes Unternehmen muß _____ sein (*lucrative*).

5. Bei Rentabilität zieht man das investierte _____ in Betracht (*capital*).

6. Der _____ muß größer sein als der Haben-Zins eines Sparkontos. Sonst _____ _____ das Unternehmen nicht (*net profit; pays off*).

4 /   **7.** Der Einzelkaufmann _____ sein Vermögen und haftet für etwaige Schulden _____ (*risks; unlimited*).

8. Partner in einer OHG teilen _____ Gewinne und Verluste (*equally*).

9. Alle Gesellschafter einer OHG _____ unbeschränkt für die Schulden der Firma (*are liable*).

10. Kommanditisten können bei einem _____ nicht mehr als ihre _____ verlieren (*bankruptcy; investment*).

5 /   **11.** AG ist eine Abkürzung für _____ .

12. GmbH ist eine Abkürzung für _____ _____ _____ .

6 /   **13.** Zur Gründung einer AG braucht man ein _____ von DM.- 100 000 (*minimum capital*).

14. Aktien werden an der _____ gekauft und verkauft (*stock-market*).

15. Bei Hochkonjunktur steigen Aktien oft schnell im _____ und werfen außerdem gute _____ ab (*market value; dividends*).

16. Dadurch daß Aktien _____ sind, hat der Aktionär den Vorteil der möglichen _____ (*transferable; liquidity*).

17. Der Aktionär ist nicht direkt an der _____ beteiligt (*management*).

18. Der Aufsichtsrat kontrolliert die _____ (*annual accounts*).

19. Im Vorstand können auch _____ Leute ohne Kapital _____ _____ _____ (*capable; get to the top*).

7 /   **20.** Bei einer GmbH ist die _____ von Kapital schwieriger (*procurement*).

8 /   **21.** Genossenschaften versuchen, ihre Mitglieder vor dem _____ großer Firmen zu schützen (*pressure of competition*).

9 /   **22.** Kartelle, die die Marktwirtschaft _____ , sind nicht erlaubt (*endanger*).

B.2. Verwandte Wörter. Bilden Sie mit jedem Wort einen Satz.

die Liquidität   investieren   die Gruppe   riskieren   nominal
die Dividenden (*pl.*)   organisiert   die Regulierung   legal

B.3. Zeigen Sie Ihr Verständnis des Textes.

a) indem Sie die folgenden gebräuchlichen Abkürzungen ausschreiben, die sogar im gesprochenen Deutsch angewendet werden.

OHG   = _____
KG   = _____
AG   = _____
GmbH = _____

b) das Diagramm vervollständigen.

Wirtschaftlichkeit	= Leistung : Kosten
Rentabilität	= Gewinn :

Form des Unternehmens	Rechtliche Form Art	Art der Haftpflicht
AG		
GmbH		
Einzelkaufmann	natürliche Person	unbeschränkt
KG		
OHG		
Genossenschaft		

c) auf Englisch definieren.

Betrieb versus Unternehmen
Hauptversammlung einer AG
Aufsichtsrat
Vorstand
Genossenschaft
Kartell
Konzern

B.4. Schreiben Sie die Sätze in der angegebenen Zeitform.

1. Der Aufsichtsrat muß die Jahresabschlüsse kontrollieren (past).
2. Wir legen unser Geld in Aktien an (future).
3. Er verzichtet auf den Sitz im Vorstand (present perfect).
4. Mit so viel Schulden riskieren wir einen Konkurs (past perfect).

5. Die Beschaffung von ausreichendem Kapital gelang ihm nicht (future).

6. In einer OHG wird der Reingewinn gleichmäßig aufgeteilt (past).

7. Kartelle haben die Marktwirtschaft gefährdet, weil sie die Konkurrenz ausgeschaltet haben (present).

8. Entweder wird man unbeschränkt oder nur mit der Kapitaleinlage haften (present).

9. Der Großhändler verklagt den Kleinhändler, weil er seine Schulden nicht bezahlt hat (past; past perfect).

10. Die Gemüsehändler auf dem Markt verabredeten einen festen Preis für ihre Tomaten (present perfect).

B.5. Übersetzen Sie.

1. An enterprise is an autonomous economic unit.

2. A branch of a department store is one form of a "Betrieb".

3. If the output is big in relation to the cost of the production, an enterprise is "wirtschaftlich," but it is lucrative only if the invested money brings good gains too.

4. A single businessman is liable for his enterprise with all he owns.

5. All partners of an OHG are unlimitedly liable. They share gains and losses equally.

6. The "Kommanditisten" of a KG are liable with their invested money only.

7. In order to found an AG, one needs a minimum capital of DM 100 000,—.

8. Stocks are transferable and often bring good dividends.

9. The supervisory board checks the yearly accounts. The executive board is responsible for the management of the business.

10. "Genossenschaften" are associations of agricultural, industrial or handicraft enterprises to protect their members from pressure of competition.

11. Mergers are prohibited if they endanger the (free) market economy.

12. The "Bundeskartellamt" oversees the compliance with this law.

B.6. Sprechen Sie über Schaubild 1. Beginnen Sie mit der graphischen Darstellung oben links und sagen Sie z.B.:

„26,1% der deutschen Erwerbstätigen arbeiten in einer Werkhalle oder Werkstatt. Das sind also alle Arbeiter in der Industrie und im Handwerk.— Fast ebenso viele Angestellte arbeiten in Büros und Amtsräumen, also Behörden.—14,1% arbeiten im Freien, in offenen Hallen oder unter Tage u.ä. Das sind also z.B. Bauarbeiter und Bergarbeiter."

Fahren Sie fort, und wenn irgendwelche Zahlen Sie überraschen, dann sagen Sie z.B.:

„Ich habe nicht erwartet, daß so viele (so wenige) Leute Lehrer sind."

unter Tage	*underground*
die Praxis	*doctor's office*
der Behandlungsraum, ̈e	*treatment room*
u.ä. = und Ähnliches	*and such*
das Rechenzentrum	*accounting center*
der Schaltraum, ̈e	*switchboard (room)*

Schaubild 1*

B.7. Lesen Sie den Artikel aus der Süddeutschen Zeitung, und füllen Sie die im Anschluß daran gedruckten 3 Listen aus. Wenn Gründe oder Aussichten (= prospects) besonders wichtig für ältere Führungskräfte sind, schreiben Sie dahinter ein Ä, für jüngere ein J.

OFT REIZT MACHT FÜHRUNGSKRÄFTE MEHR ALS GELD*

München (SZ) — Nicht mehr Geld, sondern mehr *Handlungsspielraum*, *Entscheidungskompetenz*, gute *Aufstiegschancen* und der Wunsch, etwas Neues *anzupacken*, sind die wichtigsten Gründe für *Führungskräfte*, das Unternehmen zu wechseln. Zu diesem Ergebnis kommt der Ward Howell Unternehmensberater Düsseldorf/München, in einer Studie über die „Mobilität deutscher Führungskräfte". Befragt wurden 120 Manager, von denen mit 29% der Großteil im Alter zwischen 41 und 45 Jahren war.

Mangelnde Entfaltungsmöglichkeit und ein hoher Anteil an Routinetätigkeit im Unternehmen war für alle *Befragten* der Grund für einen Unternehmenswechsel. Die Manager suchten meist eine neue *Herausforderung* mit entsprechenden Aufstiegschancen und mehr Einfluß. Dabei standen bei *Nachwuchskräften* im Alter bis 35 Jahre die

range of action
power of decision
making/chances
to climb the
corporate ladder
to lay hold of/
executives

missing/possibility
of growth
those questioned
challenge
junior executives

*Süddeutsche Zeitung, 11. Mai 1987

Aufstiegschancen im Vordergrund. Wie aus der Studie weiter hervorgeht, wurde besonders das Image des neuen Unternehmens als wichtig *eingestuft*. Während jedoch jüngere Führungskräfte besonderen Wert auf die internationale *Ausrichtung* der neuen Aufgabe legten, waren für die über 35jährigen die wirtschaftliche Lage eines Unternehmens und langfristige *Sicherheitsüberlegungen* entscheidender.

Bei der *Aufgliederung* der Befragten nach Einkommensgruppen ergab die Studie, daß sich jüngere Führungskräfte mit einem Einkommen bis 150 000 DM von einem Unternehmenswechsel neben mehr Handlungsspielraum und Aufstiegschancen auch ein höheres Einkommen versprachen. Hingegen spielte bei Verdienern mit einem Jahresgehalt über 250 000 DM außer dem größeren Einfluß das Image und die internationale Ausrichtung eine besondere Rolle. Manager mit einem Einkommen bis 250 000 DM legten großen Wert auf mehr Entscheidungsmacht, einen größeren *Aufgabenbereich* und höheren Verdienst.

Sogenannte Job-Hopper, also solche, die bereits bei mindestens vier verschiedenen Unternehmen gearbeitet haben, versprachen sich von einem Unternehmenswechsel insbesondere mehr Macht und Einfluß, wenn auch der finanzielle Aspekt eine Rolle spielt. Manager, die bisher nur einmal gewechselt haben, strebten hingegen mehr unternehmerische Freiheit an.

Bei den Kriterien, die gegen einen Unternehmenswechsel sprechen, standen die Ausbildung der Kinder, die soziale *Bindung* sowie die *Anwartschaft* auf eine *Altersversorgung* im Vordergrund. Auch zeigte sich, daß Manager, deren Ehefrauen berufstätig sind und die darüber hinaus Immobilienbesitz haben, seltener bereit sind, das Unternehmen zu verlassen.

Die Deutsche Ward Howell, ein Unternehmen der Ward Howell International Group, erreichte 1986 einen *Honorar-Umsatz* von 9,8 (i.V. 8,5) Mill. DM. Mit einem durchschnittlichen Wachstum von 30% hat das 1978 gegründete Unternehmen *nach Angaben* des *Gesellschafters* George Bickel schneller als der Gesamtmarkt *zugelegt*, der nur mit 10% wuchs. ifi

ranked
direction

considerations of
job security
breakdown

field of activities

tie / future right
pension

fee-transaction

according to
statements /
stockholder
grown

Gründe, warum Führungskräfte ihr Unternehmen verlassen, sind

1. _____
2. _____

Von ihrer neuen Stellung versprechen Sie sich

1. _____
2. _____
3. _____
4. _____

Gründe, warum manche nicht gern das Unternehmen wechseln, sind

1. _____
2. _____

3. ——————————————————————————

4. ——————————————————————————

B.8. Schreiben Sie zu zweit einen Dialog, den Sie später vor-spielen. Zwei Brüder haben Geld gespart und wollen ein Geschäft aufmachen. Sie debattieren, ob Sie es allein versuchen oder ob Sie sich nach Investierern umsehen und eine Kommanditgesell-schaft gründen sollen. Sie besprechen auch die andere Mö-glichkeit, ihren Arbeitsplatz zu behalten und ihr Geld in einer Aktiengesellschaft zu investieren, weil weniger Risiko dabei wäre. Doch sie entscheiden sich dagegen.

B.9. Hören Sie sich das Tonband-Interview zu Kapitel VB an (Kas-sette 4).

Frau von Appen

VERSTÄNDISHILFEN

zum Gespräch über einen Kleinbetrieb

Abschleppdienst	*towing service*
im Auftrage der Polizei	*for the police*
Falschparker	*people who park in "NO PARKING" spaces*
Privataufträge	*private contracts / orders*
gehandhabt	*handled*

Bezirke	*precincts*
aufgeteilt	*divided*
sich bewerben	*to apply*
nachweisen	*to prove*
Abschleppwagen	*tow trucks*
das wird ihnen zugeschlagen	*you get the contract*
zweijahreweise	*for a period of two years*
anschaffen	*purchase for oneself*
Vorgänger	*predecessor*
echt daran Pleite gegangen	*truly went broke through this*
Mittel	*means*
Haftpflicht	*liability*
Privatvermögen	*private assets*
mit allem Drum und Dran	*with everything*
ausgleichen	*compensate*
Vorbildung	*pre-training*
in gewissem Sinne	*in a certain sense*
langwierig	*lengthy*
Lücke	*space*
geübt	*practiced*
die aus einem Arbeitsverhältnis kommen	*who are changing jobs*
Arbeitsamt	*Unemployment Office*
vernünftig	*sensible*
die taugen nichts	*they are no good*
unwillig oder unbrauchbar	*unwilling or unfit*
ausgefallen	*dropped out*
sich eventuell wieder melden	*perhaps call back*
das ist ja allerhand	*that's really something*
laut Aussage seiner Frau	*according to his wife*
geängsteter	*more frightened*
die Betroffenen	*here: the ones hit hard*
rund um die Uhr	*around the clock*
abgelöst	*relieved*
für den Notfall	*in an emergency*
einspringen	*help out*
sich etwas vornehmen	*to make plans*
Fingerspitzengefühl	*instinct*
Karosseriebau	*bodywork*
Bremsen	*brakes*
beruhigend	*comforting*
Auflage	*here: law*
Leichtsinn	*carelessness*
Probefahrt	*test drive*
angelernt	*trained*
nicht so ausgerüstet	*not as well equipped*
Geräten	*here: machines*
Lackieren	*car painting*
Kostenaufwand	*expenditure*
Kabine	*cabin*

Lesen Sie die Fragen, bevor Sie das Gespräch zum zweiten Mal anhören, damit Sie sich entsprechende Notizen machen können. Beantworten Sie zum Schluß die Fragen.

1. Was für einen Betrieb haben Herr und Frau von Appen?

2. Von wem bekommen Sie Ihre Aufträge?

3. Wie bekommt man den „Zuschlag"?

4. Wie lange gilt der Vertrag mit der Polizei?

5. Wo oder wie suchen die von Appens gewöhnlich neue Abschleppfahrer?

6. Warum haben Sie kein Glück mit dem Arbeitsamt gehabt?

7. Welche Arbeitslosen haben es meistens schwer, einen neuen Arbeitsplatz zu finden?

8. Warum ist dieser Abschleppdienst oft harte Arbeit für die Fahrer?

9. Was muß jede deutsche Werkstatt haben?

10. Warum ist das in einer Auto-Reparaturwerkstatt besonders wichtig?

11. Warum werden in dieser Werkstatt keine Lehrlinge angelernt?

C. GEWERKSCHAFTEN UND ARBEITGEBERVERBÄNDE: SOZIALPARTNER DER BRD

1 / Von den rund 26 Millionen Erwerbstätigen in der BRD sind etwa 23,3 Millionen Arbeitnehmer und der Rest ihre Arbeitgeber. 35 Prozent der Arbeitnehmer gehören — und zwar freiwillig — einer Gewerkschaft an, die ihre Interessen vertritt, während 90 Prozent der Arbeitgeber in Verbänden organisiert sind.

2 / Obwohl Deutschlands Gewerkschaften eine lange Tradition haben, mußten sie nach dem 2. Weltkrieg ganz von vorn anfangen, was sich zum Vorteil auswirkte, denn statt der *Zersplitterung* in viele kleine Verbände, die jeweilige Berufsstände und ihre Interessen vertraten, wurde jetzt die moderne Form der sogenannten *„Einheitsgewerkschaften"* gewählt. Diese Gewerkschaften vertreten jeweils alle Arbeitnehmer eines ganzen Industriezweiges, ganz gleich, ob es Angestellte in leitender Position oder ungelernte Arbeiter, ob es Chauffeure oder Buchhalter sind, und sie sind parteipolitisch und konfessionell neutral. Es gibt daher verhältnismäßig wenige, dafür aber mächtige Gewerkschaften.

splintering

unified union

3 / Die größte von allen ist mit 7,7 Millionen Mitgliedern der Deutsche Gewerkschaftsbund (DGB), eine *Dachorganisation* von 17 solchen Einheitsgewerkschaften. Er koordiniert ihre Bemühungen und vertritt die allgemeinen Interessen von Arbeitnehmern verschiedenster Industriezweige. Die zwei nächstgrößten Gewerkschaften sind nicht in diesem Sinne organisiert. Die Deutsche Angestellten Gewerkschaft (DAG) mit rund 500 000 Mitgliedern setzt sich für Angestellte aller Industriezweige ein, und zum Deutschen Beamtenbund (DBB) gehören über 800 000 Beamte ver-

umbrella organization

Kundgebung des deutschen Gewerkschaftsbundes in Essen.

schiedenster staatlicher Institute und Behörden. Der DBB wird in Deutschland nicht als Gewerkschaft klassifiziert, weil Beamten nicht streiken dürfen.

4 / Die über 100 Arbeitgeberverbände sind in 13 Landesverbänden zusammengeschlossen und haben als gemeinsame Dachorganisation die Bundesvereinigung der Deutschen Arbeitgeberverbände (BDA). Sie umfaßt sämtliche Wirtschaftszweige: sowohl Industrie und Handwerk als auch Landwirtschaft, Handel, Banken, Versicherungen und Verkehr.

5 / Arbeitnehmer und Arbeitgeber begriffen am Ende des 2. Weltkrieges, daß es *galt*, miteinander statt gegeneinander zu arbeiten. Nur so konnten sie die völlig zerstörte Wirtschaft wieder aufbauen, und nur so wurde das Wirtschaftswunder möglich. Arbeitnehmer erklärten sich bereit, auf jegliche Lohnerhöhung zu verzichten, bis für alle Erwerbstätigen neue Arbeitsplätze geschaffen waren. Heute sind sie nicht mehr so selbstlos in ihren Forderungen aber sehen doch klarer als die meisten Gewerkschaften anderer Länder, wo weitere Forderungen die Wirtschaft gefährden und somit auch ihnen schaden würden. Sie sehen sich als Sozialpartner der Arbeitgeber oder wenigstens als Tarifpartner.

was important

6 / Arbeitgeber und Gewerkschaften schließen Tarifverträge miteinander ab, die so gültig wie Gesetze sind und nur zugunsten der Arbeitnehmer abgeändert werden dürfen. Die Regierung mischt sich nicht ein, solange ihre *Rahmengesetze* für Mindestlöhne, maximale Arbeitsstunden usw. eingehalten werden. Es kommt allerdings vor, daß der Bundesarbeits-

omnibus acts

Protest-Kundgebung des Deutschen Gewerkschaftsbundes, Landesbezirk Berlin, gegen die Änderung des §116 des Arbeitsförderungsgesetzes auf dem J.F. Kennedy-Platz vor dem Rathaus Schöneberg am 6.3.1986.

minister einen Tarifvertrag für den ganzen Industriezweig als verbindlich erklärt. Gehalts- und Lohntarifverträge werden gewöhnlich nur auf ein Jahr abgeschlossen, *Rahmen- oder Manteltarife* laufen häufig auf mehrere Jahre. Sie regeln Kündigungsfristen, Arbeitszeiten und Urlaubsdauer, Zuschläge für Überstunden, Gratifikationen und dergleichen mehr. Wenn Arbeitgeber und Gewerkschaften sich nicht einigen und ihre Differenzen in mehreren Tarifrunden nicht *beilegen* können, kann es von seiten der Arbeitgeber zur *Aussperrung* und von seiten der Gewerkschaften zum Streik kommen. Gewerkschaften anderer Nationen finden die deutschen Gewerkschaften *zahm,* weil sie sehr selten streiken. Ein Streik muß von allen Gewerkschaftsgremien und einer dreiviertel Mehrheit aller Mitglieder gebilligt werden. Meistens steht die Einsicht dagegen, daß ein Streik für alle Beteiligten sehr teuer ist. Die Löhne und Gehälter müßten aus der Gewerkschaftskasse bezahlt werden. Da die Gewerkschaften so selten streiken, sind sie wohlhabend und besitzen große wirtschaftliche Unternehmen wie z.B. die achtgrößte Bank der BRD, die Bank für *Gemeinwirtschaft.*

skeleton- or industry-wide tariffs

settle
lockout

tame

social economy

7 / Mögen die deutschen Gewerkschaften auch anderen Ländern als *unkämpferisch* erscheinen, so haben sie doch für die Arbeitnehmer bessere Tarifverträge verhandelt als anderswo und haben durch die sogenannte „Mitbestimmung" bei größeren Unternehmungen eine sonst nicht bekannte Machtstellung erreicht.

docile

8 / In einer Gesellschaft, die vom Recht der Selbstbestimmung des
Menschen *ausgeht* und ihm in ihrer Verfassung ausdrücklich das Recht   *has as its basis*
der persönlichen Entfaltung zugesteht, wäre es ein krasser Widerspruch,
wenn der Arbeiter nicht mehr als ein Teil des Produktionsprozesses wäre
und man ihn zum Zwecke der Kapitalsvermehrung schamlos ausbeuten
könnte, wie das im 19. Jahrhundert geschah, als aus der Agrargesell-
schaft eine Industriegesellschaft wurde. Auch als es schon Gesetze zum
sozialen Schutz der Arbeiter gab, hatten sie keinerlei Recht, bei wirtschaftlichen Entscheidungen ihres Betriebes mitzuwirken. Aber im Jahre
1920 setzte eine Bewegung ein, die den Angestellten und Arbeitern zunehmend mehr Mitbestimmungsrechte einräumte:

9 /

1920 Erlaß des Betriebsrätegesetzes. In allen Betrieben werden gewählte Vertretungen der Arbeiter und Angestellten eingerichtet.

1951 Erlaß des Montan-Mitbestimmungsgesetzes. Allen Arbeitnehmern
in den großen Betrieben der Montanindustrie werden bedeutende
Mitbestimmungsrechte sowie *Mitbesetzung* der Leitungsorgane   *joint occupation*
eingeräumt.

1952 Erlaß des Betriebsverfassungsgesetzes. Den Arbeitnehmern
fast aller Betriebe werden Mitbestimmungsrechte in sozialen und
personellen Angelegenheiten und *Gehör* bei wirtschaftlichen   *the right to be
Entscheidungen zugestanden.   heard*

1972 Erlaß des 2. Betriebsverfassungsgesetzes: Es bringt für die Ar-
beitnehmervertretungen wesentliche Verbesserungen. 1976 Erlaß
des allgemeinen Mitbestimmungsgesetzes. Rechte, die die Arbeitnehmer der Montanindustrie seit 1951 haben, werden jetzt — mit
Änderungen — auch den anderen Großbetrieben gewährt.

10 / Der Betriebsrat ist die wichtigste Einrichtung zur Interessenvertretung der
Arbeitnehmer. Er wird alle drei Jahre von allen Arbeitnehmern über
achtzehn gewählt, inklusive Gastarbeitern. Theoretisch kann sich jeder
Wahlberechtigte, ob er Gewerkschaftsmitglied ist oder nicht, als Kandidat
aufstellen lassen. Doch in der Praxis hat die Gewerkschaft starken Einfluß
bei der Aufstellung der Kandidatenliste. Jeder Betrieb mit fünf oder mehr
Angestellten hat einen Betriebsrat (für Beamte, Angestellte und Arbeiter
des öffentlichen Dienstes gibt es Personalräte), der seine Versammlungen
während der Arbeitszeit hält. Bei sehr großen Betrieben sind ein oder
mehrere Mitglieder von ihrer Erwerbstätigkeit ganz befreit und genießen
während der Zeit besonderen Kündigungsschutz.

11 / Die Rechte des Betriebsrats sind von Schaubild 1 (aus *Tatsachen über
Deutschland,* S. 260) abzulesen. Wo der Betriebsrat Mitbestimmungsrechte hat, darf der Arbeitgeber ohne seine Zustimmung keine Ent-
scheidungen treffen. Im Notfall entscheidet eine *Einigungsstelle* über die   *arbitration board*
Streitfragen. Sie besteht zur Hälfte aus Arbeitgebern und zur anderen
Hälfte aus Vertretern des Betriebsrats mit einer neutralen Person als Vorstand. Das Recht der Mitwirkung bedeutet, daß der Betriebsrat angehört
werden muß und in manchen Angelegenheiten widersprechen darf. Z.B.

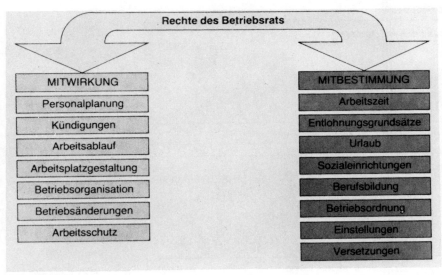

Rechte des Betriebsrats

MITWIRKUNG	MITBESTIMMUNG
Personalplanung	Arbeitszeit
Kündigungen	Entlohnungsgrundsätze
Arbeitsablauf	Urlaub
Arbeitsplatzgestaltung	Sozialeinrichtungen
Betriebsorganisation	Berufsbildung
Betriebsänderungen	Betriebsordnung
Arbeitsschutz	Einstellungen
	Versetzungen

Schaubild 1

hat er bei der Entlassung eines Mitarbeiters das Recht des Widerspruchs. Wenn er davon Gebrauch macht und der Mitarbeiter selbst *Klage* beim Arbeitsgericht *erhebt,* darf dieser nicht entlassen werden, bevor das Gericht entschieden hat.

sues

12 / In Großbetrieben haben die Arbeiter auch wirtschaftliche Mitbestimmung. Das Betriebsverfassungsgesetz von 1952 bestimmte, daß im Aufsichtsrat, dem Kontrollorgan der Aktiengesellschaften, ein Drittel der Mitglieder gewählte Arbeitervertreter sein müßten. Dieses Gesetz gilt heute noch für Aktiengesellschaften und andere Großbetriebe mit 500 bis 2 000 Beschäftigten. Für Arbeitnehmer von Bergbau-, Eisen- und Stahlbetrieben mit mehr als 1 000 Beschäftigten gilt seit 1951 das Montanbestimmungsgesetz, nach dem es im Aufsichtsrat Parität zwischen Arbeitgeber- und Arbeitnehmer-Vertretern gibt mit einem neutralen Mitglied als Vorsitzenden, das bei Stimmengleichheit eine Extrastimme hat. Für andere Industrie-Großbetriebe ist die Regelung ähnlich, aber nicht ganz so günstig für die Arbeitnehmer. Für Parität im Aufsichtsrat muß der Betrieb nicht nur 1 000 sondern 2 000 Beschäftigte haben, und der Vorsitzende mit *Stichentscheid* vertritt die Kapitalgeber.

second casting vote

13 / Das Prinzip der Mitbestimmung hat sich in Deutschland bewährt. Wer selbst mit Kapital an seinem Betrieb beteiligt ist, wie es bei vielen Arbeitnehmern der Fall ist, wer nicht kurzfristig und gar nicht ohne zwingenden Grund entlassen werden darf und durch gewählte Vertreter mitbestimmen kann, dem ist natürlich viel mehr an dem Wohlergehen seiner Firma gelegen als jemandem, der bei Personalfragen und Geschäftsentscheidungen seines Betriebs nicht mitreden darf und mit zweiwöchiger Kündigungsfrist, wie üblich in den USA, einfach entlassen werden darf.

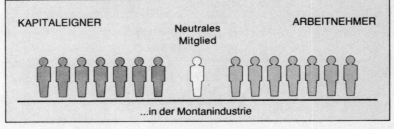

Mitbestimmung im Großbetrieb

Zusammensetzung des Aufsichtsrats...
KAPITALEIGNER   ARBEITNEHMER

...nach dem Betriebsverfassungsgesetz

*500–2 000
Angestellte*

KAPITALEIGNER   Neutrales   ARBEITNEHMER
                         Mitglied

...in der Montanindustrie

*über 1 000
Beschäftigte*

                         Vorsit-   leitender
KAPITALEIGNER   zender   Ange-   ARBEITNEHMER
                         mit Stich- stellter
                         entscheid

...nach dem Mitbestimmungsgesetz von 1976

*übrige Industrie
mit mehr als
2 000
Beschäftigten*

Schaubild 2 (Ebda)

WORTSCHATZ

1 / der Arbeitgeberverband, ⁼e   *employers' association*
erwerbstätig   *gainfully employed*
der **Arbeitnehmer, -**   *employee or worker*
der **Arbeitgeber, -**   *employer*

2 / der **Beruf, -e**   *profession, calling*
der Stand, ⁼e   *class, social standing*
ganz gleich   *no matter*
der Buchhalter, -   *accountant*
mächtig   *powerful*

3 / koordinieren   *to coordinate*
die Bemühung   *effort*
sich einsetzen für   *to stand up for*
der Beamte, -n   *official (with pension)*

4 / die Vereinigung   *union, association, coalition*

5 / begreifen, begriff, begriffen — *to understand*
zerstören — *to destroy*
das Wunder, - — *miracle*
jeglich — *any*
die **Lohnerhöhung** — *pay increase*
die **Forderung** — *demand*

6 / **gültig** — *valid*
zugunsten — *in favor of*
sich einmischen — *to interfere*
einhalten (ä), ie, a — *to observe, stick to*
verbindlich — *binding; obliging*
die **Kündigung** — *notice (to quit or lay off)*
die **Frist, -en** — *time (allowed or prescribed)*
der Urlaub — *vacation, payed leave*
die Dauer — *duration, time, length*
der Zuschlag, ⸚e — *extra-pay, bonus; surcharge*
Überstunden, *pl.* — *overtime*
die Gratifikation — *bonus, gratuity*
sich einigen — *to come to an agreement*
der **Streik, -s** — *strike*
streiken — *to strike*
billigen — *to approve*
die Einsicht, -en — *insight, understanding*
die **Kasse, -n** — *fund; cashier; ticket window*

7 / **verhandeln** — *to negotiate*
die **Mitbestimmung** — *codetermination*

8 / ausdrücklich — *expressly*
die Entfaltung — *development, growth*
der Widerspruch, ⸚e — *contradiction*
die Vermehrung — *increase*
ausbeuten — *to exploit*
der Schutz — *protection*
die Bewegung — *movement; motion*

9 / Der Erlaß, Erlässe — *decree; reduction, deduction*
die **Angelegenheit** — *affair, matter*
zugestehen, a, a — *to concede, allow*

10 / wahlberechtigt — *entitled to vote*
der Kandidat, -en — *candidate*
die **Versammlung** — *meeting*
befreien — *to free*

11 / die **Zustimmung** — *approval, agreement*
im Notfall — *at a pinch*
der Vorstand — *chair; executive board*
die Mitwirkung — *participation*
das Gericht, -e — *court of law; meal*

12 / der Aufsichtsrat, ⁼e   *supervisory board*
die **Beschäftigten,** *pl.*   *employees*
die Parität   *parity, equality*
der, die **Vorsitzende**   *chair person*

ÜBUNGEN

C.1. Vervollständigen Sie die Sätze.

1 /   **1.** 35 Prozent der deutschen _____ sind Mitglieder einer _____ (*workers and employees; union*).

      2. 90 Prozent der _____ sind in Verbänden organisiert (*employers*).

2 /   **3.** Die deutschen Einheitsgewerkschaften vertreten alle _____ eines Industriezweiges (*professions*).

3 /   **4.** Der Deutsche Gewerkschaftsbund koordiniert die _____ von Arbeitnehmern verschiedenster Industriezweige (*efforts*).

      5. Die Deutsche Angestellten Gewerkschaft _____ _____ nur für Angestellte, aber nicht für Arbeiter _____ (*uses its influence*).

4 /   **6.** Über 100 _____ sind in 13 Landesverbänden zusammengeschlossen (*employers associations*).

5 /   **7.** Das _____ der sechziger Jahre wurde nur möglich, weil Arbeitgeber und Arbeitnehmer miteinander statt gegeneinander arbeiteten (*economic miracle*).

      8. Die Arbeitnehmer verzichteten auf _____, bis Arbeitsplätze für alle geschaffen waren (*pay increases*).

      9. Heutzutage sind sie nicht mehr so selbstlos mit ihren _____, aber doch realistischer als Gewerkschaften in anderen Ländern (*demands*).

10 / **10.** Tarifverträge sind so _____ wie Gesetze (*valid*).

     11. Manteltarife regeln u.a. _____ (*lay-off notices*).

     12. Wenn Arbeitnehmer und Arbeitgeber sich nicht einigen können, kann es zum _____ oder zur Aussperrung kommen (*strike*).

     13. Ein Streik ist für alle _____ sehr teuer (*parties involved*).

     14. Während eines Streiks werden Löhne und Gehälter aus der _____ bezahlt (*union fund*).

7 / **15.** Die deutschen Gewerkschaften haben bei größeren Unternehmen erhebliche Rechte zur _____ erreicht (*codetermination*).

8 / **16.** Ein Arbeiter darf in einer Demokratie heute nicht mehr schamlos _____ werden (*exploited*).

9 / **17.** Im Jahre 1920 kam der _____ des Betriebsrätegesetzes (*decree*).

18. 1951 wurden allen Arbeitern in großen Betrieben der Montanunion bedeutende Mitbestimmungsrechte _____ (*conceded*).

0 / **19.** Alle Arbeitnehmer über achtzehn sind _____ (*entitled to vote*).

20. Der Betriebsrat hält seine _____ während der Arbeitszeit (*meetings*).

2 / **21.** Im Aufsichtsrat von Bergbau-, Eisen- und Stahlbetrieben gibt es _____ zwischen Arbeitgeber- und Arbeitnehmer _____ (*parity; representatives*).

22. Bei Stimmengleichheit hat der _____ eine Extrastimme (*chair*).

C.2. Verwandte Wörter. Bilden Sie mit jedem Wort einen kurzen Satz.

der Chauffeur   konfessionell   neutral   koordinieren   der Streik
krass   schamlos   inklusive   theoretisch   der Kandidat
die Liste   die Parität

C.3. Zeigen Sie Ihr Verständnis des Textes

a) indem Sie diese sehr gebräuchlichen Abkürzungen ausschreiben:

DGB = _____
DAG = _____
DBB = _____
BDA = _____

b) indem Sie das Flußdiagramm vervollständigen:

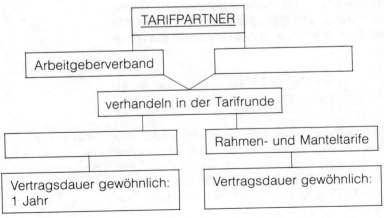

c) indem Sie auf Englisch die folgenden Begriffe definieren:

Einheitsgewerkschaft
Rahmen- und Manteltarife
Betriebsrat
Mitbestimmungsrechte
Parität

C.4. Übersetzen Sie.

1. The BRD has few but strong unions.
2. 90 percent of the employers are organized in socalled employers associations.
3. A union represents all classes and professions of an industrial branch.
4. Officials do not have the right to strike.
5. After the war, employees made no demands for pay increases for a long time.
6. There are strict laws about the time prescribed for layoff notices.
7. All German employees are now entitled to six weeks paid leave every year.
8. German union members strike seldom, because a strike means a loss for all parties involved.
9. Every year, unions and employers associations negotiate tariff contracts for salary and pay.
10. Any employee over eighteen is entitled to vote for the workers council and can be a candidate himself.
11. The supervisory board nominates the executive board.
12. The executive board is responsible for the management of the business, and the supervisory board checks the yearly accounts.

C.5. Das folgende, im Sommer 1983 geführte Gespräch wird durch das 1987 aufgenommene Tonband-Interview mit Herrn Röhrs ergänzt und auf den neuesten Stand gebracht. Lesen Sie dieses Gespräch mit verteilten Rollen, und beantworten Sie dann die folgenden Fragen:

A.: Ja, Herr Kugler, wenn ich Sie mal fragen darf: was ist eigentlich Ihr Aufgabengebiet als Personalleiter der Firma Hermes?

Herr K.: Ja, das *Hauptaufgabengebiet* eines Personalleiters nicht nur dieser Firma ist die *Beschaffung* von qualitativem und *ausreichendem* Personal, das der Betrieb derzeit, oder in nächster Zukunft benötigt, d.h. also, er muß diese Personalplanung aufstellen und eben dafür sorgen, daß das qualitativ gute Personal eingestellt wird.

main area of competence
procurement /
sufficient

A.: Und zufrieden bleibt?

Herr K.: Na ja, aus dieser Beschaffung ergeben sich ja dann die ganzen anderen Aufgaben: die soziale *Betreuung*, die gerechte Entlohnung, alles das, was in diesem Betrieb für die Beschäftigten gemacht wird, das geht über die Reinigung der Büroräume, die *Bewachung* des Werkes . . . , alles was nicht so direkt mit der Produktion zu tun hat oder den anderen Abteilungen mit der Finanzbuchhaltung, das landet hier in dieser Personalabteilung.
care

guarding

A.: Können Sie das auch allein schaffen?

Herr K.: Nein, ich habe einen Assistenten, einen Stellvertreter und meine Sekretärin.

A.: Sie haben mir, glaube ich, schon vor zwei Jahren von diesen Sozial*einrichtungen* erzählt. Haben Sie nicht auch Gymnastik oder Schwimmen hier in der Firma?
arrangements

Herr K.: Nein, wir haben einen Betriebssportverein mit Fußball, Handball, Tischtennis und *Kegeln*. Es ist also so, daß man auch *Wettkämpfe veranstaltet* mit anderen Betrieben. Unsere *Kantine* ist voll von *Pokalen* . . .
bowling
arranges competitive games / cafeteria trophies

A.: Aber Arbeitszeit wird dafür nicht hergegeben oder?

Herr K.: Ja, Arbeitszeit vielleicht nicht direkt, aber doch schon wird die Firma ab und zu mal etwas dazu beitragen — meistens Geld für die Sportkleidung oder einen neuen Fußball oder sonst etwas.

A.: Das schafft wahrscheinlich einen Zusammengehörigkeitsgeist in der Firma, stimmt das?

Herr K.: Ja, unser *Warenzeichen* ist ja Hermes, und man spricht hier von den Hermesiten. Viele Beschäftigte sind hier schon lange Jahre, manche über 40 Jahre, und das *Wohlbefinden* hier ist geradezu *sprichwörtlich*. Man hat gesagt, es gibt hier einen sogenannten Hermesgeist.
trademark

well-being
proverbial

A.: Wie lange sind Sie denn schon an dieser Firma?

Herr K.: Sechzehn Jahre.

A.: Dann können Sie ja auch schon stolz sein auf diesen Hermes- oder Hermesitengeist.

Herr K.: Ja doch!

A.: Wie ist es denn mit Gewerkschaften hier? Gehören Ihre Arbeiter und Angestellten zu Gewerkschaften?

Herr K.: Ja, dieser Betrieb ist, glaube ich, um 90 Prozent organisiert. Unsere Gewerkschaft ist die IG Chemie, Papier, Keramik. Es ist eine sehr große Gewerkschaft. Die *Dachorganisation* ist der Deutsche Gewerkschaftsbund. Der Tarifpartner ist der Arbeitgeberverband Chemie Hamburg e.V. Zwischen den beiden werden dann jeweils Lohn- und Gehaltserhöhungen usw. *ausgehandelt*.
umbrella organization

negotiated

A.: Steht es denn den Arbeitnehmern frei, ob sie der Gewerkschaft beitreten oder nicht?

Herr K.: Ja, sie werden nicht dazu gezwungen, und wir verbieten auch, daß hier dafür Reklame gemacht wird. Natürlich können wir nicht verhindern, daß jemand von seinen Kollegen überredet wird beizutreten.

A.: Haben die hier schon mal einen Streik verursacht?

Herr K.: Ja, einmal in der Geschichte von Hermes, die ja schon über 50 Jahre besteht. Der erste und hoffentlich auch letzte Streik war im Jahre 1972. Da ging es um Lohn- und Gehaltserhöhungen. Die Gewerkschaft hat eine recht hohe Forderung gehabt, und der Arbeitgeberverband wollte sie nicht anerkennen, und da kam es also zum Streik.

A.: Das ist dann also nicht allein abhängig von Ihrer Firma, sondern auch vom Arbeitgeberverband.

Herr K.: Ja, der Arbeitgeberverband hat ja sehr viele Firmen zu betreuen . . .

A.: Wie lange hat denn der Streik gedauert?

Herr K.: Das war etwas über eine Woche, ich glaube 7 oder 8 Tage.

A.: Und wer hat am Ende gewonnen?

Herr K.: Der Streik wurde dann *beigelegt*, denn es ging letztendlich nur noch um 1,2 Pfennig pro Stunde, und man *hat sich* dann schnell *geeinigt*, denn der *Schaden*, der da *angerichtet* wurde, war bedeutend höher als die 1,2 Pfennige.

settled
came to an
  agreement
damage / done

A.: Man hört immer, daß die Deutschen sich zu Tode arbeiten, daß sie furchtbar viel arbeiten. Ich habe das Gefühl, daß das gar nicht stimmt. Meiner Erfahrung nach sind die Amerikaner Schwerarbeiter im Vergleich zu den Deutschen, und ich hätte gern einmal gehört, wie das wirklich offiziell mit den Ferien ist. Stimmt es, daß die meisten Deutschen 5 Wochen Ferien bekommen?

Herr K.: Also, alle unsere Beschäftigten hier bekommen — ganz gleich, ob sie nun 18 oder 58 Jahre alt sind — ab 1984 30 Tage *Urlaub*. Das sind also volle 6 Wochen.

vacation

A.: 30 Tage? Sie meinen, die Wochenenden mit eingerechnet.

Herr K.: Nein, nur die Arbeitstage, also von montags bis freitags.

A.: Donnerwetter! Die Amerikaner würden sich freuen, denn die meisten haben da nur zwischen 2 bis 4 Wochen Urlaub — je nachdem, wie lange sie schon im Betrieb gearbeitet haben.

Herr K.: Das hat auch nichts mehr mit der Betriebszugehörigkeit zu tun, und auch nicht mit dem Alter. Früher hatten wir noch eine Alters*staffelung*, d.h. daß ein Jüngerer weniger Anspruch hatte als ein Älterer, aber jetzt nicht mehr. Und außerdem bekommen sie jetzt zusätzlich zu ihrem normalen Gehalt, das im Urlaub weitergeht, pro Tag 30 Mark Urlaubsgeld, so daß sie also 900 Mark extra haben.

ranking

Wandern im Taunus.

A.:	Die haben es ja gut! Aber wie Vater Staat das alles finanzieren kann, möchte ich mal wissen.
Herr K.:	Das bezahlt ja nicht der Vater Staat, sondern allein die Arbeitgeber.
A.:	Ach ja! Aber irgendwie muß das Geld ja wieder rausgewirtschaftet werden. Irgendwie muß das ja ökonomisch tragbar sein!
Herr K.:	Ja, aber man ist jetzt, glaube ich, so ziemlich am Ende mit den Sozialleistungen, denn *auf die Dauer* könnte die Steigerung, die wir in den letzten Jahren erlebt haben, nicht *verkraftet* werden.
A.:	Hat sich denn irgendetwas geändert, seit Kohl an die Regierung gekommen ist? Mit der CDU? Sieht das besser für den Arbeitgeber aus oder . . . ?

in the long run
coped with

Herr K.: Ja, man hat wohl große Hoffnungen, daß einiges von der sogenannten sozialen *Hängematte* sich ändert. Hängematte des-   *hammock*
halb, weil jeder, der nicht mehr arbeitswillig ist, sich da hi-
neinlegen und trotzdem noch gut leben kann. Und wir hoffen
auch im Interesse der pflichtbewußten Beschäftigten hier, daß
die großen *Maschen*, die jetzt da sind, nicht mehr so durch-   *loopholes*
schlüpft werden können.

A.: Wie steht es denn mit der *Staatskasse*? Die ist doch in schlimmer   *government*
Lage, nicht?   *finances*

Herr K.: Ja, Sie wissen ja selbst, daß wir in der Bundesrepublik schwer
verschuldet sind, nicht nur der Staat, sondern alle *Gemeinden*   *in debt*
und Städte, und zwar so, daß man kaum übersehen kann, wie   *communities*
man mal wieder davon wegkommt.

A.: Schlimm! Das scheint ja fast überall so zu sein, in allen Ländern!

Herr K.: In der Schweiz vielleicht nicht!

A.: Man fragt sich, wie das möglich ist. Die Schulden sind in privaten Aktien wahrscheinlich. Was, wenn die Bürger all ihr Geld
aus den Aktien herausziehen wollten?

Herr K.: Tja — Inflation, nehme ich an, oder man fängt eines Tages
bei Null wieder an. Wir haben ja schon eine *Währungsreform*   *currency reform*
hinter uns — 1948 . . .

A.: Ja, ich erinnere mich daran . . . als Kind . . . Jeder erhielt
vierzig Mark Kopfgeld, und nachher bekam man etwa 10 Prozent von dem, was man auf der Bank gehabt hatte.

Herr K.: Ja, nicht mal. Noch da drunter, glaube ich. Von dem, was man
eingelegt hatte bei Banken und Sparkassen und sonstwo. Aber
hoffen wir, daß es nicht wieder dazu kommt. Das würde ganz
schlimm sein.

Fragen

1. Was sind Herrn Kuglers Aufgaben als Personalleiter?
2. Was fördert das Zusammengehörigkeitsgefühl der Arbeitnehmer in
der Hermes-Fabrik?
3. Was trägt die Firma zu den Sportveranstaltungen bei?
4. Zu welcher Gewerkschaft gehören die bei Hermes Beschäftigten?
5. Ist die Mitgliedschaft bei einer Gewerkschaft freiwillig oder gesetzlich?
6. Wie oft hat es in der über fünfzigjährigen Geschichte dieser Firma
einen Streik gegeben?
7. Worum ging es dabei?
8. Wie viele Urlaubstage bekommt ein Achtzehnjähriger? Wie viele ein
Achtundfünfzigjähriger?
9. Was versteht man unter Urlaubsgeld?

10. Wieso spricht man von einer sozialen Hängematte?

11. Wie steht es um die deutsche Staatskasse?

12. Was für mögliche Folgen ergeben sich daraus für die Wirtschaft?

C.6. Lesen Sie den Artikel aus dem HANDELSBLATT, und entscheiden Sie, ob die im Anschluß daran gedruckten Aussagen darin gemacht wurden.

Tarifrunde '87 / Vorläufige Bilanz
des Gewerkschaftsinstituts

DIE DURCHSCHNITTLICHE TARIFLICHE WOCHENARBEITSZEIT BETRÄGT 38,9 STUNDEN*

na DÜSSELDORF. Nach den *Abschlüssen* in der Metall- und Druckindustrie, durch die die Wochenarbeitszeit auf 37,5 Stunden ab 1.4.1988 und auf 37,0 ab 1.4.1989 herabgesetzt wird, wird die *vereinbarte* tarifliche Wochenarbeitszeit für 23 *vH* der von Tarifverträgen der DGB-Gewerkschaften *erfaßten* Beschäftigten bei 37 Stunden, für 28,5 vH bei 38 bis 39 Stunden und nur noch für weniger als die Hälfte (48,4 vH) bei 40 Stunden liegen.

final agreements

agreed upon
vH = von
Hundert = %
covered

Im Durchschnitt beträgt die vereinbarte tarifliche Wochenarbeitszeit nur noch 38,9 Stunden. Dies geht aus einer *Veröffentlichung* des Wirtschafts- und Sozialwissenschaftlichen Instituts des DGB zur Tarifrunde 1987 hervor.

publication

In den einzelnen Wirtschaftszweigen bzw. Tarifbereichen *schwankt* der Durchschnittswert nach Gewerkschafts-Angaben zwischen 37,4 Stunden im *Investitionsgütergewerbe* und noch weiterhin 40 Stunden in den Bereichen Gartenbau, Land- und Forstwirtschaft, Nahrungs- und *Genußmittel* sowie im Baugewerbe. In diesen Bereichen stünden jedoch im kommenden Jahr *Verhandlungen* über die *Verkürzung* der Wochenarbeitszeit an. In den letzten drei Jahren, also seit dem Streik um die 35-Stunden-Woche in der Metall- und Druckindustrie im Frühsommer 1984, sei für insgesamt 9,2 Millionen Beschäftigte die tarifliche Wochenarbeitszeit auf unter 40 Stunden verkürzt worden.

fluctuates

in the employment of industrial goods = in industry semi-luxury foods negotiations / shortening

Wie aus der *vorläufigen Bilanz* des Wirtschafts- und Sozialwissenschaftlichen Instituts des DGB zur Tarifrunde '87 weiter hervorgeht, wurden in *etlichen* Bereichen neue *Rationalisierungsschutzabkommen* abgeschlossen, darunter für den öffentlichen Dienst und für die Volkswagenwerke. Die Verhandlungen über den Rationalisierungsschutz für die Textil- und Bekleidungsindustrie *dauerten noch an*.

Die bisher vorliegenden Abschlüsse aus der Lohnrunde '87 ergeben

tentative figures

numerous / rationalization protection agreement = an agreement to protect jobs from increased (industrial) efficiency were still in process

---

*Handelsblatt, 17. August 1987

nach Berechnungen des Tarifarchivs des *WSI* eine jahresdurchschnitt-
liche Erhöhung der Tarifverdienste um 3,4 vH gegenüber dem Vorjahr.
Das WSI erwartet für 1987 einen Preisanstieg von knapp 2 vH und meint
deshalb, für das laufende Jahr sei allerdings mit einer nur *bescheidenen
Reallohnerhöhung* für abhängig Beschäftigte zu rechnen.

Durch die Tarifabschlüsse des ersten Halbjahres 87 wurden teilweise
auch bereits *Erhöhungssätze* für die kommenden Jahre festgelegt, so zum
Beispiel in der Metall-, Druck- und Chemischen Industrie. Insgesamt
ergebe sich daher eine durchschnittliche Abschlußrate in der Lohnrunde '87 einschließlich von erst in 1988 und 1989 *wirksam* werdenden
*Stufen*erhöhungen von bisher durchschnittlich 5,4 vH, jedoch bei einer
durchschnittlichen *Laufdauer* der neuen Lohn-, Gehalts- und
Entgelttarifverträge von rund 21 Monaten. Die durchschnittliche Laufdauer der Tarifverträge aus dem Jahre 1986 habe demgegenüber 14
Monate betragen.

Die *Vielfalt* der Tarifrunde '87 wird auch in dem Abschluß eines Ta-
rifvertrages zur Teilzeitarbeit für die Beschäftigten der Chemischen Industrie und dem *einheitlichen Entgelt-Rahmentarifvertrag* für Arbeiter und
Angestellte in diesem Industriezweig deutlich.

*Wirtschaft- und
Sozialwirtschaftliches
Institut
modest
increase in real
wages
rates of increase*

*effective
gradual
term*

diversity

*uniform/pay and
frame tariff
contract*

1. Ab 1.4.1988 arbeiten nur noch weniger als 50% aller
   DBG-Mitglieder 40 Stunden die Woche.   **JA NEIN**

2. Die Mitglieder der Metall- und Druckindustrie arbeiten
   weniger Stunden als andere Gewerkschaftsmitglieder.   **JA NEIN**

3. In der Forstwirtschaft Beschäftigte arbeiten noch 40
   Stunden die Woche.   **JA NEIN**

4. In den Bereichen Nahrungs- und Genußmittel werden
   keine Verhandlungen über kürzere Arbeitszeiten ge-
   führt.   **JA NEIN**

5. Die Löhne sind im letzten Jahr nicht gestiegen.   **JA NEIN**

6. 1988 und 1989 soll es mehr Freizeit, aber keine Lohnerhöhung mehr geben.   **JA NEIN**

7. In Zukunft soll die Laufdauer der Tarifverträge länger
   sein.   **JA NEIN**

**C.7. Lesen Sie den Abschnitt aus den DEUTSCHLAND-NACH-
RICHTEN,* und beantworten Sie die im Anschluß daran gedruckten Fragen.**

ÖTV BEFÜRCHTET VERLUST
VON 360 000 ARBEITSPLÄTZEN

Die Gewerkschaft Öffentliche Dienste, Transport und Verkehr (ÖTV)
wird im April 1984 nach Ansicht ihrer Vorsitzenden Monika Wulff-
Mathies *voraussichtlich* die 35-Stunden-Woche bei vollem *Lohnausgleich*

*presumably
pay compensation*

*21. Dezember 1983

fordern. Fest stehe schon jetzt, daß man alle bisher von der Bundesregierung angebotenen Arbeitszeitmodelle *ablehne*. Vor allem sei der Vorschlag von Arbeitsminister Blüm zur Einführung eines *Vorruhestandsgeldes* auch für den öffentlichen Dienst unzureichend. Bei den laufenden Verhandlungen mit den öffentlichen Arbeitgebern über einen Tarifvertrag zur Arbeitsplatz- und Einkommensicherung (Rationalisierungsschutzvertrag) rechnet die ÖTV für Anfang 1984 mit einem *Abschluß*. Nach *Einschätzung* der ÖTV werden durch die Einführung der Mikroelektronik bis 1990 mehr als 360 000 Arbeitsplätze im öffentlichen Dienst gefährdet. In diesem Zusammenhang bezeichnete die ÖTV-Vorsitzende auch die Pläne und Maßnahmen zur Privatisierung öffentlicher Dienste als „eine Art der Rationalisierung". Allein durch diese Privatisierungsmaßnahmen könnten im öffentlichen *Bereich* 30 bis 40 Prozent der Arbeitsplätze *vernichtet* werden. Deshalb müsse der Rationalisierungsschutzvertrag auch auf Privatisierungen übertragen werden.

rejects
*pre-retirement
pension*

*finalization/
estimate*

*area
destroyed*

Fragen

1. Was wird die ÖTV voraussichtlich fordern?
2. Hat die Bundesregierung irgendwelche akzeptablen Arbeitszeitmodelle vorgeschlagen?
3. Welcher Vorschlag sei besonders unzureichend?
4. Was für einen Tarifvertrag will die ÖTV mit den Arbeitgebern verhandeln?
5. Warum ist die Einführung der Elektronik für Arbeitnehmer der ÖTV eine große Gefahr?

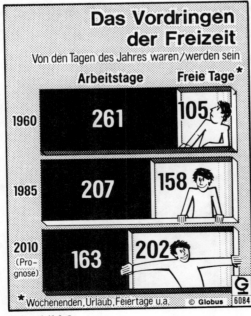

Schaubild 3

Das wahre Arbeitspensum
Effektive Jahresarbeitszeit in der Industrie
je Beschäftigten 1985 in Stunden
(alle Fehlzeiten abgezogen)

Japan	2135
England	1947
USA	1913
Schweiz	1826
Österreich	1740
Italien	1671
Frankreich	1652
BR Deutschland	1640
Niederlande	1615
Belgien	1530
Schweden	1497

Quelle:iw   © Globus   6439

Schaubild 4

6. Warum ist die geplante Privatisierung öffentlicher Dienste eine weitere Gefahr?

7. Wie will die ÖTV ihre Mitglieder davor schützen?

C.8. Interpretieren Sie Schaubild 3. Finden Sie diese Entwicklung, das Vordringen der Freizeit, begrüßenswert (=positive)? Die Vorteile sind offensichtlich. Nennen Sie einige! Könnten vielleicht auch Probleme mit dieser Entwicklung verbunden sein?

C.9. Hören Sie sich das Tonband-Interview zu Kapitel VC an (Kassette 4).

Herr Röhrs

VERSTÄNDNISHILFEN

Zum Gespräch über Partnerschaft von Arbeitgebern und Arbeitnehmern

die durch die Gewerkschaft vertretenen Arbeitnehmer	*the employees represented by the union*
wirkt...aus	*affects*
betreiben	*keep going*
Mannschaft	*team*
Betriebssportsabteilung	*the company's sports department*
Kegeln	*bowling*
Beitrag	*dues*
Leistungen	*here: contributions*
Bereitschaft	*willingness*
Gewerbliche	*gainfully employed*
Überlegung	*consideration*
Betriebsrat-Vorsitzenden	*the chair of our workers council*
Ehrenmitglied des Hauptvorstandes der IG-Chemie	*honorary member of the main executive board of (the union) IG-Chemie*
Keramik	*ceramics*
Entgelt	*pay*
nicht mehr unterscheidet nach...	*does not differentiate any more according to . . .*
ist ein sogenanntes Paket geschnürt worden	*a so-called package deal has been made*
Manteltarifvertrag	*skeleton agreement*
Ausgestaltung	*here: details*
ist der Betriebsvereinbarung überlassen	*is left up to an agreement within the company*
Auffassungen	*perceptions*
Beseitigung	*elimination*
einstellen	*hire*
mit berücksichtigt wird	*is taken into account*
Vorruhestands-Vertrag	*early retirement contract*
Schwerbeschädigte	*severely handicapped*
die in kontinuierlicher Schichtarbeit beschäftigt sind	*who continually work in shifts*
erlassen	*decreed*
ersetzt	*here: fills*
Belastung	*burden*
Überforderungsklausel	*provision for unreasonable payments*
ausgenutzt	*fully utilized*
leistungsfähig	*productive*
Rationalisierungseffekte	*results of greater efficiency measures*
wahrnimmt	*avails oneself*

Hören Sie sich das Gespräch zum zweiten Mal an und entscheiden Sie dann, ob die folgenden Aussagen darin gemacht wurden:

1. Die Partnerschaft zwischen Arbeitnehmern und Arbeitgebern ist in der Norddeutschen Schleifmittelfabrik besser als in der Metall-Industrie.   JA NEIN

2. Zur Betriebssportsabteilung der Firma gehört eine Fußballmannschaft, eine Gymnastikgruppe und eine Korbballmannschaft.   JA NEIN

3. Die Firma unterstützt diese Mannschaften.   JA NEIN

4. Zur Gewerkschaft gehören mehr Gewerbliche oder Arbeiter als Angestellte.   JA NEIN

5. Viele werden nicht Mitglied, weil die Beträge zu hoch sind.   JA NEIN

6. In dieser Firma gilt allgemein die 38 1/2 Stundenwoche.   JA NEIN

7. Ab 1.8.88 gibt es keinen Unterschied mehr zwischen Lohn und Gehalt. Alle bekommen ein Entgelt.   JA NEIN

8. Wer über 58 ist, arbeitet im Durchschnitt nur 36 Stunden die Woche.   JA NEIN

9. Im Jahre 1989 brauchen die 57/jährigen und Ältere nur noch 30 Stunden die Woche zu arbeiten.   JA NEIN

10. In der Metall-Industrie arbeitet man weniger Stunden als hier.   JA NEIN

11. Der Zweck der verkürzten Wochenarbeitszeit und Lebensarbeitszeit ist die Beseitigung der hohen Arbeitslosigkeit.   JA NEIN

12. Jeder über 58 hat das Recht, in den Vorruhestand zu gehen.   JA NEIN

13. Das Arbeitsamt trägt die Hauptkosten des Ruhestandsgeldes.   JA NEIN

14. Vom Arbeitgeber wird nicht verlangt, daß er für mehr als 5% seiner Belegschaft Vorruhestandsgeld bezahlt.   JA NEIN

15. Daß die BRD trotz der hohen Sozialkosten wirtschaftlich noch konkurrenzfähig ist, liegt an den Rationalisierungseffekten, die, wo möglich, ausgenutzt werden.   JA NEIN

D. SOZIALE SICHERHEIT

1 / Die Bundesrepublik Deutschland ist *laut* Verfassung ein demokratischer und sozialer Staat. Wie darin für sozial Schwache, d.h. Kranke, *Arbeitsbehinderte*, Alte, Arbeitslose, *Kriegsbeschädigte*, Witwen und *Waisen* gesorgt wird, ist für viele Länder vorbildlich geworden, wenn auch oft

according to
those unfit for
work
disabled
veterans
orphans

unerreicht geblieben. Ein Amerikaner mit der gewohnten Unsicherheit am Arbeitsplatz und seinen Sorgen wegen möglicher Arzt- und Krankenhausrechnungen, die finanziellen Ruin für seine Familie bedeuten könnten, staunt, in welchem *Grade* ein Deutscher gegen alle *Unbilden* und *Schicksalsschläge* abgesichert ist. Er braucht sich vom finanziellen Standpunkt her weder vor einer langen Krankheit noch vor einem unversorgten Alter zu fürchten. Auch lange Arbeitslosigkeit bringt seine Familie nicht an den *Rand des Verderbens*. Er lebt mit dem ruhigen Gefühl, daß in jeder Situation für ihn von irgendeiner *Instanz* her gesorgt wird. Zu Nahrung, Wohnung, Kleidung und anderen Lebensbedürfnissen ist jeder Bürger berechtigt, auch wenn er nie zum Wohlstand des Staates beigetragen hat.

degree/inequities
blows of fate

verge of ruin
official channel

2 / Der soziale Staat tut noch mehr für seine Bürger, als sie gegen die Folgen kleiner und großer Katastrophen zu schützen. Er hilft bei der Vorsorge, daß keine Katastrophen *eintreffen*. Er hilft finanziell bei der Ernährung und Ausbildung jedes Kindes, und darüber hinaus unterstützt er eine gerechtere *Vermögensverteilung,* indem er einem unterdurchschnittlich Verdienenden starken Ansporn zum Geldanlegen gibt. Wer es schafft, einen bestimmten Betrag auf mindestens sechs Jahre in einem Sparkonto *festzulegen,* der bekommt 14% der *Sparsumme* vom Staat Zuschuß und 2% extra für jedes Kind in der Familie. Auch beim *Bausparen* erhält er staatliche Prämien oder *Steuererleichterungen*. Außerdem gibt es für diese Arbeitnehmer mit niedrigem Einkommen noch ein Gesetz, das ihnen bei einer *Vermögensbildung* hilft: das „624-DM-Gesetz", nach dem sie vom Staat eine Arbeitnehmersparz*ulage* bekommen, wenn sie 624 DM bzw. 936* DM im Jahr „*vermögenswirksam*" anlegen. Dabei werden diese 624 DM nach Tarifgesetzen teilweise oder ganz vom Arbeitgeber getragen.

come to pass

distribution of
  wealth
to tie up
savings
investment
  toward building
  a home
tax relief
accumulation of
  capital
bonus
asset-creatingly

3 / Deutschlands Sozialversicherungsgesetze sind älter als ähnliche Gesetze in anderen Ländern. Am Ende des 19. Jahrhunderts, zur Zeit der industriellen Entwicklung Deutschlands, *erließ* Reichskanzler Bismarck, auf Druck der Arbeiter, drei wichtige Sozialversicherungsgesetze: 1883 die Krankenversicherung, 1884 die Unfallversicherung und 1889 die Invalidenversicherung. Alle drei, 1911 in der „Reichsverordnung" *zusammengefaßt* und durch die *Hinterbliebenenversorgung* ergänzt, sind heute noch gültig. Renten- und Arbeitslosenversicherungen kamen dazu. Seit

decreed

combined/
  allowance for
  surviving
  dependents

Anlagen nach dem Vermögensbildungsgesetz:

1. Prämienspar- oder Lebensversicherungsvertrag = *Sparzulage auf DM 624,--*
   (16% bzw. 26% b. 3 Kindern)

2. Bausparvertrag   = *Sparzulage auf DM 624,--*
   (23% bzw. 33% b. 3 Kindern)

3. Wertpapiersparvertrag *(Erwerb von Anteilscheinen an einem Wertpapier-Sondervermögen, die von Kapitalanlagegesellschaften ausgegeben werden bzw. Aktien die vom Anlageinstitut erworben werden.)*
   = Sparzulage auf DM 936,--
   (23% bzw. 33% b. 3 Kindern)

dem zweiten Weltkrieg sind ihre *Leistungen* erheblich verbessert worden. Hier folgen die wichtigsten Sozialleistungen: — *payments*

Krankenversicherung: deckt Krankenhaus, Arzt- und Zahnarztkosten, Medikamente und notwendige *Pflege* zu Hause. Sie zahlt bei Verdienstausfall nach den ersten 6 Wochen, in denen der Arbeitgeber das volle Gehalt weiterzahlt, bis zu 78 Wochen Krankengeld, rund 80 Prozent des letzten Verdienstes. — *nursing*

4 / Nach dem neuesten „Erziehungsgeldgesetz" hat eine werdende Mutter, wenn sie zur Zeit der *Schwangerschaft in einem Arbeitsverhältnis stand,* Anspruch auf Mutterschaftsgeld für die Zeit von 6 Wochen vor und 8 Wochen nach der *Entbindung.* Es ist so hoch wie ihr letzter Nettoverdienst. Davon zahlt die Krankenkasse einen *Tagessatz* von mindestens DM 3,50 und höchstens DM 25,00. Der Arbeitgeber zahlt die Differenz. *Nach Ablauf* der 14. Woche zahlt der Staat bis zum 6. Lebensmonat pro Monat DM 600,- Erziehungsgeld. Auch danach kann noch Erziehungsgeld *bezogen* werden, aber es kann weniger werden, wenn das Familieneinkommen gewisse Einkommensgrenzen überschreitet. Eine Mutter *genießt* während der Zeit besonderen *Kündigungsschutz.* An ihrer Stelle kann auch der Vater diesen Erziehungsurlaub beanspruchen. — *pregnancy / was employed* / *delivery* / *daily rate* / *after* / *drawn* / *enjoys* / *protection from layoff*

5 / **Unfallversicherung:** deckt Unfälle bei der Arbeit und auf dem Weg zwischen Arbeit und Wohnung (*neuerdings* auf Schulen und Schulwege ausgeweitet) und typische *Berufserkrankungen.* Sie leistet Vergütung für die *Heilbehandlung* und zahlt Unfallrenten, solange der Versicherte arbeitsunfähig ist, Hinterbliebenenrenten für Witwen und Waisen im Todesfall. Sie finanziert zur *Unfallverhütung* Betriebsärzte und Sicherheitsfachleute. — *recently* / *occupational diseases* / *medical care* / *accident prevention*

6 / **Invalidenversicherung:** sorgt für Behinderte — unabhängig von der Ursache ihrer Behinderung — vom Krankenbett bis zur *Wiedereingliederung* in Beruf und Gesellschaft und unterstützt die Familie mit 80 Prozent des Bruttoverdienstes des Versicherten. *Schwerbehinderte* haben bevorzugten Anspruch auf Arbeitsplätze. Betriebe mit mehr als 16 Arbeitsplätzen müssen bereit sein, 6 Prozent Schwerbehinderte einzustellen. Für jeden nichtbesetzten Pflichtplatz muß der Arbeitgeber je Monat DM 150,- *Ausgleichsabgabe* an die zuständige *Hauptfürsorgestelle abführen.* Kriegsverletzte haben Anspruch auf Arbeits- und Berufsförderung, auf *Beschädigten-* und Hinterbliebenenrenten. Die Invalidenversicherung ist heutzutage in der Rentenversicherung einbegriffen. — *rehabilitation* / *severely handicapped* / *compensation / main social service office* / *injured*

7 / **Rentenversicherung:** schließt Altersrenten wie auch Renten für Erwerbsunfähige ein. Voraussetzung für Altersrenten waren früher mindestens 15 Jahre *beitragspflichtige* Arbeits-, Militär-, Studien- oder auch Arbeitslosenzeit, aber jetzt genügt für Altersrenten (ab 65. Lebensjahr), Berufs- und Erwerbsunfähigkeit eine Beitragszeit von 5 Jahren. Neuerdings werden bei Frauen ab Jahrgang 1921 auch die Kindererziehungsjahre als Beitragszeit in der Rentenversicherung *angerechnet.* Vor 1907 geborene Mütter — sie werden unter dem neuesten Gesetz „Trümmerfrauen" genannt, weil das Muttersein während der Bombenangriffe im 2. Weltkrieg besonders schwierig war — bekommen seit 1987 monatlich — *subject to dues* / *credited*

DM 27,- pro Kind als *Zusatz*rente. Die zwischen 1907 und 1920 Geborenen sollen nach einem Vier*stufen*plan später das gleiche Entgelt erhalten.

additional
stages

8 / Während man normalerweise mit 65 Altersrente beanspruchen kann, erlaubt das Gesetz in verschiedenen Fällen vorzeitige Beantragung der
Rente ("flexibles Altersruhegeld"). Seit 1957 wächst die Rente mit der
Einkommensentwicklung (= Dynamische Rente), und sie ist dem früheren
Lebensstandard angemessen. Die individuellen Beträge haben sich in
22 Jahren verfünffacht. Zusätzliche Renten werden den Arbeitnehmern
von ihren Betrieben geboten.

9 / **Arbeitslosenversicherung** bezahlt auf ein Jahr Arbeitslosengeld in der
Höhe von 68 Prozent des letzten Nettoverdienstes an Arbeitslose mit
mindestens einem Kind. Alle übrigen erhalten 63% des letzten Nettoverdienstes. Bedingung für den Anspruch sind wenigstens 6 Jahre *Bei-*
tragspflicht während der letzten 7 Jahre. Wer über 39 Jahre alt ist, erhält
bis zu 18 Monaten und wer über 44 ist bis zu 22 Monaten Arbeitslosengeld. 49jährige sind zu 26 Monaten Zahlung berechtigt und 54jährige zu
32 Monaten. Danach kann man Arbeitslosenhilfe beantragen, die für Arbeitslose mit einem Kind bis zu 58 Prozent beträgt, bei allen anderen
53%. Alle Arbeitnehmer sind bei der *Bundesanstalt* für Arbeit versichert.
Arbeitsämter helfen bei *Berufsberatung* und *Arbeitsvermittlung*. Bei nö-
tiger Umschulung bezahlt die Bundesanstalt gewöhnlich die Kosten und
bei Verdienstausfall auch *Unterhaltsgeld* für die Familie.

payment of
mandatory dues

Federal Agency
vocational
counseling/
finding jobs
maintenance cost

10 / **Sozialhilfe:** kann von allen beansprucht werden, für die keine Ver-
sicherung zahlt oder nicht mehr zahlt. Das gilt auch für in Deutschland
lebende Ausländer. Während des starken wirtschaftlichen Aufschwungs
der sechziger Jahre strömten, von der BRD *angeworben*, Millionen von
Gastarbeitern hauptsächlich aus der Türkei, aus Jugoslawien, Italien,
Griechenland und Spanien nach Deutschland. 1973 lebten dort über 2,5
Millionen ausländische Arbeitnehmer, viele davon mit ihren Familien.
Jedes sechste in Deutschland geborene Kind war ein ausländisches.
Seitdem hat man wegen Inflation und wachsender Arbeitslosigkeit den
Zustrom weiterer Gastarbeiter *gedrosselt* und denen, die schon da
waren, finanzielle *Anreize* zur Rückwanderung in ihre Heimat gegeben,
aber die vielen in der BRD gebliebenen ausländischen Arbeitnehmer
haben dieselben sozialen Ansprüche und auch Rechte an ihrem Arbeitsplatz wie die Deutschen.

recruited

influx/throttled
incentives

11 / **Kindergeld** steht allen Familien zu, aber die Höhe hängt vom Einkommen
der Familie ab. Fürs erste Kind zahlt der Staat zwischen DM 50,- und DM
96,- fürs zweite zwischen DM 70,- und DM 146,-, fürs dritte zwischen DM
140,- und DM 266,- und für alle weiteren Kinder zwischen DM 140,- und
DM 286,-, *je nach* Einkommen. Das gilt bis zum 16. Lebensjahr dieser
Kinder und bis zum 27. Lebensjahr, wenn sie noch im Studium oder einer
Ausbildung stehen. Dann können sie weitere Unterstützung in Form von
BAFÖG (= Bundes-Ausbildungsförderung) beantragen. Von 1972–1982
waren diese Gelder größtenteils Zuschüsse, die nicht zurückbezahlt werden mußten. Seit 1983 sind es nur noch Kredite oder Darlehen, die auch

depending on

nur Kinder von Kleinverdienern in Anspruch nehmen können. Die *För-derungsquote* ist seitdem von 37% auf 23% gesunken. Anders als in den US sind deutsche Eltern *gesetzlich verpflichtet,* ihren Kindern ein Studium oder eine Lehre zu finanzieren. Sie können vor *Gericht verklagt* und *verurteilt* werden, wenn sie sich weigern.

assistance quota
bound by law

court
indicted
convicted

12 / Die umfangreichen sozialen Maßnahmen kosten viel Geld. Wo kommt das Geld her?. Es wird zum größten Teil von sozialen *Abgaben* bestritten, die in den meisten Fällen zur Hälfte vom Arbeitnehmer und zur anderen Hälfte vom Arbeitgeber getragen werden. Nur bei sehr niedrigen Gehältern bezahlt der Arbeitgeber die vollen Kosten der Sozialabgaben. Alle Arbeitnehmer, Landwirte, Lehrlinge, Studenten, Arbeitslose und Rentner sind gesetzlich verpflichtet, einer Krankenversicherung beizutreten. Nur sehr gut verdienende Angestellte und Selbständige sind nicht dazu gezwungen. Mit der Rentenversicherung steht es ähnlich. Alle Arbeitnehmer und Landwirte sind gesetzlich rentenversichert. Andere Selbständige und Hausfrauen können freiwillig der gesetzlichen Rentenversicherung beitreten. Für die Krankenversicherung betragen die Prämien 12,2 Prozent des Bruttogehalts, für die Rentenversicherung 18,7 Prozent, für die Arbeitslosenversicherung 4,3 Prozent, wobei, wie gesagt, Arbeitnehmer und Arbeitgeber je die Hälfte der Premien bestreiten. Die Beiträge für die Unfallversicherung werden aber vom Arbeitgeber allein getragen.

dues

13 / Versicherungen dürfen dabei nicht reich werden. Die Verwaltung liegt in den Händen von Vertretern der Versicherten und der Arbeitgeber. Gewinne sind dabei nicht erlaubt.

14 / Man hört Arbeitnehmer über die hohen Sozialabgaben klagen, die 1986 17,7% ihres Lohns *verschlangen,* und die Arbeitgeber noch mehr über all die *Sozialleistungen,* die sie für jede Mark eines Gehalts inzwischen 85 Pfennig oder mehr kosten. Schlimmer noch sind die Klagen der Arbeitgeber über die Ausbeutung der Sozialgesetze durch einige Arbeitnehmer. *Nach Angabe* des Personalleiters einer großen Firma sind durchschnittlich zehn Prozent der Belegschaft wegen echter, doch häufiger vorgeblicher Krankheit abwesend. D.h., sie haben ihren Arzt überredet, sie krank zu schreiben, oft gegen seine Überzeugung. Nach Angabe von einigen Ärzten/Ärztinnen riskieren sie es, ihre Patienten zu verlieren, wenn sie sich weigern, jemanden, der behauptet, daß es ihm zu schlecht zum Arbeiten ginge, krank zu schreiben. Solche Situationen entmutigen kleine Familienunternehmungen, Angestellte zu nehmen. Ein Automechaniker mit *Abschleppdienst,* der Tag und Nacht Dienst hat und sich weder freie Wochenenden noch Urlaub gönnt, erzählte, daß er sich keine Angestellten leisten könne. Die ließen sich seiner Erfahrung nach dauernd krank schreiben, wollten an Wochenenden nicht arbeiten und verlangten, daß sie ihre sechs Urlaubswochen im Sommer nehmen könnten, wenn er sie — wegen der meisten Autounfälle und den damit verbundenen Reparaturen — am dringendsten brauchte.

gobbled up
social
* contributions*

according to

towing service

15 / Man liest seit Jahren, daß die Exzesse der sozialen Leistungen und ihre Ausbeutungen für die deutsche Wirtschaft nicht mehr tragbar seien, und die Arbeitgeber erhofften sich von der Regierung Kohl, daß sie die

Exzesse *beschneiden* und das Rad der wachsenden Sozialleistungen   *curtail*
ein wenig zurückdrehen würde. Es sind auch ein paar *bescheidene* Ge-   *modest*
setzesänderungen in der Richtung gemacht worden, wie z.B. daß Rentner jetzt auch Krankenversicherungsbeiträge zahlen müssen und daß
ein Patient, der sich nur unwohl fühlt aber nicht wirklich krank ist, oder
der nicht unbedingt notwendige Medikamente kauft, die Kosten dafür
selbst tragen muß. Aber im Ganzen sind die Sozialkosten noch gestiegen. Sie verschlingen fast ein Drittel des Bruttosozialprodukts.

16 / Trotz der negativen Aspekte scheint es dem deutschen Sozialstaat wohl
zu gehen. Der Lebensstandard ist allgemein hoch, und es gibt nicht so
krasse Unterschiede zwischen arm und reich wie in den US und vielen
anderen Ländern.

WORTSCHATZ

1 / vorbildlich — *exemplary*
die Unsicherheit — *insecurity; uncertainty*
die Sorge, -n — *worry, care*
staunen — *to be amazed*
abgesichert — *secured*
unversorgt — *uncared for; unsupplied*
die Lebensbedürfnisse, *pl.* — *necessaries of life*
der **Wohlstand** — *well-being, riches*

2 / die Folge, -n — *consequence*
die Vorsorge, -n — *provision, care; precaution*
die Ernährung — *feeding; support, maintenance*
gerecht — *just*
durchschnittlich — *average*
verdienen — *to make money, earn*
zum Geldanlegen — *for investment*

3 / die **Sozialversicherung** — *social insurance*
die Unfallversicherung — *accident insurance*
die Verordnung — *decree, law*
ergänzen — *to supplement; complement*
das Medikament, -e — *medicine*
der Verdienstausfall, ⁼e — *loss of income*

4 / Anspruch haben auf — *to be entitled to, have a claim to*

5 / die Vergütung — *compensation*
die Rente, -n — *pension; revenue*
arbeitsunfähig — *unfit for work, disabled*
der **Fachmann, Fachleute** — *expert*

6 / behindert — *handicapped*
die **Ursache, -n** — *cause*
der **Verdienst** — *pay, salary; merit*
bevorzugt — *preferential; preferred*

einstellen	*to hire; adjust*
verletzt	*wounded*
die Förderung	*help, promotion*
einbegriffen	*included*

7 / die Rentenversicherung   *retirement insurance*
    erwerbsunfähig   *unable to earn a living, disabled*
    das **Entgelt**   *compensation, pay*

8 / **beanspruchen**   *to claim*
    die **Beantragung**   *application, request*
    der Lebensstandard   *living standard*
    angemessen   *adequate, suitable; proportionate*
    zusätzlich   *additional*

9 / die Arbeitslosenversicherung   *unemployment insurance*
    beantragen (ä), u, a   *to apply for*
    betragen (ä), u, a   *to amount to*
    das Arbeitsamt, ̈er   *unemployment office*
    die Umschulung   *retraining*

10 / der **Aufschwung**   *upswing, recovery, boom*

11 / zustehen, a, a (es steht mir zu)   *to be s.o's due (I am entitled to it)*
    in Anspruch nehmen   *to claim, make use of*
    sich weigern   *to refuse*

12 / die **Maßnahme, -n**   *provision; steps, arrangements*
    beitreten (i), a, e   *to join*

14 / klagen   *to complain*
    die Ausbeutung   *exploitation*
    die **Belegschaft, -en**   *staff, personnel*
    echt   *genuine(ly)*
    vorgeblich   *pretended(ly)*
    abwesend   *absent*
    überreden   *to persuade*
    die Überzeugung   *conviction, belief*
    behaupten   *to claim, insist*
    entmutigen   *to discourage*
    sich gönnen   *to allow oneself*
    dringend   *urgent(ly)*

15 / tragbar   *bearable*

ÜBUNGEN

D.1. Vervollständigen Sie die Sätze.

1 / **1.** Die BRD _____ vorbildlich _____ die sozial Schwachen. (*cares for*).

    2. Der Amerikaner hat viel größere _____ am Arbeitsplatz (*insecurity*).

3. Niemand braucht sich vor langer _____ zu fürchten, denn sie würde seine Familie nicht in Not bringen (*unemployment*).

4. Jeder Bürger ist dazu berechtigt, daß seine _____ gedeckt werden (*necessaries of life*).

2 / **5.** Der Staat hilft finanziell bei der _____ und _____ der Kinder (*support; education*).

6. Wer _____ verdient, erhält vom Staat einen Beitrag, wenn er Geld anlegt (*below average*).

3 / **7.** Schon im Jahre 1883 wurden drei wichtige _____ erlassen (*laws of social insurance*).

8. Die _____ deckt die Kosten für das Krankenhaus, _____ , Arzt- und Zahnarztkosten usw. (*health insurance; medicine*).

9. Bei _____ bezahlt die Krankenkasse bis zu 78 Wochen Krankengeld (*loss of income*).

5 / **10.** Wenn jemand auf dem Weg zwischen Haus und Arbeitsplatz oder Schule verunglückt (= *has an accident*), zahlt die _____ für den Verdienstausfall (*accident insurance*).

6 / **11.** Schwerbehinderte haben _____ Anspruch auf Arbeitsplätze (*preferential*).

12. Große Betriebe müssen bereit sein, 6 Prozent Schwerbehinderte _____ (*to hire*).

7 / **13.** Die _____ zahlt Renten für Alte und Erwerbsunfähige (*retirement insurance*).

14. Die zwischen 1907 und 1920 geborenen Mütter sollen später das gleiche _____ für Kindererziehungsjahre erhalten (*compensation*).

8 / **15.** Die Rente ist dem früheren Lebensstandard _____ (*proportionate*).

9 / **16.** Alle Arbeiter und Angestellte sind bei der Bundesanstalt für Arbeit _____ (*insured*).

17. Wer Berufsberatung oder einen Arbeitsplatz benötigt, geht zum _____ (*unemployment office*).

10 / **18.** Während des wirtschaftlichen _____ der sechziger Jahre kamen viele _____ nach Deutschland (*recovery; foreign workers*).

11 / **19.** Allen Familien _____ Kindergeld _____ (*are entitled to*).

12 / **20.** Alle diese _____ _____ sind sehr teuer (*social provisions*).

21. Alle Arbeiter und die meisten Angestellten sind _____ , der Kranken- und Rentenversicherung _____ (*forced; to join*).

14 / **22.** Viele Arbeitnehmer _____ über die hohen Sozialabgaben (*complain*).

23. Herr Kugler gab an, daß durchschnittlich 10 Prozent der

_____ wegen echter oder vorgeblicher Krankheit _____ sei (*personnel; absent*).

24. Manche Ärzte schreiben Patienten gegen ihre _____ krank (*conviction*).

D.2. Verwandte Wörter. Bilden Sie mit jedem Wort einen Satz.

der Kanzler   flexibel   dynamisch   der Standard   der Patient
die Situation   die Reparatur   der Exzeß   der Aspekt   krass

D.3. Zeigen Sie Ihr Verständnis des Textes

a) indem Sie das Flußdiagramm vervollständigen

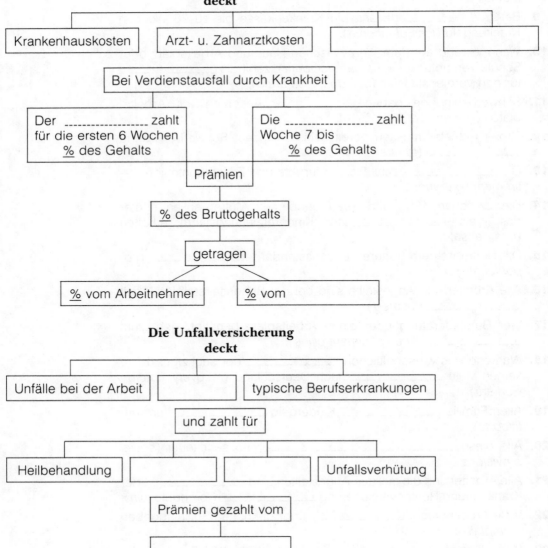

Die Krankenversicherung deckt

| Krankenhauskosten | Arzt- u. Zahnarztkosten | | |

Bei Verdienstausfall durch Krankheit

Der _____ zahlt für die ersten 6 Wochen __% des Gehalts

Die _____ zahlt Woche 7 bis __% des Gehalts

Prämien

__% des Bruttogehalts

getragen

__% vom Arbeitnehmer   __% vom

Die Unfallversicherung deckt

Unfälle bei der Arbeit | typische Berufserkrankungen

und zahlt für

Heilbehandlung | | Unfallsverhütung

Prämien gezahlt vom

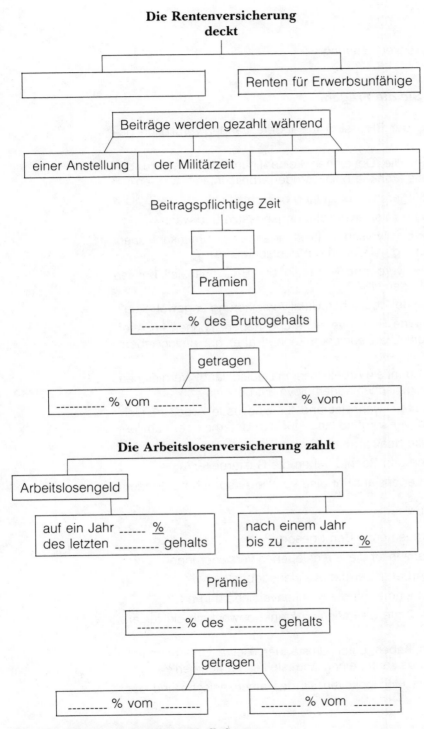

Die Rentenversicherung deckt

- [ ]
- Renten für Erwerbsunfähige

Beiträge werden gezahlt während

| einer Anstellung | der Militärzeit | | |

Beitragspflichtige Zeit

[ ]

Prämien

_____ % des Bruttogehalts

getragen

| _____ % vom _____ | _____ % vom _____ |

Die Arbeitslosenversicherung zahlt

Arbeitslosengeld

auf ein Jahr _____ % des letzten _____ gehalts

nach einem Jahr bis zu _____ %

Prämie

_____ % des _____ gehalts

getragen

| _____ % vom _____ | _____ % vom _____ |

b) *indem Sie auf Englisch definieren:*

1. Erziehungsgeldgesetz

2. flexibles Altersruhegeld

3. dynamische Rente

4. Kindergeld

5. gesetzliche Krankenversicherung

6. Sozialhilfe

D.4. Beantworten Sie die Fragen.

1&3 /   **1.** Welche Gesetze der BRD sind für andere Länder vorbildlich geworden?

1 /   **2.** Warum brauchen die Deutschen keine finanzielle Krise zu befürchten, wenn sie krank, arbeitslos oder arbeitsunfähig werden?

   3. Wozu ist jeder Bürger in Deutschland berechtigt?

3 /   **4.** Wer erließ die ersten Sozialversicherungsgesetze und wann?

   5. Vergleichen Sie die typischen Leistungen einer amerikanischen Krankenversicherung mit denen der deutschen.

4 /   **6.** Wodurch ist eine werdende Mutter in der BRD finanziell besser abgesichert als in den USA?

5 /   **7.** Was finden Sie an der deutschen Unfallversicherung ungewöhnlich?

8 /   **8.** Amerikaner, die eine Rentenversicherung haben, können im Alter nicht davon leben. Die Deutschen können aber gut davon leben. Wie kommt das?

9 /   **9.** Wieviel Geld bekommt ein Arbeitsloser in Deutschland? Vergleichen Sie das mit amerikanischen „unemployment benefits''.

   10. Wer trägt die Kosten, wenn jemand für eine neue Arbeit trainiert werden muß, und wer sorgt so lange für den Unterhalt der Familie?

10 /   **11.** Wer darf Sozialhilfe beanspruchen?

   12. Welche Ansprüche und Rechte haben die Gastarbeiter?

11 /   **13.** Bis zu welchem Lebensjahr hat eine Familie Anspruch auf Kindergeld?

   14. Was ist BAFÖG?

12 /   **15.** Wie ist für Hausfrauen ohne Beruf gesorgt?

   16. Finden Sie die Prämien für die verschiedenen Versicherungen hoch?

   17. Was kosten den Arbeitgeber die Sozialausgaben?

14 /   **18.** Wie beuten Arbeitnehmer oft die Krankenversicherung aus?

   19. Warum schreiben Ärzte oft Patienten krank, obwohl sie sie für arbeitsfähig halten?

   20. Welches Problem haben unter Umständen kleine Unternehmen? Warum wagen sie es kaum, einen Angestellten zu nehmen?

   21. Sehen Sie bessere Möglichkeiten als das amerikanische und das deutsche System?

D.5. Übersetzen Sie.

1. The German social state cares well for the sick, the old, the handicapped and the unemployed.

2. Every citizen is entitled to food, clothing, shelter and other necessities of life.

3. The health insurance pays for treatment, medicine and loss of income.

4. When someone "has been written ill" by his physician, the employer has to pay the full salary for the first six weeks.

5. Bigger firms have to be willing to employ severely handicapped people.

6. In some cases one can apply for retirement insurance before one is sixty-five.

7. Unemployment insurance amounts to 68 percent of the last net income.

8. During the economic recovery many foreigners came to Germany as guest workers.

9. Pregnant women are entitled to paid leave before and after the birth of the child.

10. Many highschool and university students make use of BAFÖG.

11. Almost all employees are forced by law to join the health, unemployment and retirement insurance.

12. Housewives can join voluntarily.

13. Many employers and employees complain about the high social contributions.

14. Unfortunately, the social provisions are often exploited.

15. Some self-employed businessmen feel discouraged to hire employees.

D.6. Lesen Sie den Artikel aus der WIRTSCHAFTSWOCHE* und entscheiden Sie, ob die im Anschluß daran gedruckten Aussagen darin gemacht werden.

Der Kommentar

EMANZIPATIONS-HÜRDEN

Die Befreiung der Frau wird erst möglich, sobald diese in großem gesellschaftlichem *Maßstab* an der Produktion sich beteiligen kann und die häusliche Arbeit sie nur noch in unbedeutendem Maße *in Anspruch nimmt*." Dieser Satz von Friedrich Engels gilt immer noch. Die *Erwerbstätigkeit* der Frau ist zwar seitdem gestiegen, ebenso wie der Ausbildungsstand. Doch liegt die Frauenerwerbstätigkeit bei nur wenig mehr als der Hälfte der männlichen.

scale
claims her time
gainful employment

   Der Anstieg der Berufstätigkeit der Frau in den beiden letzten Dekaden war begleitet von einem starken Rückgang der Geburtenrate. An-

Wirtschaftswoche-Herausgeber
Wolfram Engels über
Frauenerwerbstätigkeit

scheinend steht die Frau immer noch vor der *Wahl* zwischen Kindern, *choice*
Beruf oder der *Doppelbelastung* aus beidem. *double burden*

Kinder und Beruf scheinen in der DDR leichter miteinander *vereinbar* *can be reconciled*
zu sein: Trotz der weit höheren Frauenerwerbstätigkeit werden dort mehr
Kinder als bei uns geboren.

Dabei kann es bei uns kein Ziel sein — wie in der DDR —, das Sozialprodukt durch möglichst hohe Erwerbstätigkeit der Frau zu steigern.
Es geht vielmehr um die Erweiterung der Wahlmöglichkeiten. Beruf
und Familie *schließen sich* heute weitgehend *aus*. *exclude one*
another

An einer *rechtlichen Benachteiligung* der Frau kann das in der Bundes- *legal*
republik nicht liegen. Die letzten gesetzlichen Diskriminierungen der *discrimination*
Frau sind in den vergangenen Jahrzehnten — etwa im Familienrecht —
gefallen. Seither ist der Mann vor dem Gesetz benachteiligt — so bei der
Wehrpflicht und im *Rentenrecht*. *military service*
retirement laws

Nichtsdestoweniger scheint die gesellschaftliche Organisation in der *nevertheless*
DDR der in der Bundesrepublik *in dieser Beziehung überlegen* zu sein. An *in this respect*
und für sich sollte es ein leichtes sein, der Frau beides zu ermöglichen, *superior*
Kinder und Berufstätigkeit. *Rein betriebswirtschaftlich betrachtet*, ist es *from a purely*
höchst unproduktiv, daß jede Hausfrau ihren eigenen Haushalt versorgt. *economical*
Dieser Haushalt ist ein Kleinstbetrieb, in dem die Vorteile der Spezia- *standpoint*
lisierung und *Arbeitsteilung* nicht *ausgenutzt* werden können und in dem *division of labor*
sich die spezifische *Begabung* der Hausfrau nicht *entfalten* kann. *utilized*
talent

Eine Frau, die gut mit Blumen umgehen kann, wäre besser als Gärt- *be developed*
nerin, eine Frau mit einer *Neigung* zu Zahlen produktiver als Kosten- *propensity*

rechner oder Controller eingesetzt. Im Haushalt muß sie sowohl mit Zahlen als auch mit Pflanzen umgehen und darüber hinaus kochen, waschen, erziehen und vieles andere, wofür sie weniger begabt sein mag.

Also muß es wundern, daß sich in einer auf Einkommen und Produktivität *angelegten* Gesellschaft diese wirtschaftlich *rückständige* Betriebsform so lange hält. Außerwirtschaftliche *Erwägungen* erklären das Paradox auch nicht. Normalerweise geht man davon aus, daß die Menschen glücklicher sind, wenn sie das tun, *was ihnen liegt*, was sie gut können.

oriented / obsolete
considerations
what they are
talented for

Eine Erklärung liegt im *Steuer- und Abgabensystem*. Die Hausfrau ist in der Sozialversicherung nicht *eigenständig*, sondern *über* ihren erwerbstätigen Ehemann versichert. Die Hausfrau schafft zwar im Haushalt Werte, aber die sind nicht Einkommen im Sinne des Einkommensteuergesetzes. Will eine Frau ihren Beruf ausüben und Kinder haben, ohne die Doppelbelastung durch Beruf und Haushalt auf sich zu nehmen, dann muß sie die Hausarbeit auf andere übertragen. Sie braucht eine Haushälterin oder Putzfrau, muß die Wäsche waschen lassen, im Restaurant essen, ihre Kinder ins Internat geben.

tax and assessment
system
independent
via

Jetzt schlägt der Staat zu. Ihre *Wertschöpfung* ist jetzt Einkommen und *steuerpflichtig*. Es werden Sozialabgaben *fällig*, denen kein Mehr an *Ansprüchen* gegenübersteht. Die Wäscherei oder das Restaurant müssen darüber hinaus Mehrwertsteuer und Gewerbesteuer zahlen. Die Kosten einer Haushälterin oder Putzfrau kann die Frau nicht vom steuerpflichtigen Einkommen *absetzen*. Die Steuern und Abgaben wirken wie ein hoher Zoll auf die Arbeitsteilung. In aller Regel ist das zusätzliche Einkommen geringer als die höheren Haushaltskosten. Die erwerbstätige Frau kostet ihren Arbeitgeber mehr als das Doppelte dessen, was sie einer Haushälterin netto auszahlen kann, ohne daß sie sich finanziell verschlechtert.

income
taxable / due
claims

deduct

Die Frauenerwerbstätigkeit unterliegt gewissermaßen einer Steuer- und Abgabenstrafe. Man könnte beides leicht *beseitigen* oder doch *mildern*. Dazu müßte man die Hausfrau *eigenständig* sozialversichern, und man müßte die Mehrkosten der Haushaltsführung — beispielsweise das Gehalt einer Haushälterin oder die Internatskosten — vom steuerpflichtigen Einkommen absetzen können.

eliminate
alleviate
independently

Unser Steuer- und Abgabensystem beschneidet aber nicht nur die Wahlmöglichkeiten der Frau, es *hemmt* auch — in Verbindung mit dem *Arbeitsrecht* — ihre Aufstiegschancen im Beruf. Wenn der Arbeitgeber die Wahl hat, für eine bestimmte Aufgabe einen Mann oder eine Frau einzustellen, so wird er in der Regel einen Mann vorziehen, und zwar um so mehr, je verantwortungsvoller die Aufgabe ist.

hinders
labor legislation

Das hängt erstens damit zusammen, daß die *Lohnnebenkosten* der Arbeitgeber für Frauen höher sind als für Männer. Das beruht zweitens darauf, daß der Arbeitgeber damit rechnet, daß die Frau weniger lange arbeitet als der Mann.

employer's expenses
in addition to the
wages

Wenn die Ausbildung eines Piloten eine viertel Million Mark kostet, dann möchte der Arbeitgeber die Ausgebildeten möglichst lange behalten. Wenn die Gesellschaft die Frau fördern will, dann darf sie die finanziellen Lasten nicht dem Arbeitgeber *aufbürden*. Sonst bezahlen die

heap upon

Frauen die Kosten ihrer Förderung in Form geringerer Beschäftigungs-
und Aufstiegschancen selbst. Der Gesetzgeber hat vielleicht das Beste
gewollt, es aber nicht erreicht. „Das Gegenteil von gut ist nicht schlecht,
sondern gut gemeint" (Karl Kraus).

1. Es gibt heute mehr und besser gebildete Frauen.   **JA NEIN**

2. Heute sind mehr Frauen berufstätig als Männer.   **JA NEIN**

3. Seit es mehr berufstätige Frauen gibt, werden weniger
Kinder geboren.   **JA NEIN**

4. In der DDR arbeiten weniger Frauen, und die Geburtenrate ist höher.   **JA NEIN**

5. Die Bundersrepublik will das Sozialprodukt durch
hohe Erwerbstätigkeit der Frau steigern.   **JA NEIN**

6. Die Frauen sollen wählen können, ob sie Beruf und
Familie miteinander verbinden wollen.   **JA NEIN**

7. Die Frauen in der Bundesrepublik sind nach dem Gesetz benachteiligt.   **JA NEIN**

8. Es gibt jetzt gesetzliche Diskriminierungen gegen die
Männer.   **JA NEIN**

9. Wenn jede Hausfrau ihren eigenen Haushalt hat, können die Vorteile der Arbeitsteilung und Spezialisierung
nicht ausgenutzt werden.   **JA NEIN**

10. Der Grund, warum Frauen in der Bundesrepublik
Beruf und Familie nicht gut miteinander vereinbaren
können, liegt am Steuer- und Abgabensystem.   **JA NEIN**

11. Eine Haushälterin kostet mehr, als was eine Frau im
Beruf verdienen kann.   **JA NEIN**

12. Eine berufstätige Frau darf die bezahlte Hilfe für
Kinder und Haushalt von den Steuern absetzen.   **JA NEIN**

13. Da eine Frau für ihr Einkommen Steuern bezahlen
muß, aber die Haushälterin nicht von den Steuern absetzen kann, lohnt sich die berufliche Arbeit für sie
nicht.   **JA NEIN**

14. Ein Arbeitgeber muß für eine Frau höhere Lohnnebenkosten bezahlen als für einen Mann.   **JA NEIN**

15. Deshalb sind die Aufstiegschancen der Frau im Beruf
schlechter.   **JA NEIN**

16. Die Arbeitgeber sind schuld daran, daß die Frauen
keine besseren Chancen haben.   **JA NEIN**

**D.7. Sie sind nun über den sozialen Schutz der BRD-Bürger in-
formiert, besonders wenn Sie sich schon die beiden Interviews
zu diesem Kapitel angehört haben. Zweifellos haben sie ihn in
Gedanken mit den sozialen Schutzmaßnahmen in den US ver-
glichen. Führen Sie nun zu zweit ein Gespräch, in dem ein**

**deutscher und ein amerikanischer Angestellter ihre finanzielle
Lage vergleichen: in gesunden und in kranken Tagen, wenn sie
Arbeit haben oder arbeitslos sind, jetzt, wo sie noch im Arbeits-
alter sind, und später, wenn sie in Pension gehen. Vielleicht ziehen beide ihre eigene Situation vor und geben Gründe dafür an.
Vielleicht findet einer, daß der andere besser dran ist, oder sie
wünschen sich ganz neue Gesetze. Diskutieren Sie!**

**D.8. Hören Sie sich das 1. Tonband-Interview zu Kapitel VD an
(Kassette 5).**

VERSTÄNDNISHILFEN

zum Gespräch über soziale Sicherheit

in dieser Hinsicht	*in this respect*
entlastet	*(partially) relieved*
Nebenlohnkosten	*fringe benefits*
Personal-Zusatzkosten	*employees' fringe benefits*
Sonderurlaub	*special (additional) leave*
Kürzungen	*cutbacks*
gebremst	*slowed-down*
nicht unbedingt erforderliche Arzneimittel	*not absolutely necessary drugs*
die so schnell nicht in den Griff zu bekommen sind	*which cannot be solved that quickly*
Grundversicherung	*basic insurance*
Tannenbaum	*Christmas tree*
Steigerung	*increase*
Erhöhung	*increase*
Bundeszuschuß	*federal subsidy*
Steuerzahler	*tax payer*
schmackhafter	*more attractive*
Bundeserziehungsgesetz	*federal law concerning child raising*
gültig	*effective*
Gewährung	*granting*
Schwangere	*pregnant woman*
beanspruchen	*claim*
Sorgerecht	*custody*
im Zuge der Gleichberechtigung	*in accordance with equal rights*
ich könnte das keinem Mann verdenken	*I could not hold it against any man*
Zwiespalt	*conflict*
vergütet	*compensates*
aufgezogen	*raised*

Trümmerfrauen	*women „of ruins" = women who lived through two world wars and raised children during World War II*
besorgt	*worried*
im Angesicht der Tatsache	*in light of the fact*
versorgt	*supported*
das will man jetzt ganz energisch angehen	*that is to be attacked vigorously now*
Überversorgung an	*over-supply of*
nicht so ausgesprochen wie	*not as pronounced as*

Hören Sie sich das Gespräch zum zweiten Mal an, und entscheiden Sie dann, ob die folgenden Aussagen darin gemacht wurden:

1. Die Hoffnung, daß die Kohl-Regierung durch neue Sozialgesetze die Arbeitgeber entlasten würde, hat sich erfüllt. JA NEIN

2. Die Personal-Zusatzkosten sind in den letzten Jahren noch gestiegen. JA NEIN

3. Seit es die 5-Tagewoche gibt, erhalten die Schwerbeschädigten keinen Sonderurlaub mehr. JA NEIN

4. Das Arbeitslosengeld ist weniger geworden. JA NEIN

5. Es wird auch nicht mehr so lange bezahlt. JA NEIN

6. Die Rentner müssen jetzt auch Krankenversicherungsbeiträge bezahlen. JA NEIN

7. Alle Arzneimittel werden von der Krankenkasse bezahlt. JA NEIN

8. Die demographische Entwicklung ist ungünstig, denn es gibt zu wenige Kinder in der BRD. JA NEIN

9. Bisher ernährten drei Arbeitende einen Rentner. Im Jahre 2030 wird es fast umgekehrt sein. JA NEIN

10. Der Bundeszuschuß wird auch weniger werden. JA NEIN

11. Die Regierung will den jungen Frauen das Kinderkriegen schmackhafter machen. JA NEIN

12. Nach dem neuen Bundeserziehungsgesetz darf eine Mutter nach der Geburt länger Urlaub machen, wobei ihr Arbeitsplatz garantiert ist und sie finanziell unterstützt wird. JA NEIN

13. Statt der Mutter kann auch der Vater den Erziehungsurlaub beanspruchen. JA NEIN

14. Nach Herrn Röhrs stellen Arbeitgeber nicht gern junge Frauen ein, weil sie vielleicht viele Kinder kriegen und oft Anspruch auf Erziehungsurlaub stellen. JA NEIN

15. „Trümmerfrauen" sind die Frauen, die im 2. Weltkrieg Trümmer weggeräumt haben. JA NEIN

16. Nach einem neuen Gesetz bekommen jetzt Frauen, die 1906 oder davor geboren sind, 27 Mark monatlich Zusatzrente für jedes Kind, das sie aufgezogen haben.   **JA NEIN**

17. Die Opposition ist nicht zufrieden mit diesem Gesetz.   **JA NEIN**

18. Es gibt nicht genug Ärzte in der BRD.   **JA NEIN**

D.9. Hören Sie sich das 2. Tonband-Interview zu Kapitel VD an (Kassette 5).

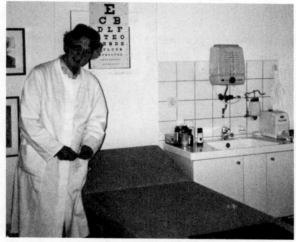

Frau Dr. Meyerhoff

VERSTÄNDNISHILFEN

zum Gespräch mit einer Ärztin über Krankenversicherung

Landärztin	*country doctor*
überweisen	*transfer*
Patienten	*patients*
Durchmesser	*diameter*
Praxis	*doctor's office*
ein Einsatz mit dem Peterwagen	*to use the ambulance*
verpflichtet	*liable*
Kassenärztin	*a doctor licensed by (state) health insurance*
Vorschriften	*regulations*
eines niedergelassenen Arztes	*of a resident physician*
der Kassenpatienten behandelt	*who treats patients with (state) health insurance*
Unterlagen	*papers, documents*
Ärztekammer	*General Board of Physicians*
Standesvertretung von Ärzten	*professional representation of physicians*

legt den Antrag vor	*presents the application*
geklärt	*clarified*
anstelle	*instead of*
Krankenschein	*health insurance form*
abgeführt	*here: paid*
kleben...auf	*glue on*
Facharzt	*specialist*
Überweisungscheine	*forms to transfer the patient to a specialist*
vollkommen gedeckt	*fully covered*
Untersuchung	*(physical) examination*
Spritzen	*injections*
aber die Arznei verlangt die sogenannte Selbst-, die sogenannte Beteiligung, Kostenbeteiligung	*but people have to share in the costs of drugs*
rezeptierte Medikament	*prescription drugs*
verordnet	*prescribed*
pro so einem sogenannten Hilfsmittel	*per such a so-called aid*
Rezept	*prescription*
nicht mehr tragbar	*no longer affordable*
von größerer Selbstbeteiligung	*about paying a bigger share yourself*
Mindestversicherung	*minimum insurance*
trifft	*concerns*
Rat	*here: remedy*
große Anspruchshaltung	*attitude of high claims = meaning that people claim too many services because they hardly cost anything*
ungerecht	*unjust*
aufkommt	*here: pays*
Fond	*funds*
Bagatellen-Beschwerden	*minor complaints*
erscheinen	*show up*
Befindlichkeitsstörungen	*minor upsets of good health*
eingetragen	*entered*
sonst wird uns Ärzten das in Rechnung gestellt	*otherwise we doctors will be charged for it*
überfragt	*not sure*

Lesen Sie die Fragen, bevor Sie das Gespräch zum zweiten Mal anhören, damit Sie entsprechende Notizen machen können. Vielleicht müssen Sie noch ein drittes Mal zuhören, bevor Sie alle Fragen beantworten können.

1. Was bedeutet es, Kassenarzt oder Kassenärztin zu sein?

2. Was ist ein Krankenschein?

3. Was war die ursprüngliche Idee der Krankenversicherung gewesen?

4. Warum ist nach Dr. Meyerhoffs Meinung die Krankenversicherung inzwischen viel zu kostspielig geworden?

5. Wie müssen sich jetzt die Patienten an den Kosten selbst beteiligen?

GLOSSARY

Note: The German/English Glossary is an alphabetical list of the words listed in each chapter under "Wortschatz." The number and letter (in parentheses) behind the vocabulary item indicate the chapter in which it is introduced. Commonly used words or expressions from the interviews are marked with an "I" before the chapter number, and those from newspaper articles with a "Z" (for "Zeitung"). Vocabulary items used in the instructions are prefaced by an "A" (for "Anweisung").

Strong verbs are listed with their vowel changes. If there is a change in the third person singular present tense, it is indicated in parentheses ( ). The other two vowels represent the simple past and the past participle, e.g.: lesen (ie), a, e reads: lesen, er/sie/es liest, las, gelesen. Nouns are listed with articles and plural endings if they exist and are used. A dash means that the singular and plural forms of the noun are identical. For nouns ending in "-ung", "-ion", "-tur", "-schaft", "-heit", "-keit" and "-tät" no plural endings are listed because these nouns of *always* feminine gender *always* end in "-en".

The English/German Glossary contains basically the same words. A few, one would not likely look for, were left out. Others, related to the listed ones, and frequently used related idiomatic expressions, were added. This glossary is recommended for perusal, because it offers a study in German synonyms. Synonyms are separated by commas. Different meanings of words are indicated by semicolons.

German-English

A

abbauen (2C) to mine; reduce

der Abbau (Z2C) reduction; mining

die Abbuchung (4C) debit, charge

abdrucken (4B) to reprint

die Abgabe, -n (Z4D) assessment

abgesichert (5D) secured

ablehnen (3C) to refuse

das Abkommen, - (Z5C) official agreement

die Abkürzung (5B) abbreviation

die Abmachung (3C) agreement

abnehmen, (i), a, o (3B) to buy

der Abnehmer, - (2C) buyer, consumer, customer

das Abnehmerland, ⸚er importing country

der Absatz, ⸚e (2A) sale, marketing

abschaffen (I3C) to get rid of; abolish

die Abschaffung (Z2B) removal, abolishment

der Abschlag, ⸚e (Z3A) discount

der Abschleppdienst (I5B) towing service

abschwächen (Z3B) to weaken; decrease

der Abschnitt, -e (A) paragraph; section

absehen, (ie), a, e (I2A#1) to foresee

absehbar (4D) foreseeable, near

absetzen (3C) to dismiss; sell

der Abstand, ⸚e (1) distance

abtreten, (i), a, e (Z2B) to release

die Abteilung (5D) department

die Abweichung (A) deviation

abwerten (3C) to devalue

abwesend (5D) absent

abwickeln (3A) to transact

die Abwicklung der Geschäfte (1) transaction of business

die Abzahlung (4C) payment by installments

der Ackerbau (1) agriculture

der Adressat, -en (4B) addressee

ähnlich (A) similar

die Aktie, -n (4C) share, stock

die Aktiengesellschaft (5B) joint stock company

der Aktivsaldo (3B) active (credit) balance

das Akzept, -e (4C) accepted draft

allmählich (2C) gradual(ly)

die Altersrente, -n (2) old-age benefit, pension

die Altersversorgung (Z5B) pension

das Amt, ⸚er (2A) office

anbieten, o, o (4B) to offer

was so anfällt (I3B) what needs to be taken care of

die Anforderung (I3C) demand

das Angebot, -e (3A) offer

Angebot und Nachfrage supply and demand

die Angelegenheit (5C) affair, matter

die Anmerkung (I2A#1) footnote

angemessen (5D) adequate, suitable, proportionate

der, die Angestellte, -n (2A) employee

angewiesen auf (4A) dependent on

angleichen, i, i (3C) to adjust

anhalten (ä), ie, a (4D) to last; stop

sich anhören (A) to listen to

der Ankauf, ⸚e (3A) purchase

ankündigen (4D) to announce

ankurbeln (I3C) to stimulate

die Anlage, -n (2A) plant, installation; investment; disposition

anlegen (5B) to invest

die Anleihe, -n (4C) loan; stocks

das Anliegen (Z2C) concern

sich vorher anmelden (5A) to make an appointment beforehand

annähern (2B) to approach, come close

die Anpassung (Z2C) adjustment

anpreisen, ie, ie (4D) to praise, advertise

die Anrede, -n (5A) (oral) address

sich anreden (5A) to address one another

der Anreiz (I3C) incentive

anschließen, o, o (4B) to connect, join

sich anschließen (3C) to join

der Anschluß, ⸚sse (4B) connection

im Anschluß daran (A) afterwards

die Anschrift, -en (5A) (written) address

ansehnlich (4C) handsome, considerable

zur Ansicht (I3A) for approval

der **Ansporn** (2A) motivation, stimulus

die **Ansprache, -n** (4A) speech, address

ansprechend (A) attractive

der **Anspruch, ⸚e** (5D) claim

Anspruch haben auf (5D) to be entitled to, have a claim to

in Anspruch nehmen (5D) to claim, make use of

die **Anstalt, -en** (4B) institution, establishment

ansteigen auf, ie, ie (2C) to increase to

anstelle (I5D#2) instead of

anstellen (3A) to hire, employ

anstreben (3B) to aim for

anstrengend (4A) strenuous

die **Anstrengung** (Z4D) effort

der **Anteil, -e** (2A) share

anwenden (5B) to use, apply

die **Anzeige, -n** (4D) announcement, ad

der **Apparat, -e** (4B) apparatus; device; machine

der **Arbeiter, -** (3C) (blue collar) worker, laborer

der **Arbeitgeber -** (5C) employer

der **Arbeitgeberverband, ⸚e** (5C) employers association

die **Arbeitsgemeinschaft** (4B) study group

der **Arbeitnehmer, -** (5C) employee

das **Arbeitsamt, ⸚er** (5D) unemployment office

die **Arbeitsbedingungen,** *pl.* (1) working conditions

die **Arbeitskraft, ⸚e** (2B) worker, laborer

arbeitslos (2C) unemployed

die **Arbeitslosenversicherung** (5D) unemployment insurance

die **Arbeitslosigkeit** (4D) unemployment

der **Arbeitsplatz, ⸚e** (1) job

gleitende Arbeitszeit, -en flex-time, flexible working hours

arbeitsunfähig (5D) unfit for work; disabled

die **Armut** (5D) poverty

die **Ärztekammer, -n** (I5D#2) General Board of Physicians

aufbürden (Z5D) to heap upon, burden

die **Auffassung** (I2A#2) perception, opinion

das **Aufgabengebiet, -e** (I2C) area of competency

aufgebaut sein (1) be structured

aufgenommen (A) recorded

auf Grund von (Z1) based upon

der **Aufkaufhandel** (3A) buying-up trade

die **Aufklärung** (3B) enlightenment; explanation

aufkommen für, a, o (3C) to accept responsibility for

die **Aufmerksamkeit** (4D) attentiveness

darauf aufmerksam machen (I2A#2) to point out

der **Aufschlag, ⸚e** (bei Preisen) (Z3A) markup

der **Aufschnitt** (2A) cold cuts

der **Aufschwung** (5D) upswing, recovery, prosperity, boom

die **Aufsicht** (4C) supervision

der **Aufsichtsrat** (5C) supervisory board

aufteilen (5B) to divide (up)

der **Auftrag, ⸚e** (3A) order

Aufträge erteilen (4B) to place orders

die **Aufwendung** (I4D) expenditure, expense

aufwerten (3C) to increase the value

ausbauen (3B) to expand

ausbeuten (5C) to exploit

die **Ausbeutung** (5D) exploitation

ausbilden (I2A#2) to train, educate

die **Ausbildung** (2A) education, training

ausdrücken (A) to express

ausdrücklich (5C) expressly

die **Ausfuhr, -en** (3B) export

ausführen (2C) to export

die **Ausgabe, -n** (A) expense

ausgeben (i), a, e (2B) to spend

der **Ausgleich** (Z2B) compensation

ausgleichen, i, i (1) to balance; compensate for

auskommen, a, o (3A) to get along

die **Auskunft, ⸚e** (3B) information

der **Ausländer, -** (1) foreigner

ausländisch (1) foreign

auslasten (I2B) to use to capacity

die **Auslieferung** (3A) delivery

ausmachen (2B) to add up; arrange, agree upon

die **Ausnahme, -n** (1) exception

der **Ausnahmefall, ⸚e** (3B) exceptional case

ausnutzen (3B) to make use of; exploit

die **Aussage, -n** (A) statement

ausschalten (3A) to eliminate

sich ausschließen, o, o (Z5D) to exclude one another

ausschließlich (2C) exclusive(ly)

der **Außenhandel** (2B) foreign trade

die **Außenpolitik** (I2B) foreign policy

außer acht lassen (4D) to disregard

die **Aussicht, -en** (Z2C) prospect; view

ausstellen (3A) to exhibit

die **Ausstellung** (4D) exhibition

der **Austausch** (3B) exchange

austauschen (5A) to exchange

die **Ausverkaufsware, -n** (I3A) sales items

die **Auswahl** (4D) selection, choice

auswählen (4D) to select

die **Ausweitung** (4B) expansion

ausweiten (Z3A) to expand

sich auswirken auf (4A) to affect

die **Auswirkung** (Z1) effect; bearing

die **Auszeichnung** (I4D) distinction; award

die **Autobahn, -en** (4A) freeway

B

die **Bahn, -en** (1) railway, train

die **Bank, -en** (4C) bank

das **Bankkonto, Bankkonten** (4C) bank account

Bankrott machen (4C) to go bankrupt

das **Bankwesen** (4C) banking system, banking

die **Barriere, -n** (3B) barrier

der **Bauernverband, ⸚e** (I3C) farmers association

betroffen (Z2B) affected; concerned

bar bezahlen (3A) to pay cash

der **Bargeldverkehr** (4C) trade on cash terms

der **Barscheck, -s** (4C) open (=uncrossed) check

der **Bauernhof, ⸚e** (1) farm

die **Baumwolle** (4C) cotton

beachtlich (3B) considerable

der, die **Beamte, -n** (5C) official (with pension)

beanspruchen (5D) to claim

beantragen (5D) to apply for

die **Beantragung** (5D) application, request

beauftragen (3B) to order, commission

der **Bedarf** (2B) need

   seinen Bedarf decken to supply oneself

die **Bedarfsermittlung** (I4A) ascertainment of demand

bedarfsgerecht (I4A) in keeping with the demand

bedecken (2B) to cover

bedenken, bedachte, bedacht (3A) to consider

bedeutend (I2A#1) significant

die **Bedienung** (3A) service (in a store or restaurant)

bedingt durch (4D) occasioned by, affected by

bedrohen (3B) to threaten

das **Bedürfnis, -se** (4D) need

die **Bedürftigkeit** (Z2B) need, neediness

beeinflussen (4C) to influence

befahren (ä), u, a (4A) to cover, travel on

die **Befindlichkeitsstörung** (I5D#2) minor health disorder

befördern (1) to transport; promote

die **Beförderung** (4A) transportation; promotion

befreien (5C) to free

befriedigen (4D) to satisfy

die **Befugnis, -se** (4C) authority, rights

die **Begabung** (Z5D) talent, gift

begehren (1) to desire, seek after

begleichen, i, i (4C) to pay, clear, settle

sich begnügen mit (1) to be satisfied with

begreifen, i, i (5C) to understand

begrenzt (I4C) limited

begründen (Z4C) to give reasons for; to justify

begrüßenswert (A) welcome; positive

behalten, (ä), ie, a to keep

der **Behälter, -** (4A) container

behandeln (4B) to treat

behaupten (5D) to claim, insist

sich behaupten (2A) to assert oneself

die **Behauptung** (Z4D) claim, assertion

beherrschen (4B) to dominate, control

behindert (5D) handicapped

die **Behörde, -n** (3B) public authority, agency

behördlich (5B) governmental, official

beibehalten, (ä), ie, a (Z2C) to maintain

die **Beihilfe** (3B) support, subsidy

beisteuern (Z2B) to contribute

der **Beitrag, ⸚e** (3B) dues, contribution

beitragen (ä), u, a (2A) to contribute

beitreten (i), a, e (5D) to join

sich beklagen über (5D) to complain about

beladen, belädt, u, a (4A) to load

der **Belang, -e** (4B) concern

die **Belegschaft** (5D) staff, personnel

beliebt (1) popular

die **Bemessung** (Z3C) assessment

sich bemühen (4A) to make an effort

die **Bemühung** (5C) effort

die **Benachteiligung** (Z5D) disadvantage; discrimination

benutzen (4A) to use, utilize

die **Benutzung** (I3C) use

beraten (ä), ie, a (3A) to give advice

die **Beratung** (Z3C) counseling; council meeting

berechtigt (4C) entitled

der **Bereich, -e** (2A) area

bereit (2A) prepared, willing, ready

die **Bereitschaft** (Z3A) willingness; acceptance

bereitstellen (2C) to make available

der **Bergbau** (2A) mining

berichtigen (4B) to correct

berücksichtigen (Z3C) to consider

die **Berücksichtigung** (I4A) consideration

der **Beruf, -e** (5C) profession

die **Berufssparte, -n** (I2A#1)
professional line
beruhen auf (4B) to be
based on
**sich einer Sache bewußt
sein** (4A) to be aware of
s.th.
beschaffen, u, a (4C) to
procure, obtain
die **Beschaffung** (5B)
procurement, acquisition
beschäftigen (2A) to employ
sich beschäftigen (1) to
occupy oneself
die **Beschäftigten,** *pl.* (5C)
employees
bescheiden (5A) modest
beschließen, o, o (Z3C) to
resolve; decree
der **Beschluß, ¨sse** (3C)
resolution; decree
sich beschränken auf (*Acc*)
? (4B) to be limited to
beschränkt (3B) limited
die **Beschränkung** (3C)
limitation
beschreiben, ie, ie (A) to
describe
beschützen (5A) to protect
beseitigen (Z5D) to eliminate
besetzen (Z4A) to occupy
besiedelt (1) populated
die **Beschwerde, -n** (I5D#2)
complaint
Bagatellen-Beschwerde
(I5D#2) minor complaint
besorgen (4B) to take care
of, buy
der **Bestand, ¨e** (3A) stock,
supply
bestätigen (4B) to confirm
bestehen auf (*Dat*), **a, a**
(2C) to insist on
bestehen aus (3C) to consist
of
bestellen (3A) to order
die **Bestellung** (3A) order
bestimmen (3B) to determine
der **Bestimmungsbahnhof,
¨e** (4A) station of destination
**bestreiten, bestritt,
bestritten** (2A) to supply;
dispute
sich an etwas beteiligen
(2A) to participate in s.th.

beteiligt sein an etwas (2A)
to participate in s.th.; to
have shares
alle Beteiligten (2A) all
parties involved
betonen (A) to emphasize
betrachten (Z5D) to look at,
consider
**in Betracht ziehen, zog,
gezogen** (5B) to take into
consideration
beträchtlich (3B)
considerable
der **Betrag, ¨e** (4C) amount
betragen (ä), u, a (5D) to
amount to
betreffen (i), a, o (3B) to
concern
betreiben, ie, ie (2B) to
pursue, run, operate
betreuen (I3C) to take care
of, care for
der **Betrieb, -e** (2A) industrial
firm, plant, shop
das **Betriebskapital** (3C)
funds, working capital
der **Betriebsleiter** (5A) top
manager
der **Betriebsrat, ¨e** (5B)
workers council
der **Betriebsstoff, -e** (2B)
fuel
die **Betriebstreue** (5A)
loyalty to the company
die **Betriebswirtschaft**
business administration;
economics
betriebswirtschaftlich
(Z5D) business-;
economical
beurteilen (Z3A) to judge
bevorzugt (5D) preferential,
preferred
sich bewähren (3B) to prove
successful
die **Bewältigung** (*Gen.*)
(Z3C) coping with; solving
of
die **Bewegung** (5C)
movement, motion
bewerten (A) evaluate
bewirtschaften (2B) to
manage, work (a farm)
der **Bewohner, -** (1)
inhabitant

sich bezahlt machen (4D) to
pay off
die **Bezeichnung** (I4C)
designation
beziehen von (3A) to buy
regularly from
die **Beziehung** relationship
in dieser Beziehung
(Z5D) in this regard
der **Bezirk, -e** (I5B) precinct;
area
bieten, o, o (4B) to present,
offer
die **Bilanz, -en** (3B) balance
(of accounts)
bilden (A) to form; shape
billigen (5C) to approve
Billiglohnländer, *pl.* (2A)
low-wage countries
der **Binnenhandel** (3B)
domestic trade
die **Binnenschiffahrt** (4A)
inland shipping
der **Boden, ¨** (2B) soil,
ground; attic
die **Bodenschätze,** *pl.* (2C)
natural resources
die **Bonität** (I4C) good credit
borgen (3C) to borrow
die **Börse, -n** (4C) stock
market
der **Börsenkurs, -e** (I4C)
stock market rate
der **Börsenmakler, -** (4C)
stockbroker
die **Branche, -n** (2A) branch,
line of business
die **Bremse, -n** (I5B) brakes
der **Brennstoff, -e** (2C) fuel
das **Brutto-Sozialprodukt,
-e** (2A) gross national
product
die **Brutto-Wertschöpfung**
(2A) gross national product
der **Buchhalter, -** (5C)
accountant
die **Buchung** (1) booking
das **Budget, -s** (3C) budget
der **Bund, ¨e** (4A) federation
Bundes- (4A) federal
das **Bundeserziehungs-
gesetz** (I5D#1) federal law
concerning child raising
das **Bundesland, ¨er** (1)
federal state

das **Bundeswirtschaftsministerium** (I2C) Federal
Department of Economics

C

die **Chance, -n** (3B) chance,
opportunity
der **Chef, -s** (5A) boss
chemisch (2C) chemical
der **Container, -** (4A)
container

D

das **Darlehen, -** (4C) loan
ein Darlehen aufnehmen
(4C) to take out a loan
die **Darstellung** (2A)
presentation, illustration
die **Datenverarbeitung** (2A)
data processing
die **Dauer** (5C) duration
die **Debatte, -n** (2B) debate
decken (3B) to cover
das **Defizit** (3B) deficit
die **Devise, -n** (3B) foreign
currency; motto
deutlich (5A) noticeable
Dias, *pl.* (A) slides
dicht (4B) dense(ly)
dienen (2B) to serve
der **Dienst, -e** (4B) service
Dienste leisten (4C) to
render services
die **Dienstkräfte,** *pl.* (4A)
employees, workers
Dienstleistungen, *pl.* (2A)
services rendered
der **Diskontsatz,** ⁻e (4C)
interest rate
Distanz bewahren (5A) to
keep a distance
die **Dividende, -n** (5B)
dividend, bonus, share
das **Dokument, -e** (4B)
document
dringend (5D) urgent(ly)
drohen (2A) to threaten
der **Druck** (5B) pressure; print
drucken (4B) to print
der **Dünger** (2B) fertilizer

durchhalten (ä), ie, a (2C) to
hold out
der **Durchmesser** (I5D#2)
diameter
der **Durchschnitt** (Z3B)
average
im Durchschnitt (Z3B) on
average
durchschnittlich (5D)
average
durchsetzen (3B) to carry
through, enforce

E

die **Ebene, -n** (1) flatland;
level
echt (5D) genuine(ly)
Effekten, *pl.* (4C) securities,
bonds, shares, stocks
das **Ehrenmitglied, -er** (I5C)
honorary member
eigenständig (Z5D)
independent; self-employed
sich eignen für (4A) to lend
itself to
die **Eile** (4B) hurry
das **Eilgut,** ⁻er (4B) express
freight
einbegriffen (5D) included
die **Einbuße, -n** (Z3B) loss
eindeutig (I2A#1) clearly
der **Eindruck,** ⁻e (5A)
impression
der **Einfluß,** ⁻sse (4B)
influence
einflußreich (Z5B) influential
die **Einfuhr** (2C) import
einführen (3B) to import
eingestellt auf (5A) geared
to
einhalten (ä), ie, a (5C) to
observe, stick to
die **Einhaltung** (5B)
compliance
die **Einheit** (5B) unit
einheitlich (4C) uniform(ly)
einig (3C) in agreement
sich einigen (5C) to come to
an agreement
die **Einkalkulierung** (4D)
taking into account
das **Einkommen** (2B) income
einlösen (4C) to cash

einmalig (I2A#1) unique
sich einmischen (5C) to
interfere
die **Einnahmequelle, -n**
(I3C) source of income
einnehmen (i), a, o (3B) to
hold, take in
einräumen (3A) to concede,
allow
einrichten (3C) to establish
einschalten (4B) to switch
on; insert
einschätzen (Z3C) to
calculate
einschieben, o, o (5A) to
insert
einschlägig (Z4A) pertinent,
successful
einschreiten (3B) to
intervene
einsetzen (2C) to set in, start
die **Einsicht, -en** (5C) insight,
understanding
einspringen (I5B) to help
out
einstellen (5D) to hire; stop
die **Einstellung** (5A) attitude
einstimmig (3C) unanimous
einstufen (Z5B) to rank
der **Eintritt** (I2A#1) entry;
joining
der **Einwohner, -** (1)
inhabitant
der **Einzelhändler, -** (A)
retailer
die **Einzelheit** (Z2C) detail
die **Eisenbahn, -en** (4A)
railway, train
empfehlen (ie), a, o (4A) to
recommend
die **Energie, -n** (2C) energy
die **Entfaltung** (5C)
development, growth
die **Entfernung** (I4A)
distance
das **Entgelt** (5D) pay;
compensation
enthalten (ä), ie, a (4B) to
contain
entlassen (ä), ie, a (2A) to
lay off, dismiss
die **Entlastung** (Z4C) relief
entmutigen (5D) to
discourage

entscheidend (2A) decisive(ly)

die **Entscheidung** (5A) decision

die **Entspannung** (Z2B) relaxation

entsprechend (2A) appropriate(ly)

entstehen, a, a (3A) to arise

sich entwickeln (4D) to develop

die **Entwicklung** (2A) development

das **Entwicklungsland, ¨er** (3B) developing country

erforderlich (5B) required

erfordern (2C) to require

ergänzen (5A) to supplement; complement

das **Ergebnis, -se** (3B) result

ergiebig (2B) productive

die **Erhaltung** (2B) preservation; conservation

erhältlich (3B) obtainable

erheblich (I3C) considerable

erhöhen (5C) to raise, increase

die **Erhöhung** (I2C) increase

die **Erholung** (2B) recreation

der **Erlaß, ¨sse** (5C) decree; reduction, deduction

erleichtern (3B) to make easy, facilitate

der **Erlös, -e** (5B) proceeds, earnings, net profits

die **Ernährung** (5D) food, nutrition; support, maintenance

ernennen (3C) to nominate, appoint

die **Erneuerung** (2B) renewal

die **Ernte, -n** (I2B) crop; harvest

die **Erprobung** (I2A#2) testing

errechnen (4C) to calculate, figure out

die **Errichtung** (3C) founding, establishment

erschließen, o, o (2C) to open up, develop

erschwinglich (5A) affordable

ersetzen (2C) to replace

erstaunlich (4B) amazing(ly)

der **Ertrag, ¨e** (2B) returns, proceeds

die **Erwägung** (Z5D) consideration

erwähnen (4B) to mention

erwarten (5A) to expect

die **Erwartung** (Z2A) expectation

sich erweisen (2C) to be proved, become apparent

der **Erwerb** (4D) purchase, obtainment

erwerbstätig (5A) gainfully employed

erwerbsunfähig (5D) unable to earn a living, disabled

das **Erz, -e** (2C) ore

erzeugen (2A) to produce

der **Erzeuger, -** (2A) producer, manufacturer

das **Erzeugnis, -se** (3B) product

die **Erzeugergemeinschaft** (I2B) producer's cooperative

erzielen (3B) to reach, attain

die **Eßgewohnheiten, *pl.*** (A) eating habits

etliche (Z5C) several, quite a few

etwaig (5B) possible

Europäische Gemeinschaft (EG) (3B) European Community (EC)

Europäische Wirtschaftsgemeinschaft (EWG) (3B) European Economic Community (EEC)

das **Exemplar, -e** (4B) copy

die **Existenz** (5D) (means of) livelihood

experimentieren (4D) to experiment

der **Export** (2C) export

das **Expreßgut, ¨er** (4B) express freight

F

der **Fabrikant, -en** (4D) manufacturer

das **Fabrikat, -e** (2A) product, manufactured goods

der **Facharzt, ¨e** (I5D#2) specialist (physician)

das **Fachgebiet, -e** (I4A) special field

die **Fachkraft, ¨e** (I2A#1) skilled worker

der **Fachmann, Fachleute** (5D) expert

die **Fachmesse, -n** (4D) specialized (dealer's) fair

fähig (2C) capable

die **Fähigkeit** (I2A#1) capability; talent

fallen auf (ä), ie, a (2C) to go to

fällig (4C) due

der **Fälligkeitstermin, -e** (4C) due date

der **Familienbetrieb, -e** (I2B) family operation

die **Fehlentscheidung** (Z3C) wrong decision

das **Feld, -er** (2B) field

das **Ferngespräch, -e** (4B) long-distance call

Fernkommunikationsmedien, *pl.* (I4C) telemedia

das **Fernmeldewesen** (4B) telecommunications

der **Fernsprecher, -** (4B) telephone booth

der **Fernschreiber, -** (4B) telex

das **Fernschreibenetz, -e** (4B) telex network

der **Fernseher, -** (2A) television

die **Fertigware, -n** (3B) finished goods

feststellen (4A) to realize, ascertain, establish

festverzinslich (4C) with a fixed interest rate

die **Filiale, -n** (5B) branch (establishment)

finanzieren (4B) to finance

das **Fingerspitzengefühl** (I5B) sensitivity; instinct

die **Firma, Firmen** (2A) firm, company

die **Fläche, -en** (1) area

der **Flughafen, ¨** (1) airport

das **Flugzeug, -e** (4A) airplane

die **Folge, -n** (5D)
consequence

das **Flußdiagramm, -e** (A)
flow chart

fordern (4C) to request,
demand

fördern (2B) to support,
promote

die **Forderung** (5C) demand

die **Förderung** (2B) support,
promotion

das **Format, -e** (4D) size,
measurement

formell (5A) formal, stiff

das **Formular, -e** (4C)
printed form, blank

die **Forschung** (4D) research

die **Forstwirtschaft** (2B)
forestry

der **Fortschritt, -e** (4D)
progress

fortsetzen (Z3C) to continue

die **Fracht** (4A) freight

die **Frist, -en** (5C) time
(allowed or prescribed)

die **Führung** (2A)
management

die **Führungskräfte,** *pl.*
(Z5B) executives

fungibel (5B) fungible,
interchangeable

der **Funk** (4B) wireless

die **Funktionssicherheit**
(I2A#1) functional safety

die **Fußgängerzone, -n** (4A)
pedestrian zone

G

ganz gleich (5C) no matter

garantieren (3B) to
guarantee

der **Gastarbeiter, -** (3B)
guest worker

die **Gaststätte, -n** (Z1)
restaurant; hotel

das **Gebiet, -e** (1) area

das **Gebirge** (1) mountain
range

der **Gebrauch** (4B) use,
application

Gebrauchs- (2A) for use

gebräuchlich customary

die **Gebühr, -en** (4B) fee

gefährden (5B) to endanger

die **Gegend, -en** (1) area,
region

die **Gegenwart** (4D)
presence

gegenwärtig (I2C) at this
time

das **Gehalt, ⸚er** (5D) salary

Gelder, *pl.* (4C) moneys,
capital

zum Geldanlegen (5D) for
investment

der **Geldschein, -e** (Z3C) bill

gelingen, a, u (5B) to
succeed

die **Gemeinde, -n** (5B)
community

die **Gemeinschaft** (2B)
association

genehmigen (5A) to
approve, grant

die **Genehmigung** (I2A#2)
permit

genießen, o, o (3B) to enjoy

genügen (3C) to suffice

die **Genossenschaft** (5B)
cooperative association

genossenschaftlich (4C)
cooperative, corporative

das **Genußmittel, -** (4D) food
luxury

das **Gerät, -e** (4B) apparatus,
appliance; tool

das **Geräusch, -e** (I4A)
noise

gerecht (5D) just

gerechtfertigt (I2A#2)
justified

die **Gerechtigkeit** (Z2B)
justice

das **Gericht, -e** (5C) court of
law; meal

vor Gericht in court

gering (2B) small, little

Gesamt- (2B) total

der **Geschäftsführer, -** (I2A)
managing director; vice-
president

die **Geschäftsführung** (4B)
top management

die **Geschäftsleitung** (5B)
top management

der **Geschäftspartner, -** (5A)
business partner

der **Geschäftsvorfall, ⸚e**
(4C) business transaction

geschehen (ie), a, e (2C) to
happen, take place

das **Geschlecht, -er** (5A)
sex, gender

der **Geschmack** (4D) taste

die **Gesellschaft** (4D)
society; company,
corporation

der **Gesellschafter, -** (Z5B)
corporate member;
stockholder

gesellschaftlich (4B)
societal

**Gesellschaft mit
beschränkter Haftung =
GmbH** (5B) limited liability
corporation

der **Geselle, -n** (I2A#2)
journeyman

das **Gesetz, -e** (2B) law

gesetzlich (2B) legal

der **Gesichtspunkt, -e** (I3C)
viewpoint; aspect

das **Gespräch, -e** (4B)
conversation

gestalten (Z4A) to shape,
form

die **Gestaltung** (4B) shaping,
forming

das **Getreide** (4C) grain

gewähren (3C) to grant,
permit

das **Gewerbe** (2A) business,
trade

ein Gewerbe treiben to
be active in a trade

die **Gewerkschaft** (2B)
union

das **Gewicht** (2C) weight;
importance

ins Gewicht fallen (2C) to
carry weight, to be
important

gewillt (4A) willing

der **Gewinn, -e** (2A) profit,
gain

die **Gewinnung** (2C)
production

die **Gewohnheit** (Z1) habit;
custom

das **Girokonto, -konten** (4C)
checking account

die **Girozentrale, -n** (4C)
clearing house
der **Gläubiger, -** (4C) creditor
die **Gleichberechtigung**
(I5D#1) equal rights
das **Gleichgewicht** (3C)
balance
gleichmäßig (5B) equal(ly)
glücken (3C) to succeed, be
lucky
sich gönnen (5D) to allow
oneself
der **Grad, -e** (5A) degree
graphisch (4D) graphic
die **Gratifikation** (5C) bonus,
gratuity
das **Gremium, Gremien**
(I3C) panel, committee
die **Grenze, -n** (3C) border;
limit
die **Größenordnung** (2A)
order of magnitude
der **Großhandel** (3A)
wholesale
der **Großhändler, -** (3A)
wholesale dealer
großzügig (3B) generous
der **Grund, ⁻e** (2A) reason;
ground
die **Grundbucheintragung**
(I4A) real estate recording
die **Grundlage, -n** (Z2C)
foundation
der **Grundsatz, ⁻e** (3B)
principle
gründen (3C) to found
der **Gründer, -** (5B) founder
gründlich (I2A#2)
thorough(ly)
die **Gründung** (3C) founding
die **Grundversicherung**
(I5D#1) basic insurance
gültig (5C) valid
günstig (2B) favorable;
reasonable, inexpensive
Güter, *pl.* (1) goods
das **Guthaben** (4C) credit
gutschreiben (4C) to credit
die **Gutschrift, -en** (4C)
credit note

H

Habenzinsen, *pl.* dividends
der **Hafen, ⁻** (1) port, harbor

haften (5B) to be liable
die **Haftpflicht** (5B) liability
die **Halbfertigware, -n** (3B)
half-finished goods
die **Halde, -n** (I3C) pile
der **Handel** (3B) trade,
commerce
die **Handelsbilanz, -en** trade
balance
die **Handelskammer, -n** (3B)
Chamber of Commerce
der **Handelsvertreter, -** (3A)
sales representative
der **Händler, -** (4C) dealer
das **Handwerk** (2A)
handicraft, trade
der **Handwerker, -** (1)
craftsman; repair man
die **Handwerkskammer, -n**
(I2A#2) chamber of trades
haupt- (1) main
hauptsächlich (2B) mainly
heimisch (2C) native
heizen (4D) to heat
hemmen (Z5D) to hinder;
slow down
herabsetzen (4C) to lower
die **Herausforderung** (I2C)
challenge
herausgegriffen (4D)
arbitrary
herstellen (1) to manufacture
die **Herstellung** (2A)
production; manufacture
in dieser Hinsicht (I5D#1) in
this respect
der **Hinweis, -e** (A)
reference; hint; clue
die **Hochkonjunktur** (3B)
business boom
hochwertig (4A) of high
value, costly
der **Höchstpreis, -e** (4C)
highest price
der **Höchststand** (Z5C)
highest level
hochwertig (Z1) of high
value/quality
vom Hörensagen (1) by
hearsay
der **Hörer, -** (4B) (telephone)
receiver; listener
die **Hypothek, -en** (4C)
mortgage

I

der **Imbiß, -sse** (4A) snack
das **Indossament** (4C)
endorsement
die **Industrie, -n** (1) industry
industriell (2A) industrial
der **Inhaber, -** (4C) owner,
possessor
die **Initiative, -n** (I3C)
incentive
Inkasso (5B) collection, debt
collecting
der **Innenhandel** (2B)
domestic trade
der **Innungsmeister, -**
(I2A#2) guild master
das **Inserat, -e** (4D)
(classified) ad
inserieren (4D) to advertise
insgesamt in total
das **Institut, -e** (4C) institute
investieren (3B) to invest
die **Investierung** (2C)
investment
die **Investition** (3B)
investment

J

der **Jahresabschluß, ⁻sse**
(5B) annual account,
balance sheet
das **Jahrzehnt, -e** (I2A#1)
decade
jeglich (5C) any, every
die **Jugendherberge, -n** (1)
youth hostel
juristisch (5B) legal, jural

K

der **Kanal, ⁻e** (1) canal;
channel
der **Kandidat, -en** (5C)
candidate
das **Kapital** (3A) capital, big
money
die **Kapitaleinlage, -n** (5B)
investment
die **Karriere, -n** (5A) career
Karriere machen (I5A) to
get to the top

der **Karosseriebau** (I5B) bodywork

das **Kartell, -e** (3B) cartel; trust

die **Kasse, -n** (5C) fund; cashier; ticket window

der **Kassenarzt, ̈e** (I5D#2) a doctor licensed by state health insurance

kassieren (4B) to collect, cash

der **Kaufmann, Kaufleute** (4A) businessman

die **Keramik, -en** (I5C) ceramics

klagen (5D) to complain

kleben (4D) to stick

der **Kleinhandel = Einzelhandel** (3A) retail

der **Kleinhändler, -** (3A) retail dealer

der **Klempner, -** (I2A#2) plumber

das **Klima** (2B) climate

die **Kohle, -n** (2C) coal

die **Kommanditgesellschaft = KG** (5B) limited partnership

der **Kommanditist, -en** (5B) limited partner

der **Komplementär, -e** (5B) general (unlimited) partner

die **Kompetenz, -en** (Z5B) competency; power

der **Kompromiß, -sse** (4B) compromise

die **Konjunktur** (3B) market condition

die **Konjunkturflaute, -en** (2C) slack market

der **Konkurrent, -en** (4A) competitor

die **Konkurrenz, -en** (2A) competition

konkurrenzfähig (2A) competitive

der **Konkurs, -e** (5B) bankruptcy, business failure

Konkurs anmelden (4C) to file bankruptcy

der **Konsument, -en** (3A) consumer

der **Konsumladen, ̈** (3A) cooperative store

das **Konto, Konten** (4C) account

der **Kontoauszug, ̈e** (4C) bank statement

das Konto belasten (4C) to debit the account

aufs Konto überweisen, ie, ie (4C) to make a deposit

das Konto überziehen, o, o (4C) to overdraw the account

kontrollieren (5B) to check, scrutinize

der **Konzern, -e** (5B) multicorporate enterprise

die **Konzession** (I2A#2) license

koordinieren (5C) to coordinate

korrigieren (Z4C) to correct

Kosten, *pl.* **= Unkosten** (3A) expenses

der **Kostenaufwand** (I5B) expenditure

kostendeckend (4B) covering the cost

kostengünstig produzieren (I2A#2) to produce at competitive cost

kostspielig (4A) expensive

in Kraft treten (i), a, e (2B) to be enforced

der **Krankenschein, -e** (I5D#2) health insurance form

die **Krankenversicherung** (2B) health insurance

der **Kredit** (3A) credit

die **Krise, -n** (2C) crisis

kritisieren (4B) to criticize

der **Kunde, -n** (3A) customer

der **Kundendienst** (2A) customer service

der **Kundenkreis, -e** (3A) clientele

der **Kühlschrank, ̈e** (2A) refrigerator

die **Kündigung** (5C) notice (to quit or lay off)

kunsthandwerklich (I2A#1) by artistic craftsmanship

der **Kurgast, ̈e** (I3A) patient or visitor at a spa

der **Kurort, -e** (1) spa

der **Kurswert, -e** (5B) market price, market rate

die **Kurzarbeit** (2C) shortened work hours

kurzfristig (4C) short-term

die **Kurzschrift** (I5A) shorthand

die **Kürzung** (I2B) cutback

die **Küste, -n** (1) coast(line)

L

lackieren (I5B) car painting

der **Laden, ̈** (3A) store, shop

die **Lage, -n** (2B) situation

in der Lage sein (I2A#1) to be able to

das **Lager, -** (3A) storehouse, storeage, stock

lagern (3A) to store, keep in stock

die **Landärztin, -nen** (I5D#2) country doctor

die **Landschaft** (1) landscape; scenery

der **Landwirt, -e** (2B) farmer

die **Landwirtschaft** (2B) agriculture

landwirtschaftlich (1) agricultural

langfristig (3C) long-term

langwierig (I5B) lengthy

der **Lärm** (4A) noise

die **Last, -en** (Z3C) burden

der **Lastkraftwagen, -** (LKW) (4A) truck

die **Laufdauer** (Z5C) term

laufend (3A) routine; current

läuten (4B) to ring

Lebensbedürfnisse, *pl.* (5D) necessaries of life

der **Lebensstandard** (5D) living standard

lediglich (Z2B) only

der **Lehrgang, ̈e** (I2A#2) course

der **Lehrling, -e** (I2A#2) apprentice

der **Leichtsinn** (I5B) carelessness

leisten (2A) to achieve; pay

die **Leistung** (2A) achievement; output

leistungsfähig (1) productive
Leistungsmerkmale, *pl.*
  (I2A#1) performance data
Lieblings- (A) favorite'. . .
der **Lieferant, -en** (3A)
  supplier
der **Lieferer, -** (3A) supplier
liefern (2A) to supply; deliver
die **Lieferung** (3A) delivery;
  delivered goods
liegen, a, e (1) to be located;
  lie
die **Liste, -n** (A) list
die **Litfaßsäule, -n** (4D)
  advertising pillar
der **Lohn, ̈e** (3B) pay
Lohneinbußen, *pl.* (2C) pay
  cuts
sich lohnen (I2A#1) to pay
  off
die **Lohnerhöhung** (5C) pay
  raise
der **Lohnunternehmer, -**
  (I2B) paid contractors
die **Lösung** (2C) solution
die **Lücke, -n** (I5B) gap
der **Luxusartikel, -** (4D)
  luxury item

M

machbar (I2A#1) achievable
die **Macht, ̈e** (3B) power
mächtig (5C) powerful
der **Makler, -** (4C) broker
der **Maklerdienst, -e** (I4C)
  broker services
mangeln (Z5B) to be missing
der **Manteltarifvertrag, ̈e**
  (I5C) skeleton agreement
die **Marke, -n** (4D) brand
der **Markt, ̈e** (2B) market
die **Marktflaute, -n** (2C)
  slack market, recession
die **Marktforschung** (4D)
  market research
maschinell (2A) by machine
das **Maß, -e** (3B)
  measure(ment); moderation
die **Masse, -n** (4B) mass,
  crowd, abundance
die **Maßnahme, -n** (5D)
  provision; steps,
  arrangement

das **Medium, Medien** (4B)
  medium
die **Mechanisierung** (2B)
  mechanization
das **Medikament, -e** (5D)
  medicine
die **Mehrheit** (3C) majority
die **Mehrwertsteuer, -n** (3B)
  value-added tax (= VAT)
die **Meierei, -en** (I2B) dairy
die **Menge, -n** (5B) quantity
mengenmäßig (3C)
  quantitative
die **Messe, -n** (4D) fair
das **Metall, -e** (2C) metal
mildern (Z5D) to mitigate
die **Miete, -n** (4C) rent
die **Milliarde, -n** (2C) billion
mindest (5B) minimum, least,
  smallest
der **Mindestpreis, -e** (4C)
  lowest price
die **Mitbestimmung** (5C)
  codetermination
das **Mitglied, -er** (3B)
  member
die **Mitteilung** (I3B)
  communication
der **Mittelmann** (3A)
  middle-man
mittlerweile (I4D) meanwhile
mitwirken (5B) to participate
die **Mitwirkung** (5C)
  participation
die **Mode, -n** (4D) fashion
das **Monopol, -e** (4B)
  monopoly
die **Münze, -n** (Z3C) coin
das **Muster, -** (A) pattern

N

die **Nachfrage, -n** (3B)
  demand
nachlassen, (ä) ie, a
  (I2A#1) to become less,
  decrease
der **Nachteil, -e** (2C)
  disadvantage
der **Nachwuchs** (I2A#2) new
  blood
Nahrungsmittel, *pl.*
  provisions
Neben- (1) side; additional

der **Nebenberuf, -e** (2B)
  additional occupation, side
  job
die **Nebeneinnnahme, -n**
  (2B) side income
Nebenlohnkosten, *pl.*
  (I5D#1) cost of fringe
  benefits
nebenordnend (A)
  coordinating
sich nennen, nannte,
  genannt (5A) go by the
  name of
nennenswert (2C) worth
  mentioning
das **Netz, -e** (4A) network
die **Niederlassung** (Z4D)
  establishment, branch
das **Niveau** (2A) level,
  standard
im **Notfall** (5C) if need be, if
  necessary
notleiden, i, i (Z2B) to suffer
nummerieren (4B) to
  number
nutzen (1) to use, make use
  of

O

der **Ofen, ̈** (4D) stove,
  furnace
Offene
  Handelsgesellschaft =
  OHG (5B) general
  partnership
offensichtlich (A) obvious
öffentlich (A) public
öffentlich-rechtlich (4C)
  under public law
ökologisch (Z2B) ecological
ökonomisch (3B)
  economical(ly)
das **Öl** (4D) oil, petrol
das **Opfer, -** (Z3C) sacrifice
das **Organ, -e** (4B)
  mouthpiece of opinion;
  organ
die **Orientierung** (4B)
  orientation
der **Ort, -e** (1) town; place
  an Ort und Stelle (4D) at
  the very place

P

das **Päckchen, -** (4B) small package

das **Paket, -e** (4B) parcel, package

die **Parität** (5C) parity, equality

passen (3A) to fit; be convenient

der **Pauschalpreis, -e** (I4C) flat rate

die **Pension** (I2C) pension, retirement

der **Personenkraftwagen = PKW** (4A) passenger car

der **Peterwagen, -** (I5D#2) ambulance

der **Pfandbrief, -e** (4C) bond

pflegen (2B) to take care of; nurse

plädieren (2C) to plead

das **Porto** (3A) postage

das **Postamt, ̈er** (4B) post office

der **Posten** (3B) item, lot

die **Prämie, -n** (4C) premium

die **Praxis** (5B) doctor's office

der **Preis, -e** (2B) price; prize

um jeden Preis (2B) at any price

preisgünstig (3B) cheap, budget-priced, good value

die **Presse** (4B) press

das **Prinzip** (3B) principle

das **Privatvermögen** (I5B) private assets

das **Privileg, -e** (4B) privilege

das **Produkt, -e** (2C) product

die **Produktion** (2B) production

produzieren (2B) to produce

der **Profit** (3A) profit

das **Programm, -e** (4B) program

der **Prozentsatz, ̈e** (2B) percentage

prozentuale Anteile (I2A#1) percentage shares

die **Pünktlichkeit** (5A) punctuality

Q

die **Qualität** (3B) quality

die **Qualitätskontrolle, -n** (I2A#1) quality testing/ control

die **Qualitätssicherung** (I2A#1) quality assurance

die **Quelle, -n** (2C) source

die **Quittung** (3A) receipt

R

das **Radio, -s** (4B) radio

der **Rang** (3B) rank, degree

ersten Ranges (3B) first-rate

die **Rangfolge** (3B) ranking, sequence

die **Rangordnung** (I5A) hierarchy

die **Rate, -n** (Z1) rate

der **Rathausmarkt, ̈e** (I3A) market place around or in front of City Hall

der **Rationalisierungseffekt, -e** (IVC) result of greater efficiency measures

rationell (4B) efficient; economical

in Raten (4C) in installments

das **Rechenzentrum, -zentren** (5B) computer center

rechnen mit (3B) to count on

die **Rechnung** (3A) bill

rechtlich (5B) judicial, legal

das **Referat, -e** (I2C) division, section; report

regelmäßig (4C) regular(ly)

regeln (3B) to regulate

die **Regelung** (3B) regulation

die **Regierung** (3B) government

regulieren (4C) to regulate

die **Regulierung** (5B) regulation, control

reibungslos (Z3C) without friction, smooth

der **Reingewinn** (5B) net profit

Reiseausgaben, pl. (Z1) travel expenses

S

saisonmäßig (I2A#2) seasonal(ly)

saldieren (4C) to balance an account

der **Saldo** (4C) balance

Sanierungsmaßnahmen, pl. (I4A) austerity measures

schaden (5B) to harm

das **Reiseziel, -e** (I1) travel destination

die **Reklame, -n** (4B) ad, advertisement

die **Rendite, -n** (Z4C) investment return; revenue

rentabel (5B) lucrative, profitable

die **Rentabilität** (5B) earning capacity, profitability

die **Rente, -n** (5D) pension, revenue

die **Rentenversicherung** (5D) retirement insurance

sich rentieren (4A) to pay off

die **Reparatur, -en** (2A) repair

der **Repräsentant, -en** (4B) representative

die **Reserve, -n** (2C) reserves, stock

Respekt erweisen (5A) to show respect

restaurieren (I2A#1) to restore

das **Rezept, -e** (I5D#2) prescription

die **Rezession** (2C) recession

die **Richtung** (2A) direction

das **Risiko, Risiken** (4D) risk

riskant (4C) risky

riskieren (5B) to risk

der **Rohstoff, -e** (2A) raw material

die **Rückfahrkarte, -n** (I4A) roundtrip ticket

Rücklagen, pl. (Z4C) reserves

rückständig (Z5D) obsolete

der **Rundfunk** (4B) broadcasting, radio

der **Schaden, ⁻** (4A) damage, harm

schädlich (4A) harmful

schaffen, u, a (1) to bring about, get done

der **Schalter, -** (4B) counter, window

der **Schaltraum, ⁻e** (5B) switchboard (room)

die **Schattenwirtschaft** (I2A#1) shadow economy: work not yielding taxes

schätzen (2A) to value; estimate

das **Schaufenster, -** (4D) display window

der **Scheck, -s** (4C) check

ein nicht gedeckter Scheck hot check (insufficient funds)

die **Schiene, -n** (4A) track

das **Schiff, -e** (4A) ship

die **Schiffahrt** (4A) navigation

der **Schiffer, -** (4A) skipper

das **Schild, -er** (2A) sign, poster

schlachten (A) to slaughter

schonen (2B) to take (good) care of; spare

die **Schranke, -n** (3B) barrier

der **Schreibautomat, -en** (I3B) word processor

der **Schriftsteller** (4D) author, writer

schrumpfen (Z2A) to shrink, dwindle

Schulden, *pl.* (Z4A) debts

der **Schuldner, -** (4C) debtor

der **Schutz** (5D) protection

schützen (2C) to protect

schwanken (Z5C) to fluctuate

die **Schwarzarbeit, -en** (I2A#2) moonlighting

der **Schwerbeschädigte, -n** (I5C) severely handicapped

die **Schwierigkeit** (4B) difficulty

selbständig (5D) independent; self-employed

die **Selbstverständlichkeit** (5A) matter of course, foregone conclusion

das **Selbstvertrauen** (I5A) self-confidence

die **Seltenheit** (4A) scarcity, rare thing

senken (5C) to lower

sichern (3B) to make safe, insure

Sicherungen, *pl.* (4C) collateral

sinnvoll sein (I3C) to make sense

die **Sitte, -n** (5A) custom, etiquette

die **Sitzung** (3C) session, meeting, conference

Sollzinsen, *pl.* (4C) interest

das **Sonderangebot, -e** (4D) special offer; sale

der **Sonderurlaub** (I5D#1) special or additional leave

die **Sorge, -n** (5D) worry; care

sorgen für (3B) to care for; provide for

die **Sorte, -en** (2A) brand; type

sorgfältig (I2A#1) careful(ly)

das **Sorgerecht, -e** (I5D#1) custody

die **Spedition** (4B) freight company

die **Speisekarte, -n** menu

der **Speisezettel, -** (Z1) menu

sich spezialisieren auf (*Acc*) to specialize in

der **Spielraum** (Z5B) leeway; range, margin

sozial (2B) social

Sozialleistungen, *pl.* (3C) insurance benefits

die **Sozialversicherung** (5D) social insurance

Spar- (4C) savings

Spareinlagen, *pl.* (4C) saving deposits

sparen (3A) to save

die **Sparkasse, -n** (4C) savings bank

speziell (4D) special; specific

die **Spitze, -n** (5B) top

an die Spitze kommen to get to the top

die **Spitzenposition** (5A) top executive position

die **Spitzenstellung** (Z4A) top position

die **Spotwerbung** (I4D) brief advertisements

die **Spritze, -n** (I5D#2) injection

der **Spruch, ⁻e** (A) saying; proverb

spüren (Z3B) to feel

der **Staat, -en** (2C) state; government

staatlich (2C) state-, federal

der **Stadtbummel** (A) stroll through town

stammen aus (4B) to stem from

der **Stammkundenkreis** (I3A) regular clientel

der **Stand, ⁻e** (5C) class, social standing

auf den neuesten Stand bringen (A) to update

die **Statistik, -en** (2A) statistics

staunen (5D) to be amazed

steigen ie, ie (2B) to climb, go up

steigern (2A) to increase

die **Steigerung** (2C) increase

die **Steinkohle** (2C) pit coal

die **Steuer, -n** (3C) tax

steuerbegünstigt (I4C) preferential tax status

steuerpflichtig (Z5D) taxable

der **Steuerzahler, -** (2B) taxpayer

stillegen (2C) to close down (e.g. a mine)

das **Stichwort, ⁻er** (A) catchword

stimmen (3B) to be correct

das **Streckennetz, -e** (4A) railway network

der **Streik, -s** (5C) strike

streiken (5C) to strike

Streitigkeiten, *pl.* (3C) quarrels, fights

der **Strom** (2C) current, electricity; stream

die **Struktur, -en** (5A) structure

jede Stunde (4A) every hour

die **Subvention** (2B) subsidy
subventionieren (2C) to
subsidize
die **Summe, -n** (2B) sum;
amount
das **System, -e** (2A) system

T

tagen (3C) to hold meetings
der **Tageskurs, -e** (4C)
market rate of the day
das **Tal, ¨er** (1) valley
der **Tarif, -e** (3C) tariff, rate,
charge
tätig (4B) active, employed
die **Tatsache, -n** (4B) fact
technisch (4B) technical
der/das **Teil** (2A) part
der **Teilhaber, -** (4C) partner,
shareholder
die **Teilung** (3B) division
teilweise (1) partially
das **Telefon, -e** (4B)
telephone
das **Telefonat, -e** (4B)
telephone call
telefonieren (4B) to
telephone
die **Telefonzelle, -n** (4B)
telephone booth
das **Telegramm, -e** (4B)
telegram
das **Telex** (4B) telex
das **Terrain** (Z2A) territory
der **Tip, -s** (3B) hint,
suggestion
das **Tonband, ¨er** (5A)
tape
tragbar (5D) bearable
der **Transport, -e** (1)
transportation
die **Transportmittel** (*pl.*)
means of transportation
die **Tratte, -n** (4C) draft,
promissory note
trauen (Z5B) to trust
treiben, ie, ie (1) to pursue,
practice, do; drive, push
trennen (2C) to separate
trennbar (A) separable
tüchtig (5B) capable,
efficient

U

der **Überblick, -e** (1)
overview, survey
die **Übereignung** (I4C)
transfer of title
die **Übereinstimmung** (3C)
agreement
der **Überfluß** (I3C) surplus;
abundance
die **Übergangsphase, -n**
(I2C) transitional phase
überleben (2B) to survive
überlegen (I2A#1) to
consider
die **Überlegung** (I3C)
consideration
die **Übernachtung** (Z1)
overnight-stay
überholt (2A) obsolete
überprüfen (3B) to review,
inspect
überreden (5D) to persuade
der **Überschuß, ¨sse** (3B)
surplus
die **Überstunde, -n** (5C)
overtime
übertragbar (5B)
transferable
die **Überversorgung** (I5D#1)
over-supply
überwachen (4C) to oversee
überweisen (4C) to transfer
(money)
die **Überweisung** (3B)
transfer, remittance
überwiegend (I2B)
predominant(ly)
die **Überzeugung** (5D)
conviction, belief
üblich (3A) customary
übrig (5A) left over, remaining
der **Umfang** extent; size
in diesem Umfang
(I2A#1) to this extent
umfassen (4D) to comprise
die **Umfrage, -n** (4D) inquiry;
poll
der **Umgang** (5A) social
intercourse
die **Umgangsform, -en** (5A)
customs, (good) manners
umladen (ä), u, a (4A) to
reload

umlaufende Geldmenge
(4C) amount of money in
circulation
umreißen, i, i (I2C) to outline
der **Umsatz, ¨e** (2A) turnover,
sales
der **Umstand, ¨e** (I5A)
circumstance
umständlich (5A)
cumbersome, awkward
die **Umstellung** (2C)
conversion, change-over;
adjustment
umstritten (Z2C)
controversial; disputed
die **Umwelt** (2B) environment
der **Umweltschutz** (I3C)
environmental protection
umweltverträglich (I2A#1)
compatible with the
environment
unabhängig (2A)
independent(ly)
unausweichlich (Z2C)
inevitable
unbeschränkt (5B) unlimited
der **Unfall, ¨e** (4A) accident
die **Unfallversicherung** (5D)
accident insurance
ungerecht (2C) unjust
ungesittet (5A) ill-mannered
ungezwungen (5A) informal,
casual
ungünstig (Z2C) unfavorable;
too expensive
Unkosten, *pl.* = **Kosten**
(3A) expenses
die **Unsicherheit** (5D)
insecurity; uncertainty
unterbrechen (i), a, o (4B)
to interrupt
der **Untergebene, -n** (5A)
subordinate
Unterlagen, *pl.* (I5D#2)
documents, papers
das **Unternehmen** (2A)
enterprise, business firm;
corporation
der **Unternehmensberater,**
- (I2A#1) corporate
consultant
die **Unternehmung** (5B)
enterprise, business firm,
corporation

unterordnend (A)
subordinating
die **Unterredung** (5A) talk,
conference, interview
untersagt (Z5B) prohibited
unterschätzen (5A) to
underestimate
unterstützen (4C) to support
die **Unterstützung** (2C)
support
die **Untersuchung** (I5D#2)
(physical) examination
unverkennbar (I2A#1)
obvious(ly), clear(ly)
unversorgt (5D) unprovided
for; without means
unzählig (1) countless
der **Urlaub** (5C) vacation,
paid leave
die **Ursache, -n** (5D) cause
ursprünglich (I3C) orginal(ly)
das **Urteil, -e** (4B) judgment

V

verabreden (5B) to fix, agree
upon
verallgemeinern (5A) to
generalize
die **Veränderung** (4D)
change, modification
veranlassen (4C) to
commission, cause, induce
die **Veranstaltung** (4D)
show, arrangement
verantwortlich zeichnen
(I2A#1) to sign as the
responsible party
verarbeiten (2A)
manufacture, process
der **Verband, ¨e** (4B)
association; bandage
verbessern (2B) to improve
die **Verbesserung** (A)
improvement; correction
verbinden, a, u (4B) to
connect; bandage
verbindlich (5C) binding,
obliging
die **Verbindlichkeiten** (*pl.*)
(4C) liabilities; commitment
die **Verbindung** (1)
connection; combination

die **Verbindungslinie, -n** (A)
connecting line
der **Verbrauch** (2C)
consumption, use
verbrauchen (2C) to
consume
der **Verbraucher, -** (3A)
consumer
verbreitet (5B) common
verdächtig (5A) suspect
verdanken (4B) to owe
(thanks)
verderblich (4C) perishable
verdienen (1) to make
money, earn
dazu verdienen (I2A#2) to
earn an additional income;
make an extra buck
der **Verdienst, -e** (5D) pay,
salary; merit
der **Verdienstausfall, ¨e** (5D)
loss of pay
verdoppeln (Z3C) to double
vereinbar (Z5D) reconcilable;
compatible
vereinbaren (I3B) to agree
on
vereinigen to unite
die **Vereinigung** (5C) union,
association, coalition
das **Verfahren, -** (4A)
process
der **Verfall** (Z4C) decline
verfallen (ä), ie, a (4C) to
become overdue, cease to
be valid
die **Verfassung** (5B)
constitution
verfügen über (3A) to have
at one's disposal
die **Verfügung** availability;
regulation, decree
zur Verfügung haben
(I2C) to have available
zur Verfügung stellen
(4C) to make available
die **Vergangenheit** (4D) past
sich vergewissern (4D) to
make sure
der **Vergleich, -e** comparison
im Vergleich dazu (2C) by
comparison
vergleichbar (2B)
comparable

vergleichen, i, i (A) to
compare
die **Vergünstigung** (3B)
preferential treatment
die **Vergütung** (5D)
compensation
das **Verhältnis, -se** (2A)
ratio; relationship
verhältnismäßig (2B)
relative(ly)
verhandeln (5C) to negotiate
die **Verhandlung** (Z5B)
negotiation; hearing
der **Verkehr** traffic
der **Verkehrshaushalt** (I4A)
transportation budget
der **Verkehrsträger, -** (I4A)
carrier, means of
transportation
**verkennen, verkannte,
verkannt** (Z4D) to fail to
recognize
verklagen (5B) to sue
verkürzen (I2A#1) to
shorten, reduce
die **Verkürzung** (Z5C)
reduction
der **Verlag, -e** (4B) publishing
house
verlangen (3C) to demand
das **Verlangen** (4D) desire
die **Verlängerung** (I2C)
extension
(sich) verlangsamen
(I2A#1) to slow down
der **Verleger, -** (4D)
publisher
verleihen, ie, ie (4C) to lend
verletzt (4A) hurt, wounded
der **Verlust, -e** (4A) loss
vermarkten (4D) to sell
vermehren (2A) to increase
die **Vermehrung** (5C)
increase
vermindert (5B) decreased
vermitteln (4B) to mediate,
procure
das **Vermögen** (5B) funds,
assets, estate, fortune
vermuten (2B) to assume,
suspect
vernichten (Z5C) to destroy
veröffentlichen (4D) to
publish

die **Veröffentlichung** (5B) publication

verordnet (I5D#2) prescribed

die **Verordnung** (5D) decree, law

verpacken (4D) to package

die **Verpackung** (3A) packaging

sich verpflichten (4B) to make a commitment

verpflichtet (5B) obliged; bound by law

der **Verrechnungsscheck, -s** (4C) voucher check

die **Versammlung** (5C) meeting, assembly

der **Versand** (3A) mailing

das **Versandhaus, ̈er** (3A) mail order house

die **Verschiebung** (3B) shift; deferral

verschlechtern (2B) to deteriorate

verschleudern (I3C) to dump; waste

verschmutzen (2C) to pollute

die **Verschmutzung** (4A) pollution

die **Verschönerung** (2B) beautification

verschwinden, a, u (4B) to disappear

die **Versicherung** (5D) insurance

versorgen (1) to take care of, supply

die **Versorgung** (2C) supply

das **Verständnis** (A) comprehension; understanding

verstreut (2C) scattered

verteilen (3B) to distribute

die **Verteilung, en** (4B) distribution

die **Verteuerung** (4D) increase in price

der **Vertrag, ̈e** (3C) treaty; contract

Verträge abschließen, o, o (4D) to make contracts

verträglich (Z2C) compatible

vertraut (5A) familiar

vertreten, (i), a, e to represent

der **Vertreter, -** (3A) representative

die **Vertretung** (5B) representation

der **Vertrieb** (I2A#1) sale

verursachen (2C) to cause

vervielfältigen (I5A) to duplicate; multiply

vervollständigen (A) to complete

verwalten (4B) to administrate

die **Verwaltung** (4B) administration

verwandte Wörter (A) cognates

verwenden (2C) to use

die **Verwendung** (4B) use, application

verzeichnen (2A) to list

verzichten (5B) to forego, do without

vH = von hundert percent

die **Viehzucht** (1) cattle raising

die **Vielfalt** (2A) variety

der **Volkswirtschaftler, -** (I3C) economist

vollbeschäftigt (5B) fully employed

vollständig (2B) completely

voranbringen (Z3C) to further, promote

Vorauskasse leisten (3A) to pay in advance

voraussetzen (Z4A) to presuppose

die **Voraussetzung** (4D) prerequisite

voraussichtlich (2A) presumably

vorbereiten (4D) to prepare

die **Vorbereitung** (I2A#1) preparation

vorbildlich (5D) exemplary

die **Vorbildung** (I2A#1) education and training

der **Vorgänger, -** (I5B) predecessor

vorgeblich (5D) pretended; ostensibly

vorgesehen für (4B) provided for

der, die **Vorgesetzte, -n** (5A) superior, boss

vorhanden (3B) present, available

das **Vorjahr** (Z3B) the previous year

vorläufig (Z5C) tentative

der **Vorrang** (Z2C) priority

der **Vorrat, ̈e** (3A) supply, stock

der **Vorreiter, -** (Z3C) pioneer

der **Vorruhestandsvertrag, ̈e** (I5C) early retirement contract

der **Vorschlag, ̈e** (3C) proposal; suggestion

vorschlagen (ä), u, a (3C) to propose, suggest

vorschreiben, ie, ie (I2A#1) to prescribe

die **Vorschrift, -en** (I2C) law, regulation

der **Vorschub** (Z3C) aid

Vorschub leisten (*Dat.*) to give aid, encourage

der, die **Vorsitzende, -n** (5C) chair person

die **Vorsorge** (5D) provision, care; precaution

der **Vorstand** (5C) chair; executive board

(sich) vorstellen (5A) to introduce oneself

die **Vorstellung** (1) idea, conception; performance

der **Vorteil, -e** (3B) advantage

vorteilhaft (4D) advantageous(ly)

der **Vortrag, ̈e** (A) presentation; lecture

vorübergehend (3B) temporari(ly)

vorziehen, zog vor, vorgezogen (A) to prefer

der **Vorzug, ̈e** (Z4C) preference

W

wachen über (3B) to watch over

wachsen (2A) to grow, increase

das Wachstum (2A) growth

die Waagschale (Z3C) scales

wahlberechtigt (5C) entitled to vote

wählen (3C) to vote, elect; dial

die Währung (3B) currency

der Währungsausgleich (I2B) equation of currency exchange

der, die Waise, -n (2B) orphan

der Wald, ⸚er (1) forest

sich wandeln (Z3C) to change

wandern (1) to hike

die Ware, -n (1) merchandise, goods

das Warensortiment, -e (A) line of merchandise

die Wartung (2A) maintenance

der Wechsel, - (4C) draft, promissory note

auf jemanden einen Wechsel ziehen, zog, gezogen (4C) to draw a bill of exchange on s.o.

der Wechselkurs, -e (Z3B) exchange rate

sich weigern (5D) to refuse

bei weitem (1) by far

weiterleiten (5A) to pass on

weitgehend (4B) largely

sich wenden an (3B) to turn to

der Werbeblock, ⸚e (I4D) sequence of advertisement

der Werbeetat (I4D) advertising budget

die Werbung (4B) advertising

die Werft, -en (Z4A) shipyard

werktags (4C) weekdays

der Wert, -e (3B) value

Wertpapiere, *pl.* (4C) securities, bonds, shares

wesentlich (2A) essential

der Wettbewerb (3B) competition

der Wettbewerber, - (4B) competitor

der Widerspruch, ⸚e (5C) contradiction

widmen (4B) to devote to

wirken auf (2B) to have an effect on

wirksam (Z5C) effective

wirkungslos (A) ineffective

wirkungsvoll (4D) effective

die Wirtschaft (1) economy

wirtschaftlich (2C) economic(ally)

die Wirtschaftlichkeit (Z4A) economy, profitability

der Wissenschaftler, - (5A) scientist

der Witz, -e (A) joke

der Wohlstand (5D) well-being, prosperity

das Wunder, - (5C) miracle

würdigen (Z2B) to appreciate

Z

in Zahlung geben (4C) to trade in

Zahlungsbedingungen, *pl.* settlement terms, conditions of payment

das Zahlungsziel, -e (I3A) period of time in which a payment has to be made

die Zeitform, -en (A) tense

zerstören (5C) to destroy

die Zerstörung (4A) destruction

ziehen, zog, gezogen (A) to draw; pull

das Ziel, -e (2B) goal; credit

ein Ziel einräumen (4C) to concede a credit for a limited time

zielen (I3C) to target

die Zielsetzung (I2C) setting of goals

das Zink (2C) zink

der Zins, -en (3B) interest; dividend

zinsgünstig (3B) at a low interest rate

das Zinsniveau (Z4C) interest level

der Zinssatz, ⸚e (5B) interest rate

der Zoll (3B) customs, duty, toll

zollfrei (3B) duty free

die Zollschranke, -n (3B) customs barrier

züchten (1) to raise, grow

zufällig (1) accidental(ly)

die Zufuhr, -en (3B) supply, delivery

der Zug, ⸚e (4A) train

der Zugang, ⸚e (3B) access

zugestehen, a, a (5C) to concede, allow

zugunsten (5C) in favor of

die Zukunft (4D) future

zulassen (ä), ie, a (3C) to admit

zulegen (Z2A) to add

der Zulieferer, - (3A) supplier

die Zunahme (Z1) increase

zunehmen (i), a, o (2A) to grow, increase

die Zunft, ⸚e (2A) guild

die Zusammenfassung (4B) synopsis

der Zusammenhang, ⸚e (I2C) connection

zusammenpassen (A) to match

sich zusammenschließen, o, o (2B) to unite

der Zusammenschluß, ⸚sse (3C) union; integration

sich zusammensetzen aus (Z3C) to be composed of; to consist of

zusätzlich (2B) additional

der Zuschlag, ⸚e (5C) extra pay, bonus; surcharge

der Zuschuß, ⸚sse (3B) subsidy

der Zuwachs (Z1) increase

zur Zeit = z.Z. (2A) at the time

zuständig (2B) responsible, competent, in charge

zustehen, a, a (5D) to be s.o.'s due

die Zustimmung (5C) agreement, approval

zuteilen (I4D) allocate

zutreffen (i), a, o (4D) to be valid

zuverlässig (4B)
dependable
die **Zuversicht** (Z4D)
confidence
zuversichtlich (Z3A)
confident

der **Zweck, -e** (4C) purpose,
end
der **Zweig, -e** (1) branch,
department, section
die **Zweigstelle, -n** (4C)
branch office

die **Zwischenbilanz, -en**
(I4A) interim balance
sheet
der **Zwiespalt** (I5D#1)
conflict, discord
zwingen, a, u (4B) to force

English-German

A

abbreviation die Abkürzung
to be able to in der Lage sein
to abolish abschaffen
abolishment die Abschaffung
absent abwesend
abundance der Überfluß, die Masse
accident der Unfall, ¨e
accidentally zufällig
accepted draft das Akzept, -e
account das Konto, Konten
  annual account der Jahresabschluß, ¨sse
  to overdraw an account ein Konto überziehen, überzog, überzogen
accountant der Buchhalter, -
accounting die Buchhaltung
accounting center Rechenzentrum, -zentren
achievable machbar
to achieve leisten
achievement die Leistung
to acknowledge zur Kenntnis nehmen
active (= credit) balance der Aktivsaldo
to add addieren; hinzufügen, zulegen
additional zusätzlich
address (oral) die Anrede, -n (written) die Anschrift, -en
to address each other sich anreden
adequate angemessen
to adjust angleichen, i, i; sich anpassen; sich umstellen
adjustment die Anpassung; die Umstellung
to administrate verwalten

administration die Verwaltung
to admit zulassen (ä), ie, a
to advertise Reklame oder Werbung machen, anpreisen
advertisement die Reklame, -n, die Anzeige, -n, (classified) das Inserat, -e
  brief advertisement die Spotwerbung
  a series of ads der Werbeblock, ¨e
advertising die Werbung
advertising budget der Werbeetat
advice der Ratschlag, ¨e, der Tip, -s
  to give advice to s.o. jemanden beraten, jemandem einen Ratschlag geben
affair die Angelegenheit
to afford s.th. sich etwas leisten
affordable erschwinglich
to agree with s.o. jemandem zustimmen
to agree upon s.th. etwas abmachen, ausmachen
agreement das Abkommen, -, die Abmachung, das Einvernehmen, die Vereinbarung, die Zustimmung
  to come to an agreement sich einigen
  in agreement einig
agriculture die Landwirtschaft, Ackerbau und Viehzucht
agricultural landwirtschaftlich
aid die Hilfe, -n; der Vorschub
  to give aid Hilfe/Vorschub leisten

aide der Assistent, -en; die Assistentin
aim das Ziel, -e
to aim for erzielen, anstreben
airplane das Flugzeug, -e
airport der Flughafen, ¨
to allocate zuteilen
amazing(ly) erstaunlich
to be amazed staunen
ambulance der Peterwagen, -; die Ambulanz
amount der Betrag, ¨e, die Summe, -n
to amount to betragen (ä), u, a
any jeglich-
apparatus der Apparat, -e; das Gerät, -e
appliance das Gerät, -e
application der Antrag, ¨e, die Beantragung
to apply for beantragen (ä), u, a
to appoint ernennen
appointment der Termin
  to make an appointment sich anmelden, einen Termin festmachen
to appreciate würdigen
apprentice der Lehrling, -e; der, die Auszubildende, -n
apprenticeship (position) die Lehrstelle, -n
to approach sich annähern
appropriate(ly) entsprechend
approval die Genehmigung
  for approval zur Ansicht
to approve genehmigen, billigen
area das Gebiet, -e, die Gegend, -en
arbitrary willkürlich, herausgegriffen
to arise entstehen, a, a

article der Artikel, -
artistic craftsman der
  Kunsthandwerker, -
by artistic craftsmanship
  kunsthandwerklich
to ascertain ermitteln,
  feststellen
aspect der Gesichtspunkt, -e
to assert oneself sich
  behaupten
assertion die Behauptung
  self-assertion die
    Selbstbehauptung
assessment die
  Einschätzung; die Abgabe,
  -n
assets das Vermögen
association der Verband, ¨e,
  die Vereinigung, die
  Gemeinschaft, der Bund,
  ¨e
  cooperative association
    die Genossenschaft
to assume vermuten,
  annehmen (i), a, o
  voraussetzen
austerity measures
  Sanierungsmaßnahmen, *pl.*
authority die Befugnis, -se
  (agency), die Behörde, -n
auto industry die
  Kraftfahrzeugindustrie
to attain erzielen, erreichen
attentiveness die
  Aufmerksamkeit
attitude die Einstellung, die
  Haltung
attractive attraktiv,
  ansprechend, anziehend
available vorhanden, bereit,
  zur Verfügung
  to be available zur
    Verfügung stehen
  to have available zur
    Verfügung haben
  to make available zur
    Verfügung stellen,
    bereitstellen
average der Durchschnitt;
  durchschnittlich
  on average im
    Durchschnitt
aware bewußt

B

balance die Bilanz, -en; das
  Gleichgewicht
  balance of an account
    der Saldo
to balance ausgleichen, i, i
  to balance an account ein
    Konto saldieren
bank die Bank, -en
bank account das
  Bankkonto, Bankkonten
bank statement der
  Kontoauszug, ¨e
banking system das
  Bankwesen
bankruptcy der Bankrott, der
  Konkurs
  to go bankrupt Bankrott
    machen
  to file bankruptcy
    Konkurs anmelden
based on aufgrund
basis die Basis, die
  Grundlage, -n
bearable tragbar
beautification die
  Verschönerung
bill die Rechnung
billion die Milliarde
binding verbindlich
bodywork der Karosseriebau
bond der Pfandbrief, -e
bonus die Gratifikation, der
  Zuschlag, ¨e
to book buchen
booking die Buchung
bookkeeper der Buchhalter, -
bookkeeping die
  Buchhaltung
border die Grenze, -n
to borrow borgen, leihen, ie,
  ie
boss der Chef, -s, der, die
  Vorgesetzte, -n
brakes die Bremse, -n
branch der Zweig, -e; die
  Branche, -n
branch office die
  Zweigstelle, -n, die Filiale, -n
brand die Marke, -n; (**type**)
  die Sorte, -n
broadcasting der Rundfunk

brochure die Broschüre, -n,
  der Prospekt, -e
broker der Makler, -
broker services der
  Maklerdienst, -e
budget das Budget, Etat
burden die Last, die
  Belastung
to burden belasten
business das Geschäft, -e,
  (**trade**) das Gewerbe, -
business administration
  die Betriebswirtschaft
business boom die
  Hochkonjunktur
business failure der
  Konkurs, der Bankrott
business transaction der
  Geschäftsvorfall, ¨e
to buy kaufen, abnehmen,
  beziehen, bezog, bezogen
buyer der Käufer, -, der
  Abnehmer, -

C

to calculate errechnen;
  kalkulieren, einschätzen
canal der Kanal, ¨e
candidate der Kandidat, -en
capability die Fähigkeit
capable fähig, tüchtig
capital das Kapital, die
  Gelder (*pl.*)
car das Auto, -s, der Wagen, -
  passenger car der
    Personenkraftwagen
    (PKW)
care die Sorge, -n; die
  Betreuung
  to take care of betreuen
  **what needs to be taken
    care of** was so anfällt
career die Karriere, -n
careful sorgfältig
carelessness der Leichtsinn
cartel das Kartell, -e
cash (in) bar, Bargeld
to cash einkassieren
  to cash a check einen
    Scheck einlösen
cashier die Kasse, -n;
  (**person**) der Kassierer, -

casual informell, ungezwungen

cattle raising die Viehzucht

ceramics die Keramik

chair person der, die Vorsitzende, -n

challenge die Herausforderung

Chamber of Commerce die Handelskammer, -n

chamber of trades die Handwerkskammer, -n

chance die Chance, -n, die Gelegenheit

to change ändern, verändern, sich wandeln, wechseln

cheap billig, preisgünstig

check der Scheck, -s

  open or uncrossed check der Barscheck

  voucher check der Verrechnungsscheck

  hot check nicht gedeckter Scheck

  signature on a check das Indossament

to check kontrollieren, überprüfen

checking account das Girokonto

choice die Wahl; die Auswahl

circumstance der Umstand, ¨e

claim der Anspruch, ¨e

to claim in Anspruch nehmen, beanspruchen; **(insist)** behaupten

class (social standing) der Stand, ¨e

clearing house die Girozentrale, -n

clearly eindeutig

clientel der Kundenkreis, die Kundschaft

climate das Klima

to climb steigen, hinaufgehen, i, a

coal die Kohle, -n

codetermination die Mitbestimmung

cognates verwandte Wörter

coin die Münze, -n

collateral Sicherungen (*pl.*)

to collect sammeln

commission die Provision

commitment die Verpflichtung

  to make a commitment sich verpflichten

committee das Komitee, -s, die Kommission, der Ausschuß, ¨sse, der Rat, ¨e

  factory committee der Betriebsrat, ¨e

common verbreitet

commonly used gebräuchlich

communication die Mitteilung

community die Gemeinde, -n

comparable vergleichbar

to compare vergleichen, i, i

compatible vereinbar, verträglich

compensation die Vergütung; das Entgelt; der Ausgleich

competency die Kompetenz; die Zuständigkeit; die Macht

  area of competency das Aufgabengebiet, -e

competent tüchtig, (*in charge*) zuständig

competition die Konkurrenz, der Wettbewerb

competitive konkurrenzfähig, wettbewerbsfähig

competitor der Konkurrent, -en

to complain klagen, sich beklagen

complaint die Beschwerde, -n

complete(ly) vollständig

to complete vervollständigen

compliance die Einhaltung, die Befolgung

comprehension das Verständnis

to comprise umfassen

compromise der Kompromiß, -sse

to concede einräumen, zugestehen, a, a

to concede a credit ein Ziel einräumen

concern der Belang, -e

to concern betreffen (i), a, o

  to be concerned about sich sorgen um

concerning betreffend

condition die Bedingung; der Zustand, ¨e

confidence die Zuversicht; das Vertrauen

  self-confidence das Selbstvertrauen

confident zuversichtlich

to confirm bestätigen

conflict der Konflikt, -e, der Zwiespalt; die Reibung

to connect verbinden, a, u

connection die Verbindung, der Anschluß, ¨sse; der Zusammenhang

consequence die Folge, -n

to consider bedenken, in Betracht/Erwägung ziehen, berücksichtigen

  to consider as betrachten als

considerable beachtlich, erheblich, beträchtlich, ansehnlich

consideration Rücksicht auf, Berücksichtigung, Überlegung, Erwägung

to consist of bestehen aus, sich zusammensetzen aus

constitution die Verfassung

consultant der Berater, -

  corporate consultant der Unternehmensberater, -

to consume konsumieren, verbrauchen

consumer der Verbraucher, -, der Konsument, -en

consumption der Verbrauch, der Konsum

to contain enthalten (ä), ie, a

container der Behälter, -, der Container, -

to continue fortsetzen, weitermachen

contract der Vertrag, ¨e

  to make contracts Verträge abschließen, o, o

contradiction der
Widerspruch, -̈e
to contribute beitragen (ä),
u, a
contribution der Beitrag, -̈e
to control beherrschen
conversation das Gespräch,
-e
conversion die Umstellung
conviction die Überzeugung
cooperative
genossenschaftlich
cooperative store der
Konsumladen, -̈
to coordinate koordinieren
to cope with s.th. etwas
bewältigen
copy die Kopie, -n, der
Durchschlag, -̈e; das
Exemplar, -e
corporate vereinigt,
verbunden, inkorporiert,
korporativ
multi-corporate enterprise
der Konzern, -e
correct richtig
to be correct stimmen
to correct korrigieren,
berichtigen; verbessern
costly teuer, hochwertig
cost Kosten, *pl.*
covering the cost
kostendeckend
to count on rechnen mit
counter der Schalter, -
countless unzählig
court of law das Gericht, -e
in court vor Gericht
to cover (be-)decken
craftsman der Handwerker, -
credit das Guthaben, der
Kredit
good credit die Bonität;
kreditwürdig
to credit gutschreiben
credit entry die Gutschrift,
-en
to grant credit Kredit
bewilligen, ein Ziel
einräumen
creditor der Gläubiger, -
crisis die Krise, -n
to criticize kritisieren
criticism die Kritik

culture die Kultur
currency die Währung
foreign currency die
Devise, -n
custody das Sorgerecht
custom die Sitte, -n, (**habit**)
die Gewohnheit
customary üblich
customer der Kunde, -n
customer directory die
Kundenkartei, -en
customer service der
Kundendienst, -e
customs der Zoll, -̈e
customs barrier die
Zollschranke, -n
customs officer der
Zollbeamte, -n
cutback die Kürzung

D

dairy die Meierei, -en
damage der Schaden, -̈
to damage schaden
data die Daten (*pl.*)
data processing die
Datenverarbeitung
date (**calendar**) das Datum,
Daten; die Verabredung
to make a date sich
verabreden
deadline der Termin, -e, die
Frist, -en
debate die Debatte, -n
to debit (an account) (ein
Konto) belasten
debt collecting das Inkasso,
-s
debtor der Schuldner, -
debts die Schulden (*pl.*)
decade das Jahrzehnt, -e
to decide entscheiden, ie, ie
decision die Entscheidung
wrong decision die
Fehlentscheidung
decisive(ly) entscheidend
decline (**of prices**) der
Verfall
to decrease abnehmen (i), a,
o; abschwächen,
vermindern
decreased vermindert

decree der Erlaß, -̈sse, die
Vorschrift, -en, die
Verordnung; der Beschluß,
-̈sse
deficit das Defizit, -e
degree der Grad, -e
to deliver (s.th.) etwas
(aus)liefern
delivery die Lieferung, (Aus-),
(Zu-) lieferung
demand die Nachfrage, der
Bedarf; die Forderung
supply and demand
Angebot und Nachfrage
**ascertainment of
demand** die
Bedarfsermittlung
**in keeping with the
demand** bedarfsgerecht
to demand fordern,
verlangen
dense(ly) dicht
department die Abteilung
department store das
Kaufhaus, -̈er
to depend on abhängen von,
ankommen auf
that depends! das kommt
drauf an!
dependable zuverlässig
dependent on abhängig von,
angewiesen auf
deposit die Einzahlung;
(**down payment**) die
Anzahlung
to make a deposit aufs
(eigene) Konto
überweisen, ie, ie
to describe beschreiben,
ie, ie
designation die
Bezeichnung
desire der Wunsch, -̈e, das
Verlangen, -
to desire wünschen,
verlangen, begehren
of destination Bestimmungs-
to destroy zerstören
destruction die Zerstörung
detail die Einzelheit; (**minor**)
Kleinigkeit
to determine bestimmen
to devalue abwerten
to develop sich entwickeln

development die Entwicklung, die Entfaltung
deviation die Abweichung
device der Apparat, -e
to devote widmen
to dial wählen
diameter der Durchmesser
difficulty die Schwierigkeit
direction die Richtung
disabled arbeitsunfähig
disadvantage der Nachteil, -e
to disappear verschwinden, a, u
discount der Diskont, der Abschlag, der Rabatt
to discourage entmutigen
discrimination die Benachteiligung
to dismiss entlassen (ä), ie, a; absetzen
display window das Schaufenster, -
disposal die Verfügung
   to have at one's disposal verfügen über
to dispute bestreiten, bestritt, bestritten
to disregard außer acht (= unberücksichtigt) lassen
distance die Entfernung; der Abstand, ⸚e
to distribute verteilen
to divide (up) (auf)teilen
dividends Dividenden, Habenzinsen (*pl.*)
division die Teilung
doctor licensed by state health insurance der Kassenarzt, ⸚e
doctor's office die Praxis
document das Dokument, -e
documents Unterlagen (*pl.*), Dokumente
downpayment die Anzahlung
draft (promissory note) der Wechsel, -, die Tratte, -n
due fällig
due date der Fälligkeitstermin, -e
dues der Beitrag, ⸚e, die Prämie, -n
to duplicate verdoppeln
duration die Dauer

duty die Pflicht, -en
duties der Zoll, ⸚e
duty-free zollfrei

E

to earn verdienen
   to earn an extra buck dazu verdienen
ecological ökologisch
economic ökonomisch, (volks)wirtschaftlich
economical rationell; ökonomisch
   economical operation die Wirtschaftlichkeit
economics die (Volks)wirtschaft; die Wirtschaftswissenschaft
Federal Department of Economics das Bundeswirtschaftsministerium
economist der (Volks)wirtschaftler, -; der Wirtschaftswissenschaftler, -
economy die Wirtschaft
education die Bildung, die Ausbildung
effect die Wirkung, die Auswirkung
   to have an effect on (sich aus)wirken auf
effective wirkungsvoll
efficient tüchtig, leistungsfähig; rationell
effort die Anstrengung, die Bemühung
to eliminate beseitigen
emergency der Notfall, ⸚e
   in an emergency im Notfall, für den Notfall
to emphasize betonen
to employ beschäftigen, anstellen, einstellen
   fully employed vollbeschäftigt
   gainfully employed erwerbstätig
   self-employed selbständig
employee der, die Angestellte, der Arbeitnehmer, -, der, die Beschäftigte, die Hilfskraft, ⸚e

employer der Arbeitgeber, -
employer's association der Arbeitgeberverband, ⸚e
energy die Energie, -n
to endanger gefährden
to enforce durchsetzen
   to be enforced in Kraft treten
to enjoy genießen, o, o
enterprise das Unternehmen, die Unternehmung
entitled berechtigt
entry der Eintritt; (**door**) der Eingang, ⸚e
environment die Umwelt
   compatible with the environment umweltverträglich
environmental protection der Umweltschutz
equal(ly) gleichmäßig
equal rights die Gleichberechtigung
era das Zeitalter, -
essential wesentlich
to establish einrichten, (**facts**) feststellen
establishment die Einrichtung, die Anstalt, -en, die Errichtung
to estimate schätzen
European Community (EC) Europäische Gemeinschaft (EG)
European Monetary System Europäisches Währungssystem
European Economic Community (EEC) Europäische Wirtschaftsgemeinschaft (EWG)
to evaluate bewerten
exception die Ausnahme, -n
to exchange austauschen
exchange der Austausch
exchange rate der Wechselkurs, -e
executive der Geschäftsführer, -
executive board der Vorstand, ⸚e
to exclude ausschließen, o, o
exclusive(ly) ausschließlich

exemplary vorbildlich
to exhibit ausstellen
exhibition die Ausstellung
to expand ausbauen,
erweitern
expansion Erweiterung,
Ausweitung
to expect erwarten
expectation die Erwartung
expenditure der
Kostenaufwand; die
Aufwendung
expenses Kosten, Unkosten,
Spesen (*pl.*)
expensive teuer, kostspielig
experience die Erfahrung
experienced erfahren,
bewährt
to experiment
experimentieren
expert der Fachmann, *pl.*
Fachleute, die Fachkraft, -e
explanation Erklärung;
Aufklärung
to exploit ausbeuten
exploitation die Ausbeutung
export der Export, -e, die
Ausfuhr, -en
to export exportieren,
ausführen
exporter der Exporteur, -e
to express ausdrücken
express(ly) ausdrücklich
express freight das Eilgut,
das Expressgut
express letter der Eilbrief,
-e
extension die Verlängerung
extensive umfangreich
extent der Umfang
  to this extent in diesem
  Umfang

F

to facilitate erleichtern
fact die Tatsache, -n
factory die Fabrik
failure das Versagen, das
Scheitern; (**person**) der
Versager, -
  to prove a failure sich
  nicht bewähren

fair die Messe, -n
  specialized (dealers' fair)
  die Fachmesse, -n
familiar vertraut
family operation der
  Familienbetrieb, -e
far weit
  by far bei weitem, weitaus
farm das Gut, ¨er, das
  Bauerngut, ¨er
farmer der Landwirt, -e, der
  Bauer, -n
farmers association der
  Bauernverband, ¨e
fashion die Mode, -n
favorable günstig
  in favor of zugunsten
  (*Dat.*)
federal Bundes-; staatlich
  federal state das
  Bundesland, ¨er
federation der Bund
fee die Gebühr, -en
to feel fühlen, spüren
fertilizer der Dünger,
  Düngemittel (*pl.*)
to finance finanzieren
financial finanziell
  financial and budgetary
  law das Finanz- u.
  Haushaltsrecht
firm die Firma, Firmen, der
  Betrieb, -e
to fit passen
flex-time gleitende
  Arbeitszeit, -en
flow-chart das
  Flußdiagramm, -e
footnote die Anmerkuung
to force zwingen, a, u
to forego verzichten
foreign ausländisch, fremd
foreign country das Ausland
foreigner der Ausländer, -
foreign policy die
  Auslandspolitik
(printed) form das
  Formular, -e
to foresee absehen, (ie), a, e
foreseeable absehbar
formal(ly) formell
to found gründen
foundation die Grundlage, -n
founding die Gründung

freeway die Autobahn, -en
freight die Fracht, -en
freight company die
  Spedition
fringe benefits
  Nebenlohnkosten, *pl.*
fuel der Brennstoff, -e, der
  Betriebsstoff, -e
function die Funktion
functional safety die
  Funktionssicherheit
fund das Betriebskapital
to further fördern,
  voranbringen, a, a
future die Zukunft

G

gap die Lücke, -n
geared to eingestellt auf
to generalize
  verallgemeinern
generous großzügig
genuine(ly) echt
to get along auskommen,
  a, o
gift das Geschenk, -e; das
  Talent, -e
goal das Ziel, -e, die
  Zielsetzung
goods die Ware, -n, Güter
  (*pl.*)
  finished goods die
  Fertigware, -n
  half-finished goods die
  Halbfertigware, -n
government die Regierung,
  der Staat
grain das Getreide
to grant genehmigen,
  gewähren
  taken for granted
  selbstverständlich
graphic graphisch
gratuity die Gratifikation
gross national product das
  Brutto-Sozialprodukt, die
  Brutto-Sozialwertschöpfung
to grow wachsen, sich
  vermehren
growth das Wachstum; der
  Zuwachs, die Zunahme, -n
guarantee die Garantie, -n

to guarantee garantieren
to guard over wachen über
guest worker der Gastarbeiter, -
guild die Zunft, -̈e
guild master der Innungsmeister, -

H

habit die Gewohnheit
handicapped behindert
  severely handicapped schwerbeschädigt
handicraft das Handwerk
to happen geschehen (ie), a, e, passieren
harbor der Hafen, -̈
harmful schädlich
harvest die Ernte, -n
heading die Überschrift, -en
to heat heizen
to help oneself sich bedienen
to help out einspringen, a, u
hierarchy die Rangordnung
highway die Landstraße, -n
to hike wandern
hint der Tip, -s
  shopping hints Einkauftips
to hire anstellen, einstellen
honor die Ehre, -n
honorary member das Ehrenmitglied
hurry die Eile

I

illustration die Darstellung
import der Import, die Einfuhr, -en
to import importieren
importer der Importeur, -e
impression der Eindruck, -̈e
to improve verbessern
incentive der Anreiz, -e, der Ansporn
included einbegriffen
income das Einkommen, die Einnahme, -n
  source of income die Einnahmequelle, -n

increase die Erhöhung, die Vermehrung, die Steigerung
to increase steigen, vermehren, erhöhen, zunehmen, steigern
independent unabhängig; selbständig
to indicate angeben, (i), a, e, darauf hinweisen, ie, ie
to induce veranlassen
industrial industriell
industry die Industrie, -n
ineffective wirkungslos
influential einflußreich
influence der Einfluß, -̈sse
to inform informieren
information die Information, die Auskunft
inhabitant der Einwohner, -, der Bewohner, -
injection die Spritze, -n
insecurity die Unsicherheit
to insert einschalten, einschieben, o, o
insight die Einsicht, -en
to insist on bestehen auf (*Dat.*)
to inspect überprüfen, kontrollieren
installments (payments by) die Abzahlung
  in installments in Raten
instead of anstelle (*Gen.*), (an)statt (*Gen.*)
institute das Institut, -e
institution die Anstalt, -en
insurance die Versicherung
  accident insurance die Unfallversicherung
  basic insurance die Grundversicherung
  health insurance die Krankenversicherung
  social insurance die Sozialversicherung
insurance benefits Sozialleistungen (*pl.*)
to insure versichern
interest der Sollzins, -en
interest level das Zinsniveau
interest rate der Zinssatz, -̈e
to interfere sich einmischen
interim balance die Zwischenbilanz, -en

to interrupt unterbrechen (i), a, o
to intervene einschreiten, i, i
to introduce oneself sich vorstellen
to invest anlegen, investieren
investment die Investition, die Investierung, die Kapitalsanlage
  for investment zum Geldanlegen
item der Posten, -

J

job der Arbeitsplatz, -̈e, die Stelle, -n, die Stellung
to join (sich) anschließen, o, o (**an organization**) beitreten (i), a, e
journeyman der Geselle, -n
joint-stock corporation die Aktiengesellschaft
to judge beurteilen
judgment das Urteil, -e
judicial rechtlich
just gerecht
to justify rechtfertigen; begründen

K

to keep behalten, (ä), ie, a

L

largely weitgehend
law das Gestz, -e, die Verordnung
to layoff entlassen (ä), ie, a
(paid) leave der Urlaub
lecture der Vortrag, -̈e
left over übrig
leeway der Spielraum
legal gesetzlich; rechtlich, juristisch
to lend (ver)leihen, ie, ie
to lend itself to sich eignen für
lengthy langwierig
less weniger

to become less nachlassen, (ä), ie, a
level die Ebene, -n, das Niveau
liable haftbar
  to be liable haften
liability die Haftung, die Haftpflicht
  limited liability corporation Gesellschaft mit beschränkter Haftung (GmbH)
to limit einschränken, beschränken, begrenzen
limitation die Beschränkung, die Begrenzung
limited beschränkt, begrenzt
  limited partnership die Kommanditgesellschaft (KG)
list die Liste, -n
to list verzeichnen, auflisten
living standard der Lebensstandard
to load (be)laden (ä), u, a
loan die Anleihe, -n, das Darlehen, -
  to take out a loan ein Darlehen aufnehmen
long distance call das Ferngespräch, -e
loss der Verlust, -e, die Einbuße, -n
to lower herabsetzen, senken
lucrative rentabel
luxury item der Luxusartikel, -
luxury foods Genußmittel (*pl.*)

M

machine die Maschine, -n
  by machine maschinell
magazine die Zeitschrift, -en
mail order house das Versandhaus, ¨er
main Haupt-
main(ly) hauptsächlich
to maintain aufrechterhalten, (ä), ie, a; beibehalten
maintenance (of appliances) die Wartung; **(of people)** der Unterhalt

majority die Mehrheit
management die Geschäftsführung
  top management die Geschäftsleitung
manager der Manager, -, der Leiter, -
  personnel manager der Personalleiter, -
  top manager der Betriebsleiter, - der Geschäftsführer, -
managing director der Geschäftsführer, -
(good) manners Umgangsformen (*pl.*)
  ill-mannered ungesittet
manufacture die Herstellung
to manufacture herstellen
manufacturer der Hersteller, -, der Fabrikant, -en
market der Markt, ¨e
market condition die Konjunktur
  bullish market die Hochkonjunktur
  slack market die Flaute, -n, die Konjunkturflaute, die Rezession
market price der Kurswert, -e
market place der Marktplatz, ¨e
  market place in front of City Hall der Rathausmarkt
market rate of the day der Tageskurs, -e
market research die Marktforschung
markup der Aufschlag, ¨e; die Preissteigerung
mass die Masse, -n
means Mittel (*pl.*)
meanwhile mittlerweile
measure das Maß, -e
measurement das Maß, -e
mechanization die Mechanisierung
medical insurance form der Krankenschein, -e
medicine das Medikament, -e
medium das Medium, Medien
meeting die Versammlung, die Tagung

  to hold meetings tagen
member das Mitglied, -er
to mention erwähnen
  worth mentioning erwähnenswert, nennenswert
menu die Speisekarte, -n
merchandise die Ware, -n
merchant fleet die Handelsflotte, -n
merit der Verdienst, -e
metal das Metall, -e
middleman der Mittelmann, ¨er
minimum das Minimum; mindest-
mining der Bergbau
  mining underground unter Tage
miracle das Wunder, -
  economic miracle das Wirtschaftswunder
missing mangelnd
  to be missing mangeln
to mitigate mildern
modest bescheiden
monopoly das Monopol, -e
moonlighting die Schwarzarbeit
mortgage die Hypothek, -en
movement die Bewegung

N

narrow eng
native heimisch
necessaries of life Lebensbedürfnisse (*pl.*)
need der Bedarf, das Bedürfnis, -se
to need brauchen, bedürfen, nötigen
neediness die Bedürftigkeit
to negotiate verhandeln
negotiation die Verhandlung
network das Netz, -e
new blood der Nachwuchs
noise der Lärm
notice (to quit or lay off) die Kündigung
  to give notice kündigen
noticeable deutlich

to number nummerieren
to nurse pflegen

O

obliged verpflichtet; dankbar
to observe beobachten; (**a
law**) einhalten (ä), ie, a
obsolete überholt,
rückständig
to obtain beschaffen;
erhalten (ä), ie, a
obtainable erhältlich
obvious offensichtlich
occupation die
Beschäftigung; der Beruf, -e
to occupy beschäftigen;
besetzen
to occupy oneself with sich
beschäftigen mit
offer das Angebot, -e, die
Offerte, -n
to offer (an)bieten, o, o
office das Amt, ̈er, (**place**)
das Büro, -s, (**merchant's**)
das Kontor, -e
official der Beamte, -n;
amtlich, behördlich
to open up erschließen, o, o
opinion die Auffassung, die
Meinung
opportunity die Gelegenheit,
die Chance, -n
order der Auftrag, die
Bestellung
to order (**s.th.**) bestellen;
(**s.o.**) beauftragen
ore das Erz, -e
organ das Organ, -e;
(**instrument**) die Orgel, -
orientation die Orientierung
to outline umreißen, i, i
output die Leistung
overdue verfallen
to oversee überwachen
oversupply die
Überversorgung
overtime Überstunden (*pl.*)
to owe (**money**) schulden;
verdanken
owner der Inhaber, -, der
Besitzer, -
original(ly) ursprünglich

P

package, parcel das Paket, -e
small package das
Päckchen, -
to package verpacken
packaging die Verpackung
panel (committee) das
Gremium, Gremien
papers (documents)
Unterlagen, *pl.*
parity die Parität
to participate in sich
beteiligen an (*Dat.*),
teilnehmen an, (i), a, o,
mitwirken
participation die Teilnahme
partner der Teilhaber, -, der
Partner, -
general partner der
Komplementär, -e
limited partner der
Kommanditist, -en
general partnership
Offene
Handelsgesellschaft
(OHG)
limited partnership
Kommanditgesellschaft
(KG)
pay der Lohn, ̈e, das Gehalt,
̈er, der Verdienst
pay cuts Lohneinbußen
(*pl.*)
pay raise die
Lohnerhöhung,
Gehaltserhöhung
loss of pay der
Verdienstausfall, ̈e
to pay in advance im
voraus bezahlen,
Vorauskasse leisten
to pay off sich lohnen
payment terms
Zahlungsbedingungen, *pl.*
pension die Altersrente, -n
percent das Prozent, -e =
v.H. (= vom Hundert)
percentage der
Prozentsatz, ̈e
percentage share der
prozentuale Anteil, -e
performance data
Leistungsmerkmale, *pl.*

permit die Genehmigung
personnel die Belegschaft,
die Angestellten (*pl.*)
to persuade überreden
at a pinch im Notfall
pioneer der Vorreiter, -
place der Ort, -e
at the very place an Ort
und Stelle
plant die Anlage, -n,
(**industrial**) der Betrieb, -e
to plead plädieren
plumber der Klempner, -
to point out aufmerksam
machen auf (*Acc.*),
hervorheben, o, o
politician der Politiker, -
politics die Politik
poll die Umfrage, -n
to pollute verschmutzen
pollution die Verschmutzung
popular beliebt, gängig,
begehrt, gefragt
populated besiedelt,
bevölkert
port der Hafen, ̈
postage das Porto
post office das Postamt, ̈er
poverty die Armut
power die Macht
powerful mächtig
precinct der Bezirk, -e
predominantly vorwiegend
to prefer vorziehen, zog vor,
vorgezogen
preference der Vorzug, ̈e;
die Vorliebe, -n
preferential bevorzugt
premium die Prämie, -n, der
Beitrag, ̈e
preparation die Vorbereitung
to prepare vorbereiten
prepared gewillt
prerequisite die
Voraussetzung
prescription (medical) das
Rezept, -e
presence die Gegenwart
presentation der Vortrag, ̈e
preservation die Erhaltung
to press drücken
pressure der Druck
presumably voraussichtlich
to presuppose voraussetzen

price der Preis, -e
  at any price um jeden
    Preis
  highest price der
    Höchstpreis, -e
  lowest price der
    Mindestpreis, -e
  increase in price
    Preiserhöhung,
    Verteuerung
principle das Prinzip, -ien,
  der Grundsatz, ¨e
to print drucken
  to reprint abdrucken
printed matter die
  Drucksache, -en
priority der Vorrang
private assets das
  Privatvermögen
privilege das Vorrecht, -e,
  das Privileg, -ien
problem das Problem, -e
proceeds der Erlös, der
  Ertrag, ¨e
to process verarbeiten
to procure verschaffen,
  beschaffen
to produce
  erzeugen, herstellen,
  produzieren
to produce competitively
  kostengünstig produzieren
producer Erzeuger, Hersteller
producer's cooperative die
  Erzeugergemeinschaft
product das Erzeugnis, -se,
  das Fabrikat, -e, die Ware, -n
product line die Branche, -n
production die Produktion,
  die Gewinnung, die
  Herstellung
productive ergiebig,
  leistungsfähig
profession der Beruf, -e
professional line die
  Berufssparte, -n
profit der Profit, -e, der
  Gewinn, -e
profitability die Rentabilität;
  die Wirtschaftlichkeit
profitable einträglich,
  rentabel
program das Programm, -e
progress der Fortschritt, -e

prohibited verboten,
  untersagt
to promote (**a cause**)
  fördern; (**in rank**)
  befördern; voranbringen
promotion Förderung;
  Beförderung
proposal der Vorschlag, ¨e
prospect die Aussicht, -en
prosperity der Wohlstand
to protect beschützen
protection der Schutz
to prove beweisen, sich
  erweisen, ie, ie
  to prove one's worth sich
    bewähren
to provide for sorgen für
provided that vorausgesetzt,
  daß
provision die Vorsorge
public öffentlich; die
  Öffentlichkeit
  under public law
    öffentlich-rechtlich
publication die
  Veröffentlichung
to publish veröffentlichen
publisher der Verleger, -
publishing house der
  Verlag, -e
punctuality die Pünktlichkeit
purchase der Kauf, der
  Ankauf, der Erwerb
purpose der Zweck, -e
to pursue verfolgen; (**a
  business**) betreiben, ie, ie

Q

quality die Qualität
quality assurance die
  Qualitätssicherung
quality control die
  Qualitätskontrolle; das
  Qualitätswesen
quantity die Menge, -n
quarrels Streitigkeiten (*pl.*)

R

radio das Radio, -s
to raise erhöhen, steigern,
  vermehren

rank der Rang
ranking die Rangfolge, -n
rate der Tarif, -e, die Rate, -n
  flat rate der
    Pauschalpreis, -e
ratio das Verhältnis, -se
raw material der Rohstoff, -e
to react reagieren
readiness die Bereitschaft
real estate recording die
  Grundbucheintragung
reason der Grund, ¨e; die
  Vernunft
reasonable vernünftig; (**in
  price**) günstig
receipt die Quittung
to receive erhalten (ä), ie, a,
  empfangen (ä), i, a
receiver der Empfänger, -;
  (**telephone**) der Hörer, -
recession die Rezession, die
  Marktflaute, -n
to recommend empfehlen
  (ie), a, o
recovery der Aufschwung,
  die Erholung
recreation die Erholung
to reduce reduzieren,
  abbauen, vermindern,
  verringern, abschwächen,
  senken
reduction der Abbau, die
  Senkung
to refuse ablehnen, sich
  weigern
regard der Respekt
  in this regard in dieser
    Beziehung/Hinsicht
region die Gegend, -en, das
  Gebiet, -e
regular(ly) regelmäßig
regular clientel der
  Stammkundenkreis
to regulate regulieren,
  regeln
regulation die Regulierung,
  die Regelung
relationship das Verhältnis,
  -se
relative(ly) verhältnismäßig
relaxation die Entspannung
relief die Entlastung
to reload umladen (ä), u, a
remittance die Überweisung

renewal die Erneuerung
rent die Miete, -n
repair die Reparatur, -en
to replace ersetzen, erstatten
report der Bericht, -e
representation die
  Vertretung
representative der
  Vertreter, -
represented vertreten
to require erfordern
required erforderlich
research die Forschung
reserves Reserven, *pl;*
  Rücklagen, *pl.*
to resolve beschließen, o, o
resolution der Beschluß, ̈sse
respect der Respekt
  in this respect in dieser
    Hinsicht
  to show respect Respekt
    erweisen, ie, ie
responsible verantwortlich
  **to sign as the
    responsible party**
    verantwortlich zeichnen
responsibility
  Verantwortlichkeit
  **to accept responsibility
    for** aufkommen für
to restore restaurieren;
  wiederherstellen
result das Ergebnis, -se
  **results of greater
    efficiency measures**
    der Rationalisierungs-
    effekt, -e
retail der Kleinhandel, der
  Einzelhandel
retail dealer der
  Kleinhändler, -, der
  Einzelhändler, -
retirement die Pension
retraining die Umschulung
**revenue (from
  investments)** die Rendite,
  -n; das Einkommen
to review überprüfen
to get rid of abschaffen
to ring läuten
risk das Risiko, Risiken
to risk riskieren
risky riskant
role die Rolle, -n

round-trip ticket die
  Rückfahrkarte, -n
routine die Routine, -n
  routine orders laufende
    Bestellungen

S

sacrifice das Opfer, -
safety die Sicherheit
salary das Gehalt, ̈er
sale der Verkauf, ̈e, der
  Absatz, ̈e der Umsatz, ̈e,
  special sale das
    Sonderangebot, -e
  clearance sale der
    Ausverkauf, der
    Schlußverkauf
sales items die
  Ausverkaufsware, -n
sales representative der
  Handelsvertreter, -
to satisfy befriedigen
  to be satisfied sich
    begnügen
to save sparen
savings Ersparnisse (*pl.*),
  Spar-
scarce knapp, selten
scarcity die Knappheit, die
  Seltenheit
securities Effekten (*pl.*),
  Wertpapiere (*pl.*)
season die Saison
security die Sicherheit
to select auswählen
selection die Auswahl, -en
to sell verkaufen, absetzen,
  vermarkten
sense der Sinn, -e; der
  Verstand
  to make sense sinnvoll
    sein
to separate trennen
sequence die Folge, -n, die
  Rangfolge
to serve dienen
service der Dienst; (**in
  restaurant or store**) die
  Bedienung
  self-service die
    Selbstbedienung
  to perform services
    Dienste leisten

services rendered
  Dienstleistungen (*pl.*)
session die Sitzung
to set in einsetzen
to settle erledigen; (**an
  account**) abrechnen, eine
  Rechnung begleichen, i, i
shadow economy die
  Schattenwirtschaft
share der Anteil, -e; (**stocks**)
  die Aktie, -n
ship das Schiff, -e
shipment die Lieferung
shipping die Beförderung;
  (**navigation**) die Schiffahrt
  inland shipping die
    Binnenschiffahrt
shipyard die Werft, -en
shop der Laden, ̈, das
  Geschäft, -e, der Betrieb,
  -e
to shorten verkürzen
shorthand die Kurzschrift;
  das Stenogramm
  to write in shorthand ein
    Stenogramm aufnehmen
to shrink schrumpfen
side Neben-
sign das Schild, -er
situation die Situation, die
  Lage, -n
size die Größe, -n;
  (**measurements**) das
  Format, -e
skill das Spezialgebiet, -e;
  die Geschicklichkeit
  skilled worker die
    Fachkraft, ̈e
to slow down sich
  verlangsamen
snack der Imbiß
sociable gesellig
society die Gesellschaft
social sozial; gesellig
  social intercourse der
    Umgang
solution die Lösung
source die Quelle, -n
spa der Kurort, -e
spa visitor der Kurgast, ̈e
to spare schonen
special besonders, speziell
  special area das
    Fachgebiet, -e

special leave der Sonderurlaub
specialist der Fachmann, die Fachleute, der Spezialist, -en
specialist (doctor) der Facharzt, ¨e
specific speziell, genau
speech die Ansprache, -n
to spend ausgeben (i), a, e
spoilable verderblich
staff die Belegschaft, das Personal
standard der Standard, das Niveau
state der Staat; staatlich
statement die Aussage, -n
statistics die Statistik, -en
to stimulate anregen, ankurbeln
stock (share) die Aktie, -n; der Bestand, ¨e, der Vorrat, ¨e, die Reserve, -n
stockholder der Aktionär, -e; der Gesellschafter, -
stockmarket die Börse, -n
stockmarket rate der Börsenkurs, -e
to stop anhalten (ä), ie, a, aufhören, einstellen
store der Laden, ¨, das Geschäft, -e
to store lagern
storage der Lagerraum
storehouse das Lager, -
strenuous anstrengend
strike der Streik, -s
to strike streiken
structure der Aufbau, die Struktur
structured (auf)gebaut
study group die Arbeitsgemeinschaft
subordinate untergeben; der Untergebene, -n
to subsidize subventionieren, unterstützen
subsidy die Subvention, der Zuschuß, ¨sse, die Beihilfe, die Unterstützung
to succeed gelingen, a, u, Erfolg haben
success der Erfolg, -e
successful erfolgreich
to sue verklagen

to suffer leiden, litt, gelitten
to suffice genügen
suitable passend, angemessen
sum die Summe, -n, der Betrag, ¨e
superior der, die Vorgesetzte, -n
supervision die Aufsicht, die Kontrolle, -n
supervisory board der Aufsichtsrat, ¨e
supplier der Lieferant, -en, der Lieferer, -
supply (available) der Vorrat, ¨e, der Bestand, ¨e, (**needed**) der Bedarf, die Versorgung, die Zufuhr, -en
supply and demand Angebot und Nachfrage
to supply oneself seinen Bedarf decken
to supply s.o. jemanden versorgen, beliefern
unsupplied unversorgt
support die Unterstützung, die Beihilfe
to support unterstützen, fördern
surcharge der Zuschlag, ¨e
sure gewiß, sicher
to make sure sich vergewissern
surplus der Überschuß, ¨sse
survey der Überblick, -e
survival die Existenz, das Überleben
to survive überleben
suspect verdächtig
switchboard die Schalttafel, -n
switchboard room der Schaltraum, ¨e
synopsis die Zusammenfassung
system das System, -e
systematical(ly) systematisch

T

talent das Talent, -e
tape das Tonband, ¨er

target das Ziel, -e
tariff der Tarif, -e
taste der Geschmack
tax die Steuer, -n
value-added tax die Mehrwertsteuer, -n
preferential tax status steuerbegünstigt
taxable steuerpflichtig
taxpayer der Steuerzahler, -
technical technisch
technology die Technik, -en
telegram das Telegramm, -e
telemedia das Fernkommunikationsmedium, -ien
telephone das Telefon, -e, der Fernsprecher, -
public telephone öffentlicher Fernsprecher
to telephone telephonieren
telephone call das Telefonat, -e, der Telefonanruf, -e
telephone booth die Telefonzelle, -n
television das Fernsehen; (**set**) der Fernseher, -
telex der Fernschreiber, -
temporari(ly) vorübergehend
tentative(ly) vorläufig
term (time) die Frist, -en, (**condition**) die Bedingung
long-term langfristig
short-term kurzfristig
territory das Gebiet, -e, das Terrain
testing die Erprobung
thorough gründlich
to threaten (be)drohen
transfer die Übertragung
transfer of title die Übereignung
time (allowed or prescribed) die Frist, -en
at this time gegenwärtig
top die Spitze, -n
to get to the top an die Spitze kommen
top executive position die Spitzenposition
top product das Spitzenerzeugnis
total Gesamt-
in total insgesamt

towing service der
  Abschleppdienst
town der Ort, -e, die Stadt, ¨e
track die Schiene, -n
trade der Handel; (**line of
  business**) das Gewerbe
  domestic trade der
    Innenhandel, der
    Binnenhandel
  foreign trade der
    Außenhandel
  to be active in a trade ein
    Gewerbe treiben, ie, ie
trade balance die
  Handelsbilanz, -en
to trade in in Zahlung geben
train die Bahn, -en, der
  Zug, ¨e
training die Vorbildung
to transact abwickeln
transaction of business
  Abwicklung der Geschäfte
to transfer übertragen (ä), u,
  a, (**money**) überweisen,
  ie, ie
transferable übertragbar,
  (**stocks**) fungibel
transition der Übergang
transitional phase die
  Übergangsphase
to transport befördern,
  transportieren
transportation die
  Beförderung, der
  Transport, -e
  means of transportation
    das Transportmittel, -; der
    Verkehrsträger, -
transportation budget der
  Verkehrshaushalt
travel destination das
  Reiseziel, -e
travel expenses
  Reisekosten, *pl.*
to treat behandeln
treaty der Vertrag, ¨e
truck der Lastkraftwagen, -
  (LKW)
to trust trauen (*Dat.*),
  vertrauen (*Dat.*)

to turn to sich wenden an
turnover der Umsatz, ¨e

U

unanimous einstimmig
to underestimate
  unterschätzen
to understand verstehen,
  verstand, verstanden,
  begreifen, i, i
understanding das
  Verständnis, -se, die
  Einsicht, -en
unemployed arbeitslos
unemployment die
  Arbeitslosigkeit
unemployment benefits die
  Arbeitslosenunterstützung
unemployment insurance
  die Arbeitslosenver-
  sicherung
unemployment office das
  Arbeitsamt, ¨er
unfavorable ungünstig
uniform einheitlich
union die Gewerkschaft, -en
unique einzigartig, einmalig
unit die Einheit
to unite vereinigen,
  zusammenschließen, o, o
unjust ungerecht
unlimited unbeschränkt,
  unbegrenzt
unreasonable unvernünftig;
  (**price**) ungünstig
up-to-date auf dem neuesten
  Stand
  to bring up-to-date auf
    den neuesten Stand
    bringen
urgent dringend
use der Gebrauch, die
  Anwendung, die Benutzung,
  die Verwendung
  for use Gebrauchs-
to use gebrauchen,
  benutzen, verwenden,
  (**knowledge**) anwenden

V

vacation Ferien (*pl.*), der
  Urlaub
valid gültig
  to be valid gültig sein;
    zutreffen, (i), a, o
value der Wert, -e
  of high value (quality)
    hochwertig
  to increase the value
    aufwerten
to value schätzen
value-added tax die
  Mehrwertsteuer, -n
variety die Vielfalt
vice president (corporate)
  der Geschäftsführer, -
to vote wählen
  entitled to vote
    wahlberechtigt

W

weekdays werktags
weight das Gewicht
  to carry weight ins
    Gewicht fallen
wholesale der Großhandel
wholesale dealer der
  Großhändler, -
willing gewillt, bereit
wireless der Funk
word processor der
  Schreibautomat, -en
work die Arbeit, -en
  shortened work hours
    die Kurzarbeit
to work arbeiten; (*e.g.* **a
  farm**) bewirtschaften
to work to capacity
  ausgelastet sein
working conditions
  Arbeitsbedingungen (*pl.*)
to worsen verschlechtern
worry die Sorge, -n

Photo Credits

Chapter 1

Page 2: (top) Courtesy German Information Center, (bottom) Ulrike Welsch. Page 3: Peter Menzel/ Stock, Boston. Page 4: Courtesy German Information Center. Page 5: Fritz Henle/Photo Researchers. Pages 12 and 13: Doris F. Merrifield.

Chapter 2

Page 22: (top) Hugh Rogers/Monkmeyer Press Photo Service, (bottom) Michael Bry/Monkmeyer Press Photo Service. Page 23: Owen Franken/Stock, Boston. Pages 30 and 36: Doris F. Merrifield. Page 41: Courtesy German Information Center. Page 42: Peter Menzel. Page 48: Courtesy German Information Center. Page 51: Doris F. Merrifield. Page 55: Courtesy German Information Center. Page 63: Doris F. Merrifield.

Chapter 3

Page 69: Courtesy German Information Center. Page 77: Doris F. Merrifield. Page 80: Pierre Berger/ Photo Researchers. Page 92: Doris F. Merrifield. Page 95: Courtesy German Information Center. Page 107: Doris F. Merrifield.

Chapter 4

Page 113: (bottom) Courtesy German Information Center. Page 114: Peter Menzel. Page 115: Ulrike Welsch. Page 116: Courtesy German Information Center. Pages 123 and 126: Doris F. Merrifield. Page 130: Uta Hoffmann. Page 147: Doris F. Merrifield. Page 151: Courtesy German Information Center. Pages 167 and 169: Edith Reichmann/Monkmeyer Press Photo Service. Page 180: Doris F. Merrifield.

Chapter 5

Page 184: Ulrike Welsch. Page 186: Uta Hoffmann. Pages 196 and 209: Doris F. Merrifield. Page 207: Courtesy German Information Center. Pages 212 and 213: Courtesy German Information Center. Page 223: Ulrike Welsch. Pages 228 and 247: Doris F. Merrifield.